U0597705

REPORT ON
THE CREATIVE TRANSFORMATION
AND INNOVATIVE DEVELOPMENT OF
YELLOW RIVER CULTURE
(2024)

黄河文化“两创”发展报告

(2024)

主　编　袁红英　张凤莲
副主编　张　伟　车振华

社会科学文献出版社
SOCIAL SCIENCES ACADEMIC PRESS (CHINA)

主编单位

山东社会科学院

协编单位

青海省社会科学院
四川省社会科学院
甘肃省社会科学院
宁夏社会科学院
内蒙古自治区社会科学院
陕西省社会科学院
山西省社会科学院（山西省人民政府发展研究中心）
河南省社会科学院

#《黄河文化“两创”发展报告（2024）》编辑委员会

主要编撰者简介

袁红英　山东社会科学院党委书记、院长、研究员，经济学博士、博士生导师。长期从事产业经济和财政金融政策领域研究。主持完成国家社科基金，山东省社科规划，省科技攻关计划，省自然科学基金及省委、省政府委托课题60余项；在《人民日报》《光明日报》《马克思主义研究》《改革》《东岳论丛》《新华文摘》《中国社会科学文摘》等发表转载论文50余篇，出版著作10余部；获山东省社会科学优秀成果奖10余项。承担中央部委和山东省委、省政府多项重大课题、规划的研究工作，60多项成果获省以上领导肯定性批示，部分转发各县市参阅。目前兼任中国工业经济学会副理事长、山东省习近平新时代中国特色社会主义思想研究中心特约研究员、山东省决策咨询委员会特聘专家、山东省社会科学界联合会副主席、山东省智库联合会会长等学术职务，获山东省金融高端人才、山东省智库高端人才等荣誉称号。

张凤莲　山东社会科学院副院长、研究员，山东省文化“两创”研究基地负责人。始终致力于马克思主义文化理论、文化“两创”、红色文化等研究。在《哲学研究》《国外社会科学》《光明日报》《经济日报》《东岳论丛》等省级以上报刊发表论文100余篇。出版学术专著3部，主编著作20余部。独立主持完成国家社科基金项目2项、省部级项目20余项。获山东省社会科学优秀成果奖多项。多项研究成果获中央领导、省主要领导的肯定性批示。作为首席专家，参与了《山东省黄河文化保护传承弘扬规划》《山东省“十四五”文化和旅游发展规划》《山东省文化改革发展规划》等的研究制定，参与了山东省区域发展战略主题展馆、上海世博会山东展馆、米兰世博会山东展馆等大型文化项目的主题论证、策划工作。获评山东省齐鲁文化英才、山东省智库高端人才、山东省智库决策咨询专家等。

张　伟　山东社会科学院文化研究所所长、研究员，主要从事中国古代文学与传统文化研究，出版专著 10 部，主编著作 10 余部，担任《中国文化论衡》《山东文化发展报告》主编；主持省部级重点课题及委托课题等 20 余项；在《文史哲》《明清小说研究》《山东社会科学》等发表多篇论文，并多次被"中国人民大学复印报刊资料"、《高等学校文科学术文摘》等全文转载或论点摘编；撰写的多篇研究报告获省领导肯定性批示并进入决策；获山东省社会科学优秀成果奖一等奖 1 项、二等奖 2 项、三等奖 1 项，山东省刘勰文艺评论奖 2 项。2010 年被评为山东省社会科学学科新秀，2012~2022 年连续入选山东省理论人才"百人工程"，2019 年被评为"山东省有突出贡献的中青年专家"，2023 年入选泰山学者特聘专家。

车振华　山东社会科学院文化研究所副所长、副研究员，文学博士。兼任《中国文化论衡》集刊副主编、山东省近代文学学会理事、山东省水浒研究会理事。主要从事中国古代文学和中华优秀传统文化"两创"研究。主持和参与各级课题 10 余项，出版《清代说唱文学创作研究》《离合兴亡：文人情怀〈桃花扇〉》《20 世纪 50 年代山东大学民间文学采风资料汇编》等专著，参撰《齐鲁文学演变与地域文化》《山东文化"两创"面面观》等著作。在《文学遗产》《民俗研究》《海南大学学报》《山东师范大学学报》《东岳论丛》《中国社会科学报》《中华读书报》等报纸杂志发表论文数十篇。

摘　要

黄河是中华民族的母亲河，黄河文化是中华民族的根和魂。习近平总书记在黄河流域生态保护和高质量发展座谈会上强调，“要深入挖掘黄河文化蕴含的时代价值，讲好‘黄河故事’，延续历史文脉，坚定文化自信，为实现中华民族伟大复兴的中国梦凝聚精神力量”。沿黄九省区自觉扛起弘扬黄河文化、传承中华文明的时代使命，扎实推进黄河文化“两创”研究，为贯彻落实黄河流域生态保护和高质量发展重大国家战略提供强有力的理论支撑和智力支撑。

深入挖掘黄河文化内涵、精神与时代价值。黄河文化内涵极为丰富，其既是跨时空的综合体，孕育了不同的区域历史文化，又从时间维度创造了源远流长的历史文化。从旧石器时代到战国时期，黄河流域的丰富考古资料充分证明，该地区是中华文化起源、形成的重要区域，是中华文明格局的核心所在。黄河流域农耕文明作为中华文明的最初形态，是中华民族精神的重要载体。在多元文明相互交织与发展过程中，黄河文化呈现兼收并蓄、海纳百川、不屈不挠、坚韧适应等多元特点。保护传承弘扬黄河文化是坚定文化自信、增进文化认同的关键途径，对新时代背景下建设社会主义文化强国意义深远。

推动黄河文化在新时代发扬光大。黄河国家文化公园建设扎实推进。相关顶层设计规划不断建立健全；组织领导体系不断健全，沿黄九省区均已成立黄河国家文化公园建设领导小组；沿黄各省区立足自身资源禀赋和发展战略，强化任务落实，持续探索适合自身发展特点的黄河国家文化公园建设路径；坚持文旅融合，不断整合黄河流域自然生态与文化旅游资源，完善文旅融合产品体系。黄河文化交流传播迈上新台阶。沿黄九省区通过加强区域协作、国际交流，深化传播媒体融合和数字赋能，对黄河文化进行多方位、立体式的宣传、展示和推广，使黄河文化国际知名度与影响力得到有效提升。

沿黄九省区黄河文化“两创”不断取得新成就。青海省自觉坚守源头责任、主动强化干流担当，加强黄河青海流域文化生态保护，挖掘和丰富青海黄河文化内涵，延续历史文脉，讲好青海黄河故事。四川省黄河上游生态文明示范区建设有实质进展，陆续推出大量相关文艺精品力作。甘肃省聚焦国家文化公园建设，对黄河文化进行创造性开发与利用，构建彰显中华民族精神和国家文化自信的标识体系。宁夏回族自治区深入挖掘黄河文化的时代价值，传承弘扬优秀传统文化精神，打造高质量文化产品、文旅项目，黄河文化“两创”取得新成绩。内蒙古自治区以国家文化公园建设为载体，以文旅融合为抓手，打造极具地方特色的文旅精品线路和文旅知名品牌。陕西省实施陕西黄河文化遗产系统保护工程，大力推动黄河文化遗产系统保护，促进沿线黄河文化博物馆建设，成立陕西黄河文化旅游联盟，携手共建陕西黄河文化旅游品牌，促进沿黄城市宣传联动、优势互补、资源共享。山西省文物活化利用不断深入，非遗保护传承持续加强，非遗传承活力明显增强。河南省以文旅文创融合战略为引领，全力塑造“行走河南·读懂中国”文化品牌，探索创意驱动、美学引领、艺术点亮、科技赋能、跨界融合之路，推动中原文化、黄河文化的现代化和国际化表达。山东省精心打造“黄河入海”文化旅游品牌，全力打造黄河文化旅游长廊，着力打造黄河文化“两创”新标杆。

关键词： 黄河文化　黄河文化“两创”　中华文明　文化自信

Abstract

The Yellow River is the mother river of the Chinese nation, and its culture is the root and soul of the Chinese nation. The nine provinces along the river consciously shoulder the mission of carrying forward the Yellow River Culture and inheriting the Chinese civilization, and steadily promote the research on the "two innovations" of the Yellow River Culture, providing strong theoretical and intellectual support for the implementation of the major national strategy of ecological protection and high-quality development of the Yellow River basin.

Dig deep into the cultural connotation, spirit and times value of the Yellow River. The cultural connotation of the Yellow River is extremely rich. It is not only a complex across time and space, but also gives birth to different regional history and culture, and creates a long history and culture from the time dimension. From the Paleolithic Age to the Warring States Period, the rich archaeological data in the Yellow River basin fully prove that this area is an important area of the origin and formation of Chinese culture, and is the core of the pattern of Chinese civilization. As the initial form of Chinese civilization, the farming civilization in the Yellow River Basin is an important carrier of Chinese national spirit. In the interweaving and development of multiple civilizations, the Yellow River Culture has shown multiple characteristics, such as inclusiveness, inclusiveness, perseverance, perseverance and adaptation, which is a key way to strengthen cultural self-confidence and enhance cultural identity, and has far-reaching significance for building a socialist cultural power in the new era.

Promoting the development of Yellow River Culture in the new era. Solid progress was made in building the Yellow River National Cultural Park. The relevant top-level design planning has been continuously established and improved; the organization and leadership system has been continuously improved, and leading groups have been set up along the Yellow River National Cultural Park in nine provinces. Each province, based on its own resource endowment and development strategy, strengthened the implementation of tasks and continued to explore the construction path of the Yellow River National Cultural Park suitable for its own development features; the provinces and regions in the Yellow River basin adhere to the integration of culture and tourism, constantly integrate the natural ecological and cultural tourism resources in the Yellow River basin, and strengthen the cultivation of cultural and tourism integration product system. The Yellow River cultural communication has reached a new level. Through strengthening regional cooperation and international exchanges, deepening communication media integration and digital empowerment, the nine provinces along the Yellow River have carried out multi-dimensional and three-dimensional publicity, display and promotion of the Yellow River Culture, and the international visibility and influence of the Yellow River Culture have been effectively enhanced.

New achievements have been made along the Yellow River in nine provinces. Qinghai Province consciously adheres to the responsibility of the source, actively strengthens the responsibility of the main stream, strengthens the protection of the cultural ecology of the Yellow River basin in Qinghai, excavates and enriches the cultural connotation, continues the historical context, and tells the story of the Yellow River in Qinghai well. Substantial progress has been made in the construction of the ecological civilization demonstration zone in the upper reaches of the Yellow River in Sichuan Province, and a large number of relevant fine works of literature and art have been successively released. Gansu focused on the construction of the National Cultural Park, carried out creative development and utilization of the Yellow River Culture, and built a logo system highlighting the Chinese national spirit and national cultural confidence. Ningxia Hui Autonomous Region has dug deep into the times value of Yellow River culture, carried forward the excellent traditional cultural spirit, created high-quality cultural products and cultural tourism projects, and made new achievements in the "two innovations" of Yellow River culture. With the construction of the National Cultural Park as the carrier and the integration of culture and tourism as the starting point, the Inner Mongolia Autonomous Region has created a fine cultural tourism route with local characteristics and a well-known brand of cultural tourism. Shaanxi Province has implemented the Shaanxi Yellow River cultural heritage system protection project, vigorously promoted the protection of the Yellow River cultural heritage system, promoted the hypothesis of Yellow River cultural museums along the route, established the Shaanxi Yellow River Cultural Tourism Alliance, worked together to seek a common Shaanxi Yellow River cultural tourism brand, and promoted the publicity linkage, complementary advantages and resource sharing of cities along the Yellow River. The activation and utilization of cultural relics in Shanxi Province has been deepened, the protection and inheritance of intangible cultural heritage has been strengthened, and the vitality of non-genetic inheritance has been significantly enhanced. Guided by the strategy of cultural tourism, cultural and creative integration, Henan Province has made every effort to build the cultural brand of "Walking Henan · Understanding China", explore the road of creative drive, aesthetic guidance, art lighting, technology empowerment, and cross-border integration, and promote the modernization and international expression of the Central Plains Culture and the Yellow River Culture. Shandong Province has carefully built the "Yellow River into the sea" cultural tourism brand, made every effort to build the Yellow River cultural tourism corridor, and made great efforts to create a new benchmark of "two innovations" in the Yellow River Culture.

Keywords: Yellow River Culture; Yellow River Culture "Two Creation"; Chinese Civilization; Cultural Confidence

目　录

Ⅰ　总报告

Ⅱ　基础研究篇

Ⅲ　创新发展篇

Ⅳ　省区建设篇

附　录

总报告

2023年黄河文化“两创”发展报告*

山东社会科学院课题组**

摘　要：　黄河文化是沿黄地区人民在长期社会实践中创造的物质财富和精神财富的总和，是中华民族的根和魂，积淀着中华民族崇高的精神追求、独特的精神标识和深沉的行为准则。沿黄九省区深入贯彻落实习近平总书记相关重要论述，持续推进黄河文化“两创”，在强化顶层设计、加强遗产保护、深化文旅融合、加强研究阐发、促进交流合作等方面做了大量工作。山东作为黄河文化的重要发祥地和黄河流域最便捷的出海通道，要大力推动黄河文化保护传承弘扬，讲好新时代黄河故事，为新时代山东现代化强省建设提供有力的文化支撑。

关键词：　黄河文化　国家文化公园　黄河文化风情旅游带

---

* 本报告部分内容曾发表于《光明日报》2023 年 3 月 30 日第 6 版。

** 课题组组长：袁红英。课题组成员：张凤莲、张伟、宋暖、徐建勇、王韧、许东、魏文坤。

习近平总书记指出：“黄河文化是中华文明的重要组成部分，是中华民族的根和魂。”① 研究阐发黄河文化的内涵精髓，推动黄河文化保护传承弘扬，是贯彻落实习近平总书记重要论述精神、推动黄河流域生态保护和高质量发展的重要任务，也是固牢中华民族的根和魂、增强文化自信自立自强、为中华民族伟大复兴提供强大精神动力的根本途径。

一　保护传承弘扬黄河文化具有重大意义

加强黄河文化保护传承弘扬是贯彻落实习近平总书记相关重要论述、深入推进黄河流域生态保护和高质量发展重大国家战略的生动实践。九曲黄河奔腾入海，以百折不挠的磅礴气势塑造了中华民族自强不息的伟大品格，成为中华民族的精神象征，是中华民族坚定文化自信的重要根基。2019 年 9 月 18 日，习近平总书记在黄河流域生态保护和高质量发展座谈会上强调：“要深入挖掘黄河文化蕴含的时代价值，讲好‘黄河故事’，延续历史文脉，坚定文化自信，为实现中华民族伟大复兴的中国梦凝聚精神力量。”② 推动黄河文化研究阐发是保护传承弘扬黄河文化的基础性工作。扎实推进黄河文化研究阐发，自觉扛起弘扬黄河文化、传承中华文明的时代使命，能够为贯彻落实黄河流域生态保护和高质量发展重大国家战略提供强有力的理论支撑和智力支撑。

加强黄河文化保护传承弘扬是挖掘黄河文化时代价值、凝聚奋进力量的有力抓手。黄河文化内涵丰富，蕴含的价值观念、理想人格、思维方式、审美情趣等可以为人们认识和改造世界提供有益启迪，为治国理政提供有益启示，为道德建设提供有益启发。黄河文化作为中华文明的源头性、代表性、主体性文化，是中华民族独特的精神标识，也是民族复兴、国家软实力的重要表征，支撑中华文明在世界文化激荡中站稳脚跟。加强黄河文化内涵与精髓研究，深入挖掘黄河文化蕴含的时代价值，有利于增强历史自觉、坚定文化自信、增强中华儿女“同根同源”“大一统”的民族意识，有利于厘清中华民族根源、传承中华文明基

① 习近平：《论把握新发展阶段、贯彻新发展理念、构建新发展格局》，中央文献出版社，2021。

② 《深入挖掘黄河文化蕴含的时代价值》，“光明网”百家号，2023 年 6 月 6 日，https://baijiahao.baidu.com/s?id=1767891987761253556&wfr=spider&for=pc。

因、铸造中华民族精神家园，凝聚起加快推进中国式现代化建设的磅礴伟力。

加强黄河文化保护传承弘扬是助推区域高质量发展的重要支撑。黄河流域生态环境较为脆弱，经济增长相对缓慢，区域发展不平衡问题较为突出，迫切要求沿黄地区找到推动经济社会高质量发展的落脚点。做好黄河文化内涵与精髓研究，全面挖掘梳理黄河文化资源，促进黄河文化创造性转化、创新性发展，有利于以文塑旅、以旅彰文，推动沿黄地区文化产业、旅游业做大做强，发挥黄河文化在推动生态保护、经济发展、社会进步等方面的重要作用，让黄河成为造福人民的“幸福河”。

黄河是中华民族的母亲河，黄河文化是中华民族的根和魂。做好黄河文化内涵精髓研究阐发，推动黄河文化保护传承弘扬，是中华民族坚定文化自信的重要根基、实现伟大复兴的力量源泉。

二　黄河文化的内涵精髓与主要特征

黄河文化是沿黄地区人民在长期的社会实践中创造的物质财富和精神财富的总和。在“物质”层面，包括承载黄河文化的历史文物、考古遗址、古建筑群等；在“精神”层面，包括黄河历史凝练的民族精神、价值理念、生活习俗、手工技艺、戏曲文艺等；在“制度”层面，包括黄河文化孕育的中央集权等。黄河文化源远流长、博大精深，包含着丰富的哲学思想、价值观念、道德情操、审美品格和科学智慧，积淀着中华民族崇高的精神追求、独特的精神标识和深沉的行为准则。

（一）黄河文化的内涵精髓

1. 家国天下

中华民族向来以“龙的传人”、华夏儿女为傲，常怀“为天地立心，为生民立命，为往圣继绝学，为万世开太平”的抱负，素有“天下为公”“兼济天下”“先天下之忧而忧，后天下之乐而乐”“天下兴亡，匹夫有责”等博大情怀。黄河文化孕育的“同根同源”“大一统”的民族意识，始终是中华民族寻根溯源的心理支撑，是中华儿女保家卫国、维护统一的精神支撑，对于提升民族凝聚力、向心力具有不可替代的作用。

2. 自强不息

《易经》有云：“天行健，君子以自强不息。”黄河有“德水”之誉，但在历史上“善淤、善决、善徙”。面对频发的黄河水灾，沿黄地区人民百折不挠、愈挫愈勇，从大禹治水到潘季驯“束水攻沙”，从汉武帝“瓠子堵口”到康熙帝把“河务、漕运”刻在宫廷的柱子上，沿黄地区人民在逆境中磨砺出勇敢坚忍、不屈不挠的品格。“周虽旧邦，其命维新”“治世不一道，便国不法古”“天变不足畏，祖宗不足法，人言不足恤”“穷则变，变则通，通则久”，以管仲、商鞅、桑弘羊、王安石、张居正等为代表的伟大改革家，以超前的眼光、决绝的毅力，上下求索、变法图强，推动中华民族不断发展壮大。

3. 崇德尚义

儒家思想是中华传统文化的主干，在封建社会中处于正统、支配地位，其诞生于黄河流域，对黄河文化的发展产生了重要影响，主导了黄河文化的走向，儒家思想上升为国家统治思想也推动了黄河文化由地域文化演变为中华文化。儒家“祖述尧舜，宪章文武”，以仁和礼为核心，仁、义、礼、智、信、温、良、恭、俭、让、忠、勇、孝、悌、廉等道德理念深入人心，尚仁重德、知礼好学、宽厚大度、豁达坦诚的情操品格格外鲜明。孔子“君子义以为上”“道之以德，齐之以礼，有耻且格”，孟子“不义而富且贵，于我如浮云”，“曾子杀彘”“鸡黍之约”“管鲍之交”等动人事迹，均反映了中华民族的诚信品格。

4. 乐天知命

农耕经济是黄河文化的本质特征。黄河流域气候温暖、土地肥沃、平原广袤、季节鲜明、灌溉便利，特别适宜农业耕作、畜牧养殖。劳动人民在长期的农业生产生活中逐渐养成了勤劳朴实、务实安定、豁达安乐的品性，并衍生出“天人合一”“道法自然”“天时地利人和”等生态思想、“克勤于邦，克俭于家”“业广惟勤”“天道酬勤”等勤俭节约观念、“满招损，谦受益”等戒骄戒躁思想。

5. 兼收并蓄

黄河流域自古是农耕文明与游牧文明、中原文化与草原文化融汇交流的地方，不同族群和生产方式的反复交流碰撞，使黄河文化逐渐形成了兼收并蓄、开放包容的特质。春秋战国时期，黄河文化与中华大地上出现的游牧文化、吴越文化、荆楚文化等相互交融。唐代，黄河文化在对印度、中亚、南亚等地区的多种文化兼收并蓄的过程中获得发展的强大动力。可以说，黄河文化在发展中始终以博大的胸襟包容万千，在兼收并蓄中历久弥新。

（二）黄河文化的主要特征

黄河文化是中华民族之根、中华文化之魂，既表现出生命力强、存在范围广的外在特征，又具有经济形态先进、政治地位正统、思想文化包容的内在特质。

1. 时间上的持续性

黄河文化萌发于新石器时期，广泛分布于黄河上中下游的马家窑文化、齐家文化、裴李岗文化、老官台文化、仰韶文化、大汶口文化、龙山文化等，共同构成黄河文化发展伊始的主要形态。夏商周时期，黄河流域诞生了统一稳定的国家政权，形成了中华文化的主干儒家思想，产生了象征中华文明起源的文字、礼法、青铜器、天文历法等，成为黄河文化的典型形态。秦汉至北宋时期，丝绸之路开辟，西域纳入中华版图，各民族交往交流交融，文艺成就达到历史巅峰，推动黄河文化不断成长壮大。南宋以后，北方战乱频仍，政治中心数次南移，南方经济发展得以明显超过黄河流域，黄河文化走向衰落。清末以来，伴随西风东渐，黄河文化全面吸收融合人类社会现代文明成果，逐步焕发新生。中华人民共和国成立后，党和国家对治理开发黄河极为重视，沿黄军民开展了大规模的黄河治理和保护工作，取得举世瞩目的成就，黄河流域经济社会发展和百姓生活发生了根本性变化，黄河文化成为中国特色社会主义先进文化的重要组成部分。

2. 空间上的多重性

黄河文化空间涵盖黄河流域的全部地区，主要以承载河湟文化、河洛文化、关中文化和齐鲁文化的黄河河段为主，涉及青海、四川、甘肃、宁夏、内蒙古、山西、陕西、河南、山东 9 个省区。黄河曾有“三年两决口、百年一改道”的说法，从先秦到新中国成立时的 2500 多年间，黄河改道 26 次，北达天津、南抵江淮，形成通常所说的“大黄河”，因而广义上的黄河文化覆盖区域还应当包括黄河曾经流经的河北、天津、安徽、江苏、北京等省市。

3. 经济上的农耕性

恩格斯说过：“农业是整个古代世界的决定性的生产部门。”[①] 与北方的草原文化、南方的稻渔文化相比，黄河文化是一种典型的农业文化。黄河流域是世界上最早也是最重要的农业发源地之一，古代劳动人民在这里勤劳耕作，培植了粟等农作物，发明了各种农具，创造了历法，制定了二十四节气，发明了丝绸，留下了《氾胜之书》《齐民要术》等经典农学著作，形成了高度发达的农业文明。这正是黄河文化在中华文明中长期处于主导地位且具有强大辐射力、吸引力的根本原因。

4. 政治上的正统性

虽然近年来的考古发现表明中华文明的起源是“满天星斗”，但无法否认黄河文化在中华文明起源和形成过程中的决定性、主导性作用。在中国 5000 多年的文明史上，黄河流域有 3000 多年是全国政治、经济、文化中心，“中国”“中华”“中原”“中土”“中州”等思想观念以及中华民族共同的理想追求、价值观念、心理思维和行为规范等来源于此，以儒家思想为核心的黄河文化始终是中华传统文化的主干所在。

5. 文化上的包容性

黄河文化孕育、发展的过程体现了开放包容、兼收并蓄的特点。黄河文化是河湟文化、河套文化、关中文化、三晋文化、河洛文化、齐鲁文化等沿黄地域文化长期融合凝练的结果，同时以其吸引力、凝聚力推动沿黄各种地域文化从多元走向一体。黄河流域是民族文化的“大熔炉”，从炎黄战蚩尤、华夏族群初步形成，到东周列国化夷狄蛮戎，再到魏晋南北朝民族大交融，黄河文化在多民族交往交流中不断博采众长、汲取营养。在漫长岁月里，黄河文化不仅与北方的草原文化、燕赵文化相融合，也积极汲取南方吴越文化、百越文化、巴蜀文化、荆楚文化的成分要素，逐步养成开放包容的气质。

（三）多元一体的沿黄地域文化

黄河孕育了河湟文化、河套文化、“几字弯”文化、关中文化、三晋文化、河洛文化、齐鲁文化等特色鲜明的地域文化，这些地域文化以黄河为根，

① 恩格斯：《家庭、私有制和国家的起源》，人民出版社，2018。

彼此枝叶相依、血脉相连。它们都是黄河文化的重要组成部分，都为灿烂黄河文化的形成做出独特贡献。

1. 河湟文化

河湟文化是诞生于黄河、湟水河及大通河“三河间”的地域文化，覆盖青海、甘肃两省，是黄河文化的重要组成部分。青海是“三江之源”、“中华水塔”和国家重要的生态安全屏障，马家窑文化、辛店文化、齐家文化等辉煌灿烂，宗日遗址、马场垣遗址、喇家遗址、沈那遗址、柳湾遗址等星罗棋布，史前文物种类齐全、丰富珍贵。青海多民族聚居、多文化交融，“唐蕃古道”“古丝绸之路”见证了多民族交往交流交融的历史。甘肃黄河文化历史悠久、特色鲜明，黄河文化与敦煌文化、丝路文化和红色文化相伴相生、交相辉映，孕育了以大地湾文化、马家窑文化等为代表的中华文明，见证了甘肃丝绸之路沿线和藏羌文化交汇融合的漫长历程。在上古时期，甘肃黄河流域就有先民繁衍生息，传说中的人文始祖伏羲、女娲诞生于此，黄帝问道崆峒，大地湾见证了中华文明的传承与发展。周发迹于庆阳，秦初兴于礼县，周秦王朝在甘肃黄河流域奏响了进军中原、逐鹿天下的序曲。汉武帝列四郡据两关，张国之臂掖；张骞西出阳关，开丝绸之路 2000 年先河；莫高窟千年守望丝路，四方文化在此交汇相融，孕育了璀璨的敦煌文化；秦汉明长城戍边保疆，古代军旅文化与边塞诗歌相映生辉。

2. 河套文化

“大河三面环之，河以套名，故称河套也。”广义上，河套地区包括宁夏、内蒙古、山西、陕西等地区，但内蒙古、山西、陕西各具成熟的地域文化体系，因而此处河套文化单指黄河宁夏段地域文化。“天下黄河富宁夏”，宁夏是唯一全境属于黄河流域的省份，它因黄河而生、因黄河而兴、因黄河而美，享有“塞上江南”的美誉。宁夏大漠风光独一无二，独特的伊斯兰文化是宁夏文化旅游的“王牌”，宁夏平原是中国最古老的黄河大型自流灌区之一，形成黄河水利“博物馆”。宁夏是西夏王朝的兴亡之地，西夏王陵被国内外誉为“东方金字塔”，与之相关的贺兰山岩画、承天寺塔、海宝塔等都是珍贵的历史文化遗产。宁夏具有厚重的丝绸之路文化，中西文化在此碰撞交融，留下了萧关古道、瓦亭城等丰富的文化遗址。

3. “几字弯”文化

黄河“几字弯”跟河套地区在地理空间上是重合的，近年来成为内蒙古主推的文化旅游品牌，姑且代指黄河内蒙古段。黄河“几字弯”历史文化底蕴深厚，农耕文化与游牧文化共生，多元民族文化共融，戍边垦边文化、丝路文化、生态文化、红色文化、治水文化交相辉映。黄河“几字弯”历来是各民族交往交流交融的核心区域，赵武灵王胡服骑射，北魏孝文帝汉化改革，辽宋夏金元争锋，推动黄河“几字弯”成为民族“大熔炉”。黄河“几字弯”历来是维护边疆稳定、实现中央集权“大一统”的关键地带，汉匈和战，昭君出塞，封狼居胥，屯垦戍边，修建长城、秦直道，开拓草原丝路，出西域，走西口，建立民族自治区无不体现了以爱国主义为核心的伟大民族精神。黄河“几字弯”是红色革命热土，乌兰夫等无数革命先烈在这里抛头颅洒热血，集宁战役及五原、大青山、百灵庙抗战等承载的红色革命精神在这里传承。黄河“几字弯”引黄灌溉历史悠久，王同春开发河套水利，中华人民共和国成立后修建三盛公水利枢纽，让“黄河百害，唯富一套”，让乌梁素海成为草原明珠，让巴彦淖尔成为塞上水城，对保障国家粮食安全、改善草原生态环境、维护边疆民族稳定发挥了巨大作用。黄河“几字弯”生态建设成就巨大，乌兰察布取得阴山北麓风蚀沙化带治理的重大胜利，鄂尔多斯探索出许多成功的沙漠治理模式，包头建成了赛汗塔拉城中草原，乌海建成龙游湾国家湿地公园，为祖国北疆生态安全屏障建设做出巨大贡献。

4. 关中文化

关中地区又称三秦大地，代指陕西。陕西省是中华民族和中华文明重要的发祥地之一，有数十万年前的蓝田人和大荔人文化，有仰韶文化的代表半坡文化，孕育了关中平原文化、陕北黄土文化、秦岭生态文化等特色鲜明的地域文化。“中国”二字最早见于宝鸡出土的青铜器何尊，黄帝陵、兵马俑、延安宝塔、秦岭、华山是中华文明、中国革命、中华地理的精神标识和自然标识，壶口瀑布象征着黄河图腾，是“天然历史博物馆”。西安是古丝绸之路的起点、汉唐时期世界上最大的城市，13 个王朝建都于此。延安是革命圣地，孕育了光照千秋的延安精神，一曲《黄河大合唱》传唱 80 多年经久不衰。文学陕军、西部影视、陕西戏曲、长安画派、陕北民歌等品牌在全国有着较大的影响力。

5. 三晋文化

山西是春秋时晋国故地，战国时韩、赵、魏三家分晋，后世用“晋”或“三晋”指代山西省。山西地处黄河中游，是中华文明的重要发祥地之一，也是黄河文化代表性地区和文化资源密集型区域，晋陕大峡谷风貌独特，壶口瀑布、偏关老牛湾等是黄河著名地理标志景观，根祖文化、德孝文化、佛教文化、晋商文化闻名遐迩，红色文化内涵丰富。山西的旧石器时代遗址、全国重点文物保护单位、地面木构古建筑、古代壁画和古代彩塑数量均居全国首位，有中华文明的“主题公园”之誉。

6. 河洛文化

河洛地区指黄河、洛水、伊水及嵩山周围地区，指代河南。河南是历史文化大省，河、淮、济三渎交汇，根、干、魂是黄河文化的河南禀赋。“根”是黄河文化河南禀赋的首要表现。以“三皇五帝”为代表的人文始祖文化在河南，当今100个大姓中78个姓氏的源头或部分源头在河南。“干”是黄河文化河南禀赋的重要表现。从夏代到北宋的3000多年间，河南是国家的政治中心，中国八大古都有4个在河南。无论是青铜文化鼎盛时期的夏商洛阳、郑州、安阳，王朝繁盛时期的汉唐洛阳，还是艳丽华彩的北宋开封，都是那个时代文化的最高代表。“魂”是黄河文化河南禀赋的内在表现。无论是三门峡的“中流砥柱”，还是以郑州为起点的黄河下游治理，都体现了中国人与大自然奋斗的不屈精神，当代的焦裕禄精神、红旗渠精神都是上述历史文化精神的延续。

7. 齐鲁文化

山东是中华文明的重要发祥地之一，素有“孔孟之乡、礼仪之邦”的美誉，“一山一水一圣人”蜚声海内外。新石器时代，东夷文化“文明曙光初先辉，披泽华夏流韵长”，成为山东“本土文化”源头。继起而兴的后李文化、北辛文化、大汶口文化、龙山文化、岳石文化一脉相承，构筑起自成体系的海岱文化区，奠定了黄河下游文化发展的基本格局。西周实行“封邦建国”之策，封吕尚于齐，封周公旦于鲁。齐文化更多地保留了东夷族群文化特点，实行“通商工之业，便鱼盐之利”“举贤而尚功”“因其俗，简其礼”的政策，发展成一种合时俗、务实际，具有革新性、开放性和包容性的功利型文化。鲁文化则以传承周文化为主，具有浓厚的农业文化特征，强调“尊尊而亲亲”

的宗法制度，采取“变其俗，革其礼”的文化方针，逐渐发展成为一种重仁义、尊传统、尚伦理、贵人和的道德型文化。在政权更替和文化交流的推动下，齐文化与鲁文化相互融合、取长补短，逐步形成了既重视传统又具有开拓创新精神的齐鲁文化。秦汉以降，封建王朝“独尊儒术”，儒家思想成为2000多年中华文化的主干。悠久的历史沉淀出极其丰富的文化遗产，儒家文化、墨家文化、兵家文化、齐文化、泉文化、泰山文化、水浒文化、黄河文化、运河文化、海洋文化交相辉映，孔子、孟子、墨子、荀子、孙子圣贤辈出，书圣、算圣、医圣、农圣、工圣智者云集，姜尚、孙膑、董仲舒、诸葛亮、李清照、辛弃疾、蒲松龄名人璀璨，沂蒙、胶东、渤海、鲁西四大革命文物保护利用片区加快创建，沂蒙精神发扬光大，让山东成为名副其实的“文化圣地”。

三　黄河文化“两创”发展现状

（一）强化顶层设计，加强规划引领

健全组织机构，加强组织引领。青海成立了青海省推动黄河流域生态保护和高质量发展领导小组，研究制定总体思路、功能分区、空间格局，提出重点任务、实施保障等要求，集全省之力推进青海黄河文化“两创”等工作；山东成立了由省委常委、宣传部部长任组长，分管文化工作副省长任副组长，15个部门单位主要负责同志为成员的山东省国家文化公园建设工作领导小组，在省文化和旅游厅设立了领导小组办公室，从发改、交通、文旅系统抽调专人组建工作专班，形成省级层面“领导小组+办公室+工作专班”的运行机制。

完善制度规划体系建设。沿黄九省区分别出台引领性政策文件，从不同领域着手，深入推动黄河文化遗产系统性保护。宁夏编制《宁夏回族自治区黄河文物保护利用规划》，陕西出台《陕西省黄河文化保护传承弘扬规划》《陕西省黄河流域生态保护和高质量发展规划》等文件，四川省文化和旅游厅、省发展改革委、省文物局联合编制出台了《四川省黄河文化保护传承弘扬专项规划》，山东省委办公厅、省政府办公厅印发了《山东省国家文化公园建设实施方案》。各规划明确了黄河文化保护的战略定位、原则、目标与行动方案，为有效推动黄河文化遗产创造性转化、创新性发展提供了保障。

（二）加强遗产保护，延续文化根脉

加强文物保护。各省区文物保护力度持续加大。山西加强对黄河流域水文化遗产、农耕文化遗产、地名文化遗产等的保护，在全国率先推广“文明守望工程”，鼓励和引导社会力量参与文物保护利用，共认领认养文物单位421处，吸引社会资本5.4亿元；陕西推动黄河文化遗产的系统保护，加大对周原、秦咸阳城、汉长安城、统万城、大明宫、长城等遗址的保护修复力度，推进石峁遗址、西汉帝陵、唐帝陵申报世界文化遗产工作；山东印发《文物保护利用“十大工程”实施方案》，加强沿黄重点遗址片区保护。

推进文化遗产保护项目。河南高质量打造黄河国家文化公园重点建设区，全面启动建设隋唐洛阳城天街遗址、北宋东京城州桥遗址等50个核心展示园，高水平谋划建设郑州博物馆群，建设黄河国家博物馆、汉魏洛阳城遗址博物馆、殷墟遗址博物馆、北宋东京城顺天门遗址博物馆，建成并开放郑州大河村、舞阳贾湖、巩义双槐树等考古遗址公园；陕西构建了沿黄公路与陕西黄河文化博物馆、陕北民歌博物馆、统万城国家考古遗址公园、石峁遗址博物馆等多个城市文化新地标，推动“长安十二时辰”成为国内文旅项目“爆款”，将全景展示与旅游场所融合，开拓了陕西文旅“高颜值、年轻化”新场域。

（三）深化文旅融合，推动高质量发展

推动文旅创意发展。打造沉浸式文旅新业态。河南坚持“文化创意+科技创新”双轮驱动，探索创意驱动、科技赋能、跨界融合之路，推广洛阳颠覆性创意、沉浸式体验、移动端传播、年轻化消费新文旅经验，文化旅游融合发展进入快车道。河南打造了“景区+演艺”新空间，《大宋·东京梦华》《禅宗少林·音乐大典》《黄帝千古情》《唐宫夜宴》等节目长演不衰。推动黄河文化体验廊道建设。山东着力打造集民俗体验、农耕研学、自然观光等于一体的沉浸式黄河文化体验廊道建设，塑造“沿着黄河遇见海”文化旅游品牌。

（四）加强研究阐发，推动黄河主题文艺创作

深化黄河文化理论研究。各省区推动高等院校和科研院所开展黄河文化专

项研究，成立专门研究机构，推出一批高水平研究成果。山东高水平举办黄河文化论坛，设立黄河文化研究院、黄河流域生态保护和高质量发展研究基地、文旅融合发展研究基地，为黄河文化研究提供理论支持和智力支撑；河南省文联于2020年正式启动《中华黄河文化大系·黄河故事集成（河南卷）》的编纂出版工程，致力于填补黄河流域文化百科全书的空白。

推动黄河主题文艺创作。青海加强现实题材创作，推出舞剧《大河之源》《青春铸剑221》；四川交响乐团联合阿坝州原生态歌手演奏“黄河万古流”主题实景交响音乐会，对热爱黄河、热爱家乡的情感进行演绎；宁夏书法界聚焦“大河流润塞上·天下黄河富宁夏”“牢记领袖嘱托·感恩奋进新时代”“延续历史文脉·书写美丽新宁夏”3个时代主题，用书法的方式展示黄河景观之壮美、弘扬黄河精神之高远；河南豫剧院三团创排了豫剧现代戏《大河安澜》；山东创作推出纪录片《大河之洲》、山东梆子《梦圆黄河滩》、以黄河滩区60万名村民整体迁建这一民生工程为题材的现代吕剧《一号村台》、全国首档对黄河文化进行整体巡礼的综艺节目《黄河文化大会》等一批精品佳作，全方位、多层次讲好黄河故事，彰显黄河文化时代价值。

（五）加强宣传推介，促进交流合作

沿黄九省区统筹传统媒体和网络媒体，通过短视频、直播、专题节目、海报、图解等多种形式，多角度做好黄河文化宣传，不断提升黄河文化的影响力与传播力。山东开展“沿着黄河遇见海”新媒体联合推广活动，推出《黄河文化大会》等重点文化节目，组织开展“黄河入海”大型交响音乐会、“大美黄河”实景演出、首届黄河流域戏曲演出季等活动，不断彰显黄河文化的时代价值；青海策划举办“河湟文化旅游艺术节”“青海省丝路花儿艺术节暨河湟文化艺术节”；四川推出“四川黄河非遗文化”短视频，推介藏棋、羌绣等民族非遗项目，联合中外文化交流中心，制作《大美黄河四川之韵》宣传视频，在40余家海外中国文化中心和旅游办事处开展宣传推广，持续深化黄河文化国际交流传播。

近年来，沿黄九省区大力推动黄河文化保护利用，有效推动黄河文化传承弘扬。但与此同时，黄河文化“两创”还存在以下几大问题。一是黄河文化“两创”理论研究阐发尚需加强。总体而言，学术界对于中华优秀传

统文化“两创”的研究处于起步阶段，黄河文化“两创”研究的高度、广度、深度不够，视域较为狭窄、着力点比较分散、理论创新能力不足，导致研究的学理性、系统性和应用性较为薄弱，研究成果广而不精，鲜有具有较大影响力的研究机构与优秀成果。二是尚未对沿黄地区文化资源进行系统挖掘、开发与利用。沿黄地区文化资源丰富，但是文化资源的集聚化程度低，文化资源多呈散点式分布，知名的文化资源集中于个别的市县，周围在可接受的交通距离范围内没有可以带动发展的文化资源，不利于串联形成内在关联的资源组合并形成资源的整合和集聚优势。三是黄河文旅建设仍处于初级阶段。黄河文旅产品不够丰富，带动力强的地标性项目相对较少，产业集聚发展能力不足。黄河沿线道路营地、驿站、服务中心等旅游服务设施仍不健全，形象标识有待完善。四是数字黄河文化“两创”建设任重道远。缺少具有较强吸引力、影响力且深入人心的数字黄河文化“两创”IP，“出圈”文化产品塑造不足。

四 推动黄河文化“两创”的对策建议

山东作为黄河文化的重要发祥地、黄河流域最便捷的出海通道、沿黄地区经济综合实力最强的省份，在推动黄河流域生态保护和高质量发展中具有十分重要的战略地位。要大力推动黄河文化保护传承弘扬，为新时代山东现代化强省建设提供有力的文化支撑。

（一）加强黄河文化研究阐发

加大对黄河文化研究的支持力度，推动高等院校、研究机构及学术社团整合研究资源，建设一批跨学科、交叉型、多元化的黄河文化研究创新基地与学术交流平台，构建黄河文化研究的思想体系、学术体系和话语体系，打造具有影响力的黄河文化研究平台。实施黄河文化研究工程，设立社会科学规划黄河文化重大研究专项课题，鼓励开展黄河文化、黄河精神、文物考古、文献古籍等专项研究，推出一批社会广泛认同的标志性黄河文化研究成果。

（二）推进黄河文化遗产系统保护

首先，加强黄河文化资源普查。深入挖掘沿黄地区文化遗产资源，摸排梳理各类资源的种类、数量、分布和保护情况，建立黄河文化资源分级、分类保护名录，绘制黄河文化资源地图。健全实物保存、技艺保存、数字保存三大遗产保存体系，建设黄河流域文化遗产数字化资源库。其次，推动黄河物质文化遗产系统保护。建设黄河干支流线性文化遗产廊道，分类实施沿黄文化遗产本体保护工程。最后，加强黄河非物质文化遗产保护传承。加大黄河非遗保护传承工作力度，实施黄河非遗濒危项目及年老体弱传承人抢救工程，对濒危的国家级和省级名录项目予以重点抢救保护。推进黄河传统工艺振兴，建立黄河传统工艺振兴目录，重点推进生产性保护基地建设。推动黄河非遗区域性整体保护，对非遗项目集中、特色鲜明、保存完整的特定区域进行整体保护。

（三）加强黄河国家文化公园建设

首先，坚持协同推进，提升统筹整合能力。从服务国家关于黄河国家文化公园建设的整体规划和部署出发，加强与沿黄兄弟省区的协同。建立沿黄九省区联席会议制度，协商解决跨区域、跨部门、跨行业的重大问题，提升对黄河流域文旅资源的统筹整合能力，实现黄河文化项目、信息、平台、服务跨地区共建共享。其次，统筹处理好黄河国家文化公园与大运河国家文化公园、长城国家文化公园、长征国家文化公园等其他国家文化公园的关系，处理好黄河国家文化公园与三江源国家公园、祁连山国家公园、黄河口国家公园等国家公园的关系。黄河国家文化公园与这些国家公园之间存在空间重叠、资源共拥、文脉相连的特点，必须统筹规划、系统推进。最后，打造黄河文化标识体系。依托沿黄地区价值突出、内涵丰富的自然标识、水利工程、重大历史事件、重要文化遗址、黄河故道、重大文旅项目等资源禀赋，打造一批国家级、省级黄河文化地标，形成层次清晰、特色鲜明、具有较高知名度和美誉度的黄河文化标识体系。

（四）打造极具影响力的黄河文化风情旅游带

充分发挥文化旅游在黄河文化保护传承弘扬中的重要作用，突出各地资源优势，打造各具特色、色彩纷呈的黄河文化风情旅游带。目前，黄河文化旅游资源开发仍处于探索阶段，文化旅游资源地域孤立现象突出，产品不够丰富，存在同质化现象，沿线道路、营地、驿站、服务中心等旅游服务设施不能令人满意，形象标识有待完善，黄河文化旅游产品的吸引力不足。为此，必须深入挖掘河湟文化、河套文化、秦陇文化、关中文化、三晋文化、河洛文化、齐鲁文化等地域特色文化资源，大力实施“文旅+科技”“文旅+农业”“文旅+工业”“文旅+体育”“文旅+康养”等融合战略，坚持市场导向、集聚发展，构建涵盖美景黄河、美味黄河、好客黄河、好品黄河、好看黄河、好玩黄河的特色文化旅游产品体系，提升黄河文化旅游产业发展的质量。大力实施黄河文化创意产业提升工程，开发一系列多样化、个性化的文化创意产品和服务，形成具有黄河文化特色的文化创意产品体系，建立一批具有鲜明特色和内容优势的黄河文化创意产业园区，推动黄河文化创意产业集约化、规模化、专业化发展。

（五）强化科技赋能，建设数字黄河、智慧黄河

深入贯彻落实《黄河流域生态保护和高质量发展科技创新实施方案》，在黄河国家文化公园建设中充分运用科技手段和科技元素，融入互联网、物联网、虚拟现实、人工智能、5G 等新技术，以“科技+”“互联网+”为重要手段，以数字化、智慧化、网络化、现代化为方向，加快黄河历史文化资源数字化、网络化、智能化进程。大力实施黄河文化 IP 开发工程，推动沿黄九省区共同建设数字黄河公共服务平台，培育一批数字文创企业和重点项目，开发数字化体验产品，发展沉浸式互动体验、虚拟展示、智慧导览等新型文旅服务。

（六）讲好新时代黄河故事

首先，推动黄河主题文艺创作繁荣发展。实施黄河文艺重点选题创作扶持计划，推动文艺精品创作提质增量。集聚各方资源，发挥国家和省级文艺工程项目和文艺评奖的导向作用，更加有效地发挥国家艺术基金的支持引导作用，加强重大艺术活动示范引领，积极参与沿黄九省区艺术创作联盟活动，做好全国性文化艺术会演活动。其次，开展群众性黄河文化活动。大力支持群众文艺

创作，推出一批黄河题材优秀群众文艺作品。鼓励沿黄地区开展丰富多彩的群众文化活动，组织实施“乡村春晚”、广场舞展演等。大力弘扬民间文化艺术，支持沿黄地区积极争创“中国民间文化艺术之乡”。最后，建设黄河文化国际交流合作中心，依托尼山世界文明论坛、世界儒学大会、中日韩儒学对话会等，开展大河文明专题国际研讨交流，打造黄河文明与世界文明交流对话、互学互鉴的高端平台。加强黄河文化产品生产推广国际合作，开展黄河文化艺术作品的翻译推广，借力对外文化贸易，推动黄河题材的图书、电影、电视剧、纪录片在海外传播，凝聚各方力量，讲好新时代黄河故事。

基础研究篇

黄河文化的传承与发展

邹广文*

摘　要： 黄河文化是由在黄河流域生活的人们创造、由认同其精神的人世代传承与发展的生活方式、生存理念与价值指向，是中华文化中极为重要、居于核心位置的文化符号。缘起于黄河文化的儒学理论成为中华民族道德与政治制度的核心理论，深刻影响了中华文明的伦理与社会生活，凝聚起中华民族最深层次的文化认同。在新的时代背景下，我们应有效传承优秀的传统文化、创新文化传承方式、回应时代呼唤、保持开放包容的心态，推动黄河文化与其他文化交流互鉴，在文明对话中永葆黄河文化的生命力。

关键词： 黄河文化　民族认同　核心文化符号

黄河被世世代代的中华儿女视为母亲河。无论身在地球的哪一个角落，即

* 邹广文，清华大学教授、博士生导师、教学委员会委员，马克思主义学院教学委员会主任，主要研究方向为文化哲学、当代社会发展理论、企业文化学。

便未曾亲眼所见，每一个华人无不理解黄河之于中华民族的特殊含义。作为一个极具代表性的文化符号，黄河早已超越地理层面的自然属性，承载着中华民族的民族记忆，凝聚着中华儿女的民族精神，呼唤着中华儿女的文化认同。2019 年 9 月 18 日，习近平总书记在黄河流域生态保护和高质量发展座谈会上对黄河之于中华民族的重要性做出表述：“黄河文化是中华文明的重要组成部分，是中华民族的根和魂。”①

毋庸置疑，黄河这一文化符号已经铭刻在每一个中华儿女的心中。现如今，我们对黄河不能仅仅做单纯的名词传播与形象传达，时代呼唤的是进一步挖掘黄河文化的深层内涵。从文化哲学的理论视角理解黄河文化，一来为理解黄河文化自身的产生、继承与发展提供一个新视角；二来有助于把握黄河文化与中华文明的关系，明确黄河文化在浩瀚的中华文明中的文化定位；三来基于哲学的超越性，尝试为黄河文化的发展提供新思路，让黄河文化在新的时代背景下回应时代呼唤，为弘扬中华优秀传统文化提供精神动力，为推动中华民族伟大复兴凝聚文化认同。

一　走出纯自然——黄河文化的形成

基于哲学的理解，文化是与自然相对的概念。在成为“人”之前，我们完全是自然界的一部分，与其他物种无异。当我们第一步走出纯粹自然界，开始创造“非自然”的元素（无论是现实工具还是抽象概念）即文化，我们才以“人”的形象存在。质言之，文化由人创造，又是确证人之为人的特殊形式。文化最初确证了人迈出纯自然领域的第一步。随着人与人关系的构建，即社会关系的产生与发展，文化越来越多样且复杂。于是，文化不仅成为理解人与自然之间关系的纽带，也成为理解人与人（包括人与他人以及人与自身）之间关系的重要桥梁。

讨论黄河文化的前提，是明确何为黄河文化。基于文化哲学的视角，可以认为黄河文化是由在黄河流域生活的人们创造、由认同其精神的人世代传

① 习近平：《论把握新发展阶段、贯彻新发展理念、构建新发展格局》，中央文献出版社，2021，第 332 页。

承与发展的生活方式、生存理念与价值指向。从文化哲学的视角理解黄河文化，必然要从最初的自然属性理解黄河，进而理解这样的黄河塑造了怎样的“人”，这些人一步步搭建并丰富了独特的文化形式。从文化的视角来看，人与文化是相互形成的关系，独特的黄河塑造了独特的黄河流域的人，在永恒超越性的推动下，生生不息的人又塑造了绵延不绝的黄河文化。

（一）滋养生命：黄河文化的起点与舞台

黄河流域是中华文明的起点。水是万物之源，人类文明的萌芽无不诞生于大河之滨，古巴比伦、古印度、古埃及如是，早期中华文明亦如是。黄河从青藏高原的巴颜喀拉山发源，一路向东奔流，裹挟充沛的养料，滋养了流域的生命。马克思曾说：“全部人类历史的第一个前提无疑是有生命的个人的存在。因此，第一个需要确认的事实就是这些个人的肉体组织以及由此产生的个人对其他自然的关系。”① 同时，马克思虽未详述，但他明确表述自然基础对早期人类的活动有不可忽视的影响，“任何历史记载都应当从这些自然基础以及它们在历史进程中由于人们的活动而发生的变更出发”②。黄河为流域的人们带来了淡水、土壤、食物，为人类文化的萌生提供了先决的物质条件。中华文明早期的诸多原始遗址都在黄河流域，马家窑文化、仰韶文化、大汶口文化等文化遗址都确证我们的祖先在远古就与黄河相生相伴，中华文明史就此开始书写。所以说，黄河文化是中华文化的“根”。

奔流的黄河不仅是中华文明的起点，更是承载生生不息的中华民族的舞台。纵观中国历史，不停更迭的朝代大多发端、发展或定都于黄河流域。无论是早期的夏商周三朝、群雄割据的春秋战国时代，还是鼎盛的汉唐，都以黄河为主要舞台。无数塑造中华民族价值观的思想、无数被中华民族铭记的人物与事件、无数被中华儿女世代相传的传说典故、无数被内化为中华文明的精神，都来源于黄河流域。从文化哲学的角度来看，每一个图腾、人物、典故、思想都是中华文明不可或缺的文化符号，而黄河不仅本身以文化符号的形式融入中华文明，更以文化载体的重要身份承载着流域内的所有文化符号。黄河文化所

① 《马克思恩格斯文集》第1卷，人民出版社，2009，第519页。

② 《马克思恩格斯文集》第1卷，人民出版社，2009，第519页。

涵盖的文化符号从生活方式、制度伦理、价值信仰等方面塑造了中华民族，并持续地影响着一代又一代的中华儿女，成为世界各地华人的共同精神故乡，有力地维系了中华民族千百年来的身份认同与文化认同。所以说，黄河文化是中华文化的“魂”。

（二）孕育文明：黄河文化的初步形成

黄河源源不断地向流域内的生命提供了大量的生存资源，但物质资料只是文化产生的必要条件，并非充分条件。一条河流仅仅提供富足的营养可能会让流域内生机蓬勃，但生活富足的物种并不一定能成为创造出“非自然”的人类，更不可能孕育文明。放眼全球，水草丰美的地域不只有黄河流域，但只有黄河流域孕育出的黄河文化生生不息、绵延至今，并在发展的过程中成为中华文明的重要组成部分。

文化是证明人之为人的特殊形式，而文明是文化更进一步的发展。虽然对于文化或者文明出现的标志存在诸多争议，但从哲学的角度来看，只有当我们的祖先开始意识到自身并不纯粹属于自然，并开始通过实践摸索自己与自然、自己与同类甚至自己与本身的关系时，文化才初步形成。

黄河文化是中华文明中不仅出现得早而且成熟得早的文化。在黄河流域早期文化遗址如磁山文化与裴李岗文化遗址中，都发现了储藏的粮食作物与用于生产生活的耕作纺织工具，同时发现了饲养家畜与家禽的痕迹。这说明当时人们已经开始掌握比较初级的改造自然的能力，并在一定程度上把握了自然节律、生物习性等自然规律。可以说，超越纯粹自然属性的黄河文化已然以“非自然”的形象登场。而后，作为已知的汉字的起源，河南安阳殷墟的甲骨文成为黄河流域进入文明时代的又一标志。不同于简单的画刻，甲骨文的造字与文法证明其已经是一种具有特定逻辑的相对进步的文字。另外，可被记录文字也说明语言在此之前就已形成，并成为人与人沟通最直接的方式。当时黄河流域的人已经形成较为初级的社会关系，并通过语言文字等形式维系在一起。无论是耕种并重的生产方式，还是音意兼表的文字，都从黄河文化出发，深刻地影响并塑造了中华文明。可以说，只有理解黄河文化，才能理解中华文明的形成。

（三）“危”“机”并存：黄河文化的发展

正如前文援引过的马克思的观点，“任何历史记载都应当从这些自然基础以及它们在历史进程中由于人们的活动而发生的变更出发”①。我们理解的黄河滋养万物的一面只是其“自然基础”之一，对于生活在黄河流域的人来说，水草丰美的背面就是洪水的泛滥。不只是黄河与中国，对于洪水泛滥的恐惧是全世界每一个生活在河川附近的古代文明的共有记忆，其中不少古代文明也因洪灾中断了进程。先民对自然规律的把握程度较低，洪水在很长的历史时期内是先民生存的极大威胁之一。从远古流传至今的神话以及各朝代的记载中，都能发现中华民族与洪水之间的巨大矛盾。

除了洪水之外，黄河流域具有的其他客观因素也蕴藏诸多危险。中国地势呈三级阶梯式分布，黄河发源于青藏高原东北部，流经第二级阶梯中的黄土高原、河套平原，最后通过中下游平原奔流入海。不同流域的地理特征决定了不同区域的中华先民面对不同的生存条件，拥有不同的生活方式、图腾信仰与节庆习俗。此外，相对富庶的中下游平原地势平坦，在动荡的时代极易成为易攻难守的军事战略目标，中原的政权之间、来自黄河中上游以及黄河流域外的部族在历史上时常在中原发起战争，在和平与战争的现实交错中塑造了中华民族的处事原则与精神特征。

二　黄河文化的定位——中华文明的核心文化符号

黄河文化内涵丰富，与其他文化共同繁荣了中华文明。中华文明灿若星海，多个地域的文化交相辉映。要理解黄河文化，除了要理解地理黄河如何塑造了中华文明，更重要的是从更长久的时间维度理解黄河文化与中华文明相生相伴的作用，在中华文明的文化领域内找到坐标。笔者认为，黄河文化在中华文化中是极为重要、居于核心位置的文化符号。把握黄河文化，不仅可以从人与自然的关系上发现黄河塑造了中华民族的自然观，而且可以从社会关系中发

① 《马克思恩格斯文集》第1卷，人民出版社，2009，第519页。

现中华文明的制度与精神。黄河文化深深嵌入中华文明且居于核心的位置，成为中华民族不可割舍的精神内核与文化认同。

（一）理解自然：道法自然与天人合一

在千百年来的中华文明史中，大多数时间里，中华民族逐水而居，在黄河边开展生产生活实践。黄河沿岸一个个灌区让耕种成为黄河文化和中华文明中最重要的农业生产方式。狩猎方式或采集方式向农耕文明的转向，一来意味着中华民族可以通过耕种获得稳定的能量，二来可以将多余的能量以驯化的方式培育养殖文化，家畜与家禽为中华民族提供了较为稳定的蛋白质来源。在上千年的农耕文明史中，在黄河流域的中华民族不断探索与自然沟通的方法。中华先民创造的历法与节气都是其在摸索自然规律过程中创造的宝贵财富，引黄灌溉与农学技术等现实层面的经验，在精神与文化层面被中华民族凝聚为对“道法自然”的追求。

但与此同时，如前文所提到的，作为中华民族的共同记忆，黄河一大特征即时常泛滥。早期原始部落，尤其是黄河中下游流域的先祖，受制于对自然规律的把握程度低、工具水平低等因素，对待时常泛滥的洪灾往往束手无策，只能选择被动承受。但从哲学的视角来看，人区别于其他物种的一个鲜明特征即具有超越性，人不甘于受困在自然的限制之中，一定会不断发挥主观能动性去认识自然、改造自然，以提升自己的生存境况。中华民族千百年间对黄河的洪水展开了一轮轮的抗争。黄河七改其道对人民的生产生活产生极大影响，历史上多个朝代的君王都曾构筑堤坝以防范黄河泛滥、改道和倒灌，但古代科学水平较低、建筑工艺能力较弱，且这些堤坝由于君王易位与改朝换代而年久失修，导致古代中国未能从根本上解决黄河泛滥的问题。直到 1949 年以后，在党中央的领导下，通过对自然规律的把握以及对技术的升级，中国建立起集预防、监测、防汛、转移等于一体的治理体系，成为河流治理的典范。

中华民族对待黄河泛滥从顺从到抗争再到顺应的变化，一步步形成了中华文明“天人合一”的自然观。马克思曾对共产主义这一最高理想做出表述：“这种共产主义，作为完成了的自然主义，等于人道主义，而作为完成了的人道主义，等于自然主义。它是人和自然之间、人和人之间的矛盾的真正解决，是存在和本质、对象化和自我确证、自由和必然、个体和类之间的斗争的真正解决。”① 可见，在马克思看来，人无法完全摆脱自然，也并非完全受制于自然，两者存在一种协调的关系，这种有机统一的平衡关系是共产主义的追求，与中华文明追求的“天人合一”相契合。

（二）构建制度：天下大同与民本思想

在文化哲学看来，除了把握人与自然的关系，人与人之间的关系即社会关系才是把握人之为人的关键，马克思就认为人的本质“在其现实性上，它是一切社会关系的总和”②。所以，除了要把握黄河对中华文明自然观的直接影响，更要把握黄河对中华文明社会组织方式的间接影响。

如前文所述，黄河一方面滋养了农耕文明，另一方面时常洪泛，这两方面都塑造了中华民族对天下大同的向往与对民本思想的重视。面对大自然，人总是渺小的，生产力水平较低的中华先民必须通过分工与合作才能完成较为繁重的农耕、纺织、畜牧等生产活动。在组织生产的过程中，人们自然地产生并丰富了生产关系。在丰收后，食物的储藏与分配又涉及分配制度。农耕文明下的人们在黄河中下游富饶的平原上，不断主动优化与被动调整包含生产方式与分配方式在内的社会关系。同时，面对时常泛滥的洪水以及黄河流域的其他生存危机，人们必须聚集力量，以合作的方式渡过难关。几千年间，通过不断地抵御天灾，人们意识到需要一个统一、超越原始部落的社会结构凝聚力量，以确保生存境况的相对平稳。于是，国家的意识较早地在黄河中下游地区萌生，中华文明最早的国家出现在黄河流域，并且中华文明最初的朝代更迭与政治形式质变均发生在黄河流域。黄河文化中早早地出现了对一个强大且统一政权的向往，无论是和平时期对提升生产力的需要，还是乱世中对更好的生活境况的向往，人们期待在一个统一国家的治理下安居乐业，实现天下大同，“使老有所终，壮有所用，幼有所长，矜寡孤独废疾者，皆有所养”③。

在黄河流域生活的中华先民，不仅在社会生活中认识到一个统一的社会组织的重要性，更在与黄河、与社会构建关系的过程中发现人民的根本性力量。

① 《马克思恩格斯文集》第1卷，人民出版社，2009，第185页。

② 《马克思恩格斯文集》第1卷，人民出版社，2009，第501页。

③ 《礼记·孝经》，胡平生、陈美兰译注，中华书局，2007，第110页。

固然，关于黄河的传说与故事中充满女神或明君的英雄主义形象，但我们能发现更多人民的形象，能发现思想家对民本思想的论述。他们的故事和思想不仅体现出社会生活的力量来源于民众，更体现出社会性活动的根本目的应该是改善人民的生存境况。大禹治水并不是英雄主义的颂歌，而是传达人民面对洪水时直面困难、百折不挠的精神。春秋战国时期在黄河流域涌现的一批思想家都强调“民”在社会发展中有重要力量提供者与最终受益者的双重身份。孔子曾说：“节用而爱人，使民以时。”[①] 这表达出孔子不仅将仁爱思想视为对权力阶级的道德要求，更将其视为落实到百姓生产生活实际中的现实要求。儒家的孟子的代表思想之一就是“民贵君轻”，他认为人民的真实想法至关重要，君王不仅不能忽视，还应该加强重视、勤于倾听，过往的亡国之君之所以丢掉政权，就是因为失去了民心，“桀纣之失天下也，失其民也；失其民者，失其心也”[②]。此后，缘起于黄河文化的儒学理论成为中华民族道德与政治制度的核心理论，深刻影响了中华文明的伦理与社会生活。

（三）文化认同：黄河文化与中华民族的同构互塑

分析黄河文化的研究价值，不应仅着眼于黄河流域与黄河文化本身。如今，海内外的中华儿女无论是否亲眼见过黄河、无论是否身临黄河流域，都会视黄河为身份的表征之一，都会认同黄河是中华民族的象征之一。在文化哲学的视角下，人与文化是同构互塑的关系，一代又一代的人不断创造与丰富文化，与此同时，既有的文化也在不断塑造一代又一代的人，人与文化相生相伴、相互塑造。几千年来，世代交替的中华民族生生不息，在繁衍与变迁中，黄河文化被创造并不断被丰富，不断新生的黄河文化又塑造了一代又一代的中华民族。因此，包含各种文化符号的黄河文化已经深深嵌入中华文明，在变动不居与永恒追求的辩证统一中塑造了中华文明的精神内核，凝聚起中华民族最深层次的文化认同。

黄河本身及其流域内的变动不居，塑造了中华民族每每面对变迁与灾难所展现的自强不息的坚韧品性。除了前文提及的泛滥的情况，几千年来黄河中下

① 《论语》，张燕婴译注，中华书局，2006，第4页。

② 《孟子》，万丽华、蓝旭译注，中华书局，2006，第154页。

游的政权周期相对来说较短，每一次朝代的更迭往往带来的是战争，其中不仅有农耕文明之间的战争，还有贯穿中国古代文明史的游牧文明与农耕文明之间的冲突。黄河中下游平原农业文明发达，物质相对富裕且稳定，其他族群时常由于气候、经济等原因从黄河上游或黄河流域以外来到地势相对平坦的黄河中下游平原争夺资源。在冲突与和平的不断影响下，中华民族形成了自强不息、无惧挫折、顽强拼搏的民族精神。当民族面临存亡之际，刻在中华民族最深处的自强不息的精神让中华民族一次次度过危机。这样的精神源自黄河流域的文化，深深地嵌入中华文明之中，在长征精神、延安精神、载人航天精神等多种中国人共同守护的宝贵精神中不断被体现。

在变动不居的环境与时代中，中华民族凝结的家国情怀是永恒不变的守候。中华民族在变动的现实生活中，将现实可感的家、氏族、祖宗视为最重要的社会关系，并在几千年的社会生活中将这样的精神寄托升华成一种对国家的文化认同。黄河流域孕育了中华文明中最早的国家形式，中华文明相对比较完整的政治理论也诞生在黄河文化中。被黄河文化塑造的中华民族将这种家国情怀融入自己的民族认同与政治身份认同，在文化的传承发展中不断地筑牢这种深层次的文化认同。

所以说，源自黄河文化的种种优秀精神，在中华民族的世代更迭中不断同构互塑，黄河文化中最精华的思想与精神不断变成中华民族最深层次的文化认同，成为凝聚起全体中华民族的精神纽带和情感桥梁。

三　文化守望——新时代黄河文化的传承与发展

如今，面对实现中华民族伟大复兴战略全局和世界百年未有之大变局，如何通过文化认同凝聚最大的共识、聚集最大的复兴力量成为我们面对黄河文化时最重要的现实课题。文化与人相生相伴，无论是基于文化哲学的理论视角，还是基于中华文明几千年的文化实践，一个生生不息、枝繁叶茂的文化，一定依托绵延不绝的民族去传承与创造。所以，在新的时代背景下，我们应有效传承优秀的传统文化、创新文化传承方式、回应时代呼唤、保持开放包容的心态，推动黄河文化与其他文化交流互鉴，在文明对话中永葆黄河文化的生命力。

（一）以有效的传承守护黄河文化

习近平总书记在多个场合反复强调，文化是一个国家、一个民族的灵魂①。作为唯一未曾中断的源自古代的文明，萌发并生长于黄河之滨的中华文明塑造了中华民族的风貌。无论是从现实可感的文化形式上，还是从潜移默化的风俗与处世之道中，中华文明都融入中华儿女的血脉中，成为最深刻的文化记忆。“中华文化源远流长，积淀着中华民族最深层的精神追求，代表着中华民族独特的精神标识，为中华民族生生不息、发展壮大提供了丰厚滋养。”②所以，为了回答“我是谁”这一永恒的哲学之问，完好地传承前人塑造的以黄河文化为代表的中华优秀传统文化成为当代文化建设的必要前提。

第一，传承黄河文化要妥善保护现实的文化遗产。即便文化相对抽象，它也依旧需要现实的物质作为载体来承载内涵与意义。我们的民族精神、政治主张、伦理价值都需要以物质的形式储存，同时传承到我们手中的文物往往代表了先人当时最为先进的生产水平。中华文明历史悠久、绵延不绝，当代中国人在青铜器上能看到礼制的雏形，在竹简上能读懂诸子百家的主张，正是因为在朝代的更迭和动乱中，总有一批人守住了中华文明的薪火。1949 年以后，随着技术水平的提高和全民文化保护意识的增强，在党的领导下，黄河流域的文物保护工作取得一系列成果。在保护性挖掘的前提下，大型地下墓葬与地上的历史遗迹抵挡住了风化、水浸等自然侵蚀，可移动文物在博物馆中通过先进的储存与复原技术最大限度地被保护起来。通过扫描技术，很多文物被数字化、高精度地永久保存。黄河文化及中华文明得以真切地展示在当代人眼前，可感且现实的文化载体承载着民族精神，被完整地展示给后人。

第二，传承黄河文化要有效传承其精神财富。物质的文化载体易于保存，但更重要的是将一代代中国人经过各种实践而凝结的最宝贵的思想与价值妥善守护。中华民族千百年来与自然沟通而凝结的“天人合一”的精神，是当前建设生态文明的宝贵思想资源。同样地，体现人民性的“民贵君轻”的民本思想、体现实践性的“经世致用”的行动指南、体现道德约束的“内圣外王”

① 习近平：《在中国文联十大、中国作协九大开幕式上的讲话》，人民出版社，2016，第 6 页。

② 习近平：《习近平谈治国理政》（第 1 卷），外文出版社，2018，第 164 页。

诉求、体现政治指向的“修齐治平”理想等优秀文化精神内核萌生于黄河流域，在一次次王朝更迭与世事沉浮中塑造了中华民族的不屈性格与精神风貌。正如习近平总书记所说：“中华文明绵延数千年，有其独特的价值体系。中华优秀传统文化已经成为中华民族的基因，植根在中国人内心，潜移默化影响着中国人的思想方式和行为方式。”①

（二）以创新式发展弘扬黄河文化

如果以时间为轴，站在当前的时间点上，仅仅传承过往的黄河文化存在时代性的局限。受制于特定历史条件，目前既有的文化只能反映此前中华民族基于当时时代背景的极限。崭新的历史条件呼唤我们基于灿烂的黄河文化，展现当代人的超越性，以主动作为批判发扬传统文化，以创新手段弘扬黄河文化。

要以反思批判的精神实现文化的超越。中华文明的历史悠久绵长，提炼于黄河文化的进取精神在每一个阶段都鼓舞着中华民族奋发前行。前人与他们创造的文化只能回答或者展现他们对于时代的思考与向往，历史条件的局限性让这些文化无法直接回答当代人眼前的问题。中华传统文化是宝贵的素材库而非现成的解题答案，这就要求当代的文化实践者，也就是中华民族共同体的每一位成员永远心怀“文以载道”的文化理想，聚焦当代现实的问题、深入真实的生活、倾听人民的心声、抒发时代的豪情。

要以融合创新的手段实现文化的传播。当代人的生活已经被现代信息深刻影响，如果依旧采取传统手段宣传黄河文化，必然无法达到预期的效果，所以黄河文化的创新表达显得十分重要。从文化的传播路径来看，首先，期待建立一个整体协调的黄河文化资源库，涵盖黄河流域乃至黄河文化衍生的文化素材。其次，期待拓宽文化传播的路径，汇聚更多的黄河文化创作者与建设者，集聚传播黄河文化的合力，创造多样的表达方式，打造黄河标志性文化形象。最后，期待跨领域提升受众的感知度与体验感，让全国乃至全球的受众以文化体验、文化参与等方式融入黄河的文化氛围。

总而言之，从文化哲学的视角来看，黄河文化是中华文明的原点，黄河文

① 中共中央文献研究室编《习近平关于社会主义文化建设论述摘编》，中央文献出版社，2017，第115页。

化最早也相对系统地探讨了中国人与自然、与社会、与自己的关系，黄河文化中最宝贵的精神塑造了中华文明的文化样态，塑造了中华民族的精神风貌，凝聚了中华儿女的身份认同。在新时代建设社会主义文化强国的背景下，深入理解并有效传播黄河文化，将对唤起海内外中华儿女的文化认同、凝聚实现中华民族伟大复兴的合力大有裨益。

黄河文化的精神与时代价值

董永刚　袁 雨*

摘　要：　黄河流域是中华民族先民早期最主要的活动地域，是中国早期文化形态的主要诞生地，也是中华多元文化的汇聚地和中华文明的孵化场。黄河文化是中华文明的根基。在新时代背景下，加快推进黄河文化研究、弘扬和传承黄河文化是增强文化自信、铸牢中华民族共同体意识的重要途径，对于建设社会主义文化强国意义深远。

关键词：　黄河文化　文化自信　民族文化认同

黄河被誉为中华“母亲河”。在数千年的中华文明演进过程中，她用宽广胸怀接纳并哺育了来自四方的儿女，用坚韧的脊梁挺起了民族的自信与自强，用大气磅礴的笔触书写了中华文明在世界历史长河中的多彩与伟大。文化是民族复兴的根基和内生动力，文化兴则国家兴，文化强则民族强。党的十八大以来，党和国家高度关注黄河流域的社会发展和黄河文化的保护传承。2019 年 9 月，习近平总书记在于郑州召开的黄河流域生态保护和高质量发展座谈会上指出，“黄河流域生态保护和高质量发展，同京津冀协同发展、长江经济带发展、粤港澳大湾区建设、长三角一体化发展一样，是重大国家战略”①，首次将黄河流域的保护和发展提高到国家战略的层面，同时为加强黄河流域保护和推动黄河流域高质量发展吹响了冲锋的号角。

---

* 董永刚，山西省社会科学院（山西省人民政府发展研究中心）历史研究所所长，主要研究方向为中国古代史、区域史；袁雨，山西省社会科学院（山西省人民政府发展研究中心）历史研究所研究实习员，主要研究方向为明清史、区域史。

① 习近平：《共同抓好大保护协同推进大治理让黄河成为造福人民的幸福河》，《人民日报》2019 年 9 月 20 日，第 1 版。

习近平总书记在《在黄河流域生态保护和高质量发展座谈会上的讲话》中强调：“黄河文化是中华文明的重要组成部分，是中华民族的根和魂。要推进黄河文化遗产的系统保护，守好老祖宗留给我们的宝贵遗产。要深入挖掘黄河文化蕴含的时代价值，讲好‘黄河故事’，延续历史文脉，坚定文化自信，为实现中华民族伟大的中国梦凝聚精神力量。”① 习近平总书记的讲话高屋建瓴，不仅明确了黄河文化在整个中华文明中的重要地位，也为保护和传承黄河文化指明了航向、提出了要求。2021 年 10 月，中共中央、国务院印发了《黄河流域生态保护和高质量发展规划纲要》，对如何深入挖掘、保护和传承黄河文化的战略目标做出科学详尽的表述，坚定了传承和弘扬黄河文化的决心和信心。

一　黄河文化的内涵与特质

（一）黄河文化的内涵

黄河，中国古称“河”、“河水”或“大河”，是世界第六、中国第二长河。因其流经黄土高原，受环境变迁和人为的影响，河水中泥沙含量较大，水色浑浊泛黄，故被称作“黄河”。黄河发源于青海省巴颜喀拉山脉北麓的约古宗列盆地，先后流经青海、四川、甘肃、宁夏、内蒙古、山西、陕西、河南、山东 9 个省区，最后经东营注入渤海，全长 5464 千米，流域总面积近 80 万平方千米。黄河干流及其所属的众多支流为中华民族的存续和发展提供了广阔的生存空间和丰富优质的生存资源。光辉灿烂的中国五千年文明史最早在这里翻开篇章，而且三千多年来，这一地区始终是中国政治、经济、文化的中心区域，经过数千年的历史积淀，成为当今世界文明成果宝库中无法替代也不可或缺的重要组成部分。

从“文化”这一概念的角度来看，“文化”一词源于农业，或者说源于农耕文明，与黄土地有着密不可分的关系，因此人们有时也将黄河文化称为黄土文化。由于文化本身具有群体性、阶级性、区域性、动态性和渗透性等特点，

① 习近平：《在黄河流域生态保护和高质量发展座谈会上的讲话》，《求是》2019 年第 20 期。

解读一个区域的文化特质和文化内涵，必须将其放到更大的时空中考察。尤其是对于“黄河文化”这样一个大的地理文化概念来说，不能仅仅局限于一个小的地理范围，既要抓文化发展大的主线，也要注意用历史和发展的思维去对待；既要关注黄河文化的国家意象，也要兼顾文化的区域特征。从文明演进的角度来看，黄河文化的内涵极其丰富，是一个时空交织的多维度、多层次的文化共同体。展开来讲，黄河文化就是黄河流域的山川地貌、自然物候及先祖在长期的社会生产和生活实践中创造的物质财富和精神财富的总和，诸如人们的风俗习惯、宗教信仰、制度礼仪、生产技艺、语言文字、审美取向、精神风貌、价值观念等①。

黄河文化是一个跨时空的综合体。从空间上讲，黄河流经多个地区，客观上将青藏高原、黄土高原、华北平原、黄淮平原、汾渭平原、河套灌区等广大地区连成了一个前后续接、难以割舍的整体。受经纬度和自然物候的影响，这个广大区域内又形成若干风貌，并孕育了各自不同的区域历史文化。如从沿黄九省区的文化资源构成来看，黄河上游的青海、四川、内蒙古、宁夏和甘肃等省区沙漠和草原等自然特征明显，回族、藏族、蒙古族、东乡族等多个民族在这里聚居，少数民族人口占比达10%，因此拥有丰富多彩的民族文化、民俗文化和大量的文化遗产，成为人们研读历史、传承文脉不可多得的宝贵财富。黄河中游的晋、陕、豫、鲁则更多展现出农耕文明的深邃和以儒家文化为代表的汉文化的博大精深。

从时间范围上看，黄河流域人类的繁衍生息始终与黄河的发展相伴相随，谱写了百万年的人类史、十万年的文化史和五千年未曾中断的中华文明史，创造了人类文明演进历史上的神话。黄河流域是中华民族先祖最早开发的区域之一，因此留下了灿烂的石器文化，如以粗大石器为特征的西侯度文化、丁村文化，以细小石器为特征的峙峪文化。到新石器时代，黄河流域文化如雨后春笋，发展强劲，上游的马家窑文化、中游的仰韶文化、下游的龙山文化等内涵丰富、面貌迥异的文化形态为人们描绘了一幅黄河流域文明起源的真实画卷。进入“万邦时代”，黄河流域早期文明灿若星辰，象征文明特征之一的城址蔚

---

① 李立新：《深刻理解黄河文化的内涵与特征》，《中国社会科学报》2020年9月21日，第4版。

为壮观，如陕西神木石峁、山西兴县碧村、襄汾陶寺、河南登封王城岗、山东章丘城子崖、日照两城镇等遗址，标志着人类文明又向前迈进了一大步。尤其是在黄河流域中下游拐角处的晋陕豫三角区，在这一时期成为推动文明发展的重要引擎。进入文明社会后，夏商周三代仍主要围绕黄河流域活动。可以说，黄河流域不仅是中华文明的孵化区和勃兴地，也是历史上多种文化的汇聚区。从五霸更迭到七雄角逐，再到秦合六国，其中诸多重大政治事变的完成与重要历史节点的形成无不体现出思想开放与生产创新对社会发展的强大推动力。黄河流域以其先进的思想文化、发达的农业经济和强大的传统习俗，在政治引领、生产生计、文化融合和意识形态上对各周边民族形成巨大的影响力和感召力，对后世产生了广泛而深远的影响，并最终催生了大一统格局的形成，以及黄河文化体系的逐步形成。唐宋至明清，黄河流域始终是中国政治、经济、文化的中心。鸦片战争之后，黄河流域在中国近现代革命事业中起到重要作用，在实践中孕育了以红色文化为代表的精神谱系，丰富和发展了黄河文化的内容和价值内涵。平型关大捷、百团大战等都发生在黄河流域。《黄河大合唱》《黄河哨兵》《别让鬼子过黄河》《不到黄河心不甘》《保卫黄河》等众多抗战歌曲以黄河为元素进行创作。气吞山河的母亲河是海内外中华儿女共同的精神纽带，在民族危亡之际，激发了中华儿女保家卫国、抗战到底的力量和勇气。1949 年以来，引黄济津（天津）、引黄济青（青岛）、引黄济烟（烟台）等一大批水利工程的建设，反映了黄河在经济建设、文化传播上发挥着不可替代的作用。

黄河文化源远流长、博大精深，是中华民族精神的重要载体。保护、传承和弘扬黄河文化，能够增强文化自信，为实现中华民族伟大复兴提供精神力量。

（二）黄河文化的特质

1. 兼收并蓄的文化体系

在历史长河中，黄河文化以兼收并蓄的品格，吸收着不同地域、不同类型的文化，并不断扩大影响范围，最终形成了以黄河为核心、多元文化融为一体的文化体系。黄河文化的主体包括河湟文化、三晋文化、关中文化、河洛文化、齐鲁文化等具有不同特色的地域文化。从更大的范围来看，黄河文化还包括内蒙古河套文化、甘肃陇右文化、河北燕赵文化等更多文化。这些文化共同构成了庞大的黄河文化体系。

（1）河湟文化

“河湟”一词最早出现在《后汉书·西羌传》。“河”指黄河，“湟”指湟水，河湟指的是流经甘肃、青海两省交界地带的这两条河流。唐代以后，“河湟”逐渐演变为一个地理概念，形成了具有地方特色的西北区域文化。作为一种区域文化，河湟文化是黄河文化的重要代表，是黄河源头文明的重要标志，具有鲜明的地域特色。从文化构成来看，河湟地区是多种宗教交汇的地区，因为地处边地，离中央中心统治区较远，属于中央控制的边缘地带，因此不同的宗教在此能够平等对话、相互包容、多元并存、和合共生，形成了中原儒释道文化、西域伊斯兰文化、藏传佛教文化、草原萨满文化融合的地区。河湟文化是藏传佛教文化、西域伊斯兰文化和传统秦陇文化共存的一种文化形态，在中国历史发展过程中具有十分重要的地位。河湟地区留存的北山土楼观、塔尔寺、东关清真大寺等宗教建筑，是多种宗教尊重包容、和谐共处的象征。从地理位置上看，河湟地处古丝绸之路的南端，连接着青藏高原、黄土高原两大地带，是古代社会中原农耕文化和北方少数民族游牧文化的天然分界线，同时是传统道教、汉传佛教、藏传佛教的汇聚之地。从发展过程上看，河湟地区历史悠久，距今约 6700 年。共和盆地的拉乙亥人进入新石器时代后，采集农业开始出现在河湟地区。多民族聚居是河湟地区最为明显的特征之一。历史上西戎、羌、鲜卑、月氏、鲜卑、党项、吐谷浑、吐蕃、蒙古等都在河湟地区繁衍生息，在历史长河中经过诞育、分化、交融，逐渐形成了多民族和谐共处、不同文化互通共进的发展模式。流传至今的湟源排灯、《格萨尔王传》、土族纳顿节、骆驼泉传说等非物质文化遗产，是各民族文化在河湟地区交融发展的重要见证。

（2）河洛文化

“河洛”指黄河和洛河交汇形成的夹角范围，从现有行政区划上看就是以嵩山、洛阳为中心的这一地带。但一般意义上，人们常说的河洛地区比这一区域要大，甚至指代今日河南省全部或泛指整个中原地区。因河洛周边地区受河洛文化影响最为直接，朱绍侯先生将其称为“河洛文化圈”①。河洛文化以夏

① 朱绍侯：《河洛文化与河洛人、客家人》，《文史知识》1994 年第 3 期。

商周三代文化为主体，以“天下之中”的天然优势汇集了中华元典精神，成为中华文化的母体文化。

河洛文化历史悠久，被称为中华文化的源头。河洛文化发源于原始社会，河洛地区气候宜人，很早就有人类活动，像距今六七十万年前的南召和栾川猿人等就生活在这里。新石器时代，这里有裴李岗文化、仰韶文化、龙山文化、二里头文化，而且前后相续、未曾中断。这里是华夏部族活动的中心区和夏、商两代的都城所在。中国历史上第一个王朝——夏朝诞生在这里，考古已经证明夏朝长达400多年活动在此处，商朝也以西亳为都长达200余年。因此，河洛地区是中华文明发迹最早、最为聚集的地带。殷墟甲骨文和妇好墓大量青铜器的出土，证明了当时文化的兴盛。

东周、东汉、曹魏和西晋都曾定都伊洛河畔的洛阳，使其成为全国政治和文化的中心。突出的政治地位也促进了当地文化的勃发，唐代著名诗人几乎一半出自中原，为唐代文学的繁荣发展做出重大贡献。北宋定都开封，更巩固了其文化中心地位，张择端的《清明上河图》反映了东京开封的繁华。秦至隋唐时期，以洛阳为中心的皇城文化、汉代经学、魏晋玄学、佛道文化持续发酵并发展壮大，充实着河洛文化的内涵。

（3）三晋文化

“三晋”这一称谓源于韩、赵、魏“三家分晋”的历史事件。从一定意义上讲，三晋所覆盖的区域要大于山西现有行政区划的范围。不同的地域与生存环境孕育出与之相适应的文化模式，彰显相应的文化性格。三晋文化主要包括在山西大地上形成的德孝文化、忠义文化、廉政文化和诚信文化。

山西是德孝文化的发源之地，蕴藏着深厚的德孝文化资源。《史记》中曾记载：“天下明德，皆自虞帝始。”① 在中国传统的德孝文化中，舜帝可以说是最好的典范，开了德孝文化的先河。其倡导的德孝观念涉及持家、为官、治国的各个方面，并被赋予具体要求与行为准则，形成德孝文化的最初规范。可以说，由舜帝开创的德孝文化奠定了后世“德治天下、勤政爱民”的思想基础，被历代统治者推崇，对后世产生了深远的影响，是中华民族共同的文化根基。

---

① 《给年轻人读的史记》，杨树增译注，蓝天出版社，2012。

在晋国文公时代，忠义思想得到较大的发展。在晋文公所推崇的以“尊王”“重义”“征信”“敦礼”“尚贤”等为代表的一系列行政思想中，“忠义”思想居于十分重要的地位。忠义文化体现在“忠”“义”“信”“勇”4个方面：“忠”指忠于国家、忠于民族的情感，“义”指在人际关系这个大范围内中坦诚相待，“信”指具有诚实守信的品德，“勇”指保持理性、智慧。忠义文化是团结广大中华儿女的精神纽带，是沟通人际关系的桥梁和为人处世的基本准则。

山西的廉政文化源远流长，最早可追溯到帝尧时代。《周礼》最早赋予“廉”政治意义，又把“廉”具体分为6种不同的形式：廉善、廉能、廉敬、廉正、廉法和廉辨。汉朝之后，“廉”正式成为一种衡量职业操守的标准。山西历史上的廉政名人不胜枚举，尧舜是山西历史上最早的廉政名人。以此为始，山西这片沃土不断涌现温彦博、狄仁杰、于成龙等廉政名人。他们风清气正的品质被后世广为传颂，在中国传统廉政文化史上写下浓墨重彩的山西华章。

诚信文化是山西人民在长期劳动中形成的精神财富，其中以晋商诚信文化最为典型。自明代以来，晋商在不同的商业领域将中国传统文化中“仁、义、礼、智、信”的道德理念与经商之道有机结合，形成了一套独特的以诚信为核心的倡导重信、守约、务实的诚信文化。“诚信”是晋商的立业之本，诚信文化中所包含的诚实、守信、无欺，逐渐发展为立人、处世之道，影响着中华民族的代代子孙。

（4）齐鲁文化

齐鲁地区因西周春秋时期的齐国和鲁国而得名。其地东临大海，中有泰山，故又有海岱之称。它以泰山为界，分为齐、鲁两个文化单元。所以从区域文化的角度出发，齐鲁文化是指西周初期到秦统一六国期间齐国文化与鲁国文化的总称。

齐鲁文化发源很早。距今约40万年前，沂源猿人就生活在齐鲁大地。到了石器时代，生活在黄河下游地区的炎帝部族及其后裔创造了以大汶口文化和龙山文化为代表的东夷文化，其与同一时期黄河中上游地区的黄帝族及其后裔创造的以仰韶文化为代表的华夏文化不断碰撞、交流和融合，逐渐形成了一种独特的区域性文化，即夷夏文化。齐鲁文化就是在夷夏文化融合过程中产生的一种文化。

齐国、鲁国建国至春秋时期，是齐文化、鲁文化的形成时期。西周建立后，周文化沿黄河东下到达下游地区。周文化和东夷文化在接触过程中，由于地理环境、人文条件的差异，形成了风格迥异的两种文化：齐文化和鲁文化。齐文化主张宽松自由、兼容并包，具有开放性和包容性；鲁文化则重视礼仪道德，追求的是礼乐仁义。由于历史上齐、鲁两地相邻，两国之间又是姻亲的关系，两地的经济、文化交流十分密切，两国文化在战国时期基本成为一个整体的文化概念，因此后人统一称之为齐鲁文化。春秋战国时期，思想领域百家争鸣，齐鲁文化迎来黄金时代，各个学派之间的交流促进了齐鲁文化的繁荣，齐鲁文化逐渐走上了正统文化的道路。经过汉武帝“独尊儒术”，齐鲁文化获得政治上、文化上的主体地位。以孔孟之学为主的儒学不仅影响了中国，而且流传至韩国、日本等国家，成为东方文化的重要内容，在世界上享有极高的声誉。

事实上，在整个黄河流域，除了河湟文化、河洛文化、三晋文化、齐鲁文化与黄河有直接关系，北方的燕赵文化、西边的秦文化等都与黄河有间接关系，显示出黄河文化多元与博大精深的特质。不同的文化在黄河的孕育下形成，各有特质又互为一体，构成了多元一体的黄河文化。

2. 中华文明的根魂所系

（1）黄河流域为人类提供了生存之本

黄河流域孕育了独特的物质文化，古代先民在黄河流域创造了农学水利、天文历法、文学文字、器物建筑等物质文化。在中国古代千百年的历史中，影响文明进程的大多数创造诞生在黄河流域。黄河流域是古代世界上最适合农业耕作的地区之一，最初形成了以农业文明为核心的社会形态。在古老的神话传说中，人文始祖伏羲教民结绳为网、以狩猎打鱼为生；神农氏炎帝教民制耒耜、种植五谷、制作陶器、烧制食物，解决了“靠天吃饭”的问题；黄帝劝民耕织、教民食用熟食，又督促人民顺应时令、播种百谷……在早期社会中，先民创造了先进的农业技术，改变了黄河流域原始的游牧生活，奠定了农业发展的基础。之后，先民继续在农业发展过程中总结经验、创新技术，形成了中国古代源远流长的农业文明。

（2）黄河流域是科技与文化的孵化场

黄河文化积累和传承着丰富的民族集体记忆，中华民族的物质文化、制度文化、精神文化最早形成于与黄河的互动过程中。

科技是第一生产力。在广阔的黄河流域，农田水利、天文历法、数理算术、陶瓷器物、文物建筑琳琅满目，共同构成了黄河流域独特的物质文化，为今天留下了丰富多彩的历史文化遗产资源。象征中国最先进物质文化的四大发明也诞生在黄河流域。这些科技不仅直接影响了中国，而且影响了整个世界，为促进人类文明的进步做出了突出贡献。

文化的进步与传播离不开载体，文字是文化传播的主要承载者。目前，殷墟甲骨文是我们已知最古老的成熟文字。事实上，文字的起源时间比甲骨文还要早很多。根据考古发掘，在距今七八千年前的内蒙古兴隆洼等遗址中，已经有类似文字符号的出现，而这些也都是黄河流域孕育出的文明古迹，展现出汉字历史的源远流长①。除此之外，四书、诸子典籍、黄老之学、程朱理学、汉赋、唐诗等都诞生于黄河流域，剪纸、羊皮筏子、黄河号子等文化的物质载体在黄河流域更是俯拾皆是。

制度文化是文化的主体。黄河流域孕育了中国最早的制度文化，形成了中国传统社会的秩序。发源于黄河流域的礼乐制度、治理体制、社会制度、伦理观念等延续至今，在现代文明中仍然发挥着重要作用。黄帝、尧、舜“以德治天下”的大同制度，西周时期“制礼作乐”的礼乐制度，秦汉形成的大一统治理体制，汉唐时期奉行的民族融合等，都是黄河制度文化的重要体现。黄河流域的制度文化展现了中国古代社会完备的治理体系和强大的治理能力。夏商周三代是中国治理制度形成的开端，周公创造的周礼开了礼乐制度的先河，长幼有序、亲疏有别的宗法制度形成了最初的伦理观念……周朝制度文化中的许多要素在历朝历代的发展中不断被积极借鉴，在与时俱进中发展，最终形成了中国古代社会基本的制度模式。近代以来，中国人民在面对内忧外患时，积极探索救亡图存的制度建设，最终选择走向中国特色社会主义道路。

（3）黄河文化是中华民族的根与魂

黄河造就了中华民族的精神内核，促进了民族品格、民族心理的形成，是黄河精神的集中体现，在中华民族发展过程中发挥着培根铸魂的作用。她记录了

---

① 籍庆利：《黄河文化的历史价值及当代传承——评〈黄河与中华文明〉》，《人民黄河》2023 年第 6 期。

中华儿女的苦难与辛酸，彰显了中华儿女不屈不挠的抗争精神，更承载着中华儿女的热切期盼。保护黄河、传承黄河文化是每位中华儿女应尽的责任和义务。

黄河文化展现了海纳百川的包容气度。黄河文化在漫长的发展过程中，向北吸收了草原游牧文化，向南融合了长江文化，又通过陆上丝绸之路与海上丝绸之路，不断与诸国文化交流碰撞，形成了多民族、多宗教、多元化的文化体系，扩大了影响范围，不断地融入更大范围的文明中。黄河文化以较高的开放度和包容度，影响着中华儿女，形成了中华民族和美与共、融合包容的开放精神，锻造了中华儿女奋斗不息、顽强拼搏的民族品格。

黄河文化蕴含着中华民族不畏艰险、不屈不挠的斗争精神。民间流传着黄河“三年两决口，百年一改道”的说法。根据历史文献，公元前 602 年的黄河大改道，是有记载的第一次大改道。此后，黄河下游决溢 1500 多次，直接造成大改道 26 次①。在大面积的黄泛区内，田地村庄被淹，百姓流离失所，国家和社会的稳定受到威胁。同时，黄河的泛滥为人们敲响了警钟。频繁的洪涝灾害使人们逐渐意识到，只有真正团结起来、众志成城，才能抵抗大自然带来的祸患。在历代与黄泛不断的抗争中，涌现许多保护百姓、救民于水火中的英雄人物，他们的故事可歌可泣，被人们世代传唱。他们勇于奉献、不怕牺牲的精神永远镌刻在中华儿女共同的记忆中，造就了中华民族自强不息、顽强抵抗灾害的斗争精神。

黄河文化彰显了天人合一、与大自然和谐共生的价值理念。管子曾说：“是以圣人之治于世也，不人告也，不户说也，其枢在水。”② 事实上，人类的发展始终与水密不可分。水治则百业兴旺、社会稳定，水患则民不聊生、社会动荡。历史上，上自春秋战国，下到明清，历朝历代都有关于治理黄河的经典案例和经验教训。中华人民共和国成立后，毛泽东主席向全党全社会发出“要把黄河的事情办好”③ 的伟大号召，彰显了党和国家对治理黄河的决心和

① 刘建霞：《论黄河文化在中华文化中的地位和影响》，《中共山西省委党校学报》2020 年第 5 期。

② 沈素珍、钱耕森：《〈管子〉论“治世”，“其枢在水”与生态文明》，第九届全国管子学术研讨会，安徽，2014。

③ 《心系母亲河，习近平这样谱写黄河新篇》，求是网，2019 年 10 月 15 日，http：//www.qstheory.cn/zhuanqu/bkjx/2019-10/15/c_1125106981.htm。

信心。其后，根据1955年第一届全国人大二次会议通过的《关于根治黄河水害和开发黄河水利的综合规划的决议》，党领导人民在黄河治理、开发、保护和利用等方面取得显著成绩。陕西、山西、甘肃、内蒙古等地积极开展植树造林运动，兴修水利工程，大大改善了黄河流域的自然生态。刘家峡、盐锅峡、青铜峡、小浪底等大型水电工程的建造，在防洪、发电、灌溉等方面发挥了重要作用，改善了人民生活。党的十八大以来，党中央进一步明确了“节水优先、空间均衡、系统治理、两手发力”的治水理念，坚定不移走生态优先、绿色发展的现代化道路，为黄河流域高质量发展注入新的活力。习近平总书记指出：“自然是生命之母，人与自然是生命共同体，人类必须敬畏自然、尊重自然、顺应自然、保护自然。”① 生态文明建设是关系中华民族永续发展的根本大计，保护自然就是保护人类，建设生态文明就是造福人类。在当前人地关系矛盾突出的时代背景下，黄河文化为新时代生态文明建设提供了历史经验和智慧。

二 黄河文化的时代价值和意义

习近平总书记说，“黄河文化在整个中华文明体系中具有母体和发端的地位与意义”“要深入挖掘黄河文化蕴含的时代价值，讲好‘黄河故事’，延续历史文脉，坚定文化自信，为实现中华民族伟大复兴的中国梦凝聚精神力量”②。黄河是中华文明起源的地方，是中国古代社会政治、经济、文化的中心，也是近现代中华儿女抵御外敌的精神脊梁。今天的黄河依然扮演着重要角色，哺育着世代中华民族。在五千多年的历史中，我们的祖先沿黄河创造了丰富多彩的黄河文化，形成了中华民族的价值体系。黄河文化是中华民族的根和魂，凝结了中华文明的集体记忆，交织着中华儿女的感情，孕育了中华民族的独特精神。

① 《深入学习贯彻习近平生态文明思想　奋力绘就美丽中国新画卷》，人民网，2023年10月16日，http：//theory. people. com. cn/n1/2023/1016/c40531-40095784. html。

② 《讲好“黄河故事”（习近平讲故事）》，《人民日报》（海外版）2021年2月18日，第5版。

（一）传承和弘扬黄河文化是增强文化自信的不二选择

坚定文化自信、促进文化自觉，将不同时期形成的思想观念、价值标准和审美取向转化为大众的精神追求和行为习惯，是当前推进文化强国战略的基本遵循和不二选择。弘扬黄河文化精神有利于进一步挖掘黄河流域的文化资源，加强黄河流域的文化保护，构建中华文明的新格局。截至2019年，黄河流域有旅游景区4198个，占全国旅游景区数量的34%；4A级及以上旅游景区有1157个，占黄河流域旅游景区数量的28%，占全国4A级及以上旅游景区数量的29%。黄河流域的历史文化资源是取之不尽、用之不竭的宝贵财富，但值得注意的是：一方面，我们对这些资源的价值还认识得不够，各地散落的文化资源没有得到应有的重视和保护，导致部分文化资源遭到破坏，发掘利用明显不足；另一方面，黄河文化中蕴含的深层次价值还没有得到很好的彰显，价值转化还处于较低水平。因此，要传承和弘扬黄河文化，就要充分挖掘黄河文化的历史价值、文化价值、精神价值、艺术价值和经济价值，丰富中华文化的内涵，逐步构建中华文明的新格局。随着黄河文化的弘扬和发展，黄河文化的保护、开发和利用也将进入新的历史阶段，黄河文化蕴含的时代价值会得到更充分的发挥，为世界文明刻下深刻的中国印记，引领中华文化走向新的辉煌。

（二）传承和弘扬黄河文化有利于增强民族文化认同

民族共同体意识是一国立国之基、团结之本和力量之魂。在漫长的文明演进过程中，中华各民族文化多元并进，为中华文明共同体的形成做出了积极贡献，彰显了各族文化在发展过程中的包容与认同。习近平总书记曾强调，“加强中华民族大团结，长远和根本的是增强文化认同，建设各民族共有精神家园，积极培养中华民族共同体意识”①。而要增进文化认同，就要尊重历史、凝聚共识，弘扬中华文化核心价值理念。

历史上，众多的民族在黄河流域繁衍生息、交流碰撞，在此过程中形成

① 《坚定政治认同　深化文化认同　加快发展步伐　不断巩固中华民族共同体》，人民网，2017年6月29日，http：//theory. people. com. cn/GB/n1/2017/0629/c40531-29370378. html。

了多民族和谐共处的格局。黄河文化是中华各民族文化之源，是各民族世世代代繁衍生息的深厚根基，是维系民族团结的文化支撑，也是实现中华民族伟大复兴的精神根基。中华民族的民族共同体意识和“大一统”观念也萌发于黄河流域，无论是炎黄时代不同氏族的交融，春秋战国时期的文化相争，魏晋南北朝时期匈奴、鲜卑、羯、氐、羌等民族的内迁，还是盛唐时期包容开放的民族政策，都促进了各民族对中华文化的认同。黄河文化从诞生之时起，就展现了各民族共同发展、共同开拓疆域、共同创造文化的悠久历史。考古遗址的挖掘充分证明了黄河文化的多元性。传承和弘扬黄河文化，有利于重新见证民族融合的历史，进一步增强民族凝聚力。新时代，在黄河文化的引领下，中华儿女将团结一致、众志成城，凝聚起实现中华民族伟大复兴的巨大力量。

（三）传承和弘扬黄河文化为推进国家治理体系和治理能力现代化提供新思路

“河运”即“国运”。在中国古代，黄河流域的灌溉能力是保障农业社会人民生产生活的根基，黄河运输是国家重要的经济命脉，黄河的稳定是政权稳定的重要因素，甚至直接关乎国家的兴衰。因此在中国古代，黄河治理是一项关乎国运的工程，黄河治理能力是国家治理能力的重要体现。在中国历史上，大禹治水“三过家门而不入”，秦始皇统一六国后兴修郑国渠，汉武帝亲自指挥“瓠子堵口”行动，唐太宗即位后十分重视黄河治理，修建了许多治水工程，康熙帝将河务、漕运日夜谨记并写于宫中梁柱之上，可见历朝历代对黄河治理的重视。中国共产党自成立以来一直十分注重对黄河的治理，于 1946 年成立了治河机构，开启了黄河治理的新篇章。70 多年来，中国在中国共产党的领导下，开展堤坝建设，兴修水利枢纽，进行水土保持，恢复生态建设，取得了显著成就，基本上改变了黄河泛滥成灾的历史。如今黄河的安宁是中国共产党卓越治理能力的体现，同时体现了中国共产党科学的决策能力、成熟的统筹规划能力、强大的组织协调能力、集中力量办大事的优势以及以民为本、造福群众的不变初心。黄河治理的历史经验和智慧，也将为新时代推进国家治理体系和治理能力现代化提供可以借鉴的思路。

先秦时期黄河流域的考古学文化及其当代价值

毛明欣　黎红倩*

摘　要：　黄河流域是中华文明的发祥地之一，是研究人类起源、文明起源等重大问题的重要地区。本报告按照时间顺序，梳理黄河流域从石器时代到早期铁器时代的重要考古发现，并在相关研究成果的基础上分析其重要价值和意义。黄河流域在中华文明多源一体格局中占有核心地位，是推动增强文化认同感、树立民族自信心的重要力量。

关键词：　黄河流域　考古学文化　黄河文化　中华文明

黄河，古称“河”，发源于青海省巴颜喀拉山北麓，今流经青、川、甘、宁、内蒙古、晋、陕、豫、鲁等省区，在山东省东营市注入渤海，干流全长5464千米。黄河流域包含黄河及其众多支流的集水区，包括白河、洮河、湟水、清水河、大黑河、汾河、渭河、洛河、沁河、济水、大汶河等河流集水的广大地域。以山脉为分水岭，黄河流域大致西起青海巴颜喀拉山、东到渤海、南至秦岭、北达阴山，流域面积约为75万平方千米①。黄河是中华民族的母亲河，她孕育了灿烂的中华文明。黄河文化是中华民族的根与魂。党的十八大以来，习近平总书记高度重视黄河文化的保护与发展，发出“让黄河成为造

* 毛明欣，四川省社会科学院硕士研究生，主要研究方向为中国古代史；黎红倩，四川省社会科学院硕士研究生，主要研究方向为文化遗产。

① 王志民：《黄河文化主脉说——论中华文明奠基期的黄河文化》，《山东师范大学学报》（社会科学版）2022年第6期。

福人民的幸福河”[①] 的伟大号召。

黄河流域考古是指对黄河流域古代人类活动的遗迹遗物进行研究，旨在探索黄河流域古代人类的社会生活，阐明历史发展的客观规律。自考古学科传入中国，考古研究便首先在黄河流域开始。百年来，黄河流域考古取得了丰富的研究成果，构建了雄伟壮观的历史场景。

一　先秦时期黄河流域的考古学文化

（一）石器时代

在考古学中，一般以劳动生产工具划分时代。石器时代是考古学对早期人类历史划分的第一个时代，距今 300 万~4000 年。在此时期，人类使用以石材为原料加工制作的劳动生产工具。根据石器制作的水平，可进一步分为旧石器时代和新石器时代。

1. 旧石器时代

旧石器时代距今 300 万~1.2 万年，生产工具以打制石器为主，兼有骨器、角器和木器等。此时期的人类经历了早期猿人、晚期猿人、早期智人、晚期智人的进化过程，并大致完成了人种分化。早期人类居住在天然洞穴，以采集和渔猎为生，会使用天然火；晚期人类学会了建造房屋和人工取火。黄河流域该时期的主要考古发现有西侯度文化、北京人及其文化、蓝田人及其文化、大荔人及其文化、丁村人及其文化、山顶洞人及其文化、峙峪文化等。

西侯度文化是旧石器时代早期文化，距今超过 200 万年[②]，发现于山西芮城西侯度村附近。遗址发现石制品 32 件，制作工艺达到一定水平。遗址发现的烧骨、带切痕的鹿角和动物化石，是人类用火的早期证明，将人类用火历史大大提前，为人类起源、旧石器时代考古研究提供了重要实物

① 《让黄河成为造福人民的幸福河》，光明网，2021 年 10 月 16 日，https：//m. gmw. cn/baijia/2021-10/16/35236748. html。

② 王益人：《晋西南旧石器考古学研究现状及其展望》，《人类学学报》2018 年第 4 期。

资料。

蓝田人是旧石器时代早期的晚期直立人，距今 100 万~50 万年。1963 年，考古人员在陕西蓝田陈家窝村附近发现一具直立人下颌骨化石，第 2 年在蓝田县东南的公王岭发现一具直立人头骨化石，其具有明显的原始特征，脑容量约为 780 毫升。蓝田人的发现证明陕西是中国古代文明的发祥地之一。

北京人为旧石器时代早期的晚期直立人，距今 70 万~20 万年，1918 年发现于北京市周口店龙骨山，此后考古人员进行了长时间的发掘和研究。该地出土 40 多个个体的北京人化石、10 万余件石器，且有丰富的用火遗迹。北京人的发现明确了人类进化的序列，为研究早期生态环境、人类生活提供了丰富的实物资料，大大推动了中国考古学的发展①。

陕西大荔县发现的大荔人和山西襄汾丁村遗址发现的丁村人都属于旧石器时代中期的早期智人，距今 10 万余年。丁村人的体质形态和社会生活都表现出更大的进步性，已有母系氏族发展的趋势，为研究早期人类活动提供了珍贵的实物资料。

山顶洞人是生活在旧石器时代晚期的晚期智人，距今约 1.8 万年，发现于北京市周口店龙骨山顶部的洞穴。该遗址发现 3 个完整的头盖骨以及其他人骨化石，分别属于 8 个个体，表现出明显的进步性，已具备现代人的特征。该遗址出土了石器、贝类以及水平较高的骨角器，如骨针、骨角装饰品，反映出山顶洞人的审美观念。下室的墓地以及特殊的葬俗，一般认为反映了原始的宗教观念。山顶洞人的丰富遗存展现了古人类的生活和思想，体现了黄河流域及中国旧石器时代晚期的古人类进化与社会发展情况。

2. 新石器时代

新石器时代以农业、家畜饲养业和磨制石器的产生为主要标志，距今 1 万年左右②。此时期的人类已属于现代人范畴，生产工具以磨制石器为主，晚期出现了红铜器和青铜器，为适应炊煮谷物性食物，陶器也应运而生。随着种植农业和家畜饲养业的发展，人们开始了定居生活，社会组织形态开始转型，父系制度慢慢确立，核心家庭增多。

---

① 吴新智：《周口店北京猿人研究》，《生物学通报》2001 年第 6 期。

② 张之恒：《中国考古学通论》，南京大学出版社，1991，第 6 页。

（1）黄河上游地区

黄河上游以洮河流域为中心地区，包括青海东部地区，考古发现有大地湾文化、马家窑文化和齐家文化，建立起黄河上游完整的发展序列。

大地湾文化距今7800～4800年，发现于甘肃省秦安县邵店村。遗址出土陶、石、骨、角、蚌器8100余件，发现房屋建筑遗迹240余座，其中F411房址地面发现一幅保存较完好的用黑色颜料绘制的大型作品。大地湾遗址的丰富发现为重建中国史前史提供了珍贵的实物材料，对研究黄河流域新石器文化的产生、发展和探索中华文明的起源都具有十分重要的意义①。

马家窑文化属于新石器时代中晚期文化，1924年最早发现于甘肃临洮马家窑遗址，距今5300～4000年②。经历1000多年的发展，可分为石岭下、马家窑、半山和马厂4个类型。马家窑文化的生产工具以磨制石器为主，兼有骨器。此时期的陶器制作技艺更加成熟，以手工制陶为主，彩陶以黑彩为主。此时期不同墓葬的随葬品多寡不一且男女有别，体现了具有贫富差距和社会分工特征的父系氏族社会面貌。马家窑文化的发现为黄河上游新石器时代文化谱系的构建提供了珍贵的实物资料。

齐家文化处于新石器时代晚期至铜石并用时代，距今4400～3400年③，1924年最早发现于甘肃齐家坪遗址。齐家文化时期的农牧业、制陶业和手工业都有了较大发展。冶铜业的出现和发展是其重要特征，在多处遗址发现有红铜器和青铜器，且发现有迄今已知最早的铜镜。齐家文化晚期进入青铜时代。在这一时期，生产力的发展促进了财富的增长和私有制的发展，加剧了贫富差距。齐家坪遗址墓葬中出现了一男二女等现象，随葬品有玉器、海贝等且差异悬殊。此时期氏族制度趋于瓦解，文明时代即将到来。齐家文化晚于仰韶文化的事实，是批驳安特生“中国文化西来说”的有力证据④。

（2）黄河中游地区

黄河中游地区包含今天的河南、山西、陕西，这里是中国新石器时代文化

---

① 程晓钟：《大地湾考古相关问题研究》，《华夏考古》2009年第3期。

② 张多勇、李云：《从考古发现看马家窑人的生产活动》，《农业考古》2012年第6期。

③ 任瑞波、陈苇：《关于齐家文化的几个基本问题》，《四川文物》2017年第5期。

④ 《安特生与“中国文化西来说”的终结》，“京报网”百家号，2023年4月7日，https://baijiahao.baidu.com/s?id=1762498447358740587&wfr=spider&for=pc。

最为发达的地区之一，历史发展进程早、文化遗存丰富、发展序列清楚，对其他文化产生了一定影响。

裴李岗文化距今 7000~5000 年，1977 年首先发现于河南新郑裴李岗村。裴李岗遗址出土了大量精致的磨制石器，以鞋底形石磨盘和石磨棒最具特色，陶器制作技艺较为原始。裴李岗文化是新石器时代早期的代表性文化，对研究黄河流域粟作农业起源有重要意义①。

仰韶文化是新石器时代中期的文化，距今 7000~4800 年②，1921 年首先发现于河南渑池仰韶村。仰韶文化存在时间长、分布地域广，可分为半坡类型、史家类型、庙底沟类型和西王村类型。仰韶文化居民的制陶技艺有较大进步，彩陶十分发达。居民以锄耕农业为生，饲养狗、猪、羊、鸡等家畜家禽。墓葬分为土坑葬和瓮棺葬，墓葬中实行女性厚葬和母子合葬，反映出以女性为中心的特点。仰韶文化是中国最早发现的考古学文化，揭开了中国田野考古学的序幕，是中国近代考古学诞生的标志。

庙底沟二期文化是新石器时代中期向晚期过渡的文化，距今 5000~4600 年。遗址出土的陶器总体具有从仰韶文化向龙山文化过渡的特点，为确定仰韶文化与龙山文化的继承关系提供了重要证据③。

陶寺文化是黄河中游地区新石器时代晚期的考古学文化，距今 4600~4000 年，1978 年发现于山西襄汾陶寺村。陶寺遗址发现了最早的测日影天文观测系统、大型城址、宫殿、祭祀建筑基址，已具备国家形态。出土的陶龙盘和大石磬等专用礼器表明华夏礼制逐渐形成。陶寺遗址的发现与研究，诠释了“最初的中国”概念，对于夏文化的探索和早期国家起源研究有重大意义④。

石峁遗址是龙山文化晚期至夏代早期的一个超大型中心聚落，距今 4000 年左右，1976 年发现于陕西神木石峁村。石峁遗址是目前已知史前规模最大的城址，面积约为 400 万平方米，已具备王都的形态。遗址发现房址、瓮棺

---

① 秦存誉、袁广阔：《科技考古视野下的裴李岗文化研究及相关问题》，《江汉考古》2022 年第 1 期。

② 巩启明：《新世纪陕西史前考古的重要收获（上）》，《文博》2018 年第 4 期。

③ 巩启明：《新世纪陕西史前考古的重要收获（下）》，《文博》2018 年第 5 期。

④ 何努：《制度文明：陶寺文化对中国文明的贡献》，《南方文物》2020 年 3 期。

葬、骨器作坊等，出土了丰富的陶、玉、石、骨器以及丝织品残片，其中的玉人头像极具特色。石峁遗址文化内涵丰富，对于进一步探索中华文明起源、国家起源等具有重要意义[①]。

后岗二期文化是新石器时代晚期的文化，分布于河南、河北。1931 年，考古学家梁思永发现了“后岗三叠层”，证明了仰韶文化、龙山文化和商文化在地层上的承袭关系。

（3）黄河下游地区

黄河下游地区的新石器时代文化有清晰的发展序列，已知有前后承袭的后李文化、北辛文化、大汶口文化和龙山文化 4 种考古学文化。

后李文化是新石器时代早期文化，1988 年首先发现于山东临淄后李文化遗址。后李文化的发现填补了黄河下游地区新石器时代早期文化的空白，为研究中国早期社会提供了珍贵资料[②]。

北辛文化距今 7600~5600 年[③]。1978 年、1979 年北辛遗址的大面积发掘，比较全面地揭示了北辛文化的内涵与特征，为黄河下游地区新石器时代的经济、思想、文化研究提供了重要的实物资料[④]。

大汶口文化是黄河下游的新石器时代中期文化，距今 6500~4500 年，首先发现于山东泰安大汶口。出土的磨制石器小而精致，穿孔技术发达，显示已进入发达的锄耕农业。陶器上发现的“陶文”，被认为是中国最早的象形文字。不同墓葬中的随葬品差异较大，居民中流行拔齿习俗，死者腰部放穿孔龟甲，手握獐牙或獐牙钩形器。晚期随着生产力的发展和私有制的出现，防御性质的城堡出现，说明氏族制度已趋崩溃，文明即将到来。大汶口文化是龙山文化的源头，为构建此时期的文化谱系提供了珍贵的实物资料。

龙山文化是黄河下游地区的新石器时代晚期文化，距今 4000 年左右，因 1928 年由考古学家吴金鼎、梁思永发现于山东济南龙山镇城子崖遗址而得名。

---

① 巩启明：《新世纪陕西史前考古的重要收获（下）》，《文博》2018 年第 5 期。

② 王吉怀：《论黄河流域前期新石器文化的文化特征和时代特征》，《东南文化》1999 年第 4 期。

③ 栾丰实：《北辛文化研究》，《考古学报》1998 年第 3 期。

④ 王吉怀：《论黄河流域前期新石器文化的文化特征和时代特征》，《东南文化》1999 年第 4 期。

龙山文化以精致的黑陶为特征，此时的制陶技艺达到史前最高峰，以蛋壳黑陶杯为典型代表。墓葬习俗保留了大汶口文化的遗风。丁公城址发现的“丁公陶文”被认为是象形文字的雏形。由于部落间掠夺性战争频繁，防御性的城堡逐渐增多，反映了龙山文化开始跨入文明时代。

（二）青铜时代

黄河流域的青铜时代包括夏、商、周和春秋时期，时间范围为公元前 21 世纪至公元前 5 世纪上半叶。此时期正处于社会大变革时期，出现城市等大型建筑，广泛使用青铜器和文字。此时期的黄河流域处于发展变革的中心地区，遗址众多，文化内涵丰富。

二里头文化是黄河中游地区的青铜时代早期文化，时间范围为公元前 2010 年至公元前 1600 年，因 1959 年由考古学家徐旭生发现于河南偃师二里头遗址而得名。二里头文化农业生产发达，酿酒、饮酒习俗出现。遗址发现大型宫殿，出土容器、兵器、工具、饰件 4 类青铜器，以镶嵌绿松石的铜牌饰为代表。除此之外，还出土精美的玉器和雕花漆器。墓葬有明显的等级差异，开了青铜礼器随葬的先河，反映出社会的高度分化。二里头文化对于探索夏文化有重要意义①。

二里岗文化是商代早期文化，距今 3500 年，1950 年首次发现于河南郑州二里岗村。此时期手工业、农业分工范围扩大，出土的大量贝币反映了商品生产的发展。青铜器制作技艺进一步发展，出现大量成套的青铜礼器和专门的青铜武器。二里岗文化中祭祀、占卜之风盛行，同时广筑城墙、兴建大型设防城市，如郑州商城和偃师商城。郑州商城和偃师商城年代相近且形制相似，平面近长方形，呈三重城垣结构，城墙采用版筑法，外有护城壕。二里岗遗址城址结构清晰、出土文物众多、文化内涵丰富，已具备早期都城特征，为研究商文化、古代城市规划提供了丰富资料。

殷墟是商代晚期都城遗址，位于河南安阳洹河两岸，1928 年开始发掘。遗址总面积达 30 平方千米，南岸为宫殿宗庙区，发现密集的夯土建筑和妇

① 方燕明：《中华文明探源工程中的中原考古》，《郑州大学学报》（哲学社会科学版）2022 年第 6 期。

好墓，北岸为王陵区，发现武官村大墓等13座商代大墓和1000多个祭祀坑。遗址出土甲骨15万余片，是研究商朝历史的一手资料。此时期的青铜文化达到巅峰，青铜器多带有铭文，具有重要的证史补史作用，以后母戊鼎为代表。殷墟的发现使商王朝的存在得到证实，其发掘是中国独立进行科学发掘的开端，为考古工作积累了丰富经验，培养了大批考古人才。殷墟出土的丰富文物展示了奴隶制社会全盛时期的社会发展状况。2006年，殷墟遗址被评为世界文化遗产，对于传播中华文化、构建中华文明标识、坚定文化自信具有重要意义①。

周原遗址是周文化的发祥地和周灭商之前都城所在，位于陕西岐山县和扶风县一带，总面积达33平方千米。遗址发现大型夯土建筑基址，是已知最早、最完整的四合院。发现多处铸铜、制陶、制骨、玉石等手工业作坊以及庄白微氏家族青铜器窖藏，出土毛公鼎等重要铜器。2004年又发现周公庙大墓群，墓地外围发现西周城墙和大量建筑材料。周原遗址是周文化中面积最大、文化内涵最丰富、最具代表性的遗址，是周文化的核心遗址②。

丰镐遗址位于陕西西安沣河两岸，面积约为17平方千米，发现大型宫殿基址、手工业作坊、墓葬、车马坑，出土大量建筑用瓦、青铜器、甲骨、玉器、陶器等。丰镐是中国历史上第一个规模宏大、布局规整的大城市，建立了中国城市平面布局的总规制，是周礼的诞生地③。

侯马晋城是春秋时期晋国都城遗址，1952年被发现，呈现6座城池、外有城墙和护城壕的长方形格局，发现宫殿区、窖穴、水井、陶窑、墓葬、手工业作坊等，出土3万余枚陶范。发现盟誓遗址，出土大量侯马盟书，对于研究晋国历史、都城形制、盟誓制度和古文字有重要价值④。

---

① 唐际根、荆志淳：《殷墟考古九十年回眸：从“大邑商”到世界文化遗产》，《考古》2018年第10期。

② 陕西省考古研究院商周考古研究室：《2008～2017年陕西夏商周考古综述》，《考古与文物》2018年第5期。

③ 陕西省考古研究院商周考古研究室：《2008～2017年陕西夏商周考古综述》，《考古与文物》2018年第5期。

④ 赵瑞民、韩炳华：《晋国都城遗址的发现与研究》，《中国地方志》2003年第1期。

（三）早期铁器时代

早期铁器时代，简牍和帛书出现，成为重要的考古材料；冶铁技术出现，在社会生产中普遍应用，并推动畜力、犁耕的发展，成为封建社会最先进的生产力。此时期战争频繁，但科学技术快速发展，思想也空前活跃。此后，列国从纷争逐渐走向统一，最终形成大一统的秦王朝。

战国时期，城市迅速兴起，数量和规模都有较大的发展。目前考古发掘或调查的都城和重要城邑有40座左右，这些城邑沿用故城或新建，如河南新郑郑韩故城、河北邯郸赵国都城、河北易县燕下都、陕西凤翔秦雍城、陕西西安栎阳城等。以下以临淄齐国故城遗址为例。

临淄齐国故城遗址位于山东淄博市临淄区，是齐国的政治、经济、军事、文化中心，也是当时规模最大、最繁华的城市之一，总面积约为20平方千米。城外有护城河，城内分大小城，小城为宫城，外为郭城，城门11座，城内10条主干道将城市分为功能不同的区域，修建有系统的排水设施。临淄齐国故城遗址的发现，对于研究齐国的社会历史和都城规划有重要意义①。

战国都城建筑大体相似，平面大多呈正方形或长方形，在城市选址和建造上强调攻战、防御功能。基本为两城制，有宫城和郭城之分，宫殿区往往地势高且有夯土台基，突出皇权至上的理念。城内道路、街区、排水设施齐全，有不同功能的区域划分，早期城内面积广大，甚至有农业区和贵族墓葬，晚期墓葬逐渐迁至城外。

此后，秦一统中国，建立起中央集权制国家，地方性特色文化减弱，民族交往交流交融加强，辉煌灿烂的中华文明进入新的历史阶段。

二　先秦时期黄河流域考古学文化在中华文明格局中的地位与作用

20世纪20年代，近代考古学传入中国。中华文明起源探究成为考古的重

① 徐团辉：《战国都城防御的考古学观察》，《中原文物》2015年第2期。

心之一。鉴于黄河流域独特且关键的地位，考古发掘工作的起点和重心首先放在了黄河流域。黄河流域的丰富考古资料充分证明，该地区是中华文化起源、形成的重要区域，是中华文明格局的核心所在。

（一）黄河流域考古学文化与中华文明的起源和形成

从传统文献记载到20世纪前期，人们普遍认为中华文明起源于黄河流域，并逐渐向西方扩散，形成了中华文明起源“一元说”。20世纪70年代末，夏鼐和苏秉琦相继提出中华文明“多源论”观点。苏秉琦对中华文明的多源性特点做了更精准形象的表述，提出中华文明起源“满天星斗说”。他将史前考古遗址标注在中华大地的地图上，密密麻麻，像繁星一样，“中华大地文明火花，真如满天星斗，星星之火已成燎原之势”①。中华文明起源“满天星斗说”生动形象，直观呈现了中华文明的多源性，特别强调了黄河流域在中华文明起源和形成中占有重要地位。

苏秉琦将新石器时代文化分成六大区系，不同区系的遗址受所在地区地理、气候等影响，形成了独特的地域文化，中华文明是在不同地域文化的相互碰撞和促进下诞生的。在对中华文明起源的理论探索中，中华文明起源“满天星斗说”和“多源论”获得学术界的认同，但这不意味着黄河流域在中华文明起源进程中的“摇篮”地位与中华文明的多源性是对立的。

中华文明探源工作的不断推进，揭示了中华文明形成的考古学文化序列，这一序列之下又包含各种不同的类型，使中华文明发展演进的轨迹更加明晰和严谨。根据苏秉琦划分的六大区系，以秦岭、淮河为分界线，中国进一步划分为黄河流域和长江流域。根据长江流域新石器时代的考古发现，长江流域并未像黄河流域那样孕育出以青铜文化为标志的“王国”文化。在良渚文化之后，长江流域在夏商周三代时期的文化逐渐呈现弱势，文化传承出现断层。这表明长江流域的文化对中华文明的贡献更多地融入黄河流域的文化中。大量考古发现和研究表明，黄河流域考古学文化对其他文化具有吸附性，经过内在融合后，成为中华文明的基石。

中华文明的起源是在多个区域同时发生的，黄河流域是重要地区之一，黄

---

① 苏秉琦：《中华文明起源新探》，生活·读书·新知三联书店，1999，第118~119页。

河流域考古学文化显示出不断吸收、融合其他区域文化的特点。综观黄河流域考古学文化可以发现，中华文明在黄河流域起源，也在这里融合形成，“满天星斗”汇成一条主脉。

（二）黄河流域考古学文化的核心地位

中华文明具有多源性，全国各地的考古发现证明，除黄河流域外，其他地区的文化也在独立发展，同时与黄河文化有着密切的交互关系。然而，各个地区的文化发展并不同步，它们在中华文明中的地位也各不相同。越来越多的证据表明，在中华文明多源一体格局中，黄河流域考古学文化占据着核心地位。

考古成果证明，在文明的诞生和发展过程中，各地区之间存在差异。黄河中游的中原文化区文化发展水平较高，起领先和突出的作用。20 世纪 80 年代，严文明根据黄河流域的考古发现，提出“重瓣花朵”理论。严文明指出，“中国史前文化是分层次的向心结构”“中国的新石器时代文化就像一个巨大的重瓣花朵”“中原文化区是花心”①，燕辽、甘青、山东、长江中游和下游的苏浙地区是第二层次的内圈花瓣，昙石山、石峡等地区是第三层次的二层花瓣。根据“重瓣花朵”理论，黄河流域中游地区位于核心，上游和下游地区属于内圈花瓣，这凸显了黄河流域考古学文化在中华文明格局中的核心地位。

三　先秦时期黄河流域考古学文化的当代价值

习近平总书记在中央政治局第二十三次集体学习时提出，经过几代考古人接续奋斗，我国考古工作取得了重大成就，延伸了历史轴线，增强了历史信度，丰富了历史内涵，活化了历史场景。考古发现展示了中华文明起源和发展的历史脉络，展示了中华文明的灿烂成就，展示了中华文明对世界文明的重大贡献②。黄河流域考古学文化在当代占据着重要地位，黄河流域的考古工作对中华文明溯源等重要课题具有十分重大的价值。

---

① 严文明:《中国史前文化的统一性与多样性》,《文物》1987 年第 3 期。

②《习近平主持中央政治局第二十三次集体学习并讲话》，中国政府网，2020 年 9 月 29 日，https：//www. gov. cn/xinwen/2020-09/29/content_5548155. htm。

（一）文明探源

近代考古学被引入中国后，中外考古学家开始探索中国及人类的起源。他们以黄河流域为起点，进行了深入的探索和研究，在黄河流域上游河套地区的萨拉乌苏“河套人”遗址和宁夏水洞沟遗址，以及黄河故道下游的北京周口店北京人、山顶洞人遗址都有重大发现①。贾兰坡写的《北京人》《河套人》《山顶洞人》被称作中国最早历史的三部曲，都发生在黄河流域，代表了中国旧石器时代考古起步阶段的成果②。

在黄河流域考古的早期探索中，北京人不仅时代最早，而且遗物十分丰富，包括完整直立人头盖骨5个，人体颅骨、肢骨40余个，石制品数万件，以及烧石、灰烬和百余种哺乳动物化石。这些早期发现被视为中国旧石器时代考古史上的重要里程碑，使中国成为研究早期人类起源与演化的核心区域。从此以后，黄河流域的旧石器时代考古研究进入一个新的阶段。

20世纪五六十年代，中国各地陆续发现了大量早、中、晚更新世时期的猿人化石，其中最多、最系统、影响最大的仍然在黄河流域。

西侯度遗址和蓝田人等重要发现，充分证实了黄河流域是中华文化孕育和发展的重要地区之一。在黄河流域旧石器时代中晚期遗址的考古研究中，也发现了大量智人遗址，进一步印证了黄河流域在人类演化历史中的重要地位。

从丁村遗址到李家沟遗址，尽管黄河流域的现代人是否由本地的早期智人直接进化而来尚不确定，有待进一步的考古新发现证明，但黄河流域旧石器时代中晚期遗址的发现和相关人骨化石的研究越来越证明：它们与现代中国人之间存在连续性，有着亲缘上的继承关系。这至少说明，黄河流域的远古人类是现代中国人远古祖先的来源之一③。

在距今一万年前后，中国进入新石器时代。在20世纪初，中外考古学家

① 王志民：《黄河文化主脉说——论中华文明奠基期的黄河文化》，《山东师范大学学报》（社会科学版）2022年第6期。

② 刘扬：《中国旧石器时代考古史上的三个重要事件》，《北方文物》2022年第3期。

③ 王志民：《黄河文化主脉说——论中华文明奠基期的黄河文化》，《山东师范大学学报》（社会科学版）2022年第6期。

率先在黄河流域开展了关于中华文明起源的考古研究。仰韶文化与龙山文化的发现，以及黄河中下游地区考古学文化序列的完整呈现，为传统观点“黄河是中华文明的起源地和摇篮”提供了印证。

认识历史，离不开考古。考古学的使命之一就是揭示和重现中华民族历史，保护和传承中华优秀文化遗产。黄河流域考古工作的开展，深入推进了中华文明探源工程，将中华文明的历史研究引向纵深。

（二）文化认同

考古学家发掘地下隐藏的古代遗址，揭示了被尘封的历史。黄河流域的考古工作及丰硕成果，揭示了中华文明的起源和发展轨迹。习近平总书记曾指出：“如果不从源远流长的历史连续性来认识中国，就不可能理解古代中国，也不可能理解现代中国，更不可能理解未来中国。”① 考古既是为了发现遗存、探寻历史，也是为了传承和弘扬中华传统文化。黄河流域考古工作的开展，更加清晰地展现了黄河流域在中华文明形成中的地位和作用。挖掘和保护历史遗迹，不仅可以让这些珍贵的历史文化遗产重新展示在世人面前，还能够让更多的人深刻感受到中华文明源远流长的独特魅力。这种文化的传承和发扬，有助于不断增强人民群众对自身文化的认同感和自信心，为推动文化事业的繁荣发展、建设社会主义文化强国以及构建中华现代文明提供强大的精神动力和支持。

（三）民族自信

要增强文化认同感，必须树立文化自信，而文化自信的核心是民族自信。民族自信的根源有着深刻的历史必然性和时代背景。考古学的发展与文化传承有着密切的联系，黄河流域的考古发现进一步证明了中华文化的开放包容。不同文化区系之间并非孤立存在，各地区文化之间相互交流、相互影响。这种交流和影响从源头奠定了中华文化开放和融合的基本特质。由于具有开放性和融合性，中华文化在数千年的历史中，以博大精深的底蕴，不断吸收其他文化的

① 《习近平在文化传承发展座谈会上强调　担负起新的文化使命　努力建设中华民族现代文明》，《人民日报》2023 年 6 月 3 日，第 1 版。

优秀因素，逐步丰富和发展自身，彰显了蓬勃的生命力。

新石器时代以来，各区系文化在黄河流域逐渐汇聚成一条主脉，形成中华文化，表现出强大的文化凝聚力。考古发现揭示了黄河流域是中华文化的重要来源。中华文化的开放性、融合性和凝聚力，又决定了其生命力的强盛。

结　语

古代文明的起源和发展一直备受关注。“我们是谁”“我们从哪里来”等问题一直萦绕在人们心中。中华文明源远流长、绵延不绝，中国一代代考古学家经过不懈努力，取得了举世瞩目的考古成果。

从 100 多万年前西侯度人在山西黄河岸边开始活动，到夏商周时期奴隶制社会的残酷与神秘的宗教文化，再到战国时期的列国辉煌和雄伟的都城风光，黄河流域考古学文化展现了灿烂的黄河文化，构建了清晰的中华文明发展序列。黄河文化是孕育中华文明的摇篮，在中华文明多源一体格局中拥有不可替代的核心地位，是中华民族认同感、自信心的重要来源。直到今天，黄河流域的考古研究仍在持续进行，为人们解答人类起源、文明起源等关键问题。

先秦时期黄河流域农耕文明的发展历程和历史底蕴

张静远　李　一*

摘　要： 黄河流域是中华文明的发祥地，黄河流域农耕文明是中华文明的最初形态。本报告详述了黄河流域农耕文明的诞生和初步发展历程，以及该过程中黄河流域农耕文明所呈现的延续传承、兼容多元、开放进取和坚韧适应的特点。黄河流域农耕文明的独特发展路径，为中华文明的形成与延续奠定了坚实基础。研究黄河流域农耕文明，对于激发民族自豪感、推进文化强国建设等具有深刻价值。

关键词： 先秦　黄河流域　农耕文明

"我国的考古发现实证了中国拥有百万年的人类史、一万年的文化史、五千多年的文明史。"① 在这五千多年的文明史中，黄河流域有三千多年是中国的政治、经济、文化中心。因此，刘庆柱先生认为，黄河中游的中原地区"保存着中国境内最为重要、最具'中国历史文化特色'、最有代表性的中国'国家文化'的文化遗产"②。若要研究中国，就不可不研究黄河流域农耕文明。

黄河是中国当之无愧的"母亲河"，其从巴颜喀拉山脉北麓倾泻而下，5000多千米的干流及支流分布在堆积深厚的黄土之上，在中下游地区形成了宽广美丽的冲积大平原，自古就是适宜人类生存定居之地。农业是文明之母，

---

* 张静远，四川省社会科学院硕士研究生，主要研究方向为中国近现代史；李一，四川省社会科学院硕士研究生，主要研究方向为中国古代史。

① 翁淮南：《黄河：中华民族的根和魂》，《炎黄春秋》2022年第3期。

② 刘庆柱：《黄河文化是中华民族文化的根和魂》，《中国民族博览》2021年第9期。

在北半球季风气候的影响下，黄河流域拥有优越的土地、雨量、气候条件，在一万两千多年前就发生了“农业革命”，孕育出原始农业。随着农业的不断发展，黄河流域孕育出优越的农耕文明，在此基础上诞生了对整个东亚文明的产生与发展影响深远的中华文明。黄河流域诞生的农耕文明，成为中华文明延续五千余年的基础，其重要性不言而喻。本报告以黄河流域农耕文明为研究对象，着重梳理其从远古时期至先秦时期的诞生和初步发展脉络，并尝试揭示其中蕴含的历史底蕴。

一　先秦时期黄河流域农耕文明的发展历程

（一）远古时期：从文化到文明起源

旧石器时代，生活在黄河流域的先民处于渔猎经济阶段。旧石器时代晚期，原始农业出现萌芽。例如，此时位于山西省沁水县的下川遗址，培育了粟类作物，并出现了较先进的用于加工原始谷类作物的生产工具。但当时的农业并非经济生产中的主要部门，渔猎活动仍然占据相当高的比例。在经历渔猎经济与农业经济相互补充、互为消长的漫长阶段后，随着生产力的发展，人们逐渐由逐水草、靠山林的游居生活方式向定居的生活方式靠拢，经济也由渔猎经济向原始的“刀耕火种”式农业发展。至新石器时代早期时，农业有了一定程度的发展，人类迈入“锄耕农业”阶段。

关于黄河流域农业的起源问题，众说纷纭。传统观点认为，河流泛滥的平原是导致农业产生的关键，即“大河理论”；随着气候学的发展，人们将农业出现与气候变化紧密联系，由此诞生了“干燥理论”与“气候高潮理论”；认可“山前理论”的学者则认为，由采集向栽培过渡的最适宜的自然环境是平原与山脉过渡的山间无沼泽、草地、森林地带，因而山前地带有利于原始农业的发展；而“山地说”与“山前理论”异曲同工，其提出参考了少数民族农业诞生、发展的历史，但争议不少；另有根据黄河流域常见的黄土土质疏松、有利于农作物浅种直播和自肥的特点，认为黄河流域原始农业源于黄土区、与其他理论截然不同的“黄土说”。而黄其煦教授指出，只要环境允许，处处都存在由采集向农耕转变的可能性，毕竟不同的作物起源于不同地区，而不同的自然条件决定着不同的农耕起源过程，故执着于寻找农业起源的单一模式或许是徒劳且片面的，如今在探讨这个问题时，应放宽视野、海纳百川，无须拘泥于一论一说①。

进入新石器时代，原始农业进一步发展，达到较高水平。河北武安的磁山文化就实现了从刀耕火种向锄耕农业的转变。人们开始定居生活，磁山遗址中发现大量粮食窖穴，农业生产工具也已十分常见，其发掘还将中国粟类作物起源时间提前了一千余年。河南新郑的裴李岗文化在农业生产的基础上，开始将猪、羊作为家畜。仰韶文化以黄河中下游为中心，经营原始农业，培育种植粟、黍、高粱，以耐旱、易种、产量多、成熟期短且久藏不坏的粟为主要农作物，且此时的黄河流域居民还开始培育种植蔬菜作物并饲养猪、狗。仰韶文化后期，黄河流域进入锄耕农业高级阶段。过渡至父系氏族时期后，黄河流域开始以农业经济为主，增加了水稻、稷等农作物和麻等经济作物。手工业生产从农业中分离出来，成为独立的经济部门，家畜范围也进一步扩大，出现了牛、鸡。大汶口文化中的“以猪随葬”表明，随着农业进一步发展，社会上的私有制逐渐形成。而陶寺文化中的早期城址遗址表明，人类已进入长久聚族而居的农业聚落社会，甚至在较发达的农业经济基础上出现了凌驾于众人之上的政治管理机构。同时，远古时期原始农业的发展促进了先民对天文历法的研究，传说颛顼高阳氏创造了中国最早的原始天文历法，名曰“颛顼历”，即“阴历”。2003 年，陶寺城址的观象台遗址被发掘。经过天文学者的多次验证，最终确定该观象台是集礼仪祭祀、观象授时于一体的建筑遗址。这项发现表明，黄河流域早在新石器时代晚期就已经开展天象观测，并发现了部分基础规律，为之后人们将天文知识运用于农业生产奠定了基础。帝尧时期，人们已认识到天象、天时与农业关系密切，并设专职人员管理天文历法。

（二）夏商：王朝与文明初步发展

夏朝步入较发达的农业社会阶段，农作物种类大大增加，出现了小麦、谷

① 关于上述观点的具体内容，可分别参见：李根蟠、卢勋《我国原始农业起源于山地考》，《农业考古》1981 年第 1 期；黄崇岳《原始农业都起源于山地吗》，《中原文物》1981 年第 3 期；徐旺生《关于农业起源的若干问题探讨》，《农业考古》1994 年第 1 期；黄其煦《黄河流域新石器时代农耕文化中的作物——关于农业起源问题的探索》，《农业考古》1982 年第 2 期。

子、菽、高粱、糜、豆等旱地作物和水稻，粮食产量大大增加，促进了酿酒业的发展。尽管夏朝仍处于使用非金属农具时期，但农具的种类增加、细化并开始朝专门化方向发展。此时期的农具可以根据功能，分为垦荒农具，耕种农具，收割、除草农具，以及脱粒、加工农具4种。随着农业的发展，夏朝历法进一步发展，《夏小正》比较集中地记载了以正月为岁首的历法（夏历），记录了每月的天象、星象、物候，以及农时、庄稼与动物生长的情况，并在此基础上尝试探索农业与自然的规律。另外，中国传统的干支纪日法也在夏朝末期开始酝酿。

到了商朝，农业成为主要的生产部门。不同于夏朝的粗耕阶段，商朝农业更加精细化，土地整治与放牧管理有更好的规划，土地开发与作物种植都得到空前发展。商朝农业以稷和黍为主要农作物，并开始推广种植大麦、小麦、稻、菽和麻。在较发达的农业基础上，酿酒业、麻纺业等都有显著进步。同时，商朝的家畜饲养迈入新阶段，马、牛、羊、豕、鸡、犬6畜均普遍饲养，且设有专门的宰、臣等官职，负责管理牲畜的放牧。农具方面，商朝进入铜石并用时代，尽管青铜农具的使用并不普及，更多作为抽象化的礼仪器具存在，但金属农具确已进入应用阶段，促进了当时农业生产技术的发展。历法方面，商朝重视气象观测，拥有初具规模且独特的计算年、季、月、日之法——殷历一年为12月，以建丑之月（夏历十二月）为岁首，有大月（30日）与小月（29日）之分，年终置闰。商朝使用干支纪日、纪年法，出土的甲骨文中有完整的甲子表。关于税收，传说虞舜时期已有完备的贡赋制度，但具体记载甚少，学界倾向于接受孟子所说的三代（夏商周）均收取什一税的说法，即每个部落成员都要拿出1/10的田地收获上缴酋长，而受限于低下的社会生产力，什一税在当时显得苛重。

（三）西周：农耕备受重视

周部族因农业而兴，农业是西周王朝治国的基础，故周朝的贵族统治者对农业相当重视，每年春天，周天子会亲自下田耕作，并对农神进行祭祀。在上层统治者的重视下，西周的农田管理技术进一步发展。在休耕的基础上，人们逐渐认识到农肥耕作的重要性，熟地（每年可耕之地）出现，各种肥地措施诞生，譬如“利用夏日溽暑时的湿度、热度加速堆肥腐化”、除草积肥、利用各种畜类粪便改善土质等措施，但此时还未开始使用人粪肥地①。在黄土高原地区，开始出现比夏商时期的井田制更加整齐划一的沟洫制度。

农具上，西周仅有个别地方开始出现铁制农具，总体上仍处于铜石并用时代。集体耕作的生产方式足够应对生产劳动，而负责耕作的下层劳动者并不掌握生产资料，故此时期没有对生产工具进行变革的需求与条件，非金属农业生产工具大量存在。但西周农具较夏商得到改进，种类更加多样。更重要的是，西周出现了金属加工工具，使农具制作更加规范化。

天文历法上，西周人开始对天上星宿进行观测，命名了许多恒星，日食、月食记录大大增加。此时的人们已经可以准确地把握物候，将天文与农时科学地结合起来，以 365 天为一年，并有了明显的四季之分。为了更好地管理农业、征收赋税，西周建立起一套较完整的农官系统，主要有大司徒、小司徒、司空、农大夫、农正、阳官等。至春秋时，各诸侯国继承重农传统，根据自己的国情构建了不同的农官系统。

田制上，西周主要施行井田制与爰田制，设不同农官管理不同田地。所谓井田制，就是将土地按“井”字划分为 9 块，每块 900 亩，8 家各分 100 亩，中间 100 亩为公田，由 8 家共同耕种，公田农事完成后，方可做私田农活。井田的划分也有一定的灵活性，未必都是公田居中的死板划分法。爰田制源于西部黄土高原，即让土地从不定期抛荒到定期轮休耕作，将田地分为休耕田、休耕两年后新耕之田与休耕 3 年后的田，轮换耕作，以提高产量。

贡赋制度上，西周实行“彻田”“彻法”。彻田即需要民力耕种的公田，也称籍田，一般以千亩为单位，让百家共耕，上交所得。彻法是国家向农夫收取什一税。至西周晚期，彻田制不能适应生产力发展，难以维持，至周宣王时废止，农民逐步在私田上确立所有权，地租形态也随之由劳役地租转化为实物地租，西周王朝的封建性政治经济体制进一步健全。同时，西周出现了土地转让与交换现象。

（四）春秋：走入小农经济的转折点

春秋继承了夏商周三代以来农业生产方面的经验成果，“原来的生产关系

① 李玉洁主编《黄河流域的农耕文明》，科学出版社，2010，第 59 页。

逐渐崩溃，‘井田’制和‘工商食官’制全面瓦解”[①]，个体小农经济出现、发展。这一时期是中国农业发展史上的重要阶段。

农具方面，青铜材料依旧珍贵。青铜冶炼技术的提升不能改变青铜铸造工艺的复杂程度，青铜硬度对于农具来说也并不理想。因此，尽管青铜农具有一定发展，但终究未能取代非金属农具在农业生产主要环节中的地位。春秋时期，黄河流域诞生了冶炼生铁的技术，铁制农具的使用让农业生产力进一步提升。随着铁制犁铧的广泛使用，“犁的动力牵引系统也在随之改进，由早期的人力逐渐向畜力牵引过渡，牛耕这一新的耕作方式借此推广”，这大大提高了耕作速度与生产效率[②]。春秋晚期，增强铁器硬度的渗碳制钢技术出现。但铁器在春秋时的应用范围存在一定争议。李玉洁教授认为，春秋时铁制农具“在农业生产中尚未起到主导性作用”，而“青铜农具的应用无法也不可能代替木、石、骨、蚌等非金属材质农具在农业生产中的传统地位”[③]；顾德融教授和朱顺龙教授则主张，在此时期，“青铜器和铁器等金属农具代替了石、骨、蚌等原始农具，成为农业生产中的主要工具”[④]。

春秋时期，黄河流域的农耕技术获得长足进步。人们摸索出耕作必须掌握的农时规律，发明了圳田法，也称低畦法，充分利用土地进行合理种植；用垄作耕法防旱抗涝、抗蚀保土。人们还提升了对积肥、施肥的重视程度，注意对土壤性质的分辨与对土壤的改造、保养。洛邑地区还在春秋初期首先实行一年两熟制，显著提高了农作物产量。

春秋时期，列国分封、诸侯林立，历法也各不相同，但基本都以太阳年为年、朔望月为月。12个朔望月与太阳年的日数差难以计算，只能累积后置于一年之终，后来也叫“闰月”。但年终置闰不便调整月份和节令，对农业生产非常不利。周历曾试图改制，由年终置闰改为年中置闰，但并未成功，春秋时期的置闰问题始终未得到解决。为了调节各国历法不同带来的不便，春秋时人们又发明了“月建”“岁星纪年”以相互换算，并发明“超辰”以容错，但因误差太大，岁星纪年的历法改革尝试也以失败告终。另外，人们开始逐步发现

① 顾德融、朱顺龙：《春秋史》，上海人民出版社，2001，第164页。

② 李玉洁主编《黄河流域的农耕文明》，科学出版社，2010，第86页。

③ 李玉洁主编《黄河流域的农耕文明》，科学出版社，2010，第83页。

④ 顾德融、朱顺龙：《春秋史》，上海人民出版社，2001，第199页。

节气，掌握了春分、秋分、夏至、冬至、立春、立夏、立秋、立冬八节气，从而弥补了阴历纪日的不足。此后，农耕日期均以节气为令，促进了古代农业的发展。

这一时期，生产工具的改进使大量荒地垦辟为农田。农民个人开垦的私田诞生，国家再难完全掌握土地情况。同时，连年的战争迫使大量劳动力由农田流向战场，造成大片土地荒芜，井田制与劳役地租难以适应社会生产。各诸侯国顺应时势，开始对土地与赋税进行改制。其中最具代表性的就是齐国管仲的“相地而衰征”、晋国的“作爰田”、鲁国的“初税亩”，以及春秋晚期秦国的“初租禾”。这些制度无一例外都实现了劳役地租向实物地租的转变。

（五）战国：迈向专制王朝的一步

战国初期，各诸侯国纷纷开展变法运动。各国的变法无不以农业为中心，如李悝的“尽地力之教”、商鞅的“废井田，开阡陌”，反映出重农思想几乎成为上层统治者的共识。尤其是商鞅变法，使秦国由以井田制为基本土地制度的封建领主制转变为以土地私有制为基础的封建地主制，国力迅速提高。

不同于非金属农具仍占据主导地位的春秋时期，铁制农具的强势应用及推广是战国时期黄河流域农业发展的显著标志。大规模的战国冶铁遗址在黄河流域分布广泛，铁制农具制造业迅速发展，铁制农具种类大增，已经能适应农业生产各个环节的需要，器形也趋于完善。这不仅有力地推动了社会生产的进步，还促使牛耕范围扩大，农业生产经历前所未有的重大变革，中国以铁犁牛耕为代表的小农经济农业生产时代最终到来。这反映到农作物的种植上，就是战国时期除粮食作物，经济作物也开始大规模种植。杨宽先生发现，“战国时代随着经济生活的进步，果园也已经成为一种重要生产事业”①，黄河流域此时便盛产栗子和枣。民间大量种植桑、麻和漆树，尤其是漆园在民间分布较多，各国开始对漆园征税，宋国、秦国等纷纷设立官吏管理漆园，甚至“漆已和丝一样成为市场上一种主要的流通商品”②，可见当时经济作物种植的发达。

① 杨宽：《战国史》（第3版），上海人民出版社，1998，第77页。
② 杨宽：《战国史》（第3版），上海人民出版社，1998，第77页。

农具金属化对农田管理技术进步产生了较大的积极影响。铁制农具的应用推广，为个体小农进行土地深耕创造了条件。一年两熟制在黄河流域普遍推广，春秋的圳田法被战国的畦田法取代。铁犁牛耕带来社会生产力的飞速提升，为战国建设大型水利工程提供了必要的物质条件。各诸侯国纷纷把对黄河的治理定为国策，大量修筑堤坝。黄淮平原上也开始形成以鸿沟为主干、以自然河流为分支的水道交通网，大大促进了中原地区的经济文化交流。

铁制农具的使用还使当时的农业生产方式发生根本性变化，农业生产步入依靠金属农具、开始精耕细作的新时期。社会生产力的提升，推动了土地私有化进程，农业劳动组织形式由原来西周人身束缚沉重、建立在宗法家族关系基础上的农村公社共同体向封建小农经济的基本社会单位“户”与“室”转变。

战国时期，尽管各国采用不同的历法导致历法、纪年混乱，但这一时期对天文历法的研究成果是巨大的。人们完整发现了黄道、二十八星宿，还尝试探索五星（金、木、水、火、土）运动、交食规律，为后人完整确定二十四节气奠定了坚实的基础。先人为统一各国年名，创造了太岁纪年法，还将太岁纪年的 12 地支同 12 生肖结合。这一纪年法成为后世国人心中深植的文化观念。

二　先秦时期黄河流域农耕文明的历史底蕴

黄河流域农耕文明经历了悠久的孕育和形成过程。农耕起源多点并发，最终汇聚成农耕文明的最初形态，并于夏商周三代不断由低级向高级发展，在春秋战国时期的农业改革后形成了影响后世两千余年的封建地主制和小农经济制的文明形态。纵观起源和初步发展阶段的黄河流域农耕文明，尽管经历了万余年的流转，但也有其稳定而持久的底蕴，即其所蕴含的独特历史底蕴。黄河流域农耕文明的历史底蕴可以归纳为以下四个方面。

（一）较强的延续性与传承性

黄河流域农耕文明的历史底蕴首先是由黄河流域的特殊地理环境决定的。就像有学者指出的那样，中华文明之所以能够成为唯一主体民族没有发生变化、主体文化延续至今的文明，是由于其具有三个“最”，即“最封闭、最广阔和最艰苦”：黄河流域外部封闭的地理环境使中国难以被外族征服，而其内部又有着广阔且适宜人类生存的腹地；虽然黄河水患灾害频繁，但也使中国人组织起来，形成强大的国家组织和政治文明①。可以说，中原地区和黄河流域在地理上所具备的特点，无论是优势还是劣势，均在中华文明滥觞之际塑造了其基本特性，促使黄河流域成为世界上最早且最重要的农业发源地之一。黄河流域的人民通过长期而艰苦的劳动，培育五谷，发明并改造农具，创造历法和节气，并形成了一脉相传的农神崇拜。这些伟大创造为黄河文明逐渐拓展并始终保持高度稳定性奠定了重要基础。黄河流域自然资源丰富、农业创造繁多，从而发展出小农经济。在这种生产方式的基础上，重视仁政、强调道德的儒家也应运而生。儒家以“礼制”维护统治秩序，用“仁政”倡导勤政爱民，有利于保持政权稳定，从而在百家争鸣中脱颖而出。日后的儒学，始终是“中国文化的主流”，并构成了“黄河文明的重要特质”②。在下一次时代大变局到来之前，中华文明的延续和传承，如同李白“奔流到海不复回”的诗篇一般，按照当初在黄河流域定下的基调稳步前进。

（二）显著的兼容性和多元性

黄河流域农耕文明的起源多点并发，这在文献和考古学上都能够得到证实。在古籍中所记载的各种远古传说和神话中，黄帝、颛顼、帝喾、帝尧、帝舜等人物本来各自独立，但司马迁却在《史记》中将他们共同纳入《五帝本纪》。学界认为，这是“在殷、周至汉初华夏民族逐渐产生，一切方面都有一统要求的历史趋势下，将各氏族的祖先缩合起来，统之于黄帝，造成了一个固定的世系系统”③。应该指出，尽管这些关于远古的传说和神话并非实录，但也不可一概视为荒诞不经。一是大部分古代传说世代相传，不完全是胡编乱造；二是司马迁对古史系统的整合，是一种在多元格局下兼容并包的尝试。从考古学角度来看，苏秉琦先生基于数以千计的新石器遗址和文物的发现，先后提出中华文明起源的“满天星斗说”和“多元一体模式”，将中国史前文化形

① 李晓鹏：《从黄河文明到“一带一路”：中华帝国的治乱得失》，中国发展出版社，2015，第28~31页。

② 李玉洁主编《黄河流域的农耕文明》，科学出版社，2010，第12页。

③ 王玉哲：《中国远古史》，上海人民出版社，2000，第48页。

容为一种重瓣花式的分层次向心结构。这些表述在学界赢得广泛认同，正如李伯谦先生所言，中国幅员辽阔、环境复杂、文化传统多样，各区、系、类型文化在自身发展的一定阶段，自然而然产生各有特点的文明因素，而“苏秉琦先生的‘满天星斗说’正是以文学的语言对这种状况作出的如实的描述和概括”①。文明因交流互鉴而进步，文化因碰撞交融而繁荣，具备向心力和凝聚力的主体文化因此问世。中华文明由多个发源地的文化历经万年融合而形成，至夏朝形成以中原文化为核心的“多元一体格局”。夏朝之后，在黄河流域及其周边，多元文化不断融合的趋势依然延续。商周两朝，主体文明对周边的辐射力不断增强；东周以降，诸侯并立的格局逐渐走向秦汉一统；百家争鸣的局面最终归于独尊儒术，是对黄河流域农耕文明的多元来源及其兼容并包特性的体现，在时间和空间的双重维度上对中华大地产生了极为深刻的影响。

（三）鲜明的开放性和进取性

对中华文明而言，黄河流域农耕文明的发展体现的是中华文明内部的兼容并包精神。而对世界来说，黄河文明同样是开放的，并早在其形成和初步发展的过程中就呈现主动进取的态势。丝绸之路的前身“玉石之路”便是证明黄河文明开放性的最佳范例。远古时期已有由许多不连贯的小规模贸易路线大致组成的草原之路，贯穿尼罗河流域、两河流域、印度河流域和黄河流域之北；约公元前 15 世纪，已有中国商人前往塔克拉玛干沙漠边缘，与中亚商人开展小规模贸易，以海贝等沿海特产换取对方的和田玉石，而这条从中原地区沿河西走廊到达天山和昆仑山的“玉石之路”，与《穆天子传》中记载的周穆王行九万里会见西王母的路线完全一致②。在妇好之墓中出土的新疆软玉，则用实物证明中原王朝与西域甚至更远地区的商贸往来最早在公元前 13 世纪便已开始。在“玉石之路”的基础之上，草原丝绸之路也在公元前 7 世纪至公元前 2 世纪逐步形成。这条路东起大海、南至中原、北接蒙古和西伯利亚，横贯欧亚大陆。而论及这一时期中外交流的典型成果，赵武灵王“胡服骑射”的英姿

① 李伯谦：《中国考古学思想发展史上的一场革命——重读苏秉琦考古学文化区、系、类型理论札记（提纲）》，《南方文物》2010 年第 3 期。

② 鲍志成：《古代丝绸之路的历史作用概论》，《文化艺术研究》2015 年第 3 期。

会第一时间出现在人们的脑海中。这位被梁启超赞誉为黄帝之后“中国第一雄主”的君王，将草原丝绸之路上的文化交融体现在一生功业中，而在其身后更有著名的和氏璧故事。献玉的卞和之卞姓更似来自胡人，且楚地并不出产玉石，和氏璧也被一些学者认为来自和田①。这块产自当时化外之地的玉石在日后相传成为传国玉玺的原料，为皇权提供正统象征，展现出中华文明对外来文化的开放态度，以及积极吸纳外来优秀成果的进取心态。而为后人熟知的丝绸之路，是在此前“玉石之路”和草原丝绸之路的基础之上最终演化而成的。在“一带一路”倡议走向世界的今天，回看丝绸之路的前世今生，不禁深感与之紧密相关的开放进取精神实在是黄河流域农耕文明历史底蕴中的一抹亮色。

（四）优异的适应性和坚韧性

中华文明之所以延续至今，与其在发轫时期面对各种灾祸时体现出的极强适应能力和坚韧品质是分不开的，而这并非单靠对环境因素加以分析便能解释。正如汤因比在其代表作《历史研究》中所说的那样，“人类在与地理实在打交道的时候，既拥有也缺乏相应的装备。人类的关键装备不是技术，而是他们的精神……就人类而言，决定的要素——对胜败举足轻重的要素——绝不是种族和技能，而是人类对来自整个大自然的挑战进行迎战的精神”②。在黄河流域农耕文明中，应对水旱灾害显然是中华文明于滥觞之际展现出“迎战精神”的代表作。黄河在为人类带来赖以生存的广阔腹地的同时，造成黄土高原水土流失，进而造成水患。到尧舜时期，至少有持续二三十年的洪水灾害，波及黄河中下游的广泛地区。从炎帝后裔共工治水，到舜帝举禹继鲧业，都体现了黄河流域的人民面对洪水灾害的不屈精神。更重要的是，大禹治水后禅让制的终结和夏朝的产生，反映出中华先民适应现实需求推动制度变革的勇气与能力。诚如当代学人的评价，“大禹的治水活动不但拉开了中国水利史的序幕，也揭开了中华文明史的第一页”③。此后的历史更是展现了其公平的一面，

① 骆汉城等：《玉石之路探源》，华夏出版社，2005，第5页。

② 〔英〕阿诺德·汤因比：《历史研究》，刘北成、郭小凌译，上海人民出版社，2005，第71~72页。

③ 程有为主编《黄河中下游地区水利史》，河南人民出版社，2007，第35页。

夏朝因禹治水而兴，而到夏桀时应对旱灾不力，间接导致“顺乎天而应乎人”的汤武革命成功。从这个角度来看，能否成功应对灾害成为王朝兴衰的晴雨表，历代王朝自然会重视自身在这方面的表现。在夏商周三代更替中，商人和周人最初都是不属中原王朝的“化外之民”，一些学者甚至认为他们分别出于东夷、西戎。然而，商朝和周朝建立后，均将自身视作中原王朝的一部分，展现出明确的华夏认同，从而扩大了中华文明的范围。后世统一天下的秦人同样一度被视为蛮夷，北魏、辽、金、元、清等更是由少数民族建立的中原王朝，但这些建立政权的“化外之民”不约而同地选择了汉化，并融入华夏文明当中。可以说，从黄河流域农耕文明开始，先民对“化外”的“内化”能力便十分强大，这当然也是黄河流域农耕文明优异适应性的一种体现。春秋战国时期，黄河流域各诸侯应对水旱灾害的能力随着农田水利技术的进步得到很大提高。春秋首霸齐桓公在葵丘会盟诸侯时，提出“无曲防”的号召，表现出在争霸活动中处于优势的政权对应对灾害的重视。当然，命令得以贯彻的事实本身，也说明黄河流域农耕文明即使处于分裂时期，也依然在一些重大议题上存在基本共识。黄河流域农耕文明的适应性和坚韧性，如同遍布此时整个流域的水利工程一般，在日后的大一统王朝中持续扩散至九州万邦。

三　黄河流域农耕文明研究的价值和意义

2019 年，习近平总书记在黄河流域生态保护和高质量发展座谈会上谈到，黄河文化是中华文明的重要组成部分，是中华民族的根和魂①。黄河流域作为中华文明的发祥地和农耕文明的肇始地，在养育了中华先民的同时，培育了其文明忠厚、勇敢、包容、正直的精神内核。

黄河流域农耕文明是中华民族独有的道德价值的生动体现，在历史长河中传承延续、历久弥新；黄河流域农耕文明是中华民族勤劳自强精神的最好证明，于大风大浪时鼓舞人心、共克时艰；黄河流域农耕文明是创新求变基因的萌芽之地，用开放包容博采众长、积极进取；黄河流域农耕文明是各地文化和

① 习近平：《黄河流域生态保护和高质量发展的主要目标任务》，载《习近平谈治国理政（第三卷）》，外文出版社，2020，第 379 页。

谐共生的温馨家园，使各地文化能激荡融合、合而为一。对黄河流域农耕文明进行研究，有利于激发民族自豪感和归属感，也有利于为社会主义文化强国建设提供丰富的思想资源，更有利于为实现中华民族伟大复兴注入强大精神动力。进入中国特色社会主义新时代，对黄河流域农耕文明及其发展演变特点和历史底蕴进行深入挖掘，无疑具有重大的理论价值和现实意义。

黄河国家文化公园的文化场景与空间生产规划范式*

昝胜锋　丁培卫　张逸凡**

摘　要：　黄河国家文化公园的文化场景与空间生产规划范式亟待确立。国家文化公园是一种典型的文化场景，与其相关的认知和实践不能仅停留在某一历史时期的文化外在形式，而应建立在对这一宏大历史场景的整体文化意象和文化记忆基础之上。文化场景理论与空间生产理论从实现“共时性”与“历时性”辩证统一的视角出发，为黄河国家文化公园空间组构与规划提供了理论依据。在黄河国家文化公园文化场景与空间生产规划治理中，应按照文化共生、空间共时、产业共融、标准规范、机制灵活的基本遵循，因地制宜探寻文化标识空间、遗产网格空间、特色产业空间与文化地理空间建构方案。

关键词：　黄河国家文化公园　文化场景　空间生产　规划范式

建设国家文化公园是推动新时代文化繁荣发展的重大工程。2019 年 9 月，习近平总书记在黄河流域生态保护和高质量发展座谈会上指出，黄河文化是中华文明的重要组成部分，是中华民族的“根和魂”①，强调要深入挖掘黄河文

* 基金项目：文化和旅游部 2021 年度黄河文化研究课题“肩负民族根魂使命的黄河国家文化公园建设模式与创新机制研究”。

** 昝胜锋，山东大学文化产业研究院副院长，主要研究方向为产业园区、产业结构、产业新业态新模式；丁培卫，《山东大学学报》（哲学社会科学版）副主编，主要研究方向为区域文化研究；张逸凡，文化产业山东省文化科技重点实验室助理研究员，主要研究方向为文化产业。

① 习近平：《黄河流域生态保护和高质量发展的主要目标任务》，载《习近平谈治国理政（第三卷）》，外文出版社，2020，第 379 页。

化蕴含的时代价值，为实现中华民族伟大复兴的中国梦凝聚精神力量[①]。中共第十九届中央委员会第五次全体会议通过《中共中央关于制定国民经济和社会发展第十四个五年规划和二〇三五年远景目标的建议》，提出建设长城、大运河、长征、黄河国家文化公园。黄河自此进入国家文化公园建设序列。

目前，长城、大运河、长征国家文化公园建设方案及建设保护规划均已出台，黄河国家文化公园建设顶层设计体系尚在构建中，黄河沿线分省区规划编制范式及技术路径有待明晰。在文化线路、遗产廊道和线性文化遗产理论源流下发轫的国家文化公园具备天然的大尺度空间属性，因此无论是沿线文物和文化资源保护传承利用，还是主体功能区、重大项目建设，均成为亟待在空间视域下利用规划工具解决的关键问题。

一　历时性与共时性的文化场景与空间生产理论关联

（一）文化场景与空间生产理论

文化场景理论是由最早应用在文化社会学领域的“场景理论”发展形成的。“场景理论”是一个整体性概念，其从消费视角认为场景是元素集合的产物，试图用“社区、设施、人群、活动和价值观”[②] 等要素解答当前社会语境的问题。从理论概念层面来看，“场”体现了时空交汇的复合维度，“景”则代表了可感知的内容物，二者共同构建了依存在动态场域中的蕴含相近价值取向的某种氛围、习惯、关系，从而吸引了群体性文化生产、参与和消费，因此文化场景理论在一定程度上重新定义了公共空间。

空间生产理论最初源于列斐伏尔从哲学视角对空间根本属性的审视与批判，其在“空间的社会生产”这一核心观点基础上，构建了展现空间生产过程的“三元一体”的理论框架：空间的实践、空间的表征、表征的空间。前者是发生在空间中的社会行为过程；中者是被规划的概念空间，表现为空间治

① 《深入挖掘黄河文化蕴含的时代价值》，“光明网”百家号，2023 年 6 月 6 日，https：//baijiahao. baidu. com/s？ id＝1767891987761253556&wfr＝spider&for＝pc。

② 陈波、赵润：《中国城市非遗传承场景评价指标体系构建与实证》，《华中师范大学学报》（人文社会科学版）2020 年第 4 期。

理者的蓝图或设想，往往处于支配地位；后者是对中者过程的反馈和响应，是一种落地性的再现空间，往往处于被支配的地位。在“三元一体”空间生产理论框架中，空间的实践、空间的表征、表征的空间在不同条件、不同程度上作用于空间的生产①。

（二）文化场景与空间生产理论的时空互构关系

文化场景与空间生产理论基于空间维度探索社会行为的逻辑是高度相关的：一方面文化场景理论渗透着对社会关系及博弈冲突的关切，另一方面空间生产理论的重点应用类型涵盖文化空间，二者通过对场景和空间的价值探寻，最终在关注人的需求上达成共识，即在空间或场景关系中实现空间生产的价值追求，构建良好的“空间—社会”关系。文化场景与空间生产理论关联及时空互构关系见图 1。

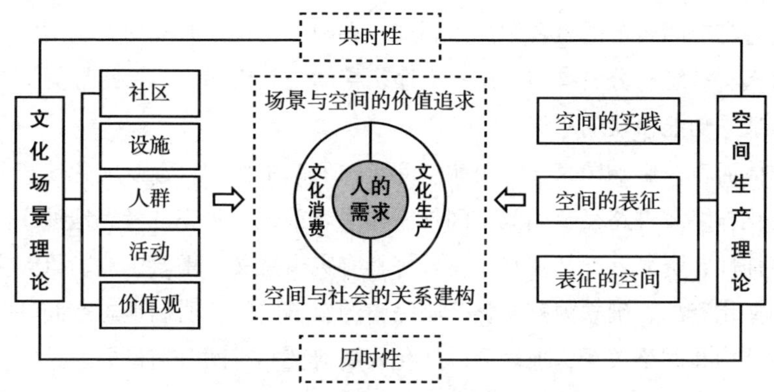

图 1　文化场景与空间生产理论关联及时空互构关系

当然，这一过程无法脱离静态与动态、横向与纵向的辩证关系。国家文化公园是一种典型的文化场景，与其相关的认知和实践不能仅停留在某一历史时期的文化外在形式，而应建立在对这一宏大历史场景的整体文化意象和文化记忆基础之上，力求实现“共时性”与“历时性”的辩证统一。

---

① 尹彤：《基于空间生产理论的历史街区文化空间生产研究——以韩城古城为例》，硕士学位论文，西安外国语大学，2018。

二　国家文化公园的空间组构策略与规划基本遵循

作为经国家有关部门认定、建立、管理的特殊区域，国家文化公园以保护、传承和弘扬具有国家或国际意义的文化资源、文化精神或价值为主要目的，兼具弘扬与传承中华传统文化、爱国主义教育、科研实践、国际交流、旅游休闲、娱乐体验等文化服务功能①。国家文化公园的空间组构策略及黄河国家文化公园的空间规划基本遵循，应按照这一基本定位加以确定。

（一）国家文化公园的空间组构策略

国家文化公园是基于文化“自觉—关联—认同”过程而衍生的特殊文化载体，凝结了不同地域、不同圈层、不同族群的价值共识。在这种线性形态的价值共同体框架下，区段、节点等各种虚实空间单元交错纵横，均承载着文化场景营造与空间生产的重要职能。因此，在国家文化公园规划编制中，应采取有主有次、有统有分、有实有虚、有序衔接的空间组构策略，指导具体空间形态的塑造与功能模块的布局。

具体而言，影响国家文化公园空间组构的基本要素，涉及文化遗产分布格局、文化脉络演进路径及国家空间规制体系。首先，要充分考虑地域广泛性和文化多样性、资源差异性现状，整合好具有突出意义、重要影响、重大主题的文物和文化资源，确立国家文化公园完整的叙事空间，明确地志空间、时空体空间的结构和网络关系，梳理展示文化发展演变和空间分布格局，系统讲好文化故事。其次，国家文化公园要在中央统筹、省负总责、分级管理、分段负责的总体要求下，按照多规合一要求，结合国土空间规划同步完善规划体系，以主体功能区为基本治理单元，根据不同人居环境、自然条件、配套设施情况，合理推进主题定位、片区划定、项目落位等工作。

（二）黄河国家文化公园的空间规划基本遵循

基于以上分析，黄河国家文化公园的空间规划应充分借鉴文化场景与空间

① 吴殿廷、刘宏红、王彬：《国家文化公园建设中的现实误区及改进途径》，《开发研究》2021 年第 3 期。

生产理论，树立文化共生、空间共时、产业共融、标准规范、机制灵活的规划准则，致力于打造具有较高文化辨识度、场景体验度和传播美誉度的公共文化空间与特色产业空间。

一是文化共生，汇聚融通历史记忆与价值认同。在规划前端，应系统梳理黄河文化与沿线各子系统之间发轫、分野、和合的历史进程，阐发共通性的时代内涵与当代价值。在规划中端，应一体化推进黄河文化挖掘阐发、普及推广和传承保护工作，打破黄河文化“在地性”藩篱，实现跨地域的有机联系与整体认同。在规划后端，应通过工程项目落地、产业融合发展、运营管理创新，赋予黄河国家文化公园认知国家历史、重拾过往回忆、坚定文化自信的重要功能。

二是空间共时，建构城河全领域共生共荣图景。统筹推进黄河沿岸城乡有机更新与人文风貌提质工程，以优化黄河空间风貌与功能为核心诉求，分类优化沿线空间格局，因地制宜实施各河道、遗产点的人文风貌提升和功能优化策略。紧紧围绕管控保护、主题展示、文旅融合、传统利用 4 类主体功能区，实现沿岸“文态”“业态”“生态”的相融相生，加快形成与黄河文化地位和功能相匹配的地域精神风貌。

三是产业共融，推动泛文旅产业高质量融合发展。在保护文化生态系统原真性和完整性的基础上，充分依托市场化模式，在科技创新和文化创意赋能下，按照“见人见物见生活”的理念，统筹推进文旅产业跨界“破圈”、创新融合。利用黄河文化独特的文化基因和旅游特质，建设富有中华文化底蕴的世界级文旅廊道，打造黄河文化特色鲜明的国家级旅游休闲城市和街区，使黄河流域成为践行“以文塑旅、以旅彰文、以文促体”并推动多产业融合发展的实践典范。

四是标准规范，完善全链条全周期综合技术规范。围绕黄河国家文化公园的规划设计、建设管理、保护利用等环节，制定技术规范体系。规划设计技术规范主要涵盖总体规划、详细修建规划等内容，建设管理技术规范主要涵盖新建改建扩建审批、功能区建设、基础设施与标识体系构建业态管控引导、服务标准化、安全保障和应急管理、日常综合监管、报审报备、考核评价等内容，保护利用技术规范主要涵盖文化遗产保护、文化内涵阐发展示、文旅产品服务研发、特色平台与活动组织等内容。

五是机制灵活，健全国家文化公园管理运营体制。创新遗产保护传承利用理念，以社会参与多元化、资源利用集约化、运营模式多样化、管理过程科学化、服务效能最大化为标准，探索黄河国家文化公园管理模式。以“重建设、轻运营”、利用率低、体制机制僵化及投入渠道单一等问题为导向，探索国家文化公园的“一元化”与“多中心”相结合的文化治理模式，充分满足遗产活化、回归大众、全民参与的价值诉求。

三　黄河国家文化公园的文化场景与空间生产规划范式

文化场景与空间生产活动不仅是黄河国家文化公园价值体现的关键参照，也是全面呈现中华文化独特创造、价值理念和鲜明特色的重要载体。因此，黄河国家文化公园的文化场景与空间生产规划应重点围绕塑造文化标识空间、构建遗产网格空间、优化特色产业空间、整合文化地理空间展开（见图 2）。

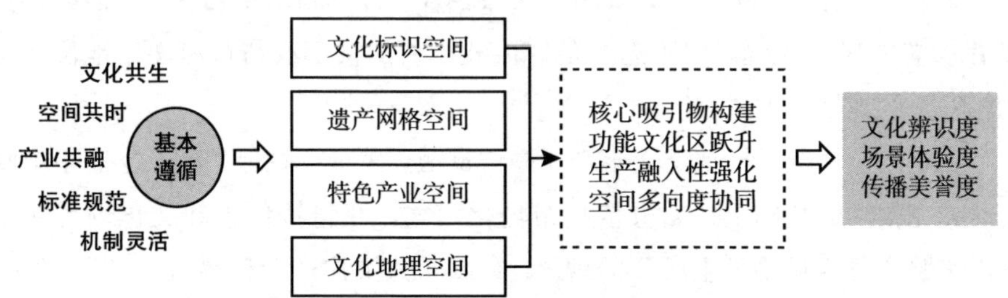

图 2　黄河国家文化公园的文化场景与空间生产规划范式

（一）塑造文化标识空间，增强大尺度文化空间叙事的秩序感与认同感

文化标识空间是国家文化公园构建文化场景的核心吸引物。在规划编制过程中，应结合重大文物修缮保护项目，按照集中连片保护展示理念，统筹利用好黄河沿线河湟文化区、关中文化区、河洛文化区、齐鲁文化区的核心遗产组群、衍生资源组群，分级分类构建一批核心吸引空间、保护传承空间、普及教育空间、传播交流空间，将场地的历史特性、知觉体验、文化信息与其定居者

有效组织在一起①。

第一，部署推动黄河流域重大文化工程的联创联建，构建黄河文化核心吸引空间。统筹推进黄河国家文化公园、黄河干支流线性文化遗产廊道、国家文物保护利用示范区、黄河文化旅游带、黄河文化“出海”大通道等重大工程建设，科学策划黄河主题公园、遗产廊道、保护区、风景区、景观带、步道系统及黄河古城、古镇、古村、古渡、书院等一批黄河文化龙头标志性项目，实现黄河文化、生态、景观等资源要素的系统整合。

第二，完善黄河博物馆、纪念馆、陈列馆、展览馆等保护传承空间，广泛征集关于黄河的书籍、档案、影像、实物、人物等资料，打造区域性黄河记忆博物馆群落。分类展示黄河历史文化、名人文化、曲艺文化、漕运文化、农耕文化、中医药文化等。

第三，建设一批教育培训基地、社会实践基地、研学旅行基地等普及教育空间，以黄河文化发展演变过程中的重要节点为素材，充分利用互联网和数字影音技术，创作黄河文化系列广播、电视、微电影、动漫节目，开发黄河民俗文化、餐饮文化、非遗文化活态体验项目，重现黄河沿岸地区重要历史文化面貌。

第四，依托重大纪念日和传统节庆日搭建传播交流空间，结合黄河文化主题舞台艺术作品创作计划和美术创作发展工程，组织形式多样的主题活动，展演一批黄河文化主题戏剧、曲艺作品，举办一批黄河文化主题美术、书法、摄影作品展，推出一批黄河文化创意产品，策划举办黄河文化节、黄河美食节、夜游嘉年华等系列活动，推动黄河标识、黄河精神融入现代生产生活，全面再现“活着的”生产生活图景，实现“见人见物见生活”。

（二）构建遗产网格空间，实现从形式文化区到功能文化区的价值跃升

遗产网格空间是国家文化公园构建文化场景的背景基底。在规划编制过程中，应在抢救性保护与预防性、主动性保护的基础上，以河床故道、闸坝堤防、洪口渡口、建筑遗迹及神话传说、民间故事、民歌民谣、手工技艺等文化

① 杨莽华:《国家文化公园历史空间的叙事结构》,《雕塑》2021 年第 2 期。

遗产为素材，通过规划设计、直接建设、间接引导，构建具有明确区域边界的功能文化区，以核心遗产为中心，协调和指导整个公园区域文化资源的保护、利用和传承功能①。

第一，围绕遗产发掘、保存、使用、管理环节，全面系统评估区域内黄河文化遗产价值，为管控保护和功能更新提供依据。首先，遗产价值评估应做好以下基础工作：系统梳理黄河遗产本体级别，确定入选各类型世界遗产名录、全国文物保护单位、省市级文物保护单位的数量与比重；评估水利、治河等黄河工程遗产在选址、建筑和效能环节的历史价值和科学价值，彰显黄河文化的发明创造精神；围绕依托黄河传承的各类非物质文化遗产，挖掘各类代表性项目所蕴含的黄河两岸的物质生产、生活方式，思想观念，风俗习惯和社会风尚，进而评判它们的历史、文化、科学与艺术传承价值；研判黄河河床故道、闸坝堤防、洪口渡口等文化遗产的可持续利用价值。其次，遗产保存状况评估应主要围绕历史真实性、日常风貌、周边环境及破坏情况展开，如：黄河沿线遗产材质、结构、形态、风格的真实程度；遗产保存状况与破坏比例、复建比例；遗产所处环境与历史相比的变化程度，遗产点周边环境与遗产本体的协调程度；遗产周边日常风貌、设施及绿化情况、水质及亲水性；文化遗产片区与居住、商业、公共服务等城市功能的融洽程度；等等。最后，遗产展示与研究主要围绕黄河文化展示载体、展示线路和系统化程度及黄河文化思想阐释、意蕴辨析等基础成果展开。综合以上内容，经评估资源价值较高的遗产单体、群落、片区应在空间形态和功能更新过程中被重点关注。

第二，根据黄河文化遗产核心区、沿线各级文物保护单位保护范围和新发现发掘文物遗存临时保护区域，结合遗产价值禀赋，划定管控保护区，提出特定区域历史文化遗产保护管理规划、不同产权文物资源保护利用机制、大遗址研究保护展示利用建议。在具体规划编制中，应坚持文化生态的系统保护理念，对文物本体及环境实施严格保护和管控，对濒危文物实施封闭管理，严格控制遗产保护利用行为、土地利用类型、资源利用方式，保障区域空间布局与公共资源合理配置。

---

① 赵云、赵荣：《中国国家文化公园价值研究：实现过程与评估框架》，《东南文化》2020 年第 4 期。

第三，根据黄河沿线片状、带状、点状遗产分布特点，划定由核心展示园、集中展示带、特色展示点组成的主题展示区。在具体规划编制中，核心展示园对应级别是具有显著象征意义的全国文物保护单位、国家级非物质文化遗产代表性项目及其周边区域；集中展示带对应级别是省、市、县三级文物资源，其围绕核心展示园连接成带；特色展示点对应级别是其他或未定级的文化资源，布局较为分散。针对不同性质的展示对象，应采用图文展示、沙盘展示、数字多媒体、新媒体传播、虚拟现实、全息成像等不同展示手段。

（三）优化特色产业空间，推动传统空间生产情境融入现代生产生活

特色产业空间是国家文化公园实现“空间—社会”关系重构的重要依托。在规划编制过程中，应聚焦文旅融合空间与传统利用空间，按照空间互嵌式、文化嵌入式、产业融合式原则，进一步强化空间实践和空间表征的合理性。

第一，从黄河国家文化公园空间生产治理的角度，巩固空间的实践、空间的表征、表征的空间“三元一体”关系结构。首先，在空间的实践层面，应在规划保障环节完善政府综合协调、平台公司具体运作、社会广泛参与的推进机制，合理引导政府部门、社会群体的空间实践行为，科学规制权力、资本要素，在保留传承居民文化的基础上，更加重视当地人的生活，重视当地环境保护的整体性，充分发挥社区参与园区保护与管理的自主性，最终确保实现国家文化公园本身的公共文化产品属性。其次，在空间的表征层面，政府部门及规划机构应充分运用规划工具、政策工具，擘画具有积极意义的国家文化公园发展蓝图，即在原本的物质空间上进行空间的实践过程，最终实现空间实践主体对文化空间的设计与构想，体现空间实践主体的创造性。这一表征过程既包括公园定位、愿景目标，也包括空间布局、业态设计等工作。最后，在表征的空间层面，应充分重视国家文化公园空间关系主体的外部反馈，如居民的情感认同与外地游客的认知差异、精英化的空间属性与平民化的归属意愿，即要提升居民在国家文化公园空间实践中的话语权与参与度。

第二，从黄河文化融入现代生产生活行为的角度，妥善处理保护与开发的关系，合理布局特色文旅融合空间与传统利用空间。首先，聚焦黄河沿线周边就近就便和可看可览的历史文化、自然生态资源，打造黄河文旅融合区。在宏

观层面，统筹利用黄河文物和文化资源外溢辐射效应①，整合上述黄河文化核心吸引空间、保护传承空间、普及教育空间、传播交流空间资源，分类探索文博观瞻、非遗传承、文化演艺、文创传媒、夜游经济等开发路径，打造链状文化旅游资源深度融合的发展典范。在中观层面，突出不同区段的地域文化特色和生态特点，创建一批国家文化产业和旅游产业融合发展示范区、国家级旅游休闲城市，培育一批历史文化、民俗风情、健康养生、休闲度假、观光体验类特色旅游村镇，形成“一镇一景、一镇一色、一镇一韵”的差异化发展格局。在微观层面，发布黄河游径名录，推介文物研学旅行、体验旅游项目和精品线路，进一步推动黄河主题文创产品的开发。其次，聚焦黄河沿线城乡居民和企事业单位、社团组织的传统生活生产区域，打造黄河文化传统利用区。合理保存传统文化生态，逐步疏导不符合文物保护和建设规划要求的设施及项目，规范建筑风貌与建筑名称，适度发展文化旅游、特色生态产业和各类生产经营活动。将黄河国家文化公园基础设施、文化活动融入民众的日常生活图景，合理引导沿线居民的生产生活方式，制定特色乡规民约，通过实践养成及宣传引导，传承黄河人文精神与城市特质，使之成为“想象共同体”的表征，建构起黄河“文化认同”。

（四）整合文化地理空间，实现其与文化生态保护区的多向度协同

文化地理空间可以体现国家文化公园文化多元、边界开放的身份特质。在历史与地理因素的共同作用下，整合文化地理空间有助于合理把握与理解黄河文化的整体性、多元性特质②。基于文化生态培育理论，在规划编制过程中，通过空间的多向度协同，建构完整的文化地理空间，是实现国家文化公园与自然人文生态环境和谐共生的有效方式。

第一，统筹把握国家文化公园与文化生态保护区的异同点。

首先，在规划编制过程中，应在认知二者共同点的前提下，系统建立文脉关联路向。如：国家文化公园与文化生态保护区均强调严格保护、世代传承、合理利用，重视对物质与非物质文化遗产文化内涵、精神特质的传承和弘扬；

---

① 高飞、陈焱松：《后疫情时期大运河国家文化公园文化旅游高质量发展探析》，2020 中国旅游科学年会，北京，2020 年 4 月。

② 杨杰宏、张玉琴：《丽江文化地理空间的构建及成因》，《思想战线》2010 年第 1 期。

均重视文化精神纽带与生态基底作用，需要依托文物和文化资源及其所处的人文与自然生态，生动呈现中华文化的独特创造、价值理念和鲜明特色；均须通过科学的顶层设计和统筹协调机制，实现科学建设和系统管理，也必须充分考虑禀赋差异及周边人居环境、自然条件、配套设施等情况，实现因地制宜发展。其次，应在认知二者不同点的前提下共建文化地理空间，如将二者的整体性保护与多元特定空间属性、保护对象与保护建设范围、管理层级与功能布局相结合，充分考虑地域广泛性、文化多样性、资源差异性。

第二，聚焦多重视角，推动国家文化公园与文化生态保护区融合衔接。

首先，在守正创新和价值导向层面，坚持双效统一原则。黄河国家文化公园与沿线文化生态保护区要共同处理好开发利用与遗产保护、社会效益与经济效益之间的关系，不断健全各地域优秀传统文化研究阐发、普及教育、实践养成、保护传承、传播交流体系，确保文化遗产的真实性和完整性，禁止对文化遗产进行超负荷利用和破坏性开发，在有效保护的前提下适度发展相关产业。

其次，在顶层设计和战略导向层面，统筹好整体和局部的关系。黄河国家文化公园属于超大规模的文化地理空间，链状资源空间跨度较大，必须按照“核心点段支撑、线性廊道牵引、区域连片整合、形象整体展示”的原则构建总体格局，且须与沿线藏族（玉树）文化、河洛文化、黄河文化（东营）、孙子文化（惠民）等典型生态保护（实验）区相结合，做到特色性与整体性的统一。

再次，在具体建设和业态功能层面，实现两大融合利用。一是系统整合国家文化公园与文化生态保护区重叠区域的文化、生态、景观等资源要素，实现遗产要素的融合利用；二是以重大项目为牵引，系统布局一批主题博物馆、美术馆、传习中心、非遗工坊、老字号商铺、产业园区、综合体、乡村文旅项目，实现公共服务与特色产业载体的功能互补，实现载体设施的融合利用。

最后，在管理运营和社会参与层面，激活要素协同效应。国家文化公园与文化生态保护区在规划建设和管理方面，应提高资源要素的集约利用效率。一是汇聚民智、发动民力，鼓励各类社会力量在政府主导、引导下参与其中，形成各方合力。二是发挥体制机制最大合力，构建跨部门协作运行机制，进一步优化跨部门协作及综合保障机制，推动管理机构及资产管理平台实现协同联动。探索黄河上中下游及省内沿线文物资源开发合作机制、社会力量参与文物保护利用机制、文物内涵阐发与教育交流传播机制。三是共同推进政策创新，制定资产收储、业态培育等鼓励引导政策，共建共享高端文化平台，形成有助于资源集聚、要素集聚、品牌集聚的文化吸引核。

结　语

文化场景与空间生产理论基于高度相关的理论逻辑方向，共同赋予了黄河国家文化公园重要的场景营造意义与空间生产价值。在黄河国家文化公园文化场景与空间生产规划治理中，应按照文化共生、空间共时、产业共融、标准规范、机制灵活的基本遵循，因地制宜探寻文化标识空间、遗产网格空间、特色产业空间与文化地理空间建构方案，最终全面实现黄河文化遗产的科学保护、世代传承与合理利用。

创新发展篇

黄河国家文化公园建设研究*

鄂崇荣　朱奕瑾**

摘　要： 黄河国家文化公园是以时间、空间为经纬度，提炼展示中华文明精神标识和文化精髓的重大工程，是铸牢中华民族共同体意识的重要载体。黄河国家文化公园建设从加强顶层设计、健全领导体系、立足资源禀赋、深化文旅融合、讲好公园故事等方面不断深化实践探索。尽管黄河国家文化公园建设取得初步成效，但仍存在管理主体和统筹协调机制尚未形成，资金投入力度不够，黄河文化内涵系统性、原创性研究不强，以及沿黄地区发展不平衡、不充分的矛盾较为突出等问题。未来，还需进一步完善体制机制，摸清黄河文化资源“家底”，促进交流互鉴，加强人才培养，从制度保障、数据支撑、协作力量与智力支持四大方面深化黄河国家文化公园建设。

关键词： 黄河文化　国家文化公园　文旅融合

* 本文系2023年国家社科基金西部项目“铸牢中华民族共同体意识视角下的黄河国家文化公园研究”（项目编号：23XMZ042）的阶段性成果。

** 鄂崇荣，青海省社会科学院副院长、研究员，主要研究方向为民族宗教文化、黄河国家文化公园；朱奕瑾，青海省社会科学院民族宗教研究所助理研究员，主要研究方向为生态文化。

黄河作为中华民族的母亲河，是中华文化的重要涵养地和核心发祥地。黄河流经中国九省区，是中国第二、世界第六长河，自古以来就是各民族交往、多文化交融的重要区域。以习近平同志为核心的党中央从中华民族伟大复兴和建设中华民族现代文明的战略高度出发，做出建设黄河国家文化公园的重大决策部署。

一　黄河国家文化公园略述

（一）国家文化公园

习近平总书记多次强调，“树立和突出各民族共享的中华文化符号和中华民族形象，增强各族群众对中华文化的认同”①。国家文化公园象征中华文化符号和国家精神，是关乎文化强国建设和中华民族伟大复兴的重大文化工程。2017 年 1 月，中共中央办公厅、国务院办公厅印发《关于实施中华优秀传统文化传承发展工程的意见》，提出规划建设一批国家文化公园，使其成为中华文化重要标识。② 2017 年 5 月，中共中央办公厅、国务院办公厅印发《国家“十三五”时期文化发展改革规划纲要》，指出要依托重大历史文化遗产“规划建设一批国家文化公园，形成中华文化的重要标识”③。2019 年 7 月 24 日，中央全面深化改革委员会会议审议通过了《长城、大运河、长征国家文化公园建设方案》，国家文化公园建设迈出实质性的一步。④ 2021 年3 月，《中华人民共和国国民经济和社会发展第十四个五年规划和 2035 年远景目标纲要》公布，国家文化公园建设位列其中。⑤ 2022 年 10 月，党的二十大报告提出“加大文物和文化遗产保护力度，加强城乡建设中历史文化保护传承，建好用

---

① 《习近平：在全国民族团结进步表彰大会上的讲话》，国家民族事务委员会网站，2019 年 9 月 27 日，https：//www. neac. gov. cn/seac/xwzx/201909/1136990. shtml。

② 《中共中央办公厅 国务院办公厅印发〈关于实施中华优秀传统文化传承发展工程的意见〉》，中国政府网，2017 年 1 月 25 日，https：//www. gov. cn/zhengce/2017-01/25/content_5163472. htm。

③ 《中共中央办公厅 国务院办公厅印发〈国家“十三五”时期文化发展改革规划纲要〉》，中国政府网，2017 年 5 月 7 日，https：//www. gov. cn/zhengce/2017-05/07/content_5191604. htm。

④ 《中共中央办公厅 国务院办公厅印发〈长城、大运河、长征国家文化公园建设方案〉》，中国政府网，2019 年 12 月 5 日，https：//www. gov. cn/zhengce/2019-12/05/content_5458839. htm。

⑤ 《中共中央办公厅 国务院办公厅印发〈国家“十三五”时期文化发展改革规划纲要〉》，中国政府网，2017 年 5 月 7 日，https：//www. gov. cn/zhengce/2017-05/07/content_5191604. htm。

好国家文化公园”[①]。国家文化公园是具有特定开放空间的公共文化载体，主要通过公园化运营管理，实现保护传承利用、文化教育、公共服务、旅游观光、休闲娱乐、科学研究等功能[②]，集中打造中华文化重要标志。国家文化公园是以时间、空间为经纬度，凝心铸魂、文化浸润，提炼展示中华文明精神标识和文化精髓的重大工程，是铸牢中华民族共同体意识的重要载体。

（二）黄河国家文化公园

党的十八大以来，习近平总书记多次到沿黄九省区进行实地考察，提出“要促进全流域高质量发展、改善人民群众生活、保护传承弘扬黄河文化，让黄河成为造福人民的幸福河”，强调“要推进黄河文化遗产的系统保护，守好老祖宗留给我们的宝贵遗产”。[③] 建设黄河国家文化公园是以习近平同志为核心的党中央充分考量黄河文化重要地位做出的重大战略部署，是传承与建构中华文化的重要标识。黄河流域作为多民族聚居带，分布有汉族、回族、藏族、蒙古族、东乡族、土族、撒拉族、保安族等民族，其中少数民族约占 10%。[④]黄河是中华民族大家庭各成员共有共享的代表性符号，是中华文明聚多元于一体的示范典型。黄河文化凝结了黄河流域各民族在交往交流交融进程中的共同记忆，在形成多元一体的中华民族一体格局历史进程中发挥着关键作用。黄河国家文化公园是增强文化自信、凝聚精神力量的重要空间。在建好用好黄河国家文化公园的过程中，不仅需要挖掘、梳理黄河文脉，还需赋予其铸牢中华民族共同体意识的意义。

（三）黄河国家文化公园建设的重要意义

黄河连接青藏高原、黄土高原、华北平原，拥有三江源、祁连山等多个自

---

① 《习近平：高举中国特色社会主义伟大旗帜 为全面建设社会主义现代化国家而团结奋斗——在中国共产党第二十次全国代表大会上的报告》，中国政府网，2022 年 10 月 25 日，https：//www. gov. cn/xinwen/2022-10/25/content_5721685. htm。

② 《中共中央办公厅、国务院办公厅印发〈长城、大运河、长征国家文化公园建设方案〉》，中国政府网，2019 年 12 月 5 日，https：//www. gov. cn/zhengce/2019-12/05/content_5458839. htm。

③ 《习近平：在黄河流域生态保护和高质量发展座谈会上的讲话》，“求是网”百家号，2019 年 10 月 15 日，https：//baijiahao. baidu. com/s？ id=1647443445350748172&wfr=spider&for=pc。

④ 《习近平：在黄河流域生态保护和高质量发展座谈会上的讲话》，“求是网”百家号，2019 年 10 月 15 日，https：//baijiahao. baidu. com/s？ id=1647443445350748172&wfr=spider&for=pc。

然国家公园和国家重点生态功能区，沿黄九省区有三江源、壶口瀑布、九曲黄河第一大转弯、偏关老牛湾等著名的自然风光和龙门石窟、香炉寺、三门峡黄河大坝、陶寺遗址等历史文化景观，还拥有珠算、剪纸、皮影、格萨（斯）尔、蒙古族长调民歌、热贡艺术等各类非物质文化遗产。黄河国家文化公园涉及的地理空间广阔，自然和人文环境复杂多样，涵盖或辐射的自然遗产和文化遗产资源富集，呈现自然景观多样、生态风光壮美、多元文化和美、历史底蕴深厚等特征。黄河流传着经久不衰的中华文明，塑造了中华民族自强不息的民族品格，蕴含着强大的向心力和凝聚力。黄河国家文化公园建设是一项系统性工程，与推进人与自然和谐共生、扎实推进共同富裕、推动区域协同发展、全面推进乡村振兴、推动城乡融合发展、推进中华民族共同体建设等诸多战略任务息息相关，与长城、大运河、长征、长江国家文化公园都有交叉重合之处，与三江源国家公园、大熊猫国家公园、四川若尔盖湿地国家级自然保护区、青海湖国家级自然保护区等相互依存。建好用好黄河国家文化公园的主要目的是还河于民、还园于民，让黄河文化遗产保护利用成果惠及于民，让各族人民共享高品质生活，丰富人民精神世界、满足人民美好生活需要，并以此促进沿黄九省区各族人民加深交往交流交融，在推动中华文化进一步繁荣发展的基础上，加快推进中华民族现代文明建设。建设黄河国家文化公园是展示中华文明的重要标识，这一重大举措推动了黄河文化的记忆传承，加快了黄河文化的创造性转化、创新性发展，进一步增强了各族人民的文化自信，为建设中华民族现代文明提供了切实可行且行之有效的新路径。同时，黄河国家文化公园作为以习近平同志为核心的党中央为进一步保护传承弘扬中华优秀传统文化而做出的重大战略部署，是推动中国特别是沿河九省区高质量发展的重大文化工程。这一重大战略部署加快了黄河不同段、不同区域间的协同合作和黄河流域省区联动，促进了文旅融合高质量发展，实现了物质与精神同步丰富、城市与乡村同频共振，助推了中国式现代化建设。

二　黄河国家文化公园建设的实践探索

（一）加强顶层设计，为黄河国家文化公园建设指明方向

自 2020 年 10 月 29 日中国共产党第十九届中央委员会第五次全体会议通

过的《中共中央关于制定国民经济和社会发展第十四个五年规划和二〇三五年远景目标的建议》正式提出“建设黄河国家文化公园”后，相关顶层设计规划不断建立健全，得到持续完善优化。2020 年 12 月 30 日，国家发展改革委社会司组织召开了黄河国家文化公园建设启动暨大运河、长城、长征国家文化公园建设推进视频会[①]，对启动黄河国家文化公园建设做出具体部署。国家文化公园建设工作领导小组先后印发《黄河国家文化公园建设实施方案》和《黄河国家文化公园建设具体工作方案》，提出通过实施公园化管理运营，形成具有特定开放空间的公共文化载体。2021 年 10 月 8 日，中共中央、国务院正式印发《黄河流域生态保护和高质量发展规划纲要》，为黄河流域生态保护和高质量发展提供政策指导，对黄河流域生态保护和高质量发展的重要意义、规划期限、规划范围、制约因素、保护原则等多方面做出指导部署。[②] 2022 年 10 月，党的二十大报告提出：“加大文物和文化遗产保护力度，加强城乡建设中历史文化保护传承，建好用好国家文化公园。”[③] 2022 年 10 月 30 日，习近平签署中华人民共和国主席令，公布全国人大常委会当日通过的《中华人民共和国黄河保护法》。2023 年 7 月，《黄河国家文化公园建设保护规划》正式出台，明确界定了黄河国家文化公园建设保护的总体空间布局、总体要求、建设原则、主要目标、规划范围和重点任务，为黄河流域相关部门制定规划政策做出重要的理论指导，对推进黄河国家文化公园建设工作具有重要的指导意义。顶层设计的持续优化为沿黄九省区开展黄河国家文化公园建设工作指明了方向路径。

（二）健全领导体系，为黄河国家文化公园建设提供组织保障

沿黄九省区深入贯彻落实以习近平同志为核心的党中央做出的重大决策部

---

① 《国家发展改革委社会司召开黄河国家文化公园建设启动暨大运河、长城、长征国家文化公园建设推进视频会》，国家发展和改革委员会网站，2020 年 12 月 31 日，https：//www.ndrc.gov.cn/fzggw/jgsj/shs/sjdt/202012/t20201231_1261338_ext.html。

② 《中共中央 国务院印发〈黄河流域生态保护和高质量发展规划纲要〉》，《国务院公报》，2021 年第 30 号。

③ 《习近平：高举中国特色社会主义伟大旗帜 为全面建设社会主义现代化国家而团结奋斗——在中国共产党第二十次全国代表大会上的报告》，中国政府网，2022 年 10 月 25 日，https：//www.gov.cn/xinwen/2022-10/25/content_5721685.htm。

署，不断健全组织领导体系，均成立黄河国家文化公园建设工作领导小组。其中，甘肃、宁夏、内蒙古、陕西、河南、山东七省区由省委常委、宣传部部长任工作领导小组组长，青海、四川实行由副省长和宣传部部长共同担任工作领导小组组长的“双组长制”，山西由副省长任工作领导小组组长①，办公室设在各省区的文化和旅游厅。沿黄九省区将黄河国家文化公园建设纳入总体工作部署和政府议事日程，坚持保护与发展并进。

（三）立足资源禀赋，推动黄河国家文化公园建设彰显特色

国家层面出台的《黄河国家文化公园建设保护规划》要求以黄河文化资源和特色地域文化为依托，以核心展示园、集中展示带、特色展示点为支撑，点线面相结合，构建黄河国家文化公园“一廊引领、七区联动、八带支撑”的总体空间布局，从整体上研究阐释、传承弘扬黄河文化及其价值内涵。一是沿黄九省区在对照《黄河国家文化公园建设实施方案》《黄河国家文化公园建设具体工作方案》的基础上，立足本省区资源禀赋和发展战略，强化任务落实，持续探索适合自身发展的黄河国家文化公园建设路径。青海通过全面梳理、科学分析黄河流域青海段的文化资源特征，立足“生态大省”“生态要省”“三江之源”的本省省情，结合“四地建设”，构建“一带一廊两组团九园”的空间布局。四川实施“一干多支，五区协同”战略，为黄河流域生态保护和高质量发展创造了重大机遇，也为讲好四川黄河故事、打造中华文明重要地标、提升国家文化软实力奠定了坚实基础。甘肃出台《甘肃省黄河文化保护传承弘扬规划》，集中打造“五个高地”，为黄河国家文化公园建设夯实了基础。宁夏全力打造黄河文化传承彰显区，出台《宁夏回族自治区黄河文物保护利用规划》，推进保护、传承、利用一体化开展。内蒙古将项目储备与国家文化公园建设方案、内蒙古自治区总体规划等充分衔接，形成黄河国家文化公园（内蒙古段）“三张清单”。陕西于2021年6月公布《黄河国家文化公园（陕西段）建设保护规划（征求意见稿）》，要求构建“一廊两地四带多园”文化保护传承弘扬格局。山西立足黄河文化的保护传承与发展转化，以生态保护为底线，活化黄河文化，挖掘相关资源，探索文旅结合新路径，全力打造黄河国家文

① 参见李艳主编《黄河国家文化公园：保护、管理与利用》，中国旅游出版社，2022。

化公园（山西段）文化旅游示范带。河南开展黄河国家文化公园488处重大资源分类与评价，建立黄河文化遗产资源大数据库，以保护传承、研究发掘、环境配套、文旅融合、数字再现五大工程项目为抓手建设黄河国家文化公园，着力构建“一核三极引领、一廊九带联动、十大标识支撑”的总体布局。① 山东立足黄河流域山东段的自然地理特征，以黄河干流为骨架，以12条一级支流为脉络，以自然保护地、水利风景区等重要生态节点为支撑，坚持左右岸、堤内外、干支流、点线面统筹布局，构建“一干三段，多支多点”的空间格局。② 二是沿黄九省区立足自身特色，分别申报和建立了藏族文化（玉树）、格萨尔文化（果洛）、羌族文化、热贡文化、陕北文化、晋中文化、河洛文化、齐鲁文化（潍坊）、黄河文化（东营）、泰山文化、河湟文化（海东）等多个国家级和省级生态保护（实验）区③，聚力打造河湟文化片区、河套文化片区、三晋文化片区、齐鲁文化片区等具有区域特色的文化区和文化带。

（四）深化文旅融合，为黄河国家文化公园建设提供经济支撑

坚持深度推进文旅融合是落实黄河国家文化公园建设的重要举措。沿黄九省区坚持文旅融合，不断整合黄河流域自然生态与文化旅游资源，构建文旅融合产品体系，以此为载体推动黄河国家文化公园提质增效。如青海持续丰富生态游、研学游、自驾游、休闲游、乡村游等旅游产品种类及内涵，推出200条精品旅游线路，其中黄河生态文化之旅等7条旅游线路入选“黄河主题国家级旅游线路”。甘肃积极跨省推广营销，开展“环西部火车游”“畅游交响丝路·启航如意甘肃”等推介营销活动，吸引其他省区市与甘肃加强黄河文化和旅游合作。宁夏全域建设黄河文化传承彰显区，打造黄河休闲旅游理想之地，建设黄河金岸旅游带，黄沙古渡、黄河外滩等旅游景区迅速崛起，音乐盛典、黄河文创集市、黄河美食街、黄河星空露营等的知名度和美誉度不断提升。

---

① 《黄河国家文化公园：黄河之水天上来母亲河奔流不息 历史现实交融奏响新时代大合唱》，《深圳特区报》2022年12月1日。

② 《山东印发沿黄生态廊道保护建设规划》，《济南日报》2023年10月11日。

③ 鄂崇荣：《铸牢中华民族共同体意识视域下的黄河国家文化公园建设》，《中国非物质文化遗产》2022年第4期。

（五）讲好公园故事，为黄河国家文化公园建设营造氛围

一是沿黄九省区深入挖掘黄河文化的历史价值与时代价值，打造黄河文化品牌，讲好黄河故事，将文化资本的潜在价值转变为市场价值。如河南塑造“行走河南·读懂中国”品牌，叫响“三座城、三百里、三千年”品牌，并依托黄帝文化、河洛文化、仰韶文化、中华龙文化、鲤鱼吉祥文化、镇河铁牛和“三牛”精神，开发出黄小轩、河小洛、宁小陶、天小龙、夏小鲤、平小牛 6 个黄河吉祥物。青海为助力黄河国家文化公园建设，向世界传播黄河文化、推介黄河旅游，举办 2023“直播黄河”——黄河文化旅游带全网宣传推广活动，带领大家认识黄河、畅游黄河文化旅游带。陕西渭南擦亮“万里黄河看渭南”“黄河华山·家在渭南”“岳渎相望、华夏根脉、大美渭南欢迎您”3 张文旅名片，全力推进黄河国家文化公园（渭南段）建设。二是沿黄九省区不断加强黄河题材优秀作品创作和推广，积极搭建黄河文化交流传播平台，集群推出黄河题材优秀文艺作品。如内蒙古举办“大河奔流”黄河文化主题美术作品展，开展以“中华文化符号和中华民族形象”为主题的黄河文化美术作品创作征集活动，倾力刻画黄河形象、描绘黄河图景、讲述黄河故事。山西省歌舞剧院创作演出大型舞蹈史诗《黄河》，从黄河文化蕴含的强大力量出发，以舞蹈形式形象地展现以黄河文化为起源的中华文明，以血肉之情为寄托、以黄河气魄为载体，意象化地再现中华民族源远流长的辉煌历史和奋斗历程，歌颂中华民族像黄河一样奔流不息、勇往直前的伟大精神。三是有序开展黄河文化系统研究。站在新的历史起点上深入研究黄河文化，是沿黄九省区的政治责任所在、黄河流域所需、高质量发展所向。如河南现拥有黄河文明省部共建协同创新中心、黄河文明与可持续发展研究中心、黄河国家文化公园研究院、河南黄河文化研究中心、郑州惠济黄河研究院等一批研究黄河文化的机构，初步形成河南黄河文化研究梯次格局，加大对黄河文化系统研究和阐释力度，初步构建深入挖掘黄河文化历史内涵、时代价值、历史地位的理论体系。[①] 甘肃依托兰州大学大数据重点实验室，成立黄河国家文化公园研究院，为研究发掘、保护传承黄河文化提供科技、学术支撑。宁夏成立黄河文化研究工作专班，构建黄河文化研究智库，整合

---

① 张祝平：《创新文化传承 讲好“黄河故事”》，《河南日报》2023 年 3 月 24 日。

区内外专家学者力量，推动黄河文化研究在理论层面有所创新。山东成立以“黄河精神与中华民族共同体意识教育的路径研究”“山东黄河文化史料整理及其开发”等为研究课题的多个青年人才团队，以黄河精神、黄河文化为主要研究内容，充分发挥青年人才团队的示范、引领和带动作用。陕西成立黄河文化遗产研究中心，推进人才队伍建设，提高科研水平，致力于推动黄河文化遗产资源系统性、综合性研究。

三　黄河国家文化公园建设面临的挑战和制约因素

尽管黄河国家文化公园建设现取得初步成效，但仍存在一些制约因素。

一是由于地域上的不连续与分布上的不集中，黄河国家文化公园建设的管理主体和统筹协调机制尚未形成，沿黄九省区的牵头单位也未能达到统一，工作合力发挥不够。二是由于资金投入力度不够，文物、文化遗产分布呈现点多、线长、面广的特征，类型复杂多样，对内涵挖掘不足，资源保护任务艰巨，转化利用的体验性、互动性、科技感不够。三是黄河沿线文化遗产相对分散独立，空间跨度大，涉及众多省区，地区间、领域间文化类型差异较大，课题研究中涉及历史学、考古学、统计学、文化学、地理学、遗产学、管理学、规划学、生态学、旅游学等学科，需要交叉学科在研究中广泛运用，整体性研究理念始终贯穿其中。由于从事黄河文化研究的高水平、高层次人才短缺，对黄河文化内涵的系统性、原创性研究不强，对黄河文化的时代价值与黄河精神整体性挖掘阐发不足，整体研究队伍力量薄弱，缺少扎实的理论基础支撑。四是由于沿黄九省区发展不平衡、不充分的矛盾较为突出，各省区黄河文化保护利用用力不均衡，资金和人力投入力度不同，一些省区的文旅融合项目产业存在低层次、同质化现象，创造性转化和创新性发展程度不高。

四　黄河国家文化公园建设路径分析

（一）完善体制机制，为黄河国家文化公园建设提供有力的制度保障

一是进一步完善工作机制，加快构建有利于黄河文化传承创新的制度体

系，推动机制建设常态化、长效化，围绕规划编制、任务落实、项目推进等，加强工作组织和有效统筹，形成上下联动、左右互动、内外联动的工作格局。二是加快出台推进沿黄九省区黄河国家文化公园建设的规划及配套支持政策，各省区领导小组应做好与国家层面衔接，及时完成向国家相关部委规划报送和经验推介工作，不断优化顶层设计，发挥规划引领和典型示范作用。三是持续完善国家引领、各省区政府协同、全社会参与的体制机制，各级党委、政府及相关部门在成立高规格领导小组的基础上，形成定期召开各省区联席会议的长效机制，建立高效的沟通协调与信息共享机制，商讨流域共性事项，研究解决同步协调推进问题。四是持续加强领导小组和办公室设置的稳定性、长效性、系统性，不断改进完善工作机制，提高机构运行效能，加大建设工作的执行力度。

（二）摸清“家底”，为黄河国家文化公园建设提供完备的数据支撑

一是沿黄九省区要厘清境内黄河国家文化公园与其他国家公园、其他国家文化公园在分布空间、文化内涵、承载实体等方面的重叠性、区别性，做好国家公园与国家文化公园的建设保护规划，避免因空间冲突和重复建设而造成财力、物力、人力损失。二是充分考虑沿黄九省区的地域广泛性、文化多样性、资源差异性，做好自然资源和文化资源普查梳理工作，为黄河国家文化公园建设奠定坚实的物质基础、自然基础和数据基础。三是利用第四次全国文物普查的契机，全面系统掌握黄河流域文物资源、遗址遗迹资源、革命文物资源等，建立黄河流域不可移动文物资源总目录，适时建立黄河流域不可移动文物资源大数据库；与此同时，整合利用较完备的国家级、省级、市级、县级非物质文化遗产代表性项目名录，建立黄河流域非物质文化遗产数据库，并进一步细化分析，推进有序转化利用。

（三）促进交流互鉴，为黄河国家文化公园建设提供强大的协作力量

一是积极搭建全国性平台，促进沿黄九省区相互借鉴做法、分享经验，通过建设博物馆、举办展览馆联展等形式，利用电视、报纸等传统媒体与短视

频、微博、微信等新媒体，对黄河文化进行整体性展示。二是加快探索文旅融合合作新路径，实施黄河流域各民族交往交流交融计划，推动黄河不同地域文化在各省区的景区、校园、社区等展示展演；以物态化、活态化、业态化手段促进区域间观光休闲度假、专题旅游、生态旅游、红色旅游等模式形成，以制作宣传片、定制黄河文化伴手礼等方式，推动黄河流域文旅融合形成集群化、带状化发展格局。三是打破原有发展思维和模式，实施打造精品项目。深入挖掘本地黄河文化资源，抓住新兴业态发展契机，打造以地域历史特色文化为载体的精品旅游项目，做精做强文旅融合体验品牌，推介和展示一批黄河文化地标，提升黄河文化在黄河全流域的影响力和辐射力，不断铸牢黄河流域中华民族共同体意识。

（四）加强人才培养，为黄河国家文化公园建设提供强劲的智力支持

一是协同开展黄河文化研究。成立专综结合的黄河国家文化公园研究智库，利用社科院、高校、党校及相关部门的研究资源，集结各单位文化、生态、旅游、经济等各类研究人才，设立黄河文化研究智库，对黄河文化的内涵意义、历史精神、时代价值、生态保护、产业发展进行系统研究，构筑黄河文化研究高地。二是完善黄河文化研究人才队伍梯次，通过设立人才培训与实践基地，培养锻炼专业人员，加快对青年专家人才的培养。三是加强黄河国家文化公园研究人才队伍建设。实现黄河国家文化公园建设的高质量发展，关键在创新，主要靠人才。沿黄九省区针对黄河国家文化公园建设要求，不断加强人才队伍建设。四是梳理沿黄九省区对黄河文化研究取得的重大成果。总结各地可复制推广的成功经验，尽快推出一批标志性的黄河文化重大研究成果并加以转化，为黄河国家文化公园建设提供理论支持与技术支撑。

陕西黄河流域文化产业发展报告

颜　鹏*

摘　要： 陕西是黄河文化形成和发展的核心区域，拥有丰富的文化资源。近年来，陕西积极贯彻落实《中华人民共和国黄河保护法》《黄河国家文化公园建设保护规划》，挖掘黄河文化时代价值，创新发展黄河文化产业，为实现文化强省建设和经济社会高质量发展提供了支撑。为发挥黄河文化资源优势，实现黄河文化产业创新发展，陕西应进一步加强创新活化，推进黄河文化遗产资源系统保护；实施项目驱动，构建“产业+项目”协调推进机制；促进科技赋能，多元布局黄河文化产业体系；实施品牌引领，加快整合黄河流域文化资源；创建协同机制，搭建黄河文化创新发展平台；进一步优化空间，打造黄河流域文化旅游带。

关键词： 黄河流域　文化产业　陕西

黄河是中华民族的母亲河，黄河流域文化是中华文明发展演变的主轴。陕西是黄河文化形成和发展的核心区域，拥有丰富的文化资源。2023 年 5 月 17 日，习近平总书记在听取陕西省委和省政府工作汇报时强调，“陕西在推进中国式现代化建设中要有勇立潮头、争当时代弄潮儿的志向和气魄，奋力追赶、敢于超越，在西部地区发挥示范作用”①。习近平总书记心系黄河流域生态和文物保护工作，他指出，“要深入挖掘黄河文化蕴含的时代价值，讲好‘黄河

---

* 颜鹏，陕西省社会科学院助理研究员，主要研究方向为文化经济与文化产业管理。

① 《习近平听取陕西省委和省政府工作汇报》，中国政府网，2023 年 5 月 17 日，https://www.gov.cn/yaowen/liebiao/202305/content_6874465.htm。

故事'，延续历史文脉"①。习近平总书记的重要讲话精神为黄河流域文物保护利用和文化遗产保护传承提供了根本遵循，也为陕西黄河文化产业的发展指明了方向。为实现打造黄河文化保护传承核心区、黄河流域精神标识和自然标识集聚地、黄河文化和旅游高质量发展先行区、中华文明现代化展示样板区、黄河流域文化经济合作示范区的目标，陕西应充分发挥黄河流域文化资源优势，挖掘黄河文化内涵，延续黄河历史文脉，展现黄河文化价值，推动陕西黄河文化产业创新发展。

一　陕西黄河流域文化资源分布

（一）黄河（陕西段）流域分布

陕西是黄河流域文化的重要发祥地之一。黄河（陕西段）位于黄河中游，是陕西与山西两省界河，自北而南流入府谷县的墙头乡进入陕西省，经府谷、佳县、吴堡、韩城，至潼关县港口折向东流，于沙坡出陕西境进入河南。黄河在陕西境内流长 718.7 公里，陕西秦岭以北除毛乌素沙漠内流区外均属黄河水系，境内流域面积 133301 平方公里，占黄河流域总面积的 17.7%，是黄河流域的心脏地带。黄河（陕西段）地理位置、经济及生态功能地位突出，占陕西全省 65%的土地面积、83%的人口和 88%的经济总量，共有 58 个县（区）全部位于黄河流域内、8 个县（区）部分位于黄河流域内。关中 5 市 1 区、陕北 2 市和陕南 3 县，包括西安、宝鸡、咸阳、渭南、铜川、延安、榆林、杨凌、韩城（除周至县、太白县、榆阳区、神木市、定边县）的绝大部分县（区）位于黄河流域内，商洛只有商州区、洛南县和丹凤县部分位于黄河流域内。黄河的最大支流渭河经甘肃天水进入陕西，从宝鸡、咸阳、西安、渭南等地至渭南市潼关县汇入黄河。黄河（陕西段）按特征不同，可分为上下两段，即墙头至禹门口称为晋陕峡谷段，禹门口以下称为汾渭平原段。晋陕峡谷段长 574 公里，蕴藏着丰富的水利水能资源。汾渭平原段长 144.7 公里，黄河在此

① 《深入挖掘黄河文化蕴含的时代价值》，"光明网"百家号，2023 年 6 月 6 日，https://baijiahao.baidu.com/s?id=1767891987761253556&wfr=spider&for=pc。

段接纳第一大支流渭河。汾渭平原段地势开阔、地形平缓、土地肥沃、水资源丰富，是中国历史悠久的农业生产区。

（二）陕西境内黄河流域文化资源分布

陕西位于黄河中游，地理区位独特，地缘优势明显，是东西方文化交流和游牧、农耕文明交错的枢纽地带，文化遗产价值突出。陕西是黄河文明的重要源头和黄河流域文化的核心区域，是“最早的中国”所在地。陕西境内文化遗产都在不同程度上彰显着黄河文明的博大精深、开放包容。陕西历史文化资源丰富，有世界文化遗产 3 处 9 个点，有 235 处国家级重点文物保护单位、1131 处省级重点文物保护单位，有不可移动文物 49058 处。陕北文化生态保护区，是陕西省唯一一个国家级文化生态保护区；西安鼓乐、中国剪纸、中国皮影戏是联合国教科文组织认证的“人类非物质文化遗产代表作名录”项目；秦腔、安塞腰鼓、耀州窑陶瓷烧制技艺等国家级非物质文化遗产代表性项目名录共有 79 项。黄帝陵、兵马俑、延安宝塔、秦岭、华山是中华文明、中国革命、中华地理的精神标识和自然标识。陕西 552 家国有文物收藏保管机构收藏有 7748750 件可移动文物，其中的大部分属于黄河流域。

陕西是黄河流域文化孕育、生成、壮大的核心区域。关中文化作为黄河流域文化的核心主干、基本支撑和集中体现，蕴含着黄河文明的内容精髓和思想精华，以生生不息的力量支撑着黄河流域文化、黄河文明，并为其提供永不干涸的源头活水。黄河（陕西段）中部地区的宜川、延川、佳县、吴堡、绥德等属于晋中南文化圈，典型人文遗迹有白云观庙会等。黄河（陕西段）南部地区的韩城、河阳、大荔、潼关属于关中文化圈，受观念、礼制、典章影响，典型人文遗迹有以司马迁祠墓为代表的各类祠、庙、楼、关。黄河（陕西段）北部地区属于晋北文化圈，受汉族与少数民族公认的宗教文化影响，典型人文遗迹有府谷古城等。陕北地区是中国抗日战争和解放战争胜利的根据地，也是中国共产党思想与理论成熟的红色圣地。陕西革命历史文化资源丰富，有不可移动革命文物 1224 处（1310 个点）、全国重点文物保护单位 15 处（40 个点），多位于黄河流域。仅延安就有革命旧址 445 处。2019 年公布的《革命文物保护利用片区分县名单（第一批）》中的陕甘宁片区中，陕西有 38 个区县分布在黄河流域。

陕西黄河流域分布着数十个自然保护区、饮用水水源保护区、风景名胜区、森林公园、湿地公园、地质公园、水产种质资源保护区、重要水源涵养区、生态公益林等生态保护区，生态旅游资源极为丰富。

二　陕西黄河文化产业发展现状

陕西充分挖掘黄河文化时代价值，推进黄河国家文化公园高质量发展，持续推动文旅深度融合，引领黄河文化品牌传承发展，系统整理黄河流域文化遗产，充分发挥黄河文化在推动陕西文化繁荣、文化产业发展、文化事业进步等方面的重要作用。

（一）充分挖掘黄河文化时代价值，推动黄河文化产业发展

陕西黄河流域特色文化遗产和文化资源为黄河文化产业发展提供了充足的资源和发展空间，也为陕西经济社会发展提供了有力的文化支撑。2023 年，陕西 1641 家规模以上文化及相关产业企业（以下简称“文化企业”）实现营业收入 1166.88 亿元，比上年同期增长 8.4%，高于全国文化企业营业收入增速（8.2%）0.2 个百分点，增速较前三季度（7.0%）高 1.4 个百分点，文化产业发展平稳向好。九大行业营业收入“八升一降”。其中，“文化传播渠道”营业收入处于领跑地位，达 227.56 亿元，比上年同期增长 19.2%，高于全省文化产业营收增速 10.8 个百分点，高于全国文化产业营收增速（11.9%）7.3 个百分点，对文化产业营收增长贡献率达到 40.7%，拉动文化产业营收增长 3.4 个百分点。此外，“创意设计服务”“文化装备生产”“新闻信息服务”“内容创作生产”“文化消费终端生产”“文化娱乐休闲服务”“文化投资运营”7 个行业，营业收入分别为 197.80 亿元、161.67 亿元、144.93 亿元、117.10 亿元、109.00 亿元、47.41 亿元、15.77 亿元，分别比上年同期增长 6.6%、22.3%、0.8%、16.4%、5.7%、5.4%、2.8%；增速下降的是“文化辅助生产和中介服务”，营业收入 145.63 亿元，比上年同期下降 9.2%[①]。

① 《2023 年全省规模以上文化企业运行情况》，陕西省人民政府网站，2024 年 3 月 26 日，http://www.shaanxi.gov.cn/zfxxgk/fdzdgknr/tjxx/tjgb_240/stjgb/202403/t20240326_2324120_wap.html。

2023年，陕西省文化和旅游厅谋划实施黄河流域重点文旅项目294个，总投资1261.6亿元，其中，储备92个、开工196个、投产6个，上半年完成投资114.5亿元，以高质量文旅项目支撑黄河流域高质量发展[①]。陕西高度重视培育提升特色文化产业园区基地建设，按照“政府主导、企业执行、市场运作”的方式，充分发挥国家级、省级文化园区基地在产业集聚、创业创新和引领示范等方面的重要作用，全方位、全链条、全要素整合优势资源，积极探索文旅融合新产品、新业态，培育了一大批特色鲜明的文化产业园区。陕西开展文化产业“十百千”培育工程。截至2021年底，陕西拥有省级以上文化产业园区基地232家。其中，包括西安国家级文化和科技融合示范基地、西安国家数字出版基地在内的国家级文化产业示范园区（基地）19家，以及包括曲江369互联网创新创业基地、陕西动漫产业平台、老钢厂设计创意产业园在内的省级文化产业示范园区（基地）213家。2022年，黄河壶口瀑布旅游区成为国家5A级旅游景区，是陕西第12家国家5A级旅游景区。截至2022年，陕西共有12家国家5A级旅游景区，分别为西安市秦始皇兵马俑博物馆、西安市大雁塔·大唐芙蓉园景区、西安市大明宫旅游景区、西安市华清池景区、西安市城墙·碑林历史文化景区、渭南市华山景区、宝鸡市法门寺佛文化景区、宝鸡市太白山旅游景区、延安市黄帝陵景区、延安市革命纪念地景区、商洛市金丝峡景区和黄河壶口瀑布旅游区。

（二）突出关中、陕北两大重点区域，推进黄河国家文化公园高质量发展

陕西突出关中、陕北两大重点区域，积极推进关中文化高地、延安红色文化高地、秦岭生态文化带、榆林边塞文化带建设。《陕西省“十四五”文化和旅游发展规划》提出，构建“一核四廊三区”文化和旅游发展新格局，建设古都文化、历史文化、民俗文化、山水文化等融合发展的关中综合文化旅游区，提升关中文化和旅游发展品质及国际化程度；建设红色文化、边塞文化、黄土风情文化等协同发展的陕北国家红色文化旅游区，打造在国内外有广泛影

---

① 《谋划实施294个黄河文旅项目 黄河国家文化公园（陕西段）建设推进中》，“华商网”腾讯号，2023年11月14日，https://new.qq.com/rain/a/20231114A08APU00。

响力和较高知名度的陕北民俗文化、大漠风情文化旅游体验区。

关中地区是陕西文化资源最丰富、经济实力最雄厚的地区，3/4 以上在陕全国重点文物保护单位位于关中，全国著名文化旅游景区多集中在此。此外，陕西 90%以上的国家级文化产业示范园区（基地）聚集于关中地区，80%以上的省级文化产业示范园区（基地）也聚集于关中地区。西安的曲江新区、高新区是陕西文化产业发展的重要承载区，在加快园区基地经济提速、促进产业集聚、推动陕西经济转型升级方面发挥了巨大作用。陕北地区陕西红色文化资源富集、革命文物资源丰富，是传承弘扬延安精神的革命圣地，是中国革命博物馆城和革命老区振兴发展的典范。延安在聚焦建设陕北文化生态保护区目标、推动非遗保护传承利用方面取得显著的成效。

陕西加快建设长征国家文化公园，编制完成《（陕西）长征国家文化公园建设保护分省份规划》，推动黄河文化旅游带（陕西）重点建设项目列入国家发展战略。黄河国家文化公园（陕西段）建设保护规划共设有 7 大重点工程专栏，包括文物文化系统保护、文化传承保护展示、黄河流域研究发掘等重点工程，按照国家和省委、省政府最新要求，重点项目精选 60 个，目前正在进一步优化。陕西多次开展实地调研，摸清黄河文化资源底数，建立咨询专家库，开展前期课题研究，不断修改完善《黄河国家文化公园（陕西段）建设保护规划》。

（三）持续推动文旅深度融合，加快建设黄河文化和旅游廊道

陕西是黄河流域文旅资源最富集的地区之一，文旅产业发展势头强劲。西安钟楼、秦始皇帝陵博物院、宝塔山、华清宫、西安城墙、大明宫国家遗址公园、大唐芙蓉园、华山、西安博物院、黄河壶口瀑布等，都是黄河流域著名的文化旅游景点。2023 年 1~8 月，陕西省接待国内游客 5.22 亿人次，同比增长 78.41%；实现国内旅游收入 4696.72 亿元，同比增长 123.93%①。西安与北京等城市一起，位列全国夜间经济繁荣指数第一梯队。大唐不夜城步行街、西安城墙景区等入选国家级夜间文化和旅游消费集聚区。

陕西致力于打造黄河文化和旅游高质量发展先行区，认真推进黄河国家文

① 西北信息报社：《陕西省文化和旅游厅举行新闻发布会 1 至 8 月陕西旅游收入 4696.72 亿元》，腾讯新闻，2023 年 9 月 19 日，https：//new. qq. com/rain/a/20230919A05K3Z00。

化公园建设，构建黄河文化和旅游廊道，在沿黄城市成立黄河文化旅游联盟，推进黄河文化产业高质量发展。陕西保护传承弘扬黄河文化，串联黄河流域自然生态资源及生态文化保护区、文化遗迹、历史文化名城名镇名村、文化产业园区等文化和旅游资源，加快推进沿黄公路旅游配套设施建设，打造具有国际影响力的黄河文化旅游廊道。陕西加快推进沿黄 4 市 13 县全域旅游发展，鼓励黄河流域文化旅游带相关景区创建国家 A 级旅游景区，打造更多体现黄河流域文化的精品景区。陕西与山西共创共建壶口瀑布国家 4A 级旅游景区，与沿黄其他八省区共同组建“黄河流域图书馆联合发展体”，活化利用桥儿沟、清凉山等旧址，建成全国规模最大、最具特色的体验式现场教学基地。陕西旅游产业格局明显呈现“核心—外围—边缘”特征，西安的龙头地位突出，沿黄地市旅游产业发展较为薄弱，黄河沿线旅游经济处于起步阶段，从仅有的宜川、韩城文旅产业发展来看，其对经济的贡献率还比较低。陕西推进黄河流域文化和旅游公共服务设施的融合发展，努力提升黄河流域文化和旅游业公共服务设施的服务能力。

（四）引领黄河文化品牌传承发展，深度推进黄河文化交流

陕西依托周秦汉唐文化资源，实施黄河文化品牌培育计划，开发研学旅行线路、演艺等文旅产品，打造“诗经里的中华”“唐文化”等品牌；以“从秦岭到黄河边走边唱”为主题，开展“黄河文化旅游季”活动，组织沿黄经济带高质量发展论坛，打造“中华根 · 黄河魂”陕西黄河文旅名片。陕西加快黄河流域博物馆建设，推进黄河流域市县公共图书馆、文化馆提档升级和效能提升。通过细致收集调查黄河流域文化和文物资源，陕西建立黄河文物资源线上数据信息库，动态科学保护黄河文化资源。全国首家“黄河文化记忆”主题图书馆、府谷县黄河文化文献资源主题图书馆和黄河记忆数字资源主题图书馆项目正式启动。“黄河文化记忆”主题图书馆建设是陕西省首创的以黄河文化为主要内容的文化资源库。黄河文化文献资源主题图书馆和“黄河文化记忆”主题图书馆主要围绕陕西境内的黄河农耕文化、黄河红色文化、黄河旅游文化等进行资源整合，并建设“黄河文化记忆”特色资源数据库。陕西举办“非遗进景区启动活动”“黄河记忆非遗展”等活动，挖掘一批弘扬黄河文化的优秀小戏小品精品。陕西还通过影视作品，促进黄河流域文化资源的快速转化和传播，以电影《黄河入海流》为代表，深入挖掘黄河流域文化内涵，

讲好陕西故事、黄河故事。2023 年 10 月 27～30 日，由陕西省文化和旅游厅、延安市人民政府共同主办的“黄河记忆”——2023 年黄河非遗大展在延安市金延安景区举行。陕西省文化生态保护区建设专题培训班同步在延安举办，进一步提升了陕西创建文化生态保护区的能力，擦亮了文化生态保护区的品牌名片。2023 年 10 月 27 日，陕西黄河文化博物馆在陕西佳县东方红文化产业园正式开馆，填补了陕西黄河文化类博物馆的空白，对进一步溯源黄河文化、讲好黄河故事、延续黄河文脉具有重要意义。

（五）系统整理黄河流域文化遗产，健全黄河流域文化保护传承弘扬规划体系

陕西高度重视黄河流域文化保护传承弘扬，充分挖掘黄河流域文化内涵，高质量编制《陕西省黄河文化保护传承弘扬规划》和《陕西省黄河流域非物质文化遗产保护传承弘扬专项规划》。2021 年 3 月，陕西发布《陕西省黄河文化保护传承弘扬规划》，重点规划“黄河文化记忆”保护传承弘扬工程、黄河文化和旅游融合发展工程、黄河文化数字化创新发展等方面的工作。2021 年 3 月，延安发布《陕西延安革命文物国家文物保护利用示范区建设实施方案》，明确示范区建设的指导思想、目标、范围、创建任务和实施保障措施，标志着延安革命文物国家保护利用示范区建设取得阶段性成果。2022 年 5 月，陕西发布《陕西黄河文化保护传承弘扬三年行动计划（2022—2024 年）》，提出实施黄河文化研究、黄河文化遗产保护利用、黄河文化和旅游融合发展、黄河文化旅游廊道建设、黄河文化品牌塑造、黄河文化传播推广六大行动，力争用三年时间推动黄河流域文化遗产保护利用体系、黄河文艺创作体系、文化和旅游公共服务体系、现代文化产业体系和旅游业体系、黄河文化标识体系进一步完善。陕西加快推进陕北国家级文化生态保护实验区建设，对历史文化积淀丰厚、存续状态良好、具有重要价值和鲜明特色的文化形态进行整体性保护。2023 年 1 月，陕北文化生态保护区（陕西省榆林市）成为通过文化和旅游部验收的国家级文化生态保护区。

2023 年，陕西印发《关于学习贯彻〈中华人民共和国黄河保护法〉〈陕西省渭河保护条例〉的通知》《关于全面加强黄河流域生态环境司法保护工作的意见》，制定《陕西省黄河流域生态保护和高质量发展专项奖补实施方案》。《陕西省渭河保护条例》深度挖掘渭河文化精神内涵，传承弘扬优秀治水文

化。陕西加强历史文化名城名镇名村、传统村落、历史文化街区，不可移动文物，农耕文化遗产，以及古道、关道、古渡口等交通遗迹和地名文化遗产保护；加强秦腔、皮影戏、剪纸等非物质文化遗产传承保护，完善代表性项目名录体系，推进传承体验设施建设，加强代表性项目保护传承。

陕西加快推进黄河文化遗产数字化发展。2022 年 12 月，由文旅产业指数实验室推出、阿里研究院牵头撰写的《2022 非物质文化遗产消费创新报告》出炉。该报告显示，在非遗影响力排名中，陕西位居全国第十。

三　陕西黄河文化产业创新发展存在的问题

随着国家和省级层面黄河流域各项文化规划的出台实施，陕西黄河文化的传承和文化产业创新发展水平显著提升，但在文化保护与传承、文化资源开发、文化项目开发建设、文化产业协同发展等方面依然面临挑战。

（一）黄河流域文化内涵挖掘不足，黄河流域文化保护与传承不到位

陕西黄河文化资源保护开发取得一定的成效，但黄河流域文化资源的挖掘和创新能力不足，不能使优秀的文化资源转化为强大的艺术生产力，不能满足黄河流域文化发展的需求。缺乏对黄河流域文化产业发展的相关政策支持和制度保障，缺乏对黄河流域文化产业大力支持的激励机制，使黄河流域文化产业发展体系一直处于不完善、不稳定状态，造成深厚的黄河流域文化资源难以有效地与地方特色优势资源结合，阻碍了黄河流域文化的可持续发展。

（二）黄河文化产业体系尚未构建，数字技术推动文化资源开发依旧不足

省级层面尚未建立比较全面的黄河文化遗产基础数据库，一些有价值的资源还处于原始放置状态，自然侵蚀比较严重。对黄河文化承载的文化价值和精神内涵挖掘提炼不够，缺少对黄河文化产业系统性、整体性认知和思考，尚未构建完整的黄河文化产业发展体系。数字技术在推动黄河文化资源分类普查、保存保护、传播传承等方面还比较欠缺，没有为黄河文化产业创新发展提供有

效的技术手段和必要的工具支撑，优秀的黄河文化资源没有转化为强大的文化生产力。

（三）文化产品和文艺作品创作生产不足，黄河文化项目开发建设较少

以黄河为主题的文化产品和文艺作品创作生产不足，黄河文化资源转化创新形成的黄河文化产业品牌还未建立，急需寻找黄河文化产业创意转化的有效路径。文化项目开发建设没有突出陕西黄河文化特色，缺乏形式多样、互动沉浸式的黄河文化场景。优质文化项目谋划和储备力度不足，许多文化文物遗产保护工作停留在概念上，未进行深入的可行性研究分析。项目建设进度明显滞后，存在重资金申请、轻后期监管的情况。

（四）政策支持和制度保障有待进一步深化，黄河文化产业发展格局尚不明晰

黄河流域各省区未能有效地协同发展黄河文化产业，区域相互关联、相互协调的黄河文化产业发展格局尚不明晰。此外，推动陕西黄河文化产业发展的政策支持和制度保障有待进一步深化，黄河文化产业创新发展的扶持和激励机制仍需改善和提升。此外，对黄河流域文化产业发展方面的财税、金融等政策保障仍旧缺乏，黄河流域各省区文化保护传承弘扬面临融资瓶颈和相关政策保障不足的问题，对黄河流域文化产业的保护和发展重视程度严重不足。黄河流域文化保护传承弘扬缺乏相关领域的创意人才队伍，难以有效做好相关工作。

四　陕西黄河文化产业创新发展路径

文化产业是陕西文化强省建设的重要抓手。陕西要积极顺应产业数字化发展趋势，加快实施陕西黄河文化创新计划，多元布局黄河文化产业体系，推动陕西黄河文化产业创新发展。

（一）创新活化，推进黄河文化遗产资源系统保护

加快陕西黄河流域文化遗产资源梳理，推进黄河流域文物保护利用和文化

遗产保护传承。一是全面系统推进黄河流域文化资源发掘和普查。认真整理和发掘文物资源、遗址遗迹资源、革命文物资源等，建立陕西黄河流域文化遗产资源数据库。二是实施陕西黄河文化创新计划。加强对陕西黄河文化内涵、文化基因和核心内容的提炼与活态传承，利用人工智能、大数据、增强现实、虚拟现实等技术，对陕西黄河文化资源数据信息进行智能提取、关联、分析与理解，囊括解读文字、图片音像等多维数据内容，建成文化资源数据采集、存储、传输、交易、保护、集成软硬件系统。三是加强黄河文化数据使用。构建基于算法模型输出的智能化、关联化、可视化数据要素，对陕西黄河流域文物、演艺、非遗、名人、历史地理信息等文化数据进行专题展示，形成深度的关联融合，促使文化各部门和单位藏着的文化“金砖”转化成文化“金山”。

（二）项目驱动，构建“产业+项目”协调推进机制

精心绘制文化产业图谱，用高质量项目引领陕西黄河文化产业创新发展。一是创建黄河流域重大文化项目库，围绕保护传承弘扬黄河文化、发展黄河文化产业，从政策准入、资源承载、资金支持等方面进行项目前期研究，加大重大项目谋划和储备力度，推进建设一批引领性、示范性重大工程和项目，加快黄河国家文化公园（陕西段）等重大项目建设。二是以重大文化项目为载体，夯实黄河文化产业发展基础，精心绘制文化产业图谱。串联陕西黄河沿线文化遗产、水利遗产、农耕遗产、历史文化名城名镇名村、国家级文化生态保护区、国家级和省级文化产业集聚区等，使更多景区入选国家级黄河文化旅游线路，建设世界级黄河文化和旅游廊道。三是优化协调项目推进机制，实行重大文化项目清单式管理，动态调整省、市、县重大项目清单，建立重点项目调度信息系统，强化分级调度机制，逐项建档立卡，定期召开文化相关部门联席会议，精准对接地方和项目主体需求，及时协调解决存在的问题，全面掌握项目进展情况。

（三）科技赋能，多元布局黄河文化产业体系

多元布局黄河文化产业体系，走“品牌+产业”融合发展道路，助力陕西打造万亿级文化旅游产业集群。一是加快推动黄河文化产业业态创新。发挥陕西数字经济、高端制造等产业优势，与国内外文化企业合力演绎文化创意、智慧旅游、文化演艺、出版创作等项目。强化黄河文化与农业、工业、体育、康

养、教育等产业的融合，实现全产业链的提质增效和创新升级。二是丰富黄河文化产品体系。充分挖掘黄帝陵、兵马俑、延安宝塔、秦岭、华山等具有陕西特色地标的价值，开发研学旅游、沉浸式体验、3D 全息投影、场景旅游等新产品，通过数字产业化和产业数字化，丰富文化产品供给。运用数字化、沉浸式、人工智能技术等现代高科技手段，与黄河文化完美对接，对陕西黄河文化资源进行情景再现、虚拟成像，形成具有陕西特色的文化产品体系。三是打造陕西黄河文化产业示范园区（基地）。建设各具特色的黄河文化展示园，突出壶口瀑布文化展示园、华山文化展示园、黄帝陵文化展示园等核心展示园作用，建设黄河文化主题数字博物馆、黄河文化大剧院、黄河文化创意集市等，推动文化领域科技研发和成果转化，推动科技支撑黄河文化产业推广方式、方法创新，打造陕西黄河文化产业示范园区（基地）。

（四）品牌引领，加快整合黄河流域文化资源

黄河文脉传承应做到与时俱进，要进一步挖掘陕西黄河文化时代价值，讲好陕西黄河故事，延续黄河文脉，使黄河文化成为增强中华文化软实力、展示中国智慧和坚定文化自信的底气所在，成为凝聚追梦中国强劲精神的强大力量。一是围绕圣地延安，构建中国革命精神标识集中地，多元布局红色文化旅游产品体系，充分挖掘黄帝陵、兵马俑、延安宝塔、秦岭、华山、司马迁祠、党家村、壶口瀑布等地标的价值，形成黄河流域精神标识和自然标识集聚地。建好长征国家文化公园，开发红色文化精品旅游线路，丰富红色文化展示体系，提升“圣地延安·中国红都”的红色文化品牌价值。形成黄河特色文化，推出以影视、文学、演艺等媒介为辅的陕西黄河流域文化传播途径，促进沿黄九省区文化产业的整体发展。二是充分发挥各种宣传平台作用，利用电视、广播、报刊、互联网、手机客户端等平台，大力宣传保护传承弘扬黄河流域文化的重要意义，大力营造保护传承弘扬黄河流域文化的浓厚氛围。积极推进黄河流域文化与科技、资本、人才等生产要素的高度融合，抢占黄河流域文化产业发展制高点。三是建设陕西黄河流域文化旅游大数据中心，通过文化与旅游大数据开发运用，推动黄河流域线上文化旅游资源实践应用、旅游目的地智能营销推广、黄河流域文化旅游内容生态开发、黄河流域文化旅游新产品打造、新文旅人才提升体系共建等领域发展。

（五）机制协同，搭建黄河文化创新发展平台

优化营商环境，加强部门合作，出台支持黄河文化发展的优惠政策，推动优质文化项目落地实施，吸引更多优质企业投资建设文化项目。一是搭建黄河文化创新发展平台，开展基础设施建设、项目开发运营、文化大数据采集、文化新产品打造、新文化人才提升、文化产业示范区建设等全链条创新服务，实现陕西黄河文化资源信息共建共享。二是构建黄河文化产业创新创业联盟，着力发展文化产业创新创业生态体系，形成政府、文化企业、产业创新孵化平台、科研机构、投融资平台的有效链接。推进黄河文化产业创新链、产业链“双链”融合，实现政策链、产业链、教育链、人才链、创新链的精准对接，逐步提升产业链现代化管理水平。三是在黄河流域文化遗产保护、文化产业开发、文化市场共建等方面，加强沿黄九省区之间的跨区域合作。强化黄河流域文化资源整合与协作，共同探讨黄河文化产业的整体开发、系统推介、协调联动等问题，共同挖掘黄河文化时代价值，合力唱响“新时代黄河文化大合唱”。

（六）优化空间，打造黄河流域文化旅游带

推动跨区域联合发展，深化文旅融合，建立陕西黄河流域文化经济区，优化陕西黄河流域文化旅游发展布局。一是从黄河流域文化空间分布来看，以西安为中心，打造关中文化高地，展现周秦汉唐文化遗存的完整序列，凸显中华文明起源的主体地位；以延安为中心，以建设长征国家文化公园为契机，打造红色文化高地。同时，围绕黄河流域文化主题，发展渭河文化发展带、红色文化发展带、边塞文化发展带、秦岭生态文化发展带四大文化发展带。二是以黄河流域的自然地理和人文景观为依托，统筹省内文化旅游资源，做好华夏文化、农耕文化、红色文化、黄土文化、长城文化的保护传承弘扬工作。以沿黄观光公路为主轴，完善沿线文化和旅游基础设施与公共服务体系，串联沿线文化遗产、水利遗产、农耕遗产、历史文化名城名镇名村、传统村落、国家级文化生态保护区、国家级和省级文化产业集聚区等，构建世界级黄河流域文化和旅游廊道，建设黄河流域国家文化公园。综合利用黄河历史文化资源，以陕西黄河流域的自然地理和人文景观为依托，将资源优势转化为产业优势。

黄河文化传播交流研究报告

李冰　秦艳*

摘　要：　2023 年，沿黄九省区通过加强区域协作、国际交流、深化传播媒体融合和数字化技术应用等举措，有效推动了黄河文化的交流与传播。未来，还应在加强学科理论体系建设、多元一体化统筹推进以及创新传播途径与方式等方面取得新的突破，进一步提升黄河文化传播交流的成效。

关键词：　沿黄九省区　黄河文化传播　文明交流互鉴

黄河是中华民族的母亲河，孕育了流域内灿烂悠久的黄河文化。2019 年 9 月，“黄河流域生态保护和高质量发展”被确定为重大国家战略，其目标任务之一就是要保护、传承、弘扬好黄河文化。此后，《黄河流域生态保护和高质量发展规划纲要》《黄河文化保护传承弘扬规划》《中华人民共和国黄河保护法》等相关规划与法律的先后出台，为黄河流域生态保护和高质量发展、黄河文化的保护传承与弘扬提供了根本遵循与法治保障。沿黄九省区各级政府在此指引下，主动作为、多措并举，全面加强生态保护治理，着力促进全流域高质量发展，大力保护传承弘扬黄河文化，努力讲好黄河故事，努力让黄河成为造福人民的幸福河。

一　2023年黄河文化交流传播的主要做法与进展

2023 年，沿黄九省区进一步凝聚共识，积极推动区域协作，统筹发展，

* 李冰，山西省社会科学院（山西省人民政府发展研究中心）历史所副所长、副研究员，主要研究方向为明清史、地方史；秦艳，山西省社会科学院（山西省人民政府发展研究中心）历史所副研究员，主要研究方向为宋元史、地方史。

通过多元化形式与传播平台对黄河文化进行了多方位、立体式的宣传、展示和推广，既推动了沿黄九省区之间的互动与交流，又提升了黄河文化的国际知名度与影响力。

（一）坚持多措并举，推动黄河文化宣传展示

保护、传承、弘扬黄河文化是落实黄河重大国家战略的重要任务。沿黄九省区立足自身特色，多措并举，积极推动黄河文化宣传与展示。河南省围绕促进文明交流互鉴，举办中国（郑州）国际旅游城市市长论坛、世界古都论坛、黄帝故里拜祖大典等活动；持续扩大老家河南、天下黄河、华夏古都、中国功夫等文化 IP 的传播力与影响力。以《唐宫夜宴》等为代表的“中国节日”系列节目持续发力，网络传播量突破 800 亿次。山东省加强黄河主题艺术创作展览展示，将黄河题材纳入“十四五”艺术创作规划重大选题，优先进行扶持。举办以黄河文化为主题的系列美术作品展、历代黄河舆图特展、黄河流域民间文化艺术交流展示等活动。加强境外交流，先后到韩国首尔、尼日利亚、日本东京、巴西圣保罗、美国洛杉矶等地举办文物展、美术展以及旅游推广活动。甘肃省借助丝绸之路（敦煌）国际文化博览会、敦煌行·丝绸之路国际旅游节等国际性节会平台，积极推进与丝绸之路沿线国家和地区进行文化交流与旅游推广。青海省印发《黄河青海流域文化保护传承弘扬规划》，启动黄河文化旅游带宣传推广系列活动，推出原创舞蹈诗《河湟》，通过舞蹈语言讲述河湟变迁，展现哺育“多元共生、融合共建”中华文化的母亲河。陕西省文化和旅游厅依托周秦汉唐文化资源实施黄河文化品牌培育计划，开发研学旅行线路、演艺等文旅产品，打造“诗经里的中华”、唐文化等品牌；以“从秦岭到黄河边走边唱”为主题，开展“黄河文化旅游季”活动，组织召开沿黄经济带高质量发展论坛，打造“中华根·黄河魂”陕西黄河文旅名片。宁夏回族自治区全域推进黄河国家文化公园（宁夏段）建设，建设黄河文化传承彰显区，深入挖掘黄河文化的时代价值，讲好宁夏黄河故事。内蒙古自治区以举办黄河几字弯内蒙古文旅商品创意设计大赛为载体，打造能“带得走”的黄河文化。山西创新展示展演盘活馆藏文物，成功举办黄河非遗大展，持续推进黄河国家文化公园（山西段）文化旅游示范带建设。四川省通过推动黄河国家文化公园（四川段）

建设，以及开展“若尔盖黄河大草原文化旅游节”等独具民族特色的黄河文化活动，打造民族性、世界性兼具的黄河文化名片。

（二）加强区域协作，推动黄河文化整体传播

黄河全长 5464 公里，呈“几”字形蜿蜒流经青海、四川、甘肃、宁夏、内蒙古、山西、陕西、河南、山东九省区，造就了黄河沿线悠久而丰富多彩的自然与人文资源，形成了多样化、多层次的黄河文化。但流域内各地区自然、文化资源不同，特色不同，经济、文化、社会发展水平也不同，因而文化传承保护与开发逻辑、路径等均存在差异。

为更好地推动黄河流域各区域协同发展，增强黄河文化影响力，沿黄九省区不断加强合作，建立了利益协同互促机制，统筹黄河文化交流与传播的总体进程。2023 年 4 月 18 日，在黄河文化论坛开幕式上，沿黄九省区签署了“弘扬黄河文化、讲好黄河故事”系列合作协议，在克服线性文化空间结构、分割性认知带来的管理协同困难上迈出坚实的一步。在合作协议框架下，沿黄九省区启动实施“大河上下——黄河流域史前陶器展”“黄河流域戏曲演出季”“沿黄九省（区）黄河文化国际传播合作”等 10 个具体落地合作项目，涵盖文艺创作、文博展览、品牌传播等多个领域，集中呈现各省区不同的黄河文化特色和形态，协同推进黄河文化交流与传播。

2023 年 4 月，黄河大集暨沿黄九省区手造民俗展在山东省东营市开幕。同月，黄河文化国际传播微刊《黄河 Style》上线，成为对外传播黄河文化的重要载体。7 月，第二届黄河流域戏曲演出季在山东省聊城市拉开序幕，平均上座率超 90%，多维度展示了灿烂的黄河文化，有效提升了黄河流域戏曲文化的传播力和影响力。9 月，2023 中国沿黄九省区新时代民歌艺术展演在山东省东营市开幕。11 月，山东广播电视台联合沿黄省区广播电视台，推出大型文化综艺节目——《黄河文化大会》第二季。一系列高层次、高质量合作项目的实施，有效推动了黄河文化整体传播。

（三）加强国际交流互鉴，提升黄河文化国际知名度

全球化时代，文明之间的交流互鉴是大势所趋。黄河文化是中华文明的重要组成部分，也是国家国际形象的重要名片和独特标识。推动黄河文化的国际

传播，向世界讲好黄河故事，是推动黄河文化创造性转化、创新性发展的迫切需要，也是传播中华文明、促进文化交流的重要环节。为此，沿黄九省区积极打造黄河文化国际交流对话平台，通过论坛、展览、演出、宣传推介等各项活动，向世界展示黄河文化，提升黄河文化国际知名度与影响力。

2023 年 4 月，中国公共关系协会、中共山东省委宣传部共同主办黄河文化国际传播论坛，邀请海内外专家学者就黄河文化内涵及国际传播、黄河文化国际传播策略、媒体传播经验与实践等话题展开深入对话，从不同角度献策黄河文化国际传播。2023 年 9 月，在河南省郑州市召开 2023 世界大河文明论坛，采取线上线下结合的方式多角度展示了黄河流域文化遗产和生态环境保护成果、中华文明探源重要成果以及世界大河流域文明研究成果等，这是首次就世界大河流域文明起源发展等进行交流研讨的国际论坛。来自世界各地的 300 余名专家学者围绕“文明交流互鉴 · 发展共创未来”的主题进行了深入交流。9 月 6 日，第六届丝绸之路（敦煌）国际文化博览会在甘肃省敦煌市开幕。50 多个国家和地区千余名代表汇聚于此，共商文明交流与互鉴。

通过“走出去”“引进来”让世界认识黄河、了解黄河。2023 年 9 月，河南省举办“‘行走河南 · 读懂中国’中外媒体黄河行”采风活动，邀请了来自中国、阿塞拜疆、阿根廷、巴基斯坦、美国等国家的 20 余家中外媒体参与，通过参观博物馆、参观古迹遗址、走访专家学者等方式，探寻黄河文明，并以外国媒体独特的视角发现、挖掘、讲述黄河故事，提升黄河文化的国际认同度与接受度。从 2023 年 7 月开始，文化和旅游部还联合山东省、山西省、河南省、四川省、甘肃省的文化和旅游厅“走出去”，前往美国洛杉矶、巴西圣保罗、韩国首尔等地开展以“看九曲黄河 听华夏故事”为主题的“你好中国！”2023 黄河主题旅游海外推广季活动，重点推介黄河流域文化遗产与旅游资源，向世界宣传黄河文化，将黄河两岸悠久灿烂的文化艺术、令人叹为观止的自然景观以及幸福万家的和谐画卷全方位、立体化呈现在世界面前，进一步增强了沿黄各省区的文化旅游资源整合推广和国际传播能力。

为进一步发挥合力作用，2023 年 4 月，沿黄九省区签署黄河文化国际传播合作协议，成立黄河文化国际传播协作体，并创办微刊《黄河 Style》，该刊采用中英文双语，运用音频、视频、文字、图片、动画等多种媒体手段讲述黄河故事，并通过新黄河媒体矩阵在全网各平台发布，力求更加全面、形象、立体地向世界展示发展中的黄河流域，助力黄河流域建设成彰显国家形象、具有国际影响力的区域旅游目的地。

（四）深化媒体融合，打造黄河文化传播的全媒体矩阵

在媒体融合日渐深入的当下，沿黄各省区在充分利用广播、电视、报刊等传统媒体的基础上，依托互联网各社交平台、新媒体终端等，打造黄河文化传播的全媒体矩阵，提高黄河文化传播实效。

与传统媒体相比，新媒体具有交互性、实时性、群体性、个性化、亲和力强的优势，逐渐成为文化传播的重要渠道。例如，青海省举办的“直播黄河”——2023 首届黄河文化旅游带宣传推广活动就采用了全流域联动、各省区统一参与、“16 个直播点互动+8 小时连续直播”的方式，以青海省海南藏族自治州龙羊峡为总直播室，分别在沿黄各省区和青海省沿黄各城市设立分直播点 16 个，由总直播室和沿黄各省区主持人、各分直播点组成庞大的直播主持推广阵容，共同带领大家认识黄河、畅游黄河文化旅游带。另一跨区域宣传活动——“行走黄河 遇见幸福”也是通过沿黄九省区 9 天接力 9 场直播的方式，向海内外观众和游客立体展现中国正在聚力建设的黄河文化旅游带的总体风貌。互联网传播样态已逐渐成为文化传播内容制作和参与互动的主要方式，并呈现出蓬勃的生命力。西安市大唐不夜城景区推出的人文历史类表演互动节目《盛唐密盒》在 2023 年火爆全网，同样在很大程度上有赖于其在抖音短视频这一自媒体传播媒介的广泛传播。通过官方账号生产内容、提供平台与用户转发评论、二次创作相结合的方式，《盛唐密盒》形成了官方与用户协同创作、共同传播的模式，实现了旅游内容无限裂变的传播效果。

“你好中国!”2023 黄河主题旅游海外推广季活动则是在通过《中国日报》（*China Daily*）、《人民日报》（海外版）、新华社 CNC 以及驻外记者站等传统媒体向全球展示黄河流域沿线的自然风光、风土人情及生态文明建设成果的基础上，充分利用微信海外版（WeChat）、脸书（Facebook）、照片墙（Instagram）、推特（Twitter）等海外社交平台，向全球推广黄河旅游数字资源。这种将传统媒体与新媒体有效融合，打造全媒体矩阵的传播方式既发挥了传统媒体的公信力优势，增强了活动的权威性，又凸显了新媒体灵活性好、时

效性强、受众多、传播范围广的特点，极大地增强了传播效能。据统计，整个推广季期间，发帖总量超 6000 篇，各机构自媒体账号“吸粉”逾 5 万人次。全网平台线上浏览量达 1.5 亿次，其中，海外浏览量达 1.2 亿次。由山东广播电视台牵头，沿黄九省区电视台联合制作的大型文化综艺节目《黄河文化大会》第二季，同样以“1 档大屏节目+2 组融媒直播+3 档微综艺+N 多短视频”的形式构建了贯通式的融媒传播矩阵，增强了节目传播声量，达到了更好的传播效果。

（五）加强科技赋能，提升黄河文化交流传播实效

数字技术的不断发展与运用极大改变了文化的承载方式，推动了文化的活态化传承与数字化共享。沿黄九省区积极推动黄河文化与数字科技相结合，打造数字产品，以有效提升黄河文化的普及度、知名度和亲和度。“你好中国！”2023 黄河主题旅游海外推广季活动中推出“发现中国黄河之美”——黄河主题视频全球展映、“看九曲黄河 听华夏故事”主题展、“遇见黄河”文化旅游资源展播、“天下黄河”慢直播等数字产品 900 余项。据中外文化交流中心统计，截至 2023 年 9 月，共有 110 家驻外机构参与推广季并下载相关数字资源，覆盖全球六大洲 90 多个国家和地区，有效丰富了黄河文旅资源的展示方式，拓展了传播范围。

由文化和旅游部、山西省人民政府共同主办的 2023 黄河非遗大展将数字技术应用于黄河非遗成果展示。通过动作捕捉技术对太谷形意拳进行了数字化动作收集及还原，并将其应用于山西文旅虚拟星推官“青鸟”形象中。在游戏《妄想山海》中设置“遇见黄河”文化展览长廊，将山西的澄泥砚和静乐剪纸、陕西的西秦刺绣、甘肃的敦煌彩塑和兰州黄河水车、内蒙古的马具等沿黄 6 省 12 项黄河非遗文化植入其中。多模态展示交互体验系统，让用户感受传统龙头琴乐器、花儿民歌等的别样魅力。这种多维度数字化演绎与呈现，不仅生动展现了黄河非遗及黄河人文风貌，而且充分调动了受众的多种感官机能，提高了受众的观展体验，从而吸引到更多的游戏爱好者认识非遗、喜爱非遗。河南省举办“行走河南 · 读懂中国”元宇宙创造者大赛，以黄河流域沿线的历史事件、历史人物为主线，打造游戏新玩法及数字新场景，创新线上数字空间和产品，以最新潮的形式展现厚重的中原文化、黄河文化。济

南广播电视台以“文化+科技”“艺术+技术”为创作理念，打造全国首部4K超高清黄河流域文物活化短视频节目《从河说起》，通过采用数字绘景、定格动画、裸眼3D等特效技术活化利用馆藏文物，助力黄河文化传播。该节目一经上线，迅速引发全网关注，持续登上各大平台热播榜，上线10天全网点击量破亿次，实时热度连续登上腾讯视频、优酷视频历史类纪录片前三，再次助力优秀传统文化“出圈”。

二　黄河文化传播交流面临的挑战

黄河文化的国际传播交流在很早以前就已经开始。玄奘赴天竺求法、鉴真6次东渡、日本留学生阿倍仲麻吕来唐学习、马可·波罗来华游历、利玛窦引入西方自然科学等，他们皆跨越千里，历经千难万险而终成。在当今这个科学发展迅速、交通便利快捷、信息高速发展的时代，地理上的阻隔早已经不是各国间文化交流的壁垒了，但其他很多壁垒依然存在，各种新挑战层出不穷。

（一）黄河文化的现代性转化与理论研究匮乏

任何文化要立得住、行得远，要有引领力、凝聚力、塑造力、辐射力，就必须有自己的主体性。如何将黄河文化与中国式现代化国情相结合，使其更具时代感、吸引力及传播影响力是一个重要的问题。

素有“中华民族母亲河”之称的黄河在漫长岁月里哺育着无数中华儿女、哺育着中华文明精神特质、见证着中华民族多元一体历史演进。黄河流经青海、四川、甘肃、宁夏、内蒙古、山西、陕西、河南和山东九省区，黄河几次改道变迁，涉及河北、天津、安徽和江苏。黄河横贯中国东中西部地区，流域内大部分地区地形平坦、气候暖和，这为早期人们的生活和放牧耕种提供了便利，也反过来给中国文化的发展带来了丰富的物质基础。黄河成为沟通中华文明交融发展、凝聚中华民族共同精神的自然纽带。然而，当前黄河文化丰富内涵与当代价值发掘不足，缺乏对黄河文化话语表述的提炼和中国叙事体系的构建，缺乏一个完善的逻辑体系对黄河文化的精神特质进行现代话语、国际话语的表达。

（二）黄河文化传播的区域化、碎片化现象依然存在

黄河文化从其源头上讲就是中华文化的重要组成部分，它是系统性和连贯性很强的系统文化，而沿黄九省区经济发展不平衡的状况影响到黄河文化的传播交流。2022 年，国家印发《黄河文化保护传承弘扬规划》《黄河文物保护利用规划》等多项重要指导性文件。沿黄九省区也为加强跨区域协调与联动发展，发布了以中华文明探源、黄河生态文化、黄河安澜文化、中国石窟文化、黄河非遗等为主题的 10 条跨区域黄河主题国家级旅游线路和 40 条“黄河文化旅游带”精品旅游线路。与此同时，黄河流域博物馆联盟、黄河文化石窟寺联盟、沿黄九省区戏曲发展联盟等涉及文化和旅游多方面的跨省域合作相继展开。但是黄河文化区域化和碎片化的发展状况并未得到根本改善。

黄河由西向东贯穿九省区，在历史的推动下逐渐分离成不同区域文化、地方文化而自成一体，凸显独特性之后又忽略文化共性理解，文化共同体认同缺失。黄河文化和地域文化两者之间应该是一种相互依赖、整体与局部的关系，如果离开黄河文化整体性的特点，用独立的一定区域的文化来标举，黄河文化就不可能存在。另外，黄河流域区域经济发展不平衡现象越来越突出，经济发展较好的东部地区对外传播交流能力强，但当地文化遗存的原生状态较差。相反，区域经济发展滞后的中西部地区对外传播交流能力弱，但其区域文化内的历史遗存原生状态较好。为此，黄河文化传播交流应建立在串联区域特色、构建黄河文化产业链、塑造黄河文化体系、突破区域界限、塑造文化集群的基础上，把黄河文化打造成有机的整体，以推动黄河文化创造性传播交流，深化对黄河文化系统性建构、整体性理解。

（三）黄河文化的传播方式缺乏多样性

在中华文明长河中，黄河流域历来是政治、经济、文化的重要中心。在记载民族记忆的史书典籍里，黄河文化始终指引中华文明发展走向。五千年文明历程中，儒家、法家、道家、墨家等曾在此争妍斗艳，这里也曾产生过汉赋、唐诗、宋词、元曲等诸多不朽篇章，这里还曾产生过两汉经学和魏晋玄学、宋

明理学等，天文历法、中医中药、农田水利、陶瓷丝绸、四大发明等也从这里被带到世界各地。中华文明的主体特征都从黄河文化孕育成型，植根于中华民族每个人的血脉之中。

但今天黄河文化的传播交流却受制于沿黄九省区经济发展程度不平衡，面临对内传播乏力和对外传播失声等问题。从对内宣传来看，文化传播表现出内容重复、形式简单、偏向轮廓化传播等特点，而国内在大众传媒辅助下进行的黄河文化传播则多以视频、照片的形式呈现出来，很少有与之相对应的黄河文化故事，或者黄河文化史等形式出现，把丰富而多彩的黄河文化用故事来叙述、解释和传播，从而造成了国内公众对黄河文化缺乏了解。从对国际宣传来看，黄河文化的外部传播更多是借助国家主流媒体，民间组织和个人在国际平台上发声的机会相对较少，传播途径单一，传播影响力受限。国家主流媒体是黄河文化向外传播的主要渠道，尽管官方言论具有高度权威性，但国外一般公众对政治性和高站位声音接受程度较低，对平民化、通俗化文化传播的接受程度较高。因此，丰富黄河文化传播的主体，开辟新的传播途径，以具有亲和力、实效性和大众化的方式讲好黄河故事，是传承黄河文化的迫切需要。

（四）黄河文化对外传播专业人才匮乏

黄河文化要走出国门，在国际舞台上发出自己的声音、展现自己的魅力，需要有一支具备深厚文化素养、熟悉国际传播规律、拥有跨文化传播经验的专业人才队伍。然而，当前从事黄河文化对外传播工作的专业人才还存在明显匮乏的现象。首先，黄河文化对外传播的专业人才数量相对较少。由于黄河文化涉及的领域广泛，包括历史、文化、艺术、科技等多个方面，需要具备多学科的知识背景和深入的研究能力。同时，具备国际视野和跨文化传播能力的专业人才也相对匮乏，使得黄河文化的国际传播效果受到一定限制。其次，黄河文化对外传播的人才结构不够合理。目前，从事黄河文化对外传播工作的人才主要集中在高校和研究机构，而具有实践经验和国际传播能力的专业人才相对较少。此外，人才队伍的学科背景单一，具备跨学科复合型能力的人才短缺，使得黄河文化的对外传播缺乏创新性和深入性。

三 提升黄河文化传播交流效果的对策建议

“文明因交流而多彩，文明因互鉴而丰富。文明交流互鉴，是推动人类文明进步和世界和平发展的重要动力。”① 习近平总书记在党的二十大报告中也强调，要“加强国际传播能力建设，全面提升国际传播效能，深化文明交流互鉴，推动中华文化更好走向世界”②。提升黄河文化传播交流效果，是推动文化繁荣、建设文化强国、建设中华民族现代文明的迫切需要，是我们在新时代新的文化使命。

（一）加强学科理论体系建设，探索推动黄河文化研究

一个民族要走在时代前列，就一刻不能没有理论思维，一刻不能没有思想指引。加强黄河文化的理论研究是促进其传播交流的根本。但目前对黄河文化内涵和时代价值的理论研究尚不充分，系统性、全面性、时代性不强。为此，有必要多学科、多角度、全方位地研究和解读黄河文化，从而为其对外传播提供最具解释力的学术理论支持。黄河文化能够延续几千年经久不衰，除黄河文化本身所特有的内涵与精神标识之外，也集中反映出今天中华民族思想观念与价值理念。只有在学术研究中进一步深挖黄河文化所蕴含的精神价值并注重创造融通中外的新概念、新范畴与新表述，才能够更好地为黄河文化的传播交流提供强大的学术与话语支撑。

学术界应在加强深入黄河文化的理论研究基础上，积极找寻黄河文化研究相关的、不同角度的理论议题，引发国内乃至国际学术界对其开展具有深度的讨论对话，促进不同文明之间的交流互鉴，切实提升黄河文化的传播与影响力，进而提升我们的民族自信、文化自信。

（二）整合资源，坚持统筹推进黄河文化的传播交流

加强沿黄九省区统筹发展，进行深度合作。首先，国家和沿黄九省区各

① 习近平：《在联合国教科文组织总部的演讲》，2014 年 3 月 27 日，巴黎。

② 习近平：《在中国共产党第二十次全国代表大会上的报告》，2022 年 10 月 16 日。

级政府是文化传播的最主要力量，作为文化传播主体，其天然拥有对外传播的公信力，具有举足轻重的地位和作用。正是中国共产党和中国政府对宏观策略负责制定传达，对多方资源进行整合，对各界力量进行调整，对不同部门进行协调，组织广播电视台、外交部等部门通力合作，在国家战略层面和顶层设计上支持对外传播发展，才能使中国的跨黄河文化传播交流工作顺利开展。

其次，学术研究是黄河文化对外传播交流的基础，搭建公共学术资源平台，在学术研究、数据库建设等方面实现九省区科研资源共促、共建、共享，推动沿黄各区域对黄河文化旅游资源进行深入挖掘、梳理、整合和提质，减少重复研究、资料占有不平衡、数据老旧等情况，有利于缩减黄河文化研究的周期。

最后，沿黄九省区联动整合资源，统筹推进黄河文化的传播交流，还应打破区域限制，在保持地域特色文化的基础上，将黄河文化打造成一个统一的、具有鲜明特色的文化标识符号。符合不同类型的文化消费者的心理特征，满足其需求，为其提供具有针对性的文化传播形式，做到有的放矢，避免文化与产业割裂错位，投入与产出不平衡。

（三）创新思路，充分利用多种媒体介质

当今社会科学技术日新月异，大数据、AR、VR、5G 等新兴技术层出不穷，舆论生态、传播方式都在发生深刻变化。科技信息带来的飞速变化也给黄河文化传播交流带来了新的机遇和挑战。

首先，在充分了解各类传播方式的优势特点的基础上，合理运用新形式、新手段、新途径来讲好黄河故事，传播中华优秀传统文化。例如，学习强国作为整合媒体资源的主流数字化融媒体平台，在传播方式上不但吸收了以党报党刊为主阵地的传统纸媒惯用的静态阅读和图文传播方式，而且依托手机 App 和互联网的多媒体传播优势，将黄河文化传播从静态阅读传播升级为以视听感官呈现为主的新形态。该平台还吸纳了电视、广播等媒体的视听传播优质内容，对黄河文化进行了多媒体集中呈现。推出“黄河文化论坛相关知识”专项答题等内容，通过兴趣引导和答题互动有效提升了黄河文化传播的互动性和趣味性，使读者更加容易接受黄河文化相关内容的传播。

其次，在多媒体技术日新月异的时代，黄河文化的传播交流是一种跨领域的文化传播。在其传播交流的内容和方式上，应当充分适应当前新媒体的发展需求以及其他国家受众对文化审美价值的心理诉求，才有可能获得传播受众的广泛认可与接受，才能真正达到黄河文化传播交流的预期效果。

最后，我们可以借助海外侨胞和留学生的力量，不断拓宽黄河文化国际传播的渠道。目前，中国的海外侨胞和留学生已经遍布全球近 200 个国家和地区，他们具备独特的优势，在中华文明的传承和发展中起着不可或缺的重要作用。他们是黄河文化在海外传播的重要力量，对于推动黄河文化和世界其他文化的交流互动具有天然的桥梁纽带作用。因此，我们应该积极调动海外侨胞的学习热情和积极性，使中华文明在海外得到更广泛、更持久的传播。这将有助于营造更好的文化氛围，为黄河文化建设奠定更加坚实的基础。

（四）创新发展黄河文化的艺术形式和表现手法

黄河文化是一种具有悠久历史和丰富内涵的文化形态，其拥有的独特艺术形式和表现手法也是其魅力所在。为了更好地对外传播交流黄河文化，有必要在文化、艺术等领域进行创新和发展。

首先，鼓励艺术家深入挖掘黄河文化的内涵和特色，创作出具有时代感和地域特色的作品。艺术家可以通过对黄河文化的深入研究思考，了解其历史、民俗、传说等各个方面，从中汲取灵感，创作出具有独特魅力的艺术作品。这些作品可以是绘画、书法、舞蹈等传统艺术形式，也可以是游戏、动漫、音乐等现代艺术形式。通过多样化的艺术形式和表现手法，更好地展现黄河文化的魅力，吸引更多年轻人、外国人了解和关注黄河文化。

其次，推动传统艺术与现代艺术融合发展，打造具有国际影响力的黄河文化品牌。传统艺术和现代艺术各有其独特的魅力和价值，将它们融合在一起可以产生新的艺术形式和表现手法。例如，运用现代科技手段，将传统艺术中的元素与现代艺术中的创意相结合，创作出具有国际影响力的黄河文化品牌。这不仅可以提高黄河文化的知名度，增强对外传播交流能力，也可以为艺术家提供更广阔的创作空间和展示平台。

最后，加强对黄河文化艺术的传承和保护，确保其可持续发展。黄河文化是一份珍贵的文化遗产，需要得到传承和保护。一方面，可以通过建立黄河文化博物馆、制定保护措施、推广非物质文化遗产等方式，加强对黄河文化艺术的传承和保护。另一方面，也可以开展国际交流与合作，引进国外先进的保护理念和技术手段，为黄河文化艺术的传承和发展提供更好的支持和保障。

将河源文化打造为中华文化青海符号的几点思考

张生寅*

摘　要：　青海是黄河文化的重要孕育地、传承地。千百年来孕育传承于黄河源头地区的河源文化，是黄河文化的重要组成部分，也是青海最具源头本色、生态底色、时代特色的生态文化资源与文化符号。加大河源文化的内涵梳理与资源挖掘力度，打造和利用好河源这一中华文化青海符号，恰逢其机、正当其时。要积极挖掘和展示河源文化特有的生态内涵与源头特色，坚守黄河文化立场，传承生态文化基因，讲好青海黄河故事。

关键词：　河源文化　中华文化　青海符号

青海是黄河的发源地，也是黄河文化的重要孕育地、传承地。千百年来孕育传承于黄河源头地区的河源文化，是黄河文化的重要组成部分，是青海地区除昆仑文化、河湟文化之外最具优势、潜力和价值的地方文化资源与品牌，也是青海最具源头本色、生态底色、时代特色的生态文化资源与文化符号。在全面贯彻落实习近平总书记“把青藏高原打造成为全国乃至国际生态文明高地”重大要求，全力建设全国生态文明先行示范区，加快构建新时代青海特色生态文化体系，奋力书写新时代青海生态文明建设新篇章的过程中，如何全面挖掘河源这一中华文化符号，积极传承保护弘扬河源文化遗产，将河源文化打造为各民族共有共享的中华文化青海符号和黄河文化“青”字品牌，是打造青海黄河文化高地、讲好青海黄河故事的必然要求和时代选择。

---

* 张生寅，青海省社会科学院科研管理处处长、研究员。

一　河源是青海最具特色和底蕴的中华文化符号

文化符号是民族精神的凝练和象征。围绕河源信仰、河源探寻、河源祭祀和河源各民族生产生活实践汇聚形成的河源文化，不仅长期扎根孕育于河源地区各民族历史文化中，而且悄然融入统一的多民族国家和中华民族共同体形成的历史进程中，是青海黄河文化中最能彰显源头性、生态性和当代性的部分，也是青海最具黄河特色和中华文化底蕴的文化符号。

（一）河源的文化信仰是中华传统文化观念的有机组成部分

河源信仰作为一种古老文化信仰，从上古“河出昆仑”观念中诞生，与古代水崇拜、河神信仰相关联，与昆仑仙乡信仰错综交织，绵延不绝。古人看到奔腾不息的黄河，不仅有“黄河之水天上来”的浪漫想象，还赋予她源出昆仑神山的美好传说，成为上古华夏所信奉的神话教义和中国式神话地理观念中的一个核心命题。先秦以来，中华元典上“河出昆仑”的反复记载，古代文人诗词中众多“河出昆仑”的文学描述，使黄河出于昆仑山的观念持续不断地被强调、传播，在饮水思源的意义上成为所有生活在黄河流域居民的共同文化信念，成为中国人几千年不变的文化情结和人文地理信念，在中国历史上所产生的影响广泛而深远。“河出昆仑”的文化观念与文化信仰，虽沉淀并凝聚着巫觋传说、天地神话等古老文化基因，其后更是杂糅象数易学、卦气理论、阴阳五行学说，最终成为多种思想与观念的集合体。但抛开巫觋传说、天地神话等文化基因和内容，“河出昆仑”的文化建构以及河源信仰的一系列文化实践活动，是培育和形成博大精深中华传统文化的涓涓细流，是中华传统文化观念的有机组成部分，对于巩固统一的多民族国家、增强中华民族的凝聚力具有十分积极的作用。

（二）河源的地理探寻是统一的多民族国家形成过程中的有力推动因素

清代之前，“河出昆仑”的观念一直占据着人们的思想，围绕昆仑循河探源，既是千百年来中原统一王朝重要的政治诉求，也是中华民族追根溯源、认祖归宗的文化追寻。汉代以降，到西北边疆考察昆仑、寻找河源的举动一直持续到清代。在探寻河源的精神文化过程中，王朝国家始终在场并积极介入和推动，通过组织探源、颁布政令、撰写河源志书等手段，将国家意志透过探寻河源昆仑传达于各个民族之中，使各族民众真切感受到国家存在与国家权威，借以表达和强化国家一统与国家在场，传达着统一王朝的天下观、民族观。持续不断的河源探寻，不但提供了源流清晰的文化证据，也不断丰富着人们的基础地理知识，彰显了国家形象，强化了历史记忆及自我认同，成为在时空维度上延续文明根脉的一种有效方式和凝聚国家力量、民族意识的精神纽带与文化符号，对统一的多民族国家拓展版图产生了观念引导作用，对中华民族共同体的形成和发展也产生了十分积极的作用。此外，从文化视角看，河源地区虽不在中心位置，但对河源的不断探寻是中国古代黄河文化中不可缺少的组成部分，也是大河文化中不可或缺的重要部分。

（三）河源的国家祭祀是中国传统礼制文化的重要组成部分

中国古代有庞大且系统的国家岳镇海渎祭祀系统。河源的国家祭祀及其礼仪，既是国家岳镇海渎祭祀系统的重要组成部分，也是黄河在国家、地方礼制和护佑民众生产生活作用上的反映，国家在场意志不断强化的体现。同时，对河神的崇拜和高规格祭祀，是中国传统礼制的一部分，属五礼中的吉礼。历代统治者高度重视对河源的祭祀和祈求，也都有祭河与封河的仪典，秦汉后河祀列于常制。随着河神信仰的普及和国家正祀的日趋隆重，雍正八年（1730 年），雍正帝谕令内阁在西宁选址建立专祠，以崇报河神庇佑之功，后在黄河沿岸的循化建立河源庙以祭祀河神，并由雍正帝亲自撰写御制碑文，记述了河源庙在创建过程中的两次祥瑞。河源庙在敕建之初便已确立由地方官员春秋致祭的成例，雍正十一年（1733 年）、十三年（1735 年），雍正帝曾两次遣祭河源庙，并前后两度选派僧侣管理庙务及日常佛事活动。总之，中华民族在长期的治水实践中对河源的探寻与祭祀，是古代国家礼制及其祭祀文化的重要内容，也是中国传统礼制文化的代表。

（四）河源的生态保护实践是中国生态文明建设的代表

历史上，繁衍生息在河源地区的各民族，在与河相伴、逐水而居的过程中与自然环境谨慎适应，创造了适应高原地理生态的经济生活模式和文化，建立起一套行之有效的生态适应模式。当前，涵盖河源地区的青藏高原生态文明高地建设和国家公园群建设，是跨越时空和国界、具有当代价值的生态文化实践，是在生态文明发展方面充分体现中国立场、中国智慧、中国价值的重要实践探索，是能让世界知道“生态中国”“绿色中国”“为人类文明作贡献的中国”的重要文明实践，也是当代中国最耀眼、最受人关注的时代文化。同时，生态文明已经成为青海黄河文化的典型特质，以河源地区的生态文明实践来激活黄河文化的生命力，是推动中华优秀传统文化创造性转化、创新性发展的重要方面，是中国生态文明建设实践的代表。

二　打造河源这一中华文化青海符号正当其时

在全省各族干部群众坚定不移沿着习近平总书记指引的方向前进，坚定不移推动社会主义文化繁荣发展的进程中，加强黄河文化保护传承弘扬，积极探寻青海在黄河文化发展中的历史定位与创造性转化、创新性发展的现实路径，加大河源文化的内涵梳理与资源挖掘力度，打造和利用好河源这一中华文化青海符号，恰逢其机、正当其时。

（一）助力生态文明高地建设的时代选择

“青海最大的价值在生态、最大的责任在生态、最大的潜力也在生态。”① 保护好青海的生态环境是“国之大者”。建设生态友好的现代化新青海，必须坚持绿水青山就是金山银山的理念，坚持生态保护优先，举全省之力打造生态文明高地。与以往的文化相比，河源文化既是在河源抚育之下形成的重要特色文化，其自身也包含有丰富的生态文化基因，其本质内涵是生态文化。河源以

---

① 《习近平为何说保护好青海生态环境是“国之大者”?》，“中国新闻网”百家号，2021 年 6 月 10 日，https：//baijiahao. baidu. com/s? id = 1702166217524557842&wfr = spider&for = pc。

羌藏民族为主体的先民很早就在这里繁衍生息，创造了独特的适应高原地理生态的经济生活模式和文化，建立起一套与现代生态文明理念相契合的传统生态伦理。同时，河源地区各族群众因水而聚、因水而生，独特的生态文化促使人们形成了自觉保护生态环境的意识。打造和利用好河源这一中华文化青海符号，充分挖掘河源文化丰富生态内涵，可以为当下的生态文明高地建设提供坚实的思想支撑、营造良好的文化氛围。

（二）加快黄河文化保护传承弘扬的现实需要

如何推进黄河文化遗产的系统保护，守好老祖宗留给我们的宝贵遗产？如何深入挖掘黄河文化蕴含的时代价值，讲好黄河故事？如何打造具有国际影响力的黄河文化旅游带，大力弘扬黄河文化？这些都是当前黄河流域各省区亟待破解的时代课题。近年来，国家相关部委和沿黄九省区遵照习近平总书记重要指示精神，积极开展黄河文化保护传承弘扬工作，挖掘整理黄河文化资源，标定在保护传承弘扬黄河文化中的定位，围绕黄河文化凝练打造区域文化品牌和区域文化符号，形成了保护传承弘扬黄河文化的新高潮。面对百舸争流、千帆竞发的发展形势，青海作为源头省份亟须抓住黄河流域生态保护和高质量发展的历史机遇，进一步坚定文化自信，明确自身在黄河文化发展中的历史与现实定位，积极梳理挖掘黄河文化资源，在打造已有的河湟文化品牌的同时，打造更具源头特色的河源文化品牌，讲好青海黄河故事，让青海黄河文化的影响力、凝聚力、感召力更加充分地展示出来，为保护传承弘扬黄河文化做出独特的青海贡献。

（三）积极构筑中华民族共有精神家园的重要举措

在数千年的中华民族历史演进中，中国各民族文化上相互交流、相互借鉴，在制度、文化、心态等方面形成了较高的一致性，奠定了构筑中华民族共有精神家园的根基。中华民族自古就有“饮水思源”的优良美德，黄河源头在中华民族文化心理中具有不可替代的象征意义，河源文化在自身的演进过程中也一直推动着中华民族共同体的形成，是连接上下游、东西部各民族地区最牢固的精神纽带，是铸牢中华民族共同体意识的重要资源和抓手，是中华民族共享共有的精神家园，更是当下和今后凝聚全球华人中华民族大认同的象征。推进青海文明探源、优秀民族文化等领域研究，充分挖掘青海黄河文化资源，全力打造河源文化品牌，提炼展示新时代中华优秀文化的青海精神标识，是我们构筑中华民族共有精神家园的重要文化资源和有效行动举措。

三 将河源文化打造为中华文化青海符号的对策建议

将河源文化打造为中华文化青海符号，既要处理好其与已有文化品牌、文化符号的关系，又要坚持创造性转化、创新性发展，积极挖掘和展示其特有的生态内涵与源头特色，坚守黄河文化立场，传承生态文化基因，讲好青海黄河故事。

（一）将河源文化品牌纳入青海地域文化品牌矩阵，充分发挥矩阵效应

20 世纪 90 年代以来，经过各级党委政府和社会各界的不懈努力，通过持续挖掘、凝练和打造地域文化品牌，已经初步形成以昆仑文化、河湟文化、热贡文化等为代表的地域文化品牌矩阵。鉴于河源文化在地域文化研究和黄河文化研究中未能得到应有重视、学术研究和品牌构建力度不够、在青海地域文化品牌矩阵影响较小的状况，在学术研究层面，由文化主管部门实施黄河河源文化专项研究项目，组织和鼓励省内外黄河文化研究专家展开全面系统研究，凝练河源文化的核心精髓与时代价值，充分体现河源文化的独特价值和重要地位，不断赋予河源文化新的时代内涵和现代表达形式；在文化品牌打造层面，积极推动各级政府将河源文化品牌纳入青海地域文化品牌矩阵，把河源文化品牌打造列入全省黄河文化传承保护发展的各类规划和行动方案之中，进一步提升和打响河源文化品牌的知名度，与昆仑文化、河湟文化、热贡文化等形成青海黄河文化品牌矩阵，充分发挥品牌矩阵效应。

（二）在青海黄河文化保护传承弘扬工程中进一步彰显河源特色

加快黄河国家文化公园青海园区的建设步伐，突出青海源头特色，加强统筹河源文物和文化资源，丰富河源文化内涵，积极打造河源文化标识。充分利

用国家文物局印发的《大遗址保护利用“十四五”专项规划》，组织实施黄河文化遗产系统保护工程，重点推进黄河青海段、甘肃段、内蒙古段、河南段、山东段大遗址保护利用工作的时机，加强同德宗日文化遗址、民和喇家遗址等保护利用，利用河源地区考古大遗址串起黄河源头文脉，打造集保护管理、研究利用、展示弘扬和社会服务于一体的公共文化空间，让大众了解黄河历史和源头文化。在黄河生态旅游示范区建设、黄河文化遗产廊道建设中，进一步突出青海源头底色和民族特色，更加关注河源区域文化的呈现，不断加大河源文化的保护传承弘扬力度，打造独具特色的源头生态旅游示范区、源头文化遗产廊道。继续在黄河源头地区实施历史文化名城古镇古村保护利用工程，加强活态保护，深入挖掘和阐发历史文化名城名镇名村文物资源蕴含的文化内涵和时代价值，传承发展优秀传统文化。

（三）加快黄河流域文化生态保护区的规划建设

建设黄河流域文化生态保护区是推进黄河流域生态保护和高质量发展的重要举措，也是2022年6月文化和旅游部、国家文物局、国家发展改革委联合印发《黄河文化保护传承弘扬规划》确定的重点工程。青海加快黄河流域文化生态保护区的建设，具有得天独厚的资源优势和文化条件。要尽快开展黄河流域文化生态保护区建设的前期研究和规划编制，对青海片区文物古迹、非物质文化遗产、红色文化、生态文化等进行系统整理和整体保护，真实保存黄河源头鲜明的人与自然和谐共生的生态文化特征和优秀民族文化内涵，全面彰显青海黄河文化的源头底色和民族特色。要把黄河流域文化生态保护区建设与以往文化生态保护实验区建设紧密结合起来，相互融合，相互促进，在加大热贡文化、格萨尔文化（果洛）、藏族文化（玉树）等国家级文化生态保护实验区和互助土族文化、循化撒拉族文化、河湟文化等省级文化生态保护实验区建设力度的同时，坚持生态优先原则，以黄河源头生态文化和优秀民族文化为保护重点，提档黄河流域文化生态保护区建设，打造黄河文化长廊。

（四）以河源文化厚植国家公园文化的内涵与活力

培育国家公园文化是青海省推进青藏高原生态文明高地建设和国家公园示范省建设的重要文化举措，离不开对国家公园所承载的生态文化、民族文化、红色文化和优秀传统文化的系统性梳理、创造性转化。培育国家公园文化，要在高质量完成三江源国家公园人文本底资源调查的基础上，充分利用河源文化这一三江源国家公园独特的文化资源，不断丰富和拓展国家公园文化的内涵与外延，阐明国家公园对中华文化的传承与弘扬、挖掘与阐发、协调与适应，充分体现国家公园的生态传承、文化传承、价值传承。

（五）择址规划建设河源文化博物馆

按照保护传承弘扬黄河文化的总体要求，在河源所在的果洛州玛多县择址建设河源文化博物馆，从黄河文化和中华文明发展的大视角全面展示河源文化的形成发展，从黄河流域生态保护和高质量发展的视角充分挖掘河源文化丰富的生态内涵，全面展示河源文化丰富内涵与多样面貌。同时，围绕黄河中华文明之河、母亲之河、幸福之河等定位，充分诠释河源文化在哺育中华民族世代繁衍、滋养中华民族文化基因、促进中华民族共同体形成中的重大作用，全面提升河源文化的知名度和影响力。

（六）举办河源祭祀大典等文化活动

积极挖掘传承古代中央王朝对河源进行国家祭祀的文化传统，在循化县河源庙举办祭黄河大典，增强流域共同体认同，增进各民族的国家认同和中华文化认同。为了进一步增强高原各民族对中华民族和中华文化的认同、满足中华民族公民教育的需要，建议将黄河源头、长江源头和昆仑山列为“中华民族共同体意识教育基地”“国家公民生态文明教育基地”“地球第三极生态体验基地”，凝塑中华民族共同历史文化记忆，增强海内外中华儿女的向心力和凝聚力。

参考文献

鄂崇荣、张前：《中华民族共同体视域下昆仑文化的传承与流变》，《青海民族大学学报》（社会科学版）2022 年第 1 期。

黄进、李后强、廖冲绪：《中华民族共同体视域下的黄河河源文化》，《西华大学学报》

（哲学社会科学版）2022 年第 2 期。
米海萍：《从文献看河源信仰的特征》，《青海社会科学》2010 年第 4 期。
《中共青海省委印发〈关于加快把青藏高原打造成为全国乃至国际生态文明高地的行动方案〉》，青海省人民政府网站，2021 年 8 月 30 日，http：//www. qinghai. gov. cn/xxgk/zdgk/sw/202109/t20210908_186849. html。

山西黄河渡口文化保护与文旅品牌推广策略*

赵俊明　王雅秀　王　劼**

摘　要：　山西黄河渡口具有丰厚的历史文化底蕴，承载着厚重的商业文化、历史文化、民俗文化、红色文化，在地方社会经济发展中发挥着重要作用。山西各地陆续开展黄河文化的挖掘与保护工作，已取得一定的成效。然而，山西黄河渡口文化相关研究、挖掘、保护与利用的力度还不够，存在资料收集与抢救步伐缓慢、生态空间保护意识不强、文旅产业带动发展动能不足、文化内涵和时代价值提炼与宣传力度较弱等问题。因此，山西要加快构建黄河渡口文化保护体系，推进黄河渡口文化旅游廊道建设，创新黄河渡口文化旅游融合新态势，打造“山西黄河渡口文化”品牌精品，创新黄河渡口文旅品牌推广方式。

关键词：　渡口文化　文旅品牌　山西　黄河

作为中华民族的母亲河，黄河以一道天堑将晋、陕、豫、内蒙古等省区分隔，形成了不同的行政区和文化区。历史上，黄河两岸的人们要交流往来，必须借助渡口和船只。于是，在黄河晋陕段和晋豫段，存在过一些商旅繁忙、远

---

* 本文系国家社科基金项目“日本现存晋商资料整理与研究”（项目编号：20BZS134）、山西省社会科学院第一批特色学科建设项目“晋商研究”的阶段性成果。

** 赵俊明，山西省社会科学院（山西省人民政府发展研究中心）黄河文化研究所副所长、研究员，主要研究方向为山西区域历史文化；王雅秀，山西省社会科学院（山西省人民政府发展研究中心）黄河文化研究所助理研究员，主要研究方向为历史地理学；王劼，山西省社会科学院（山西省人民政府发展研究中心）黄河文化研究所副研究员，主要研究方向为历史地理学、山西区域文化。

近闻名的渡口，如西口渡、碛口渡、孟门渡、禹门渡、庙前渡、蒲津渡、风陵渡、大禹渡、茅津渡等。这些渡口极大地促进了沿黄两岸城镇政治、经济、军事、文化及社会的发展进步，也反映出历史上黄河两岸密切的往来联系。今天，黄河两岸的古渡口虽然逐渐失去昔日的功能，却仍然拥有独特的自然生态景观，承载着丰厚的历史文化底蕴，在地方社会经济发展中发挥着重要作用。本文通过挖掘、梳理山西黄河渡口文化内涵，提出黄河渡口文化保护与文旅品牌推广策略，希望为促进山西黄河文化保护、传承与弘扬，助推黄河流域高质量发展提供有益建议。

一　山西黄河渡口的文化内涵

渡口最基本的功能是通过水运沟通两岸交通，方便人货通行。历史上的黄河渡口都有着重要的商业价值，渡口兴衰和两岸的商贸往来密切相关。

（一）黄河渡口蕴含着深厚的商业文化

在历史上，山西有不少渡口是黄河水运码头，承担着转运货物的重要功能，尤以碛口渡最为典型。碛口上游黄河河道高差较小，流速缓慢，河道变动不大，在明清时期有重要的航运价值。黄河流至碛口段时，由于河道落差加大，再加上险滩遍布，航运环境改变，货物很难通过黄河运往下游，于是从上游而来的大批货物不得不在此上岸，由水路运输改为陆路运输，由骡马、骆驼运到太原、北京、天津等地，回程时，再把当地的物资经碛口转运到大西北。当时的碛口西接陕、甘、宁、内蒙古，东连太原、北京、天津一带，是东西货物运输和南北经济交流的重要枢纽。

在清代商业鼎盛时期，碛口码头每天来往的船只有 150 余艘，镇上有各类服务型店肆 300 多家，以“水旱码头小都会”的美称享誉南北。在碛口镇的黑龙庙内，清道光时期《卧虎山黑龙庙碑记》记载，当时碛口镇为重修庙宇而捐资的施主达 72 位，碑上落款除庙里住持及徒弟外，其余 66 位全是商家店号，其中 42 家为外地商号。据记载，碛口镇店铺大规模修建是在清乾隆年间至道光年间，当时全镇有店铺 60 余个。到民国 5 年（1916 年），碛口镇上店铺林立，除本地人开设的店铺外，还有包头、绥德、府谷、汾阳、介休、平遥等地商人开设的店铺，多达 204 家。当时往来碛口的大宗货物是胡麻油，每天要卸几万斤，因而这里油铺众多，当时共有油铺 36 家，有民谣为证："碛口街上尽是油，油篓堆成七层楼，白天黑夜拉不尽，三天不拉满街流。"①

时至今日，碛口镇内还有数量丰富且保存完好的明清时期货栈、票号、当铺、庙宇、民居、码头等建筑，几乎包括旧时航运商贸集镇的全部类型。碛口镇内的小巷有十几条，都是石头砌成的缓坡，不置台阶，据说是为了便于骆驼行走，又能方便排水，反映出当时古镇浓厚的商业文化和鲜明的建筑特征。

（二）黄河渡口蕴含着悠久的历史文化

黄河山西段水系发达、土地肥沃、气候温和、日照充足，是人类聚居生存的理想之地，孕育了中华早期文明，是中华民族的摇篮。山西的黄河渡口，见证了很多重大历史事件，承载了丰富的历史文化。

历史上著名的秦晋崤之战就发生在茅津渡一带。据《左传》等史书记载，春秋时期，秦国在秦穆公的治理下，日渐强大，图谋向东发展，争霸中原，与当时的中原霸主晋国产生矛盾。公元前 630 年，晋文公会同秦穆公围攻郑国。郑文公派说客烛之武前往秦军营中游说秦穆公，他说晋、秦围攻郑国只会给晋国带来好处，对秦国造成威胁。秦穆公听后，如梦初醒，与郑国单独结盟，率兵回国。秦军撤退后，晋大夫狐偃等对秦穆公的行径大为不满，主张攻击秦军，晋文公则从大处着眼，认为此时攻击秦军不合时宜。于是，晋国也与郑国媾和退兵，但此事件为秦、晋交兵埋下了伏笔。公元前 627 年，秦穆公认为攻伐郑国的时机已到，再次东征郑国。晋国提前得到秦国偷袭郑国的情报，中军帅先轸向晋襄公建言，力主攻击秦军，襄公采纳先轸建议，发兵击秦。而在秦国攻击郑国时，其行动被郑国爱国商人弦高知晓，他一面稳住秦军，一面派人回国传信。秦军主帅孟明视认为此次行动计划已经暴露，失去战略突然性，认为"攻之不克，围之不继"，不如退兵。

① 文德芳：《烟雨碛口》，http：//www. sxllmj. org. cn/list. asp? id = 3989，最后检索日期：2024年3月1日。

而此时的晋国已从茅津渡口渡过黄河，设伏于崤山以逸待劳，大败秦军于此地。[①] 此次战争标志着秦晋关系由友好转为敌对，深刻影响了春秋时期各诸侯国的战略格局。

黄河山西段渡口还见证着中国最早的水路运输。目前，中国最早的有明确记载的内陆河道水上运输事件就发生在庙前渡一带。春秋时期，晋惠公即位后，晋国接连几年遇到灾荒，五谷不收。公元前647年，晋国又发生饥荒，仓廪空虚，只好向秦国借粮。《左传》中记载：“冬，晋荐饥，使乞籴于秦……秦于是乎输粟于晋，自雍及绛相继，命之曰泛舟之役。”[②] 漕粮由车、船运输，从陕西凤翔县南起运，粮船沿渭河东顺流而下至潼关入黄河，先溯黄河而上，从今运城市万荣县庙前村入汾河，又逆汾河而上，转运至当时晋国的国都“绛”。后来，人们把这次大规模的内河运输称为“泛舟之役”。

（三）黄河渡口蕴含着厚重的民俗文化

黄河渡口还蕴含着丰富的民间传说和民俗文化。后世脍炙人口的“鲤鱼跳龙门”传说就发生在禹门渡附近。传说黄河鲤鱼跳过龙门（山西省河津市城西北12公里和陕西省韩城市城北32公里的禹门口），就会变化成龙。《埤雅·释鱼》中记载：“俗说鱼跃龙门，过而为龙，唯鲤或然。”[③] 清李元《蠕范·物体》：“鲤……黄者每岁季春逆流登龙门山，天火自后烧其尾，则化为龙。”[④] 后来，人们用“鲤鱼跳龙门”比喻中举、升官等飞黄腾达之事，又引申为逆流前进、奋发向上之义。

放河灯的习俗与黄河渡口息息相关。放河灯是中华民族的古老传统，在河曲县西口古渡，每年的阴历七月十五，黄河两岸的民众纷纷赶到河曲会合，共同参加河灯会。活动中，人们先以隆重的仪式祭奠大禹，此后有僧人诵经，与会民众将做好的河灯摆供于神龛前，祈求大禹保佑地方风调雨顺，消灾免难。

① （春秋）左丘明：《左传·僖公三十二年》《左传·僖公三十三年》，吉林大学出版社，2011，第105~106页。

② （春秋）左丘明：《左传·僖公十三年》，吉林大学出版社，2011，第60页。

③ （宋）陆佃著，（明）黄承昊辑《埤雅》卷1《释鱼》“鲤”条，乾隆三十三年（1768年）刻本，第5页。

④ （清）李元：《蠕范》卷3《物体》“鲤”条，光绪十七年（1891年）藏版，第32页。

晚间，河路社、渡口社、炭船社等河运组织出面举办大规模的放河灯活动，以此追悼亡灵和祈祷平安。河灯会活动持续三天，每晚除放河灯外，还有戏乐助兴。

河曲放河灯最早的记载可见于明万历《河曲县志》："明弘治十三年，知县李邦彦率众祭奠大禹，放河灯。"[①] 清道光十三年（1833 年），晋、陕、内蒙古边民捐资重修禹王庙，将祭奠大禹、放河灯的情形绘于庙内墙壁记之。河灯也叫"荷花灯"，中元夜人们在河流上放河灯，任其漂移。《中国文化杂说》中记述，"河灯会"以山西省晋西北河曲县七月十五夜黄河灯会最为盛大、壮观，是影响晋、陕、内蒙古三省区的典型黄河民俗文化项目和重要民俗节庆活动[②]。

河曲曾是晋西北著名的水运码头，"南来的茶布水烟糖，北来的肉油皮毛食盐粮"[③]，货物南下北上，人员西往东来，许多人依靠黄河水运谋生。滚滚黄河浊浪，不知打翻多少船舶，吞噬多少船户生命。还有当年走西口到"口外"淘金的人们，又有多少有去无回，客死他乡。为了悼念远去的亲人，祈福未来，人们举行一系列的仪式，河灯会就是这些仪式中比较独特并逐渐延续下来的古老习俗。随着社会的发展和时代的变迁，河灯会的意义也发生变化，成为当地交流文化、发展经济、联络情感的重要载体。

（四）黄河渡口蕴含着丰富的红色文化

黄河两岸的渡口还见证了中国共产党团结带领全国人民反抗侵略、抵御外侮、反对压迫、解放全中国的伟大历史事件。

1935 年 12 月，中国共产党在陕北召开瓦窑堡会议，提出"抗日反蒋、渡河东征"的口号。1936 年 1 月，毛泽东、周恩来、彭德怀签发关于红军东进抗日的命令，命令"主力红军即刻出发，打到山西去"[④]。1936 年 2 月 20 日

① 转引自梁申威《黄河之魂》，山西人民出版社，2016，第 61 页。

② 关立勋主编，刘晔原、刘方成卷主编《中国文化杂说》第 1 卷《民俗文化卷》，北京燕山出版社，1997，第 539 页。

③ 河曲县志编纂委员会编《河曲县志》卷 9《交通邮电》，山西人民出版社，1989，第 267 页。

④ 中国工农红军长征史料丛书编审委员会编《中国工农红军长征史料丛书》卷 4《文献》，解放军出版社，2016，第 230 页。

晚，红军在陕西省清涧县西辛关的房儿沟渡河，河对岸是山西石楼东辛关村渡口。抢渡黄河天险后，红军进入山西。在此之后的一百多天里，东征红军转战山西五十余县，扩充队伍，筹集款项，组织地方武装，建立基层苏维埃政权，发展党的地方组织，在山西播下抗日的革命火种，为抗日战争初期中共中央、中央军委把山西作为坚持敌后抗战的战略支点奠定了历史性基础，是中国革命走向胜利的一个极其重要的里程碑。

“七七事变”爆发后，国共两党第二次合作，建立抗日民族统一战线。陕甘宁革命根据地的中国工农红军被改编为国民革命军第八路军，誓师东进，奔赴华北抗日前线。这一次，八路军将渡河地点选在陕西韩城附近的庙前渡。这里河面宽阔，水流相对平缓，对岸地形有利于八路军渡河后迅速展开。1937 年 8 月底至 9 月下旬，八路军第一一五师、第一二〇师主力、第一二九师各部从陕北各地出发，经过庙前渡口，渡过黄河，进入山西，进而开赴华北各地进行对敌斗争。

解放战争时期，黄河渡口同样为全国的解放发挥了巨大作用。1948 年初，随着全国斗争形势的改变，党中央做出中央机关由陕北转移至西柏坡的决定。周恩来同志亲自安排和部署，经过综合考虑，决定中央机关从陕西省吴堡县川口渡河。1948 年 3 月 23 日早晨，毛泽东等中央领导人来到黄河岸边的渡口登船，中午在山西临县高塔村下滩里登岸，随后骑马沿黄河东岸而下。3 月 24 日中午，又沿崎岖的山路，溯湫水河而上，到达临县三交镇的双塔村。3 月 26 日上午，中央机关又取道白文、康宁，当天下午到达晋绥军区司令部的驻地兴县蔡家崖，顺利从陕北进入山西，之后前往河北平山县西柏坡村，在那里继续领导全国的解放事业。

黄河渡口文化是中华优秀传统文化的重要体现，承载着商业、历史、民俗、红色等多种文化，是研究和发掘黄河文化过程中必不可少的重要内容。

二　山西黄河渡口文化保护现状与问题

黄河文化的保护、传承与弘扬是黄河流域高质量发展中至关重要的环节。近年来，随着党中央、国务院有关黄河流域文化生态保护与高质量发展战略的提出，山西省各地陆续开展对黄河文化的挖掘与保护工作，已经取得一定的成效。然而，就黄河渡口文化而言，其研究、挖掘、保护与利用的力度还不够，方式有待创新，投入仍需加大，主要存在以下问题。

（一）黄河渡口文化资料收集与抢救步伐缓慢，对渡口文化见证者、传承者关注不够

山西一些地市对黄河渡口文献资料、实物资料与影像资料的挖掘、抢救与保护较为缓慢。有关黄河渡口的书籍、文献、回忆录、档案等，还有相关物件、老照片等尚未充分、全面、系统地挖掘整理，与黄河渡口文化相关的信仰民俗、地名、故事、诗歌、碑刻等资料还有极大的收集空间。

此外，黄河渡口文化的见证者与叙述者年事已高或已经去世，人数正逐年减少，导致这一文化面临断层，传承工作也遇到阻碍。例如，晋西北有些渡口村落伴随着渡口的消亡，逐渐衰落，丧失生命力。此外，由于进城务工者居多，许多与文化相关的非物质文化遗产在不经意间消亡，村落不再留得住“乡愁”，民众的集体记忆及文化认同感也在下降。①

（二）黄河渡口文化生态空间保护意识不强

渡口文化作为一种文化遗产，其生存有赖区域特定的土壤与空间，正如文化生态学理论所提到的“文化—环境适应”理论，即不仅强调自然环境，更强调“社会环境和文化环境。……不论是自然环境还是社会文化环境，人们在一定的环境中生活就会形成一定的适应性。文化生态系统内，各种文化相互作用并受环境制约而达到新的平衡，文化的可持续发展得以实现”②。因而，黄河渡口文化的可持续发展首先要加强文化生态空间保护。

黄河渡口文化生态空间的首要因素是黄河生态环境，这对作为文化载体的渡口来说至关重要。近年来，黄河中游，尤其是山西段的生态环境较为脆弱，洪水风险较大、水资源短缺，特别是水少沙多、水沙关系不协调的“牛鼻子”问题仍较为突出，渡口生态及水利条件不容乐观，严重影响了渡口与文旅产业的融合发展。此外，对渡口周边森林保护不够重视。渡口周边大多较为荒凉，绿化程度欠缺，不利于渡口整体生态水平的提升与景观工程的建设。

---

① 强亮亮：《兴县境内黄河渡口遗存调查研究》，硕士学位论文，山西大学，2021。

② 谢芳：《传统文化的传承与传播——韩城案例研究》，天津科技翻译出版有限公司，2019，第181页。

渡口文化的发展与其周边聚落的文化环境具有一定的适应性。在古代，渡口与周边村落关系极其紧密，二者相辅相生，互相依存。渡口及周边的地理环境造就了村落独特的布局与形态，村落是渡口由物理空间转为社会空间的关键因素，因而保护渡口周边村落的文化生态至关重要。目前，山西黄河渡口与周边村落存在衔接性不够的问题，村落中与渡口相关的庙宇、堡寨、古戏台等遗迹缺乏保护。虽然有的渡口已经开发，但均只注重对渡口本身进行修复，而对渡口村落的关注度不够。有的村落仅是作为游客休闲、住宿、餐饮的场所，没有与渡口文化进行衔接与共融，以至于渡口文化生存的生态空间难以保存，影响其可持续发展。

此外，对于作为渡口文化载体的航道、遗迹、船只等要素的保护更为欠缺。有些渡口航道已经圮坏，逐渐被湮没，有关渡口文化的遗存、遗迹、遗址，由于地方政府缺乏重视而逐渐被遗忘，如昔日渡船已经被遗弃，不再是历史文化的见证。

（三）“全域旅游”理念贯彻落实不彻底，文旅产业带动发展的动能不足

在山西渡口文化旅游发展的大环境中，“全域旅游”① 理念还未彻底贯彻，导致文化旅游带动区域各行业发展的产业体系受阻。主要阻碍因素是文旅产业自身发展的不足，缺乏带动全域的能力。在山西渡口文化的开发过程中，政府对经营者监管不够，经营者常以效益为先，忽略景区的安全性、专业性、完备性，加之“全域旅游”理念尚未落实到位，以至于在基础设施建设和旅游周边配套方面存在缺失，不够完备。在交通方面，一些景区尚未形成“城景通、景景通”的良好局面，个体营业者较多，没有纳入统一管理；在住宿方面，以黄河文化、渡口文化为品牌的住宿较少，监管力度较弱，卫生环境堪忧，民众信赖度与体验感较差；在旅游餐饮方面，许多农家乐、饭店等餐饮场所卫生环境较差，品质堪忧，价格不一，很难令游客有满意的旅游体验。

① 全域旅游，是指在一定区域内，以旅游业为优势产业，通过对区域内经济社会资源尤其是旅游资源、相关产业、生态环境、公共服务、体制机制、政策法规、文明素质等进行全方位、系统化的优化提升，实现区域资源有机整合、产业融合发展、社会共建共享，以旅游业带动和促进经济社会协调发展的一种新的区域协调发展理念和模式。

（四）黄河渡口文化内涵和时代价值提炼与宣传力度较弱，黄河渡口文化尚未形成具有影响力的品牌

"文化是旅游业的灵魂"，文化与旅游结合，是当今时代发展的必然产物，对于区域高质量发展具有重要的意义。一方面，文化为旅游赋予深刻的内涵，能够促进旅游行业的健康发展；另一方面，"旅游对地域的文化宣传和推广有着积极作用"①。从山西黄河渡口旅游业发展现状来讲，文旅融合程度比较低，管理者和当地居民对地方文化重视不足，文化旅游资源挖掘难度大、收益效果不明显。

1. 对黄河渡口文化和区域历史文化重视不够，没有充分挖掘与宣传旅游地的文化内涵

虽然一些地方政府与景区设置和保留了一些代表黄河文化的实物或符号，但是仅停留于表面，没有全面化、系统化、立体化、深刻化。例如，晋西北偏关老牛湾以军事文化闻名，相关部门开发了包子塔湾古堡、桦林堡等景点，突出了其军事文化、农耕文化，但是代表水利文化的万家寨、代表生态文化的地质奇观却停留在开发层面，其深刻内涵没有被充分挖掘；又如，河津禹门渡没有保留与渡口相关的遗址、遗迹，对文化内涵挖掘不充分。对渡口文化内涵挖掘不深刻的主要原因在于，黄河渡口文化没有引起政府、学术界、社会的足够重视和广泛讨论与研究。另外，黄河渡口文化时代价值没有被充分挖掘与精准提炼，难以引起当代民众的共鸣、唤醒民众的集体记忆，不能达到民众自发参与保护渡口文化的目的，令渡口旅游的文化含义大大削弱，不利于其可持续发展。

2. 文化旅游品牌化程度较低，推广力度较弱

在文化宣传方面，地方文旅部门对黄河渡口文化的重视程度与宣传力度不够，突出表现为普遍存在"仅见旅游，不见文化"的现象。在宣传过程中，只注重强调黄河渡口文化的地域性、独特性，却对中华民族、地方发展的重要地位没有深刻提炼，难以吸引游客。在文旅产品开发过程中，游客体验形式较为单一，游客大多处于倾听者的位置，没有设置沉浸式体验特别是文化体验的

---

① 广西壮族自治区图书馆、广西图书馆学会编《均衡　融合　智慧——新时代图书馆的转型发展研究论文集》，广西科学技术出版社，2020，第21页。

环节，阻碍了文旅融合发展进程。又因营销方式较为传统，缺乏创新、形式单一，没有下大力气推广以吸引投资，文旅品牌化程度较低。文化产品是文化开发的转化形式之一，目前黄河渡口文化相关产品的创新程度与推广程度有待提高，文化转化为产品的程度较低，质量欠佳，缺乏创意性、艺术性、文化性，没有以市场为导向推出受众群体喜爱的文化周边。

三 山西黄河渡口文化保护与文旅品牌推广策略

为了更好地保护和利用山西黄河渡口文化，助力山西黄河文化的挖掘、保护、活态传承与文旅产业的高质量发展，结合山西黄河渡口文化保护与利用中存在的问题，建议重视以下几个方面。

（一）各级政府高度重视、加大投入，加快构建黄河渡口文化保护体系

当前，黄河渡口文化的保护同样适用“保护为主，抢救第一，合理利用，传承发展”的指导方针，极有必要构建一套可操作性强、效果显著的保护体系。第一，加强顶层设计，加快推进“黄河渡口文化保护规划”的起草与制订，早日在全域范围自上而下推行，为黄河渡口文化的保护提供理论基础与法律依据。第二，加强对黄河渡口文化内涵与时代价值的挖掘，定期举办文化论坛，邀请专家学者参与讨论，并撰写高水平文章，掌握山西黄河渡口文化的话语权。第三，聘请专家或专业团队，对包括文献、档案、影像、碑刻、老物件（渡船、渡票等）、老故事、回忆录、诗歌，以及船号子、渡口规章制度等各种形式在内的黄河渡口历史文化资源进行全面调研与挖掘，对其进行评估、分类并登记在册，构建分级管理备案制度，进行系统管理，在此基础之上建立文化资源数据库。第四，构建黄河渡口文化见证人保护体系、渡口非遗文化传承人保护体系，对其进行合理宣传，并给予物质保障。第五，加大力度在地方乃至全国范围内宣传黄河渡口文化，号召民众投入文化保护行动中。宣传手段要与时俱进，可以利用多媒体平台进行短视频宣传，或开展征集民众集体记忆的活动，在全社会展开广泛讨论，引发规模效应。第六，加大资金投入力度，大力扶持与黄河渡口文化保护相关的社会机构或个人。

（二）建立文化生态保护区，推进黄河渡口文化旅游廊道建设

第一，深入贯彻习近平生态文明思想与习近平总书记考察调研山西重要讲话重要指示精神，持续对黄河流域生态环境进行修复与治理，坚持生态空间、历史文化空间、休闲游乐空间融合发展，系统推进黄河渡口沿岸山水林田湖草沙综合治理，以生态保护为先，推动绿色发展。首先，持续推进黄河流域治理保护项目，加固堤防，实施生态防护，推动沿河生态环境的保护治理；其次，加快建设人工湿地、渠道、土埂、生态塘等生态修护项目，发挥生态保护、滞洪调蓄等多重功能；再次，推进生物多样性保育区项目，加快推进景观绿化工程等建设。最后，推进实施小流域综合整治项目，以缓解水土流失问题，推进入河排污口、工业废水、城乡水污染治理工程，持续实施大气污染治理工程，推进绿色农业生产、加快垃圾分类等措施，以推进土壤污染治理工程。黄河渡口要统筹实施黄河流域生态环境保护工作，做优生态、做活生态，最终成为全国性的黄河流域生态涵养地或旅游目的地。

第二，借鉴非物质文化遗产保护体系，分国家、省、市、县四级推选与建立黄河渡口文化生态保护区，对黄河渡口文化中的深厚文化积淀、重要社会价值和独特文化形态进行整体性修复与保护。黄河渡口文化生态保护区不仅包括黄河渡口本身，还包含与之相关的物质载体与村落等空间载体。保护包括渡口遗址在内的文化要素，修缮渡口标志性建筑，摆放船只等要素，复原昔日渡口情境，并按照“复旧如旧”的方针修缮沿岸村落，使村落文化与黄河渡口文化融合衔接。另外，将渡口非遗文化融入日常，召集以前的渔民复原渡口号子表演，全方位复原与构建往日黄河水上渡口、村落与人家。

第三，加快推进黄河渡口文化旅游廊道建设。积极投入资金，建设渡口文化（记忆）博物馆或纪念馆、渡口文化雕塑博物馆、黄河中游渡口公园等。在渡口相对密集的地区，建设一批具有代表性的渡口文化博物馆，展出富有地方特色的渡口文化，其中包含历史、军事、文物、遗址、民俗等文化形态，将文化全面、系统、生动地展现在民众面前，让黄河文化“活”起来；广泛征集与黄河渡口相关的雕塑创意，建设“黄河渡口文化雕塑公园”，将文化深刻融入雕塑，进行艺术性升华；采用“文化+科技”的思路，运用高

科技将渡口文化生动地展示给民众。例如，可效仿山西太原古县城“梦中上河”品牌的全息技术手段，将往日渡口辉煌的景象呈现在观众面前。

黄河渡口文化生态保护区的建设，不仅有利于文化的抢救、挖掘、保护与修复，唤醒民众的共同记忆，还有利于黄河渡口文化旅游廊道的建设。最终，黄河渡口文化旅游廊道将建成渡口、村落、文化博物馆（公园、雕塑馆）及黄河文化驿站等，贯穿成线，覆盖范围大，辐射面广泛，使游客在横向、纵向层面得以全面、深刻地感受黄河文化、渡口文化、村落文化的内涵，加深旅游记忆与体验。

（三）深挖黄河渡口文化内涵与时代价值，创新黄河渡口文化旅游融合新态势

在深刻挖掘黄河渡口文化内涵与提炼其时代价值的基础上，对其进行精准把握，认识到只有文化融入旅游，才能丰富旅游层次，提升旅游幸福感；只有将旅游行业推向文化服务，才能极大拓展文化消费市场，稳固推进文化的保护与传承。因而，山西黄河渡口文化旅游产业的发展，要将黄河渡口文化与旅游融合发展深度融入山西全方位推动高质量发展布局中，以新业态、新模式、新消费撬动新的经济增长点。

目前，黄河渡口文化旅游可以从“文旅+生态”“文旅+乡村”“文旅+研学”等模式着手，创新融合多种旅游模式。其一，“文旅+生态”模式。渡口是黄河渡口文化的最重要载体，渡口及周边生态环境极具生态旅游价值。要致力于建设渡口特色生态保护区，打造生态康养旅游目的地。此外，建设特色农林果树示范园区，推出采摘、品尝、购买等体验活动，打造沉浸式体验氛围。水利是生态旅游不可缺少的环节，要打造极具旅游价值的水利工程旅游目的地。其二，“文旅+乡村”模式。要秉持“全域旅游”理念，依托黄河渡口村落的重要景点，采取“景区+村庄”“景村一体化”等方式，加大政策扶持力度，帮助农民兴办农家乐、发展采摘园，让游客体验原生态美食、民俗文化，拓宽游客消费渠道，助力乡村产业振兴。其三，“文旅+研学”模式。渡口不仅具有独特的地理环境，还蕴含丰富的商业文化、历史文化、民俗文化、红色文化等，是中小学生进行研学的理想之地。地方文化旅游部门可与学校合作，规划可行性较强的游学路线，定期安排学生体验、游学。研学期间，可为学生

提供住宿、交通、饮食、景点、讲解、体验、旅游产品一体化服务，这样既有利于加强文化认同，还能撬动新的经济增长点。

（四）构建黄河渡口文化旅游产业体系，打造“山西黄河渡口文化”品牌精品

构建黄河渡口文化旅游产业体系，在全域范围内以深化供给侧结构性改革为主线，以文化创意、科技创新、产业融合催生新发展动能，提升产业链现代化水平和创新链效能[①]，打造“山西黄河渡口文化”品牌精品，使文化旅游与区域经济协同发展，助力黄河流域高质量发展。

一方面，以市场为导向，广泛向全社会企业招标，推出一系列富有创意、极具艺术价值、深刻反映区域文化内涵的文化旅游产品。可在旅游景点设立专门的文化周边销售点，形成“产、供、销”一体化的产业链条，使之成为重要的文化旅游副产品；另一方面，秉持“全域旅游、全业旅游”理念，在完善旅游景点配套设施、提高游客旅游幸福感的同时，促进文化旅游产业发展与区域基础设施建设、经济与文化建设，同时带动包括旅行社、民宿、酒店在内的住宿业，带动包括农家乐等在内的餐饮业，带动旅游交通业、旅游教育培训业、休闲娱乐业、旅游服务业及制造业等相关行业。推动文化旅游、文旅设施、文旅服务、文旅产品、文旅教育培训等形成一条完整的文化产业链，带动区域一、二、三产业协同发展，同时带动跨区域产业合作与融合发展，构建合作共赢、协同发展的文化旅游网络。

（五）加大宣传力度，以文化为切入点，创新黄河渡口文旅品牌推广方式

文旅品牌的宣传要以市场为导向，创新宣传方式，拓宽宣传渠道。其一，推出地方形象代言人，主体可以是地方政府官员或具有全国影响力的名人，以提升地方文旅知名度。地方宣传部门、文旅部门要以市场为导向，培育地方代言人，为其提供广阔的媒介平台。代言人要以人格魅力吸引民众，

---

① 张玫、崔哲：《加快健全现代文化产业体系 推动文化产业高质量发展》，《中国旅游报》2021年6月8日，第1版。

在获得可观流量后，推介地方文旅产品，以达到良好的社会效应。其二，以渡口文化内涵切入，推出质量优良的文化产品。要准确把握文旅品牌的文化内涵，从渡口的商业文化、历史文化、红色文化、民俗文化（包括非物质文化遗产在内）等方面做文章，推出短视频、文章、歌曲、诗文、影视剧、歌舞剧等一系列制作优良、精准反映文化内涵、引起观众共鸣、极具震撼力的文艺产品，激发观众的旅游欲望。其三，创新宣传方式，拓宽宣传渠道。文旅品牌的宣传，要自上而下、多管齐下，构建较为完备的以国家、地方、社会、个人为媒介的宣传体系。国家与地方电视台、广播电台、文旅局等文化单位，与文旅相关的社会组织和民众，以及具有影响力的名人、网络红人、旅游博主，应各自发挥不同的作用。要坚持品牌的文化内核，以新闻、宣传片、综艺节目、短视频、图片、文字、直播等多种形式，结合当下最流行的内容，在多元化的新媒体平台传播，扩大宣传效果，提高黄河渡口文化的旅游影响力。其四，加强线下宣传。各地可以在渡口附近举办具有影响力的大型会议、博览会、歌舞晚会等，提升其社会知名度。可恢复渡口附近村落的古庙会，在保留传统元素的同时，创新加入现代元素，打造特色文化符号，丰富文旅品牌的文化内涵。

结　语

黄河渡口是与黄河连接最紧密的地理要素，保护渡口文化对于弘扬黄河文化至关重要。山西黄河渡口不仅密集，而且文化厚重；不仅代表一种交通方式，而且是地方商业文化、历史文化、民俗文化、红色文化的载体。山西黄河渡口文化的生态性、开放性、凝聚性、独特性，反映了人与自然和谐相处的可持续发展观念，也代表了山西民众生生不息的奋斗精神。渡口文化的开放性能够为山西打造内陆地区对外开放新高地，为中国对外开放与构建人类命运共同体提供理论依据与历史基础，有助于当代中国生态文明建设，唤醒民众的美丽乡愁，保持文化自信，增强中华民族“同根同源”的民族心理与“大一统”的主流意识，维系国家统一与民族团结。全社会要大力推进黄河渡口文化的保护与文化旅游品牌的推广，让黄河渡口文化“活”起来。要以文化为魂，加快构建黄河渡口文化保护体系，建立黄河渡口文化生态保护区，推动黄河渡口文化旅游廊道建设。要深挖黄河渡口文化内涵与时代价值，创新黄河渡口文化旅游融合新态势，构建黄河渡口文化旅游产业体系，打造“山西黄河渡口文化”品牌精品，助力黄河流域高质量发展。在此过程中，山西黄河流域各地区、山西黄河流域与相邻省区，要坚持合作共赢，实现协同发展。

黄河国家文化公园（山东段）建设研究*

徐建勇**

摘　要： 建设黄河国家文化公园与保护传承弘扬黄河文化既关系密切，又存在显著差异。黄河国家文化公园（山东段）建设稳步推进，在建章立制、遗产保护、文旅融合、研究阐发、生态保护、交流合作等方面不断突破。项目投融资困难、资源开发能力不足、研究力度不够、体制机制不畅、配套制度不健全等是当前黄河国家文化公园建设的主要问题。推进黄河国家文化公园高水平建设，要加快规划和方案编制、深化黄河文化研究、推进黄河沿线文化遗产系统保护、建设黄河文化旅游带、讲好黄河故事、挖掘黄河文化精髓、强化科技赋能、健全投融资体系、建立高效管理体制。

关键词： 黄河文化　黄河国家文化公园　山东黄河流域

黄河是中华民族的母亲河，黄河文化是中华民族的根和魂。党的二十大强调，要"建好用好国家文化公园"。建设黄河国家文化公园，是党中央为推动中华文化伟大复兴、推动黄河流域生态保护和高质量发展做出的重大决策部署，是彰显中华民族文化自信、建设社会主义文化强国的重大文化工程。

一　黄河文化与黄河国家文化公园的关系辨析

调研发现，社会上对黄河国家文化公园认识不深、认识不准、认识不清的

* 本报告部分内容曾发表于王承哲主编《黄河流域生态保护和高质量发展报告（2023）》，社会科学文献出版社，2023。

** 徐建勇，山东社会科学院文化研究所副研究员，主要研究方向为传统文化、文化和旅游产业发展。

现象广泛存在，普通民众对中国国家公园、国家文化公园、他国国家公园的区别认识模糊，学术界对黄河国家文化公园的基本概念、边界范围、建设宗旨等存在争论，不少机关工作人员对黄河国家文化公园建设的目标任务把握不清。虽然黄河文化与黄河国家文化公园关系密切，但是不能把建设黄河国家文化公园等同为保护传承弘扬黄河文化，或视为建设“黄河文化国家公园”。

（一）概念内涵不同

黄河文化是沿黄地区人民群众在长期的社会实践中创造的物质财富和精神财富总和。[①] 黄河流域是中华文明的核心发祥地，黄河文化是中华传统文化的主要源头、构成主体和鲜明标识。地域性、持续性、农耕性、正统性、包容性是黄河文化的基本特征。建设黄河国家文化公园，是通过整合黄河沿线具有突出意义、重要影响、重大主题的文物和文化资源，实施公园化管理运营，形成具有特定开放空间的公共文化载体，集中打造中华文化重要标志。[②] 可以看出，保护传承弘扬黄河文化的对象是清晰明确的，一切工作都要围绕黄河文化进行；黄河国家文化公园建设的内涵更加丰富，其目标指向不仅是黄河文化，还包括黄河沿线一切重要文化遗产。

（二）空间范围不同

在历史上，黄河三年两决口、百年一改道，从先秦到中华人民共和国成立的2500多年间，黄河改道26次，北达天津，南抵江淮，形成通常所说的“大黄河”。因而，广义上的黄河文化覆盖区域还应包括古代黄河流经的河北、天津、安徽、江苏、北京等省市，即多条黄河故道文化带。黄河国家文化公园的建设范围，是以承载河湟文化、河洛文化、关中文化和齐鲁文化的黄河河段为主，涉及青海、四川、甘肃、宁夏、内蒙古、山西、陕西、河南、山东9个省区。黄河文化的空间边界是模糊的、在历史发展中自然形成的，黄河国家文化公园的空间边界是清晰的、人为划定的（具体由各省区在制定黄河国家文化公园省区段规划中明确）。

---

① 袁红英：《弘扬黄河文化　铸牢中华民族的根和魂》，《光明日报》2023年3月30日，第6版。

② 《探索新时代文物和文化资源保护传承利用新路——中央有关部门负责人就〈长城、大运河、长征国家文化公园建设方案〉答记者问》，《人民日报》2019年12月6日，第6版。

（三）背景宗旨不同

保护传承弘扬黄河文化的直接出发点有两个。一是传承弘扬中华优秀传统文化。传承弘扬中华优秀传统文化是延续中华文明、推动中华民族复兴的必然要求，是中国共产党的重要初心使命。黄河文化是中华优秀传统文化的主体，建设社会主义文化强国、推动中华优秀传统文化创造性转化创新性发展，离不开对黄河文化的保护传承弘扬。二是推动黄河流域生态保护和高质量发展。中国式现代化是物质文明和精神文明相协调的现代化。黄河流域高质量发展是经济、政治、社会、文化、生态全面协调可持续的发展，是让沿黄人民群众物质富足、精神富有的发展。实现黄河流域生态保护和高质量发展，保护传承弘扬黄河文化是重要任务，也需要黄河文化的引领和支撑。

建设黄河国家文化公园是发展中国特色社会主义文化的创新途径、重大工程。在社会主义文化建设探索过程中，针对文化遗产保护传承，中国采取了多种行之有效的形式，如建立文物保护单位、世界文化遗产单位、文物保护片区、文化生态保护示范区等。建设国家文化公园则是文化遗产保护传承方式的升级版。国家文化公园建设，是对世界各国文明成果的成功借鉴，对国家公园建设实践的进一步探索拓展。2013 年，党的十八届三中全会首次提出建立国家公园体制；2015 年，开展国家公园体制试点工作；2017 年，中共中央办公厅、国务院办公厅印发《建立国家公园体制总体方案》。随着对国家公园建设规律认识的不断深化，国家文化公园建设开始被提上议事日程。2017 年 1 月，中共中央办公厅、国务院办公厅印发《关于实施中华优秀传统文化传承发展工程的意见》，首次提出“规划建设一批国家文化公园，成为中华文化重要标识”。2017 年 5 月，《国家“十三五”时期文化发展改革规划纲要》中明确，“依托长城、大运河、黄帝陵、孔府、卢沟桥等重大历史文化遗产，规划建设一批国家文化公园，形成中华文化的重要标识”。2019 年 12 月，中共中央办公厅、国务院办公厅印发《长城、大运河、长征国家文化公园建设方案》。党的十九届五中全会提出，“建设长城、大运河、长征、黄河等国家文化公园”。党的二十大提出，“建好用好国家文化公园”。目前，中国已经形成长征、长城、大运河、黄河、长江五大国家文化公园体系，成为新的国家级文化标识。

（四）命名依据不同

在当前的黄河国家文化公园建设中，存在所处地带是否属于黄河文化区的争论纠结，或属于黄河文化的地区为什么没有划入黄河国家文化公园建设范围的疑问。实质上，每个国家文化公园的命名主要依据地理标识而非文化标识，黄河国家文化公园实际是“黄河沿线的国家文化公园”。当然，如果地理标识和文化标识能兼顾体现更好，黄河、大运河、长江国家文化公园即此。再者，每一种地域文化的形成，通常需要几百上千年的沉淀，且有特定的内涵特征。所以，长征、长城虽然很难认定为特定的地域文化系统，但其仍然可因显著的象征意义而用来命名；黄河、大运河、长江国家文化公园的边界也并非完全以黄河文化、大运河文化、长江文化的存在范围为依据，而是由沿线地区根据文化建设实际情况确定。这样做的好处，一是以地理空间为依据，边界清晰，便于公园化管理运营；二是回避文化覆盖空间的模糊性，便于实际工作的开展；三是有助于将来更多国家文化公园的命名更为简单，不至于陷入特定文化的争论之中。

二　黄河国家文化公园（山东段）建设的基本情况

山东作为黄河文明的重要发祥地、黄河流域最便捷的出海通道、沿黄九省区中经济综合实力最强的省份，在推动黄河流域生态保护和高质量发展中具有十分重要的战略地位。山东也是少数几个兼有黄河、大运河、长城三大国家文化公园建设任务的省份，是黄河国家文化公园重点建设区之一。自黄河国家文化公园建设启动以来，山东认真贯彻落实习近平总书记对山东提出的“三个走在前”总要求、总定位、总航标，坚持“地处黄河下游、工作力争上游”的指导方针，高起点谋划，扎实推进山东段各项工作有序开展。

（一）强化顶层设计，加强规划引领

1. 健全组织机构

成立由省委常委、宣传部部长任组长，由分管文化工作副省长任副组长，以 15 个部门单位主要负责同志为成员的山东省国家文化公园建设工作领导小组，在省文化和旅游厅设立领导小组办公室，从发改、交通、文旅系统抽调专

人组建工作专班，形成省级层面“领导小组+办公室+工作专班”的运行机制。各市分别建立相应领导小组和工作专班，形成“省负总责、分级管理、分段负责”的工作格局。在省国家文化公园建设工作领导小组统一指挥下，由省发展改革委、省文化和旅游厅牵头，成立黄河国家文化公园（山东段）建设推进组，推动资金整合、资源集聚、政策集成。

2. 完善制度规划体系

山东省委办公厅、省政府办公厅印发《山东省国家文化公园建设实施方案》，明确了黄河国家文化公园建设的范围、内容、目标、主要任务和责任分工。省国家文化公园建设工作领导小组制定并印发黄河国家文化公园建设年度工作要点，细化责任分工，建立任务台账，确保各项任务明确清晰、扎实推进。山东省发展改革委牵头，根据山东黄河沿线人文自然资源分布特点、保护传承弘扬现状与齐鲁地域文化特征，编制印发《黄河国家文化公园（山东段）建设保护规划》，构建了“一廊一带四区多点”的黄河国家文化公园建设格局。

（二）加强遗产保护，延续文化根脉

1. 加强文物保护

山东着力建设黄河下游文化遗产廊道，将黄河文化遗产带纳入《山东省文物事业发展“十四五”规划》，把黄河流域文物保护列入全省文物保护利用“十大工程”第一项，推动沿黄 57 个县入选国家革命文物保护利用片区分县名单。山东省文化和旅游厅、省委宣传部联合印发《文物保护利用“十大工程”实施方案》。《实施方案》突出重点、打造亮点，创新推出黄河流域文物保护利用、齐长城遗址保护利用、大运河遗产保护利用、“海岱考古”、古城古镇古村落古街区保护利用、革命文物保护利用、博物馆高质量发展、让文物活起来、文物法治和安全、齐鲁文博人才培育十大工程。

2. 强化非遗保护传承

出台《关于推进黄河流域、大运河沿线非物质文化遗产保护传承弘扬的意见》，建立黄河非遗年度行动、展示交流、区域协作等机制，举办“河和之契：黄河流域、大运河沿线非物质文化遗产交流展示周”“黄河记忆专题档案文献展”。开展“非遗进校园”活动，认定 100 个省级非遗传承教育实践基

地。新评选黄河文化（东营）、泉水文化、孙子文化（惠民）3个省级文化生态保护实验区，全省沿黄9市的省级文化生态保护实验区达到9个，占全省省级文化生态保护实验区总数的69%。

3. 推进文化遗产保护项目

争取国家文物保护资金1.36亿元，支持章丘城子崖遗址考古发掘等79个重点项目修缮保护利用。推动31个国家文化公园建设项目列入国家“十四五”文化保护传承利用工程项目储备库（其中黄河国家文化公园项目9个），4个项目列入国家文物保护项目支持名单。扎实推进定陶汉墓等重大文物保护工程、大汶口等考古遗址公园建设，完成羊山战役前线指挥部旧址等45处革命旧址修缮和展示利用工作。

（三）深化文旅融合，推动高质量发展

1. 建设沿黄河文化体验廊道

编制印发《关于建设文化体验廊道推动文旅融合高质量发展的实施计划（2023—2025年）》，统筹沿黄25县（市、区）文化旅游资源，突出民俗游、生态游，打造集民俗体验、农耕研学、自然观光等于一体的沉浸式文化旅游体验线性廊道，塑造“沿着黄河遇见海”文化旅游品牌。以沿黄河、沿大运河、沿齐长城、沿黄渤海、沿胶济铁路线的“四廊一线”文化体验廊道为骨架，在全省构建形成国家文化公园引领、文化交通线贯穿、文化体验廊道示范、文化片区支撑的全域文化“两创”和文旅融合高质量发展新格局。

2. 打造黄河文化旅游带

编制《黄河国家风景道（山东）建设指南》，高标准建设黄河国家风景道（山东）。依托全省基础设施“七网”行动，建设黄河千里自驾旅游风景道，打通黄河沿岸交通“毛细血管”。重点打造黄河记忆乡愁之旅等黄河精品旅游线路，策划推出“十个一”黄河本地游产品，推出黄河沿线18家生态旅游区创建单位，推动沿黄8家单位创建为第四批山东省级工业旅游示范基地。策划打造“领略黄河文化，品悦时代变迁”等一批经典主题精品旅游线路，探索推进自驾车房车营地、驿站建设。

3. 打造精品旅游目的地

聚焦轻休闲、微度假、慢生活，开展旅游目的地产品提升行动，对黄河沿

线194家A级以上旅游景区实施提档升级工程，加快智慧景区建设，推动沿线7个省级以上全域旅游示范区、2个省级以上旅游度假区、4个国家级乡村旅游重点村、20个省级乡村旅游重点村、72个景区化村庄、5个民宿集聚区实现文化和旅游深度融合发展。创新开展“好客山东·乡村好时节”品牌活动，沿黄9市举办5场主题活动。2022年，沿黄地区创建旅游民宿集聚区5家、省级乡村旅游重点村24家、景区化村庄152家，微山湖旅游区成功创建国家5A级旅游景区。

4. 支持重大文化旅游项目建设

建立山东黄河文化旅游重点项目库，储备入库项目200余个，计划总投资超过5700亿元。2021年以来，山东争取中央预算内资金6000万元，省级安排部分配套资金，支持黄河故道古桑树群文化公园、胡集书会非物质文化遗产传习中心、成武县大台历史文化公园3个重点项目建设，支持德州齐河博物馆群等15个沿黄重点文旅项目2962万元。沿黄9市的88个文化旅游项目累计发行债券70.61亿元，总投资569.8亿元。曲阜尼山圣境、淄博高青天鹅湖国际慢城等一批项目陆续建成，淄博齐风胜境、德州黄河文化博物馆群、济南章丘明水古城、德州黄河故道古桑树群文化公园等一批重点项目正在快速推进。

（四）加强研究发掘，讲好黄河故事

1. 深化黄河文化研究阐发

印发实施《山东省黄河文化保护传承弘扬规划》，深入挖掘黄河文化的历史渊源、内在精髓、时代价值。推动高等院校和科研机构开展黄河文化专项研究，在省社科规划项目申报指南中增加国家文化公园建设选题，推出一批重要研究成果。高水平举办黄河文化论坛，设立黄河文化研究院、黄河流域生态保护和高质量发展研究基地、文旅融合发展研究基地，为黄河国家文化公园建设提供理论支持和智力支撑。

2. 推动黄河主题文艺创作

推出柳子戏《大河粮仓》、吕剧《一号村台》、现代京剧《黄河滩上凤还巢》、山东梆子《梦圆黄河滩》、电视纪录片《大河流日夜》、文化专题片《大河润齐鲁》、网络纪录片《生声不息：黄河的咏叹》等一批优秀文艺作品。大型纪录片《大河之洲》入选国家广播电视总局“十四五”纪录片重点选题规划，广播剧《守望黄河口》荣获第十六届精神文明建设“五个一工程”奖，剪纸《黄河情》获第十五届中国民间文艺“山花奖”。出版《黄河文化通览》《黄河文化概论》《大河涅槃：共和国黄河治理纪实》等著作及“黄河三角洲文化研究书库”等黄河文化丛书，成功举办“长河大道——黄河文化主题美术作品展巡展（山东站）”“黄河入海流——山东省黄河文化主题美术作品展”“大河奔腾——中国沿黄九省省会城市画院联盟优秀作品联展”等展览，推进黄河文化艺术交流。

（五）优化生态环境，健全配套设施

1. 加强生态保护修复

加快黄河三角洲生态保护修复，黄河三角洲国家级自然保护区修复湿地5万亩，黄河口国家公园8项创建任务顺利完成。推进沿黄重点区域生态保护修复，将济南、东营、齐河等22个地区纳入生态产品价值实现机制省级试点。推进沿黄生态廊道规划建设，济南黄河百里风景区中心景区景观提升项目、济南黄河防洪工程绿化提升项目和高青县黄河淤背区生态廊道项目快速推进。开工建设黄河下游“十四五”防洪工程（山东段），重大防洪减灾项目漳卫新河河口应急清淤、东平湖洪水外排河道应急疏通工程提前完工，小清河防洪综合治理、南四湖湖东滞洪区、恩县洼滞洪区等重点工程基本完工。

2. 完善公共服务设施

围绕互联互通，将黄河国家文化公园交通网络建设纳入《山东省“十四五”综合交通运输发展规划》，编写《山东省国家文化公园旅游公路建设指南研究》，加快构建“快进慢游”体系。举办2022山东黄河生态旅游体验季活动，推动黄河沿线湿地、景区等生态保护。推进数字再现工程，开展黄河文化数字化“八个一”提升行动，加强黄河沿线特色文化资源数字化采集和呈现。推进监管数字化，建设国家文化公园省、市、县三级监管平台，将其纳入文物安全“天网工程”，把沿黄9市所有4A级以上重点旅游景区视频监控接入全省重点景区监控平台。

（六）加强宣传推介，促进交流合作

1. 持续开展传播推广活动

统筹传统媒体和网络媒体，通过短视频、直播、专题节目、海报、图解等多种形式，多角度做好黄河国家文化公园宣传，持续提升黄河国家文化公园（山东段）的品牌传播力和影响力。开展“沿着黄河遇见海”新媒体联合推广活动，讲好新时代黄河故事。推出《黄河文化大会》重点文化节目，多维度展现黄河文化魅力。组织开展“相约黄河口　唱响新时代”——2022 中国沿黄九省区新时代民歌艺术展演、“黄河入海”大型交响音乐会、“大美黄河”实景演出、首届黄河流域戏曲演出季、第五届中国（黄河流域）戏剧红梅大赛、“太阳照在黄河边”——第十五届（中国）山东青年微电影大赛等活动，彰显黄河文化时代价值。

2. 推动区域文化旅游交流合作

围绕发挥山东半岛城市群对黄河文化旅游带的辐射带动作用，成立沿黄 9 市黄河流域城市文化旅游联盟，建成区域黄河文化旅游发展共同体。2021 年，全国黄河国家文化公园建设推进会、黄河文化旅游带建设推进活动先后在山东举办，有力推动了相关政策措施的落地落实。

三　黄河国家文化公园（山东段）建设的主要问题

从黄河国家文化公园（山东段）建设实践来看，项目投融资困难、资源开发能力不足、研究力度不够、体制机制不畅、规划和方案不完善、配套制度不健全等问题对全省工作推进形成严重制约，需要创新举措，协调相关部门，统筹解决。

（一）项目投融资困难

黄河国家文化公园本质上具有公益属性，重大文化遗产项目以财政投入为主。山东沿黄地区经济社会发展相对落后，文化遗产保护资金缺口较大。当前经济下行压力增大，文化旅游市场显著萎缩，山东文化旅游企业普遍经营困难，黄河国家文化公园文旅产业项目投融资面临艰难局面。

（二）资源开发能力不足

目前，山东黄河文化旅游资源开发仍处于探索阶段，文旅产品不够丰富，带动能力强的地标性项目不多，产业集聚发展能力不足，品牌和游线策划推广滞后。黄河沿线道路、营地、驿站、服务中心等旅游服务设施仍不健全，形象标识有待完善。文化数字化战略刚刚起步，“智慧黄河”建设任重道远。

（三）研究力度不够

自黄河国家战略启动以来，不少沿黄省区把黄河文化研究作为黄河文化保护传承弘扬的基础性工程加以推动，如河南与中国社会科学院共建黄河文化研究院，甘肃高规格成立黄河国家文化公园研究院，陕西成立黄河文化遗产研究中心，举办多场黄河文化高层论坛。相较而言，山东黄河文化研究的高度、广度、深度不够，整体性、系统性不强，研究队伍力量薄弱，学术交流平台稀缺，黄河国家文化公园建设缺少深厚理论支撑。

（四）体制机制不畅

根据国际经验，国家公园建设运营需要专门机构负责。目前，中国国家公园管理局行使国家公园建设管理职能，黄河、大运河、长城、长征、长江国家文化公园建设由中央、省、市三级领导小组负责。山东黄河、大运河国家文化公园建设由发改部门牵头，长城国家文化公园由文旅部门牵头。山东黄河与大运河、长城国家文化公园及黄河入海口国家公园，有着空间重叠、资源共拥、文脉相连的特点，需要统一规划、统筹部署。在目前建设体制下，山东三大国家文化公园规划建设存在衔接不够、效率不高、权责不清、力量分散等问题。

（五）配套制度不健全

黄河国家文化公园建设是一项系统工程，需要统筹处理好文化遗产保护和展示利用、文化旅游产业发展与生态环境保护修复、区域经济社会发展、人才科技土地资本要素、地方利益诉求的关系。目前，黄河国家文化公园相关立法和配套制度建设滞后、协调性不足，是沿黄各省区普遍存在的短板，山东要积极作为，发挥引领示范作用。

四　推进黄河国家文化公园高水平建设的思路对策

建设黄河国家文化公园，是推进黄河流域生态保护和高质量发展国家战略、保护传承弘扬中华文化的重大国家文化工程。加快推进黄河国家文化公园建设，要以习近平新时代中国特色社会主义思想为指导，全面贯彻落实党的二十大精神，高端策划、整合资源、创新方法、完善机制，促进黄河沿线重要文化遗产科学保护、合理利用、世代传承，生动呈现中华文化的独特创造、价值理念和鲜明特色，打造传承展示中华文化的新标识、新空间、新形象。

（一）加快规划和方案编制，提供科学思想指导

黄河流域跨度大，文化旅游资源地域孤立现象突出，区域文化和旅游发展不平衡，山东、河南、陕西处于第一方阵，上游省区则较为落后。针对目前全流域文化旅游发展规划和统筹协作机制缺位现象，需要中央有关部门尽快出台《黄河文化旅游带建设规划》，沿黄九省区根据《黄河国家文化公园建设保护规划》各自制定分段规划和实施方案，为黄河国家文化公园建设提供科学指引。规划编制要立足千年大计、百年工程，处理好前瞻性与操作性、整体布局和地方特色、保护和运营、政府和市场的关系，厘清管控保护、主题展示、文旅融合、传统利用等主题功能区的布局思路，明确保护传承、研究发掘、环境配套、文旅融合、数字再现等工程的实施方案。[①] 要依托沿黄地区价值突出、内涵丰富的自然标识、水利工程、重大历史事件、重要文化遗址、黄河故道遗迹、重大文旅项目等资源禀赋，打造一批国家级、省级黄河文化地标，形成层次清晰、特色鲜明、具有较高知名度美誉度的黄河国家文化公园标识体系。要建立沿黄各省区文化旅游合作发展机制，统筹文化遗产保护、资源整合、项目布局、平台打造、市场推广等事宜。

---

① 陈琛、张珊：《加快推动黄河国家文化公园（山东段）建设　让黄河成为造福人民的幸福河》，《联合日报》2023 年 3 月 29 日，第 2 版。

（二）深化黄河文化研究，形成深厚理论支撑

黄河文化研究是传承黄河文化基因、推动黄河国家文化公园建设的基础性工作。长期以来，黄河文化因其跨时空、跨地域的宏大特点，在学术研究领域几乎处于“隐身”状态。推动黄河文化研究，要引导高等院校、研究机构、学术社团等整合资源，打造一批跨学科、交叉型、多元化的黄河文化创新研究与学术交流平台。要加大对研究项目、研究队伍的支持，结合中华文明探源工程，系统研究梳理黄河文化发展脉络，推动开展黄河文化、黄河精神、黄河国家文化公园、文物考古、文献古籍、文旅发展等专项研究，推出一批社会广泛认同的标志性黄河文化研究成果。要支持黄河文化与黄河水利、黄河生态等一体研究的新兴学科和交叉学科建设，重视保护和发展具有重要文化价值和传承意义的“冷门、绝学”，探索构建“黄河学”。

（三）推进黄河沿线文化遗产系统保护，守护好民族根脉

保护珍贵文化遗产是国家文化公园设立的初衷。要加强黄河文化遗产普查，摸排梳理各类文化遗产资源的种类、数量、分布和保护情况，重点开展黄河水利遗产专项调查和评估工作，建立黄河文化资源分级、分类保护名录，绘制黄河文化资源地图，建设黄河文化资源数据库并接入国家文化大数据体系。加快建设黄河干支流线性文化遗产廊道，分类实施沿黄文化遗产本体保护工程，在物质文化遗产富集地区进行集中连片保护，推动沿黄各省区联合申报世界自然、文化遗产。加强沿黄非物质文化遗产保护传承，实施黄河非遗濒危项目及年老体弱传承人抢救工程，启动“黄河手造”工程，推进黄河传统工艺振兴，在非遗项目集中、特色鲜明、保存完整的特定区域建设文化生态保护实验区。

（四）建设黄河文化旅游带，彰显黄河文化时代价值

文化是旅游的灵魂，旅游是文化的载体。全面推动黄河文化与旅游融合发展，要以沿黄世界文化遗产、国家文保单位、古都、古城、古镇、古村为载体，打造一批具有标识意义的国际旅游城市和景区，建设一批国家文化体验基地、研学旅游基地。坚持以文塑旅、以旅彰文，深入挖掘河湟文化、河套文

化、秦陇文化、关中文化、三晋文化、河洛文化、齐鲁文化等地域特色文化资源，开发培育文化遗产游、红色文化游、乡村微度假游、精品研学游、体育赛事游、水利工程游等专题旅游产品。积极开展黄河文化旅游品牌塑造行动，提高“九曲黄河”“中华母亲河”品牌辨识度和影响力。以沿黄重点旅游城市、旅游景区、文化遗产为支点，串珠成线，以点带面，培育文明探源之旅、传统文化体验之旅、大河风光之旅、红色文化之旅、休闲度假之旅、黄河乡愁之旅、黄河研学之旅等若干主题鲜明、布局合理的参观游览经典线路，建设品牌化、全流域的黄河旅游风景廊道，使其成为展示国家形象的重要窗口。

（五）讲好黄河故事，建设幸福黄河

保护传承弘扬黄河文化，归根结底是为了满足人民群众日益增长的美好精神文化生活需要。

要让沿黄人民物质富足。坚持人民主体地位不动摇，把黄河文化融入沿黄地区经济社会发展，发展壮大文化旅游产业，助力沿黄地区乡村振兴，实现黄河文化育民惠民利民。牢固树立绿水青山就是金山银山的理念，深入挖掘利用黄河生态文化，统筹做好生态环境保护、防洪减灾工作，整合黄河沿线重要文化资源、生态资源、旅游资源，推动黄河流域生态保护与生态旅游协调发展。

要让沿黄人民精神富有。鼓励人民参与文化创新创造，推出一批黄河主题文艺精品，生动讲述黄河故事，推动黄河文化在新时代发扬光大。实施黄河文化惠民工程，健全沿黄城乡公共文化服务体系，切实保障人民文化权益。要特别重视用黄河文化涵养青少年，通过文艺进校园、研学体验等方式，让广大青少年用脚丈量黄河印记，用心感受黄河脉搏，坚定青少年文化自信。

（六）挖掘黄河文化精髓，弘扬黄河精神

黄河文化源远流长、博大精深，包含着丰富的哲学思想、价值观念、道德情操、审美品格和科学智慧，积淀着中华民族崇高的精神追求、独特的精神标识和深沉的行为准则，支撑着中华民族历经五千余年生生不息、代代相传、傲然屹立，是新时代中国特色社会主义发展道路、科学理论、基本制度和先进文化的源头活水。黄河文化的精髓或黄河文化蕴含的精神，可被称为“黄河精神”，是黄河文化的核心和灵魂，并最终演变为伟大的中华民族精神。“黄河

精神”集中体现为自强不息的奋斗精神、通达求变的创新基因、兼收并蓄的开放理念、和谐共生的价值追求、同根同源的家国情怀。要弘扬黄河精神，倡导自强不息、改革创新，为全面建成社会主义现代化强国、实现中华民族伟大复兴提供精神力量。要弘扬黄河精神，倡导开放包容、兼收并蓄，推动黄河文化与世界文明交流互鉴，不断促进黄河文明发展进步，为全人类的和平与发展贡献中华智慧、中国力量。要弘扬黄河精神，倡导“天人合一”的绿色理念和价值取向，为人类社会可持续发展、中国人与自然和谐共生的现代化建设提供丰厚思想滋养。要弘扬黄河精神，倡导同根同源、家国天下，提升民族凝聚力、向心力，维护国家和民族的团结统一。

（七）强化科技赋能，推进数字再现工程

科技赋能是保护传承弘扬黄河文化的重要途径。要围绕实施黄河数字再现工程，加快大数据、云计算、物联网、区块链及5G、北斗系统、虚拟现实、增强现实等新技术普及应用，推动黄河文化旅游数字化、网络化、智能化发展。积极推动黄河文化保护传承弘扬融入国家文化大数据体系建设工程，打造黄河文物、非遗、文艺、旅游等专题数据库。推动黄河流域加快以“互联网+”为代表的旅游场景化建设，打造一批智慧旅游城市、旅游景区、旅游街区，培育一批智慧旅游创新企业和重点项目，开发数字化体验产品，发展沉浸式互动体验、虚拟展示、智慧导览等新型旅游服务。推动沿黄九省区共同建设黄河智慧文旅公共服务平台，实现游客“一部手机游黄河”。

（八）健全投融资体系，推进重大工程项目建设

黄河文化和旅游项目，不仅是黄河文化保护传承弘扬的基本载体，对黄河水患治理、黄河生态改善、沿黄经济高质量发展也有重要价值。要建立以财政投入、市场参与为总体导向的资金多元化利用机制，破解当前黄河国家文化公园建设项目的投融资困局。重大黄河文化旅游项目要积极争取国家黄河流域生态保护和高质量发展奖补资金、黄河流域生态保护和高质量发展基金的重点支持。鼓励有条件的省区设立黄河文化旅游发展专项资金，将黄河文化旅游项目纳入地方政府专项债券支持范围。支持文化旅游企业积极利用世界银行、亚洲开发银行、欧洲投资银行等国际金融组织和外国政府贷款。支持黄河生态旅

游、休闲旅游项目申报使用各级水利资金、生态保护资金，支持黄河文化科技项目申报各级科技计划（专项、基金等），扩大享受所得税“三免三减半”优惠的黄河文化旅游企业范围，落实个人所得税优惠、津贴补贴、科研经费补助等政策，吸引高层次人才创新创业。利用各级文物保护、非物质文化遗产保护等资金，加强黄河流域相关文化遗产保护和文化生态保护区建设。沿黄九省区各级文化产业资金、旅游产业资金要注重向黄河文化旅游项目和基础设施倾斜。拓宽社会资金投入渠道，规范推广政府和社会资本合作（PPP），积极举办系列投融资洽谈会、项目推介会，吸引社会关注，形成强大合力。

（九）建立高效管理体制，完善相关配套制度

从国家文化公园建设运维角度长远考虑，建议根据“省负总责、分级管理、分段负责”的要求，在省级层面成立国家公园管理局，统一行使各国家公园与黄河、大运河、长城、长征、长江等国家文化公园的建设和管理职能，形成统一规划、统一部署、统一机构、集成政策、整合资源的强大合力。

积极推进黄河国家文化公园建设保护立法，完善文化遗产保护管理制度，合理划定遗产保护功能分区，完善责任追究制度。完善黄河文化资源常态化普查制度，建设黄河文化资源数据库。健全黄河国家文化公园管理运营体制，合理划分中央与地方权责。构建社区协调发展制度，建立社区共管机制，通过签订合作保护协议等方式，共同保护黄河国家文化公园周边文化资源。健全文化遗产保护、生态保护补偿制度，加大对重点功能区的转移支付力度，解决黄河国家公园建设与地方经济社会发展的矛盾。完善社会参与机制，在黄河国家文化公园设立、建设、运行、管理、监督等各环节，引导居民、专家学者、企业、社会组织等积极参与，形成全社会共同参与建设、共享发展成果的良性互动局面。

参考文献

安作璋、王克奇：《黄河文化与中华文明》，《文史哲》1992 年第 4 期。
葛剑雄：《黄河与中华文明》，中华书局，2020。

李学勤、徐吉军主编《黄河文化史》，江西教育出版社，2003。

李玉洁主编《黄河流域的农耕文明》，科学出版社，2010。

牛建强编著《黄河文化概说》，黄河水利出版社，2021。

习近平：《在黄河流域生态保护和高质量发展座谈会上的讲话》，《求是》2019 年第 20 期。

徐吉军：《论黄河文化的概念与黄河文化区的划分》，《浙江学刊》1999 年第 6 期。

姚大中：《姚著中国史 1：黄河文明之光》，华夏出版社，2017。

济南建设黄河文化龙头城市研究*

张华松**

摘 要： 黄河流域生态保护和高质量发展重大国家战略的实施，为济南带来千载难逢的发展机遇。作为黄河流域中心城市，济南应紧抓机遇，争创国家黄河文化龙头城市。在实践探索中，济南需聚焦济漯文化和清河文化，深入发掘本地乃至山东的黄河文化底蕴，展示文化成就，彰显文化特色，凸显文化地位；推动文化载体建设，打造百里黄河景观风貌带，突出济南黄河独特的景观禀赋与历史文化底蕴，集中展现济南特色黄河文化；基于更高视点，以中华文明枢轴、齐鲁文化之都、山水园林之城、对外开放之门为着力点，做强支撑黄河文化龙头挺起的“四极”。

关键词： 黄河文化　济南　文化龙头城市

黄河流域生态保护和高质量发展重大国家战略的实施，为济南带来千载难逢的发展机遇。济南作为黄河流域中心城市，理应争创黄河文化龙头城市，而争创黄河文化龙头城市，必须做好以下三个方面的工作。

一　追溯济漯文化和清河文化，彰显济南黄河文化的厚度和特性

清咸丰五年（1855），黄河在河南兰阳铜瓦厢决口，夺占大清河入海。从

* 本报告部分内容曾发表于郝宪印、袁红英主编《黄河流域生态保护和高质量发展报告（2021）》，社会科学文献出版社，2021。

** 张华松，济南社会科学院原党组副书记、副院长、二级研究员，主要研究方向为济南历史文化等。

那时算起至2024年，黄河经行济南腹地仅有169年。169年的济南黄河，是不足以奢谈历史之悠久与文化之厚重的。也就是说，如果我们只从169年前黄河改道流经济南立论，那么济南黄河的历史和文化是根本不能同郑州、银川、兰州等沿黄城市相提并论的。这是客观存在的事实。

所以，我们今日发掘、传承和弘扬济南黄河文化，体现济南黄河文化的厚度和特性，必须上溯大清河文化，尤其要上溯古济水文化、古漯水文化，因为今济南境内及以东直到大海的黄河河道，原本属于大清河河道，而大清河河道是由古黄河两条最重要的分流——济水和漯水演变来的。

济水、漯水虽是黄河的分流，在中华文化发展史上却占有重要的地位，尤其是济水，其与河、淮、江并称“四渎”，是公认的中华民族和中华文化中的名川。此外，我们还应注意到，中国最早的三个王朝（政权）——虞、夏、商的起源皆与济水密切相关。济水与黄河共同孕育了作为中华文明源头和主体的河济文明。

我们要开展“山东（济南）黄河暨黄河文化溯源工程”，加大研究力度，深入发掘济南乃至山东的黄河文化底蕴，展示文化成就，彰显文化特色，凸显文化地位，为济南建设黄河文化龙头城市夯实学术研究基础、提供强大智力支持。

二　打造百里黄河景观风貌带，集中展现济南特色黄河文化

济南要争创黄河文化龙头城市，必须有集中展现黄河文化的载体。这个载体便是正在规划和建设中的济南百里黄河景观风貌带。百里黄河景观风貌带无疑可以大大提升黄河之于济南的存在感，凸显黄河之于济南的地标意义和文化价值。现就打造济南百里黄河景观风貌带提出如下刍荛之见。

（一）争取齐河早日回归济南，让济南黄河成为完全意义上的城中河

济南黄河上起平阴县东阿镇，下止济阳区仁风镇，河道长183公里，流经平阴县、长清区、槐荫区、天桥区、新旧动能转换起步区、历城区、高新区、章丘区、济阳区九区县。济南辖域主要在黄河以南，与济南槐荫区、长清区隔河相望的齐河县隶属德州市。回溯历史，金初，发迹于济南的刘豫为拱卫和加强济南府，新设了济阳和齐河两县。只是到了近世，齐河才隶属德州。因此，

要积极争取尽早使齐河回归济南，唯有如此，济南黄河才可谓完全意义上的城中河，济南百里黄河景观风貌带才可谓完整无缺。齐河回归济南，也有利于整合和重组黄河文化资源，提升济南百里黄河景观风貌带的影响力。因此，有必要及早启动区划调整即“齐河回归济南”推动工程。

（二）发挥济南黄河独特的景观优势

黄河下游河道从河南郑州桃花峪至东营入海口，全长 768 公里，落差 89 米，平均比降为 1/8000。由于纵比降上陡下缓，排洪能力上强下弱，河床逐年抬高，形成地上“悬河”，一般河床滩面高出背河地面 3～5 米，设计防洪水位高出两岸地面 8～12 米。山东境内“悬河”占“悬河”总长度的 80%，其中尤以济南段最有代表性。济南黄河处在山东黄河的咽喉河段，是典型的弯曲形窄河段，河宽一般为 0.5～1 千米（最窄处曹家圈仅有 460 米），河道排洪能力仅为河南郑州花园口的一半，是防洪防凌的重点河段。

济南河段堤防是自同治六年至光绪年间在原民捻基础上陆续培修发展起来的，并相继增建险工。1949 年以后，先后进行了三次堤防大修。2003～2010 年进行的标准化堤防工程建设，更使济南黄河大堤成为集防洪保障线、抢险交通线和生态景观线于一体的高标准堤防工程。如今的济南黄河大堤，临河有防浪林，堤顶有行道林，背河有生态林，是名副其实的绿色生态长廊、人们休闲旅游的好去处。槐荫、天桥黄河淤背区内由 19 万株银杏组成的 2000 多亩银杏林，更是一道亮丽的风景线。

关于发挥济南黄河独特的景观优势，具体建议如下。

第一，在玉符河入河口择址建立以黄河水为主题的纪念性的景观建筑或标志。黄河全长 5464 公里，流域面积为 75.24 万平方公里，流域面积大于 100 平方公里的支流有 220 条，最后一条支流是位于济南西郊的玉符河。玉符河，古称玉水，源于泰山北麓山地的锦绣、锦阳、锦云三川之水，于仲宫合流，至北店子注入黄河，全长约 70 公里，流域面积为 687 平方公里。因此，万里黄河只有到了济南，才是完全意义上的黄河。或者说，只有到了济南，黄河水才堪称集万里黄河水之大成。因此，可以考虑择址（济西湿地或泺口）建立以黄河水为主题的纪念性的景观建筑或标志。

第二，在保障安全的前提下，为黄河大堤上的游人提供亲水平台和场所。

由于黄河干支流相继修建了三门峡、小浪底、陆浑、故县等水库，开辟了东平湖、北金堤等分滞洪区，初步形成了由堤防、干支流水库、分滞洪区组成的“上拦下排，两岸分滞”的下游防洪工程体系，如今济南段黄河很少形成超过每秒4000立方米的流量。2020年7月1~2日，泺口站洪峰流量达到每秒4680立方米，为“96.8”洪水以来的最大流量，然而与“96.8”洪水比较，泺口站水位下降1.95米，表明经过多年来小浪底水库调水冲沙，黄河行洪能力大幅提升。承蒙市黄河河务局副局长俞宪海先生告知，泺口站流量只有达到每秒6500立方米，黄河水面才能与黄河险工根石台取平。黄河险工根石台顶宽2米，边坡比为1∶1.5，完全可以用来铺设有护栏的亲水栈道。济南黄河仅右岸险工就有15处，每处险工根石台都可借用改作亲水步行栈道，尤其是位于百里黄河景观风貌带核心地段的泺口险工，长达3600米的根石台最适宜修建亲水栈道，让游客亲手掬一抔黄河水，真切感受母亲河的体温和心跳。

第三，畅通“南山北水”视觉长廊。济南远有城南连绵起伏的泰山等群山，近有环绕老城的“齐烟九点”，故而自古又有“山城”之美誉。清初大诗人、济南府新城（今桓台）人王渔洋从北京回济南，临近济南，有诗吟诵济南山，曰：“十万芙蓉天外落，今朝正见济南山。”晚清小说家刘鹗在《老残游记》中有寒冬月夜从黄河北岸大堤远眺济南山景的精美文字。山是人们登上济南黄河大堤不能不领略的美景，可是由于有茂密的堤顶行道林和背堤生态林，如今在大堤上很难看到山。因此，建议在堤顶择址搭建一些观山台或观山阁，打造远眺山景的视觉长廊，使游客不仅能近观市容市貌，还能远眺壮丽山景，体验“十万芙蓉天外落，今朝正见济南山”的惬意。

“泰山雄地理，巨壑渺云庄”（李邕咏济南诗），“迹籍台观旧，气溟海岳深”（杜甫咏济南诗），“云从四岳出，水向百城流”（高适咏济南诗）。济南百里黄河景观风貌带的规划和建设，必须充分借助得天独厚的山水形胜，照应到黄河与泰山以及“齐烟九点”的空间关系，努力营造一种与黄河流域中心城市、国际化大都市相称的恢宏壮阔的格局和气象。

第四，启动黄河堤防体系申报世界遗产工作。100多年来，济南以及山东人民在黄河堤防建设、险工建设、河道整治、引黄灌溉、淤改供水方面，积累了大量行之有效的经验，发明了许多先进的工程技术，取得了举世瞩目的成就。1952年8月，黄委会召开黄河大堤锥探工作先进经验座谈会，山东河务局齐东修防段马振西锥探小组在会上介绍经验，并向全河普遍推广。济南首创的“引黄放淤固堤”和简易吸泥船科技，于1978年分别荣获全国、全省和山东河务局科学大会奖。济南黄河标准化堤防工程于2007年荣获水利部颁发的“大禹奖”，于2008年荣获中国建设工程质量最高奖——鲁班奖。济南黄河标准化堤防工程荣获人民治黄历程中的第一个“鲁班奖”，是全国水利工程中唯一获此殊荣的堤防工程，也是黄河水利工程建设史上的一座丰碑，综合体现了黄河标准化堤防在设计理念、施工质量、建设管理等方面的国内领先水平。有鉴于此，可以考虑主动对接黄委会、山东省河务局以及沿黄各市，发掘和总结济南乃至整个山东段黄河的河堤文化以及工程技术特点和成就，适时启动黄河堤防体系申报世界遗产工作。

（三）建设和优化黄河文化湿地公园

目前，济南百里黄河景观风貌带沿线开辟的五大湿地公园虽然自然景观优美，文化内容却显得单薄且缺少特色。因此，有必要借助建设百里黄河景观风貌带的机会，将五大湿地公园打造成集中展现济南黄河文化的五大平台。

为了减少重复建设，五大湿地公园展现济南黄河文化应各有侧重，比如济西湿地公园以黄河文化为主题，齐河湿地公园以大清河文化为主题，华山湿地公园以小清河文化为主题，白云湖湿地公园以济水文化为主题，澄波湖湿地公园以漯水文化为主题。

规划建设中的北湖，大致地处古代鹊山湖的中央位置。笔者认为，此湖应当跨过小清河，朝黄河方向做较大拓展，并沿用“鹊山湖”（或“莲子湖”“泺湖”）的旧称，以接续鹊山湖之文脉。鹊山的北面，历史上曾有湖泊湿地“怀家洼”，周广60余里，为“鹊湖北足”。明万历年间，历城知县张鹤鸣开河泄其水而入大清河，人称“张公河”。在新旧动能转换起步区规划蓝图中，有所谓中心湖，建议组织专业人员踏勘怀家洼故址。如果条件适宜，似应利用怀家洼故址开辟中心湖，以求事半功倍之效。可考虑将“中心湖”定名为“怀家湖”或“鹊山北湖”或“北泺湖”。

（四）开辟济南黄河访古旅游专线

将济南黄河沿线的古城址、古遗址、古战址、古城镇与山水名胜串联起来，规划打造济南黄河访古旅游专线。在这一方面，可供调动和利用的资源相当丰富。平阴东阿镇，古称谷城，是名相管仲的封邑所在、秦汉之际谋略大师黄石公的故里、圣药阿胶的原产地。东阿县鱼山，著名文学家曹植在做东阿王期间，经常登临此山，死后归葬此山。肥城陶山，春秋前期齐鲁两国界山，据传范蠡归隐于此，至今尚有范蠡的祠与墓。长清东张，齐国平阴城址，扁鹊“家在于郑”，即此。公元前 555 年，以晋国为首的 11 国联军攻齐，齐国为御敌于国门之外，在古平阴城南的防门两侧，利用原有的堤防修建御敌的巨防，齐长城由此形成。另外，作为中国四大民间传说之一的孟姜女哭长城传说，也产生于东张一带。孝里，有孝堂山汉画像石祠，乃中国现存最古老的地面房屋建筑，祠内壁画堪称汉画像艺术极品，这里是国家首批重点文保单位。归德有卢城遗址，卢城为卢医扁鹊故里、卢氏郡望所在、秦汉济北郡或济北国治所，附近有月庄后李文化遗址，所出土碳化稻为中国北方已发现的最早的人工栽培水稻遗存。小屯为殷商时期异族的聚居地，有大宗异族青铜器出土。至于双乳山汉墓，则在已发掘的汉代王墓中具有重要地位。槐荫北店子，古大清桥故址所在，重要的黄河渡口，对岸为齐河县故址。槐荫古城村，祝阿古城所在地，汉将耿弇渡朝阳桥、破祝阿之战发生地。峨眉山，古称靡笄山，公元前 589 年齐晋约战之地，“余勇可贾”典故出于此。北马鞍山，公元前 589 年齐晋鞌之战发生地。药山，《山海经》称岳山，即乐山，为古泺水最初的发源地，产阳起石，传扁鹊曾采药于此。泺口，古称泺邑，公元前 694 年齐襄公与鲁桓公相会于此。鹊山，相传扁鹊于此山炼药，古时有鹊山院、扁鹊祠，今有扁鹊墓。历城华山，公元前 589 年晋国大夫韩厥追逐齐顷公“三周华不注”于此，山阳华阳宫有忠祠、孝祠，李白登临华不注，有《古风》传世。大辛庄，殷商王室在大东地区的统治中心，有闻名遐迩的殷商文化遗存。王舍人村，北宋名臣张掞、张揆兄弟的读书堂在此，有苏轼手书“读书堂”碑刻拓片，明代文坛“后七子”领袖李攀龙的故居在王舍人村东北隅，古有白雪楼。鲍山，山下有齐桓公大臣鲍叔牙受封的鲍邑，山上有鲍叔牙墓。章丘土城，自西周前期开始即为齐国崔邑，为崔氏起源地。济阳张稷若村，明清之际大学者、大思想家张尔岐故里，有墓。曲堤，旧有闻韶台。

（五）做足泺口古镇“乐”字文章

泺口镇古称泺邑，是济水上的繁华城镇（另有北泺口和下泺口，也因水运而兴）。建议恢复重建泺口古城以及齐鲁诸侯会盟台和清代私家名园——亦园、基园，植入音乐文化与娱乐文化的内容和因素，恢复泺口久负盛名的特色饮食，将济南北跨黄河桥头堡的泺口打造成著名的“音乐之城”“娱乐之城”“黄河饮食文化之城”，打造成与兰州河口古镇齐名的万里黄河上数一数二的黄河名镇。

（六）在鹊华之间规划建设百里黄河景观风貌带经典景区，并将“鹊华对立，夹卫大河”打造成国家黄河地理标志

老舍先生曾说：“从千佛山上北望济南全城，城河带柳，远水生烟，鹊华对立，夹卫大河，是何等气象！”鹊山如卧，华山如立，黄河从鹊华之间穿过。郦道元、李白、杜甫、曾巩、赵孟頫、张养浩、李攀龙、王士禛等都有描绘鹊华的诗章或名画传世。“鹊华烟云”和“鹊华烟雨”在古代是具有全国影响力的大型景观，甚至成为济南古城的文化意象。应充分利用鹊华文化遗产，整合其他资源，在鹊华之间规划建设百里黄河景观风貌带经典景区，将“鹊华对立，夹卫大河”打造成国家黄河地理标志。具体建议如下。

第一，择址设计建造宏伟壮丽的鹊华楼，或者分别在华山和鹊山之巅建立华山楼和鹊山楼，作为济南黄河的地标性建筑。

第二，在鹊华之间架设跨河观光索道，为济南增添一个“世界之最”。就工程技术而言，完全可行。

第三，将黄河铁路大桥改作步行观光桥。实际开工于1909年7月的济南泺口黄河铁路大桥，是英德合修的津浦铁路第一大工程，也是当时中国乃至亚洲最大的悬臂式铁路大桥。2013年3月5日，国务院公布其为近现代重要史迹及代表性建筑。如今该铁路大桥只供济南至邯郸列车通行。可以争取让济邯列车改行他线，将黄河铁路大桥改为步行观光桥。其于济南黄河的旅游观光价值和意义，将不亚于中山铁桥之于兰州。

第四，泺口水文站作为万里黄河第一水文站，对公众限时开放，成为黄河水文科普教育基地。泺口在治黄历史上拥有十分突出的地位。1917年，主管山东黄河事务的三游河务总局始驻泺口，次年改称山东河务局。1919年，泺口水文站建立，这是黄河干流上最早设立的一处水文站。经过100余年的发展，如今的泺口水文站是全国基本水文站和重点报汛站，开展降水、水位、流

量、泥沙、水质、水温、气温、冰情等观测项目，为黄河下游防洪、防凌和水资源调度提供各项水文资料，对黄河下游治理开发和经济发展发挥了不可替代的作用。

第五，将鹊华之间的黄河险工（包括泺口险工、盖家沟险工、后张庄险工等）和泺口枢纽遗址等作为百里黄河景观风貌带核心景观资源予以保护和利用。

第六，发掘鹊山历史文化资源，重建鹊山院和扁鹊祠，建设鹊山国家历史文化公园。元人于钦《齐乘》有云："鹊山，王绘太白诗注云，扁鹊炼丹于此。俗又谓每岁七八月，乌鹊翔集，故名。"至于鹊山与扁鹊关系的认定，最晚始于北宋，齐州知州曾巩《鹊山》诗说："一峰孤起势崔嵬，秀色挼蓝入酒杯。灵药已从清露得，平湖长泛宿云回。"故当时山上有扁鹊祠。另外还有鹊山院，北宋江西诗派诗人陈师道有诗为证。如今只有鹊山西南麓的扁鹊墓，封土高约 2 米，直径约 5 米，墓前有康熙三年立"春秋卢医扁鹊之墓"碑。建议依托扁鹊墓，重建扁鹊祠，并于扁鹊祠旁开辟"半夏园"，辟地栽植半夏等齐州名贵中草药（北宋名士孔平仲《常父寄半夏》有云："齐州多半夏，采自鹊山阳。"）。山阳复建鹊山院，与华山之阳的华阳宫遥相呼应。以上可作为鹊山国家历史文化公园建设的起步工程。

第七，建设济南黄河诗词碑林，展示历代名人（如曹植、杜甫、高适、曾巩、苏辙、张养浩、顾炎武、刘鹗、老舍）吟咏济南济水、清河、黄河的诗文佳句。

第八，择址重建赵孟頫别墅园林——砚溪村，作为赵孟頫纪念馆。砚溪村为赵孟頫在地处泺口不远处建设的以泉水为主题的别墅式园林，明清诗人多有游砚溪以凭吊赵孟頫者。可参考杭州富阳黄公望纪念馆规划建设砚溪村，讲好《鹊华秋色图》故事，擦亮"鹊华秋色"的文化品牌，也可将砚溪村扩展为济南名士展览馆。

第九，开辟大禹广场，举办大禹祭典。《孟子·滕文公上》有云："禹疏九河，瀹济、漯而注诸海。"济、漯为今济南黄河的前身，而"九河"指黄河下游众多的入海岔流（分流），济南商河、马颊河为"九河"之一。大禹疏通济、漯和"九河"，目的是缓解洪水对黄河下游河道造成的压力。大禹治水的重点区域在济、河之间的"古兖州"，也就是今济南以北地区。中国源远流长的治河史和治河文化要从大禹说起，要从济南说起。济南及周边地区遗留了不少“禹迹”，如济南的禹登山和禹登台（北宋元丰三年李元膺《顺应侯碑记》有云：“世言昔大禹尝登兹山，起蛰龙以理百川，至今民间犹谓之‘禹登山’。”）、禹城的禹息城和具丘（相传禹治水筑此以望水势）、夏津和夏口，都可视为大禹在济南一带治水的佐证。

由此，建议在黄河北大堤外选址规划建设大禹广场，在广场中央竖立大禹塑像，定期举办祭禹大典，弘扬大禹文化和大禹精神；于广场周边竖立大禹之外的济南历代治河名人（如丁宝桢、张曜、李鸿章、刘鹗、陈汝恒等）塑像，展示济南源远流长的治水文化，弥补济南黄河以北新旧动能转换起步区历史文化底蕴不足、文化品级不高之缺憾。儒、墨为先秦时期的两大“显学”，皆出自山东。儒家追尊大舜，墨家推崇大禹。济南作为齐鲁之邦的首府，于古城南郊的历山北麓公祭大舜，于古城北郊的黄河之滨公祭大禹，山河岳渎之间，两大文化盛典南北呼应，它们在提高济南在中华文明枢轴上的地位、在黄河流域的文化龙头地位方面的意义和价值不可估量。

第十，择址重建河神庙，展示济南固有的济伯（济水神）文化、大龙王（黄河神）文化。

总之，鹊华经典景区应成为海内外广大游客认识黄河、亲近黄河、感悟黄河、体验黄河的重要场域，“鹊华对立，夹卫大河”也应成为万里黄河的标志性景观。

三　做强“四极”，支撑黄河文化龙头挺起

济南要争创黄河文化龙头城市，还要从更高起点和更宽视域，整合本地乃至整个山东的文化资源，做强支撑黄河文化龙头挺起的“四极”。

（一）中华文明枢轴

中华文明之轴的概念缘起于明朝人的“东方三大图”。所谓“东方”，即山东省；所谓“三大”，即“一山一水一圣人”，山指泰山，水指东海，圣人指孔子。近世，有人将“一水”指称趵突泉，或者指称黄河。若从与泰山、孔子做文化对称的角度立论，应以黄河为宜。故在20年前，山东省就将

“泰山从这里崛起，黄河从这里入海，孔子从这里诞生”作为山东文化的推介语。

泰山为五岳独尊，黄河为四渎之宗，孔子为万世不替的至圣先师，三者是中华地理、中华民族、中华文明的标志和象征，由此，中华文明之轴的概念被提出。为进一步丰富中华文明枢轴的文化内涵，凸显济南在中华文明枢轴的位置，现提出三点建议，仅供参考。

第一，“一山一水一圣人”宜改作“山水圣人”。中华文明枢轴上的名山不只有泰山，还有历山（大舜文化圣山）、鹊山、华山、灵岩山（佛教名山、北方茶文化的发源地）、昆瑞山（朗公寺四门塔，历史上的佛教圣地）、玉函山（方仙文化之山）、梁父山（祭地禅地之山）、蒿里山（魂归之所）、新甫山（禅地之山）、徂徕山（泰山屏障）、尼山（孔子诞生地）、凫山（山脚下有羲皇庙遗址）、峄山（太昊族聚居地，秦始皇东巡第一山）等历史文化名山。水不只有黄河，还有徒骇河、马颊河、小清河、汶河、泗水、洙水、小沂河等历史文化名川。圣人不只有孔子，还有孔子之前的圣王大舜。大舜是史前文化的集大成者，堪称“元圣”。舜耕历山在济南，济南自古雅号舜城，是大舜文化的发祥地。在孔子身后，有复圣颜子、述圣子思、宗圣曾子、亚圣孟子，还有和圣柳下惠，更有科圣墨子、工圣鲁班、医圣扁鹊等。

中华文明枢轴纵贯济南、泰山、曲阜三地，汇聚了多位圣人，这不能不说是一个十分令人惊奇的文化现象。

第二，要重视史前文化对中华文明枢轴的贡献。中华文明枢轴的形成，有深远的历史背景和文化基础。且不论沂源猿人、新泰智人，仅从新石器时代说起，在中华文明枢轴之上，就有距今近一万年的张马屯（历城）文化、八九千年的西河（章丘）文化、六七千年的北辛（滕州）文化、五千多年的大汶口（泰安）文化、四千多年的龙山（章丘）文化。这些考古学文化的发现地和命名地都在中华文明枢轴上，代表性的文化遗址也大多分布在中华文明枢轴及其附近。

中华文明枢轴与东亚史前文化隆起带基本重合，充分表明中华文明枢轴是以异常发达的远古文化为基础和背景的。比如，我们常说中华文明是礼乐文明，大舜是礼乐文明的开创者，其实从考古发掘资料来看，礼乐文明起源于比大舜还要早 1000 多年的大汶口文化时期，济南巨野河畔的焦家大汶口文化遗址就是证明。2018 年，国家博物馆举办焦家遗址考古成果大型展览，主题便是“礼出东方”。

因此，我们要重新审视史前文化对中华文明枢轴的贡献，规划建设或优化相关考古文化展览馆或考古遗址公园，尤其应该将巨野河中游南北五公里河段两岸的三大著名史前考古文化遗址——城子崖龙山文化遗址、西河后李文化遗址、焦家大汶口文化遗址串联起来，打造为大东考古大遗址公园集群，使济南成为东亚远古文化巡礼高地。

第三，中华文明枢轴的核心要素除了山水圣人，还应包括齐长城。长城是中华民族的精神象征，而齐长城是中国长城的鼻祖，“长城”一词最初也来自齐长城。齐长城始建于春秋，完工于战国。它西起黄河之畔，绵延于泰沂长城岭，东抵黄海之滨。泰山长城岭今为济南与泰安两市的政区分界线，岭上长城遗址保存较好，诚如顾炎武《长城考》所言：“至泰山之阴、历城境内，则崇高连亘，言言仡仡，依然坚城。”

2019 年 9 月 29 日，中共中央办公厅、国务院办公厅联合印发《长城、大运河、长征国家文化公园建设方案》。2020 年，济南市《政府工作报告》提出“全面推进十大文化传承工程”，其中就包括抓好齐长城等历史遗迹保护修复，“延续历史文脉、保留城市记忆”。在保护、修复齐长城遗迹的同时，应抢抓国家建设三大国家文化公园的战略机遇，积极规划建设齐长城国家文化公园。

总之，济南要做强中华文明枢轴，加强与泰安、济宁的协同合作，高标准打造中华文明枢轴标识和文旅黄金通道。

（二）齐鲁文化之都

黄河文化主要由黄河支流文化和黄河分流文化构成。上古之时，济水、漯水是黄河的分流，而汶水、淄水是济水的支流（济淄之间有运河连通），至于菏水以及菏水进入泗水之后的泗水，则是济水的分流。因此，广义的济、漯流域，应包括淄水、汶水、泗水在内。济、漯、淄、汶、泗分处泰山南北，共同孕育了灿烂辉煌、彪炳千古的齐鲁文化。

齐鲁文化是春秋战国时期最富有创造力、成就最高的地域文化。如果说春秋时期中华文化的中心在汶泗流域的鲁国，那里诞生了孔子及儒家学派、墨子及墨家学派，那么到了战国时期，中华文化的中心就转移到泰山以北济淄流域的齐国，齐国稷下学宫是战国诸子百家争鸣的摇篮。秦汉以后，齐鲁文化逐渐融入中华文化，并成为中华文化的核心和主干。由此可以说，齐鲁文化，尤其是以孔孟为核心的儒家文化，在很大程度上决定了黄河文化乃至整个中华文化的内核、特质和发展方向。

齐鲁文化是沐浴着“齐风鲁雨”成长壮大的，在思想、学术、史学、文学等领域都做出卓绝的贡献，特别是每到历史转折的关键时期，齐鲁文化往往引领时代潮流。济南位于齐鲁之间，不仅是齐鲁之邦的首府，也是名副其实的齐鲁文化之都。济南要高扬齐鲁文化之都的旗帜，规划建设齐鲁文化展馆和研究中心，把讲好济南故事与弘扬齐鲁文化结合起来，不断提升齐鲁文化的时代价值。

（三）山水园林之城

济南南依泰山，北临黄河（济水），周围有历、标、药、匡、鹊、华等众山，城厢内外清泉星罗棋布，溪渠迤逦交络，陂湖苍苍，烟水茫茫。黄河以北，更有一望无垠的平原旷野。北齐齐州刺史魏收曾登舜山（千佛山），徘徊顾眺，感慨系怀，说：“吾所经多矣，至于山川沃壤，衿带形胜，天下名州，不能过此。”济南占尽山水形胜，天生是一座美丽的山水园林之城。

济南山水园林之城的基本风貌和格局，早在西晋末年济南郡治由东平陵西迁历城之时就已形成。北宋时期，曾巩等“风流太守”巧妙利用山水资源，规划和建设济南城市景观，济南享誉天下的山水园林之城地位最终确立，故稍晚于曾巩来济南做官的苏辙用“林泉郡”称誉济南。

济南是山泉湖河城的完美统一体，是一座天然的大园林。近年来，济南在国家战略指引下，将山水生态修复和环境质量提升提上议事日程，采取多项重大举措，加大济南古城传统风貌带的保护和景观优化力度，修复济南山河，再造山水名城。与此同时，济南先后获得国家森林城市、国家水生态文明试点城市和国际花园城市等殊荣，为济南山水园林之城锦上添花。因此，济南完全有条件、有基础、有理由争做黄河流域最佳山水园林之城，争做践行黄河流域生态保护和高质量发展重大国家战略的龙头城市。

（四）对外开放之门

黄河不择细流，故能破除千万险阻，奔流入海。黄河是包容和开放的，黄河文化也是包容和开放的，且因此而生生不息、发展壮大。

作为黄河的分流，济水和漯水西接中原、东通大海，在中原王朝开发山东半岛和海洋的过程中发挥了不可替代的作用。尤其是济水成为古代齐国的生命线，齐国“通商工之业，便鱼盐之利”“通轻重之权，徼山海之业”，主要是依靠济水开展对外贸易、发展外向型经济的。近古时期的大小清河，西通京杭大运河、东通渤海湾，河海联运，对于促进内陆与沿海地区间的经济和文化交流发挥了巨大的作用。近代济南黄河上的舟船仍可以西通郑州、东达渤海。如今，济南在黄河流域的区位优势和交通枢纽地位并没有改变。济南作为黄河流域唯一沿海大省的省会，是沟通中原腹地与黄渤海的节点和枢纽，是黄河流域东西互济、陆海统筹的战略支点。

岱青海蓝，大风泱泱。在先秦地域文化中，齐文化是最具有海洋文化特色的文化。滨海的自然环境、以工商立国的历史背景以及特殊的生产生活方式，形成了齐人时间上“与时变，与俗化”、好动而非好静的变革精神，以及空间上见异不拒、开放而非封闭的豁达心态。齐文化以包容、开放、变革为主要特征，济南作为“三齐都要”之地，在文化上也是兼收并蓄和开放进取的，1904年济南自主开埠通商就是一个佳例。开埠通商开启了济南乃至整个山东省的现代化进程，而胶济铁路和津浦铁路的开通，更使济南成为黄河流域海外贸易的物资集散地和中转地。当下的济南正在建设对外开放新高地，充分发挥“一带一路”重要节点区位优势，加快自贸试验区、综合保税区和跨境电商综试区建设，推进绿地（济南）全球商品贸易港、“一带一路”黄金产业金融中心、内陆港高端物流商务集聚区、会展经济科创园以及济南国际招商产业园等重大项目建设，构筑开放发展新优势，打造东部陆海通道中心城市。济南在黄河流域生态保护和高质量发展重大国家战略中，理应肩负起引领黄河流域高水平对外开放的历史使命。

“黄河落天走东海，万里写入胸怀间。”黄河“九曲十八弯”，最终是从济南的“鹊华海门”奔向大海的。济南北郊，鹊华二山隔河对峙，宛如门阙。古人认为，渤海的海气溯流而上，自鹊华之阙涌入北郊，从而形成“鹊华烟雨”的奇观胜景，于是鹊华之阙又有“海门”之称，正所谓“北望海门，浩荡无际”“杯浮银汉水，袖挽海门烟”。“鹊华海门”是黄河走向大海之门，展现的是济南面向大海、走向世界的开放胸襟，展现的是中华文化开放、包容、心怀天下的伟大品格。因此，无论是打造百里黄河景观风貌带，还是建设新旧动能转换起步区，抑或建设“大强美富通”国际化大都市，都应该在“鹊华海门”上多做一些文章。从支撑黄河文化龙头挺起的角度出发，济南更应该重视“鹊华海门”，将它打造成堪比壶口瀑布的黄河经典景观，打造成黄河国家地理标志，打造成黄河文化对外传播的标志性符号、黄河文化走向世界的象征。

省区建设篇

青海黄河文化"两创"发展分析报告

毕艳君*

摘　要：　作为黄河上游的重要省份，青海牢记以习近平同志为核心的党中央提出的"中华优秀传统文化创造性转化、创新性发展"重大要求，自觉坚守源头责任、主动强化干流担当，加强青海黄河文化生态保护，挖掘和丰富青海黄河文化内涵，延续历史文脉，讲好青海黄河故事，有效推进了区域内黄河文化的创造性转化和创新性发展，有力推动了黄河文化的传承与弘扬。

关键词：　青海　黄河文化"两创"　河湟文化

中华文化源远流长，中华文明博大精深。只有全面深入了解中华文明的历史，才能更有效地推动中华优秀传统文化创造性转化、创新性发展，更有力地推进中国特色社会主义文化建设，建设中华民族现代文明。青海地域广袤，历史悠久，文物类型多样，文化内涵丰富，资源得天独厚。作为黄河上游的重要

* 毕艳君，青海省社会科学院文史研究所研究员，主要研究方向为民族文化、多民族文学。

省份，青海牢记以习近平同志为核心的党中央提出的“中华优秀传统文化创造性转化、创新性发展”① 重大要求，积极融入黄河流域生态保护和高质量发展重大国家战略，抢抓历史机遇，自觉坚守源头责任、主动强化干流担当，加强黄河青海流域文化生态保护，挖掘和丰富青海黄河文化内涵，延续历史文脉，讲好青海黄河故事，有效推进了区域内黄河文化的创造性转化和创新性发展，有力推动了黄河文化的传承与弘扬。

一 青海黄河文化“两创”发展的资源禀赋

黄河青海流域涵盖西宁市、海东市、海南州、海北州、黄南州、果洛州6个市州全境及海西州天峻县和玉树州曲麻莱、称多县，总计8个市州35个县域，总面积达27.78平方公里，占青海全省总面积的38.5%②。截至2022年6月，青海有全国重点文物保护单位39处，占全省的78.4%；省级文物保护单位395处，占全省的90%；国家级历史文化名城1个、名镇1个、名村5个；国家级传统村落79个，省级传统村落231个；登记备案博物馆、纪念馆37家，其中国家一级博物馆2家、二级博物馆1家、三级博物馆3家；国家级爱国主义教育基地5家，省级爱国主义教育基地25家；登记可移动文物69960件套③。

截至2023年11月，青海现有各级非物质文化遗产代表性项目3160项，各级非遗代表性传承人4245名。其中，热贡艺术、花儿、黄南藏戏、格萨尔、河湟皮影戏、藏医药浴法入选《人类非物质文化遗产代表作名录》，另有国家级非遗代表性项目88项、国家级非遗代表性传承人88名，省级非遗代表性项目238项、省级非遗代表性传承人343人④；热贡文化、格萨尔文化（果洛州）、藏族文化（玉树州）3个国家级文化生态保护实验区，海西德都蒙古族

① 《切实做好中华优秀传统文化的传承、发展和保护工作》，“光明网”百家号，2024年3月18日，https://baijiahao.baidu.com/s?id=1793826871742226705&wfr=spider&for=pc。

② 青海省文化和旅游厅、青海省发展和改革委员会、青海省文物局：《黄河青海流域文化保护传承弘扬规划》。

③ 吴梦婷：《让青海文物绽放时代光彩——青海省文物保护利用工作综述》，《青海日报》2022年6月10日。

④ 吴梦婷：《国家级非遗代表性项目保护单位名单公布，我省70家单位评估合格》，《西海都市报》2023年11月8日。

文化、互助土族文化、循化撒拉族文化、海东河湟文化、西宁河湟文化5个省级文化生态保护实验区。丰富多彩的非物质文化遗产，既是青海历史发展的见证，又是各民族智慧与文明的结晶。

青海立足省情实际和文化资源，布局“五个功能区”：以海南州、黄南州、果洛州、玉树州等地区为范围，打造黄河上游生态文化保护区，弘扬生态保护优先理念；以西宁市、海东市、海北州等地区为重点，打造河湟文化生态保护实验区，打造“遗产丰富、氛围浓厚、特色鲜明、民众受益”的文化生态保护实验区；发挥区域叠加优势，打造黄河上游生态旅游体验区、黄河上游国家公园创新区、兰西城市群协同发展区。近年来，青海主动服务和融入黄河流域生态保护和高质量发展国家战略，立足青海黄河文化资源禀赋，致力于挖掘黄河文化资源丰富多元的优势，推动青海黄河文化“两创”和文旅深度融合发展，讲好青海故事、传播青海声音、提升青海形象，高质量推动青海黄河文化保护、传承和弘扬。

二 青海黄河文化“两创”发展现状

（一）不断完善顶层设计，加强系统性谋划、“一盘棋”布局和整体性推进

青海省委、省政府在黄河流域生态保护和高质量发展重大国家战略的引领下，认真学习贯彻习近平文化思想和习近平总书记对青海工作的重要讲话和重要指示批示精神，自觉承担保护传承弘扬黄河文化的历史使命，牢牢把握黄河文化“两创”的正确方向，把黄河文化“两创”工作摆在重要位置，加强系统性谋划、“一盘棋”布局和整体性推进，以高度的政治责任感和历史使命感深耕人文沃土，聚力创造性转化、创新性发展。一是及时成立青海省推动黄河流域生态保护和高质量发展领导小组，研究制定总体思路、功能分区、空间格局，提出重点任务、实施保障等要求，集全省之力推进青海黄河文化“两创”等工作；二是在保护利用黄河文化遗产方面，青海省文物局提出“一河三带”的保护思路，即以黄河为主线，以城市、乡村、景区为三个支撑带，构建黄河文化遗产保护利用体系；三是积极推出“黄河源之旅”等旅游路线，促进文

化与旅游深度融合，全方位加快和促进黄河文化的创造性转化和创新性发展，呈现较好的发展态势。

（二）挖掘和打造河湟文化，青海黄河文化得到有效传承与弘扬

河湟文化是黄河文化的重要组成部分，是青海最具地域特色、历史影响最广的文化名片和文化资源，也是青海黄河文化最核心的部分。青海在挖掘黄河文化资源时，不断凝练河湟文化，在保护传承弘扬河湟文化、积极搭建平台、推动文旅融合方面做了许多重点工作，使新时代河湟文化焕发新生机。一是创作河湟文化时代精品，以在大通县后子河上孙家寨村出土的西汉末期熏炉为文化符号，设计河湟文化品牌 Logo“河湟鸾凤”，充分彰显河湟文化内涵。发行“河湟文化”主题邮册，编写《黄河视域中的河湟文化》等书籍[①]。加强现实题材创作，创作舞剧《大河之源》《青春铸剑》等。二是举办中国景区创新发展论坛、河湟文化论坛、瞿昙寺与河湟文化遗产保护传承研讨会等全国性论坛及会议，开展文旅人游青海、青海人游青海、博物馆日、中国旅游日、文化和自然遗产日、“非遗购物节”、“黄河·河湟文化”惠民消费季、中国文旅大讲堂等活动，省博物馆策划“河湟文化五千年展”[②]。三是西宁市、海东市分别策划举办“河湟文化旅游艺术节”“青海省丝路花儿艺术节暨河湟文化艺术节”，提升河湟文化的时代价值[③]。四是积极打造河湟文化研究平台，海东市注册成立河湟文化研究会，建造河湟文化博物馆，组建河湟文化研究院，与青海民族大学共建青海省河湟文化和产业研究中心；西宁市与青海省社会科学院签署河湟文化传承保护弘扬合作框架协议，就共创共建省级河湟文化生态保护区达成共识。五是在河湟地区重点打造一批国家级乡村旅游重点村、省级全域旅游示范区，推出 100 条精品旅游线路，促进生态游、研学游、自驾游、休闲游、乡村游等旅游产品、服务设施完善和服务水平全面提升。

---

① 咸文静：《让黄河成为造福人民的幸福河》，《青海日报》2020 年 9 月 18 日。

② 王宥力：《青海：河湟文化成为黄河文化的“青”字招牌》，《人生与伴侣》2021 年 8 月 25 日。

③ 刘源隆：《青海：特色文旅蝶变发展》，《中国文化报》2022 年 8 月 26 日。

（三）让各种文物“活态”呈现，挖掘展示利用实现新突破

习近平总书记多次强调：“让收藏在博物馆里的文物、陈列在广阔大地上的遗产、书写在古籍里的文字都活起来。”[①] 青海不断推进青藏高原区域文明进程研究，全面推进文物保护利用，让收藏在博物馆里的文物、陈列在广阔大地上的遗产、书写在古籍里的文字“活”起来。一是青海黄河文化遗产保护工作水平不断提升。2021 年，青海省完成黄河流域文物遗存调查和数据库建设，形成《青海省黄河流域文物资源调查工作报告》，梳理县级以上文物资源共 1467 处。落实各类文物保护资金 3. 1 亿元，实施文物保护项目 53 项。落实博物馆、纪念馆免费开放经费 4288 万元。首次发现宗日文化时期完整环壕居址和东汉时期家族墓葬及茔壕建筑、古羌人墓葬等遗迹，发掘江西沟遗址、宗日遗址、夏尔雅玛可布遗址、热水墓群、陶海墓地、丁都普巴洞穴遗址等，在“考古中国”“中华文明探源工程”等重大项目中发出青海声音。喇家遗址、热水墓群考古发掘入选“百年百大考古发现”[②]，乌兰泉沟吐蕃时期壁画墓入选“全国十大考古新发现”，都兰热水墓群 2018 血渭一号墓入选“考古中国”重大项目。二是“山宗·水源·路之冲——‘一带一路’中的青海”“江河源人类史前文明展”“唐蕃古道——七省区精品文物联展”等创新性展览推动了青海文物活化利用，先后入选全国性展览或荣获优秀展览奖。如 2022 年青海省博物馆推出“1+3”主题展览，形成以“青海历史文物展”为主线、“青海考古成果展”“青海非物质文化遗产精品展”“百年青海革命文物目录展”为辅线的展览体系。2023 年，海东市历经 5 年时间打造的河湟文化博物馆正式开放。该博物馆的收藏、保护、研究、教育、展示等核心功能得到彰显，成为展示海东形象的重要文化地标、展示河湟文化的重要窗口。三是青海开展博物馆进校园、进社区、进部队、进乡村“四进”活动。青海省博物馆加速文物资源数字化、信息化进程，建成数字体验馆，通过线上线下联动的方式，参与和承办主题展览、线上直播、视频分享、学术论坛、研讨会等主要活动，让观众突破时空界限，帮助观众更好地感知青海历

---

① 《让收藏在博物馆里的文物活起来》，“环球网”百家号，2023 年 5 月 18 日，https：//baijiahao. baidu. com/s? id = 1766190335486834368&wfr = spider&for = pc。

② 《喇家遗址入选“百年百大考古发现”》，《青海日报》2021 年 10 月 19 日。

史与文物的魅力。四是博物馆文物展示助力“一带一路”人文交流。2022年7月，青海省博物馆举办以“民族融合，共同繁荣”为主题的“2022丝绸之路周”，邀请青海省作为主宾省，乌兹别克斯坦共和国作为主宾国，其中“西海长云：6~8世纪丝绸之路青海道”主题展览充分展示了青海特有的丝路文化资源。青海省博物馆还举办九省区黄河流域博物馆联盟学术讲座接力等活动，策划了富有青海特色的历史文化展。这些内容丰富、形式多样的活动推动了文物的活态利用，吸引了更多的观众关注和了解黄河文化，共同推动了黄河文化的繁荣和发展。2023年11月，青海省博物馆顺利进入《2022年度全国博物馆（展览）海外影响力评估报告》海外影响力百强榜单。

（四）积极开展合作共建，助推国际生态旅游目的地建设

青海通过跨地域、跨部门交流合作，整合区域文化、文物、人才资源，推动本地文旅产业高质量发展，助力国际生态旅游目的地建设。例如，海东市与沿黄城市共同发布《保护传承弘扬黄河文化海东宣言》，签订文旅发展合作协议。青海省文化和旅游厅与青海沿黄各市州深度协作，以“厅市共建”的合作方式，打造各具特色的地域品牌。青海省文化和旅游厅与海南州共建黄河生态文化旅游带，通过建设青藏高原生态旅游大环线，培育生态旅游、乡村旅游、冰雪旅游、研学旅游等新业态，打造“清清黄河”世界级生态旅游资源品牌，宣传推广“大美青海　圣洁海南”等文旅品牌。海南州通过打造黄河生态旅游带，建成青海湖、贵德清清黄河、龙羊峡等国际生态旅游目的地省级实验区等，推动文旅融合高质量发展①。青海省文化和旅游厅与海东市、西宁市共同打造河湟文化研究学习基地、展示体验基地、宣传推广基地和创新发展基地，借助青海省河湟地区在城市发展、区位交通和文旅资源等方面的优势条件，通过对非物质文化遗产资源的创新创作、文物资源创意产品设计、传统产业中的河湟文化植入以及文化产业市场主体的培育等多种措施，创设以河湟文化为主体的品牌体系，构建青海省河湟文化品牌。青海省文化和旅游厅与黄南州采用以项目带动合作、以合作推动发展的共建模式，深入挖掘文化内涵，培

① 《我省将打造黄河生态旅游带》，青海省人民政府网站，2021年9月13日，http://www.qinghai.gov.cn/。

育壮大文旅产业，打造世界唐卡艺术之都和青甘川交界地区特色历史文化名城，打响“西域胜境、神韵黄南”品牌。

（五）推动非遗文化传承创新，文旅产业园区辐射带动作用增强

一是新时代青海古老非遗薪火相传，绽放全新光彩。青海国家、省、州（市）、县（区）四级非遗代表性项目体系更加健全，分类保护措施更加丰富，非遗传承人群研培、非遗数字化保护、文化生态保护实验区建设、非遗就业工坊建设、“青绣”品牌打造等工作卓有成效，非遗系统性保护水平不断提高。一些非遗传承地发展成影响力日益增长的文化生态涵养地与旅游目的地，许多非遗传承人广泛授徒传艺，传承实践能力和开放融入意识不断增强。二是文旅产业园区辐射带动作用增强。河湟文化西宁产业园、互助土族故土园景区、青绣数字化总部经济、平安驿·河湟民俗文化体验地、热贡文化产业园、瞿昙文化旅游景区、撒拉尔故里民俗文化园等产业园区和景区集饮食娱乐、休闲度假、数字艺术、文化体验等于一体，集聚效应不断释放，运营管理水平和辐射带动能力不断提升。截至 2022 年，在青绣数字化总部经济的带动下，31 家省级青绣非遗就业工坊、60 家小微企业累计实现销售收入 2.23 亿元，直接带动 5 万多名群众就业，间接带动从业人员 10 万余人，有效促进了乡村振兴及农牧业与二三产的融合发展。三是采用“互联网+文化遗产”模式，推动数字视频媒体矩阵大数据平台建设，利用新媒体和网络技术传播文化遗产，增强公众对文化遗产的认知和保护意识。通过挖掘非物质文化遗产，谋划打造“文化黄河”文化 IP；在文化创意设计中迈出黄河文化创意应用产业化步伐，推出“黄河之旅”系列产品，将传统文化元素与现代设计相结合，推出具有青海黄河文化特色的文创产品，促进文化产业创新发展。这些创新举措不仅推动了青海黄河文化的传承和发展，也为中华文化创造性转化和创新性发展做出积极贡献。

（六）加强对外交流，文化宣介活动亮点频出

一是通过举办“青海湖”音乐节、青海湖国际诗歌节、环青海湖国际公路自行车赛、第二届国家公园论坛和第十一届亚信智库论坛等一系列文化宣介活动，以文塑旅、以旅彰文，加快推动文化和旅游深度融合发展。二是先后推

出《绣河湟》《大河之源》《青海情》《唐卡》《溯源黄河文化 旅读三江源头》《黄河文化》等一大批展现青海特色文化的精品力作，提高了青海的知名度和影响力。通过微信公众号及抖音、快手、微博等新媒体平台，宣传青海文化遗产的多重价值。三是积极挖掘素材，创作河湟文化时代精品。四是青海省文化和旅游厅发行“河湟文化”主题邮册等。此外，黄河岸边喇家国家考古遗址公园的建设初具规模，周边绿化、展陈设施、数字化配套、园内道路、广场、人造景观等不断完善，将实现对黄河上游史前区域文化的高水平展示。

三 青海黄河文化“两创”发展存在的不足

（一）与相关愿景和目标要求还有一定差距

青海黄河文化特色鲜明、无可替代，但目前青海黄河文化“两创”发展状况与建设黄河国家文化公园和打造国际生态旅游目的地的愿景和目标还存在一定的差距。代表青海黄河文化特色的标识体系还未形成，全省文化产业总量小、产业化程度低、龙头骨干企业少，文旅产业规模普遍较小，缺乏科技含量高、创新能力强、有竞争力的文旅企业，创新创意能力较弱，与相关产业融合不够，政策体系不完善，与人民群众日益增长的精神文化需求不相适应，与青海丰富独特的文化资源优势也不相适应，与国际生态旅游目的地等建设目标更不相适应①。

（二）青海黄河文化标识尚未形成

黄河文化标识是蕴含黄河文化元素、具有一定历史文化价值、彰显时代价值并能体现黄河文化特质的文化资源。对这一资源进行打造，既有利于传承黄河历史文明，也有利于促进对黄河文化的保护、传承和弘扬，更有利于凝聚人民精神力量、坚定文化自信，对实现中华民族伟大复兴具有重要意义。但目前来看，青海黄河文化价值和精神内涵挖掘提炼不足，资源优势尚未完全转化为产品优势和品牌优势，青海打造黄河文化标识体系工作有待进一步开展。许多

① 毕艳君：《打造波澜壮阔的黄河文化》，《中国土族》2023 年第 1 期。

地方的节庆活动缺少主题，整体性思维、立体性思维亟待提升，不能完全融入当代经济、社会高质量发展主题，社会效益亟待提升，对黄河文化保护传承弘扬的有效支撑亟待形成。

（三）文旅融合程度有待进一步提高

青海文旅人才短缺，专业化程度不高，文物保护与展示利用整体水平不高，让文物“活起来”的方法不多，对黄河文化和旅游融合发展的基础性、前瞻性、综合性研究还不够。文旅市场规模、综合效益、文化交流合作等方面存在不足。青海的“山宗水源”等资源优势尚未完全转化为文旅产业优势，助力青海打造国际生态旅游目的地的方法亟须进一步丰富。各地区之间、城乡之间、牧区与农区之间发展不平衡的问题依然存在，在发展理念、产品开发、产业体系、管理体制等方面需要进一步破除思想桎梏，破解体制机制改革难题，公共服务体系和服务水平也亟待进一步提升。

四　青海黄河文化“两创”发展建议

青海黄河文化是中华文化的重要组成部分，具有悠久的历史和独一无二的特色。随着时代的变迁，青海发展黄河文化需将传统文化与现代文化有机融合，推动创造性转化和创新性发展，以适应现代社会的需求。

（一）积极构建青海黄河文化标识体系

保护传承与发展创新是青海在新时代对黄河文化进行创造性转化、创新性发展的关键路径。因此，打造青海黄河文化的地理标识体系、精神标识体系、遗产标识体系、旅游标识体系和生态标识体系，既有利于传承黄河历史文明、奠定黄河作为中华民族标识的坚实基础，也有利于促进对黄河文化的保护、传承和弘扬，更有利于凝聚青海人民精神力量、坚定文化自信，对实现中华民族伟大复兴具有重要意义。

一是牢固树立系统性思维，从更宏大的视角、更长远的眼光，整合青海黄河文化资源，打造以河湟文化等为代表的黄河文化“青”字招牌，构建以喇家遗址、马家窑文化及花儿等为代表的黄河文化遗产标识体系。二是构建以黄河源头卡日曲、玛曲、星宿海、扎陵湖、鄂陵湖、龙羊峡等为代表的黄河文化地理标识体系，形成国家文化公园自然资源主体部分，赋予黄河国家文化公园青海地标意义，使其成为黄河文化的标识。三是在树立“一盘棋”思想的同时，推动青海各地各负其责，种好自己的“责任田”，推动河湟文化、格萨尔文化、贵德古城与古建筑文化、喇家遗址史前文化、原子城红色文化、柳湾遗址彩陶文化等交相辉映。四是建立黄河文化集中展示体系，如黄河源集中展示带、格萨尔文化集中展示带、黄河大峡谷集中展示带、黄河水电走廊集中展示带（龙羊峡—积石峡）、河湟文化集中展示带等，实现各展示带之间的整合联动和各文化元素之间的沟通串联。

（二）加快整体与局部协调推进，彰显青海黄河文化魅力

一是牢固树立“一盘棋”思想，通过跨省级协调机制，共同策划展览、研发文创产品，深入交流合作，整合区域、文物、人才资源，共同推进黄河文化的研究、展示和传播，共同策划、设计和完善黄河文化旅游品牌标识系统。二是结合黄河青海流域不同自然地貌和人文特色，划分不同功能区，通过区域协调发展，推动不同地区资源共享、优势互补、合作共赢。三是探索建立黄河流域文旅融合发展新模式，协同推进黄河流域文旅产业高质量发展，不断完善合作组织规则、制度、标准，构建客源互送、资源互享、产品互联、信息互通的合作机制，推进黄河文旅产业一体化发展。

（三）积极融入现代元素，有力推动创新发展

黄河文化是中华优秀传统文化的重要组成部分，须守住根脉；黄河文化又是与时代同步的文化，须与时俱进。在传承黄河文化的同时，需要融入现代元素，坚持将“传统”与“时代”相结合。一是将传统手工艺与现代设计相结合，创造新的艺术品和手工艺品；将传统文化元素融入服装设计和建筑装饰，打造具有地方特色的文化产品。二是利用新媒体平台，推广青海黄河文化，通过视频、图片、文字等多种形式展示青海黄河文化魅力，吸引更多年轻人的关注和传承。三是加强对青海黄河文化与现代技术的结合，创造具有时代感和现代性的文化产品，提高青海黄河文化知名度。

（四）进一步加强宣传推广，提升青海黄河文化的美誉度和知名度

一是通过开展文化活动、举办展览和演出等方式，加强对青海黄河文化的宣传推广，扩大社会影响，让更多人了解和喜爱青海黄河文化。加强与其他地区和国家的文化交流与合作，推动青海黄河文化的发展和传承。加强对青海黄河文化的品牌建设，打造具有地方特色和民族特色的文化品牌，提高青海黄河文化的知名度和影响力。二是策划、推出一批青海黄河故事选题，进行重点扶持、精准奖励，激励更多的文艺家潜心创作，生产精品佳作。三是创新表现手法，利用群众喜闻乐见的动画、漫画、游戏、实景演出等艺术手段展现黄河文化，通过新形式、新手段、新渠道实现青海黄河文化的创造性转化、创新性发展。四是充分利用互联网等现代技术，推进“黄河文化+”和“互联网+”的联动发展，使物质文化遗产由静到动，让优秀传统文化与时代接轨，不断提升青海黄河文化创造力、传播影响力、产业竞争力、宣传引导力。

（五）加强人才培养，打造文化人才队伍

青海黄河文化的传承和发展离不开人才的支持。因此，需要加强人才培养，打造一支优秀的文化人才队伍。一是加强对青海黄河文化遗产的保护，实施黄河文化遗产系统保护工程，建立专门的文化遗产机构，加强对文化遗产的研究和传承，培养更多的文化传承人。通过开展培训和交流活动，提高文化工作者的专业技能和文化素养，促进青海黄河文化的传承和发展。二是挖掘和利用高原特有的资源禀赋，加大对科技创新和成果转化的支持力度，加快创新型人才培养，通过创意和科技手段，让青海黄河文化在新时代绽放更加璀璨的光芒。三是推动高等院校、社科研究机构及相关学术社团整合研究资源，加强对青海黄河文化的研究和整理，鼓励高校和研究机构共建黄河文化研究创新基地与学术交流平台，推出一批标志性研究成果①。

（六）推进文旅深度融合，助推国际生态旅游目的地建设

一是坚持“以文塑旅、以旅彰文”理念，注重区域特色，推动黄河流域

① 杨自沿：《以河湟文化繁荣兴盛推动黄河文化传承创新》，《青海日报》2020 年 6 月 1 日。

各市州、各县区立足当地历史、文物、非遗、传统村落、民俗、传统节庆等优势特色文化资源，积极发展与黄河文化相关的文化创意设计、乡村旅游、体育休闲、演艺娱乐等特色产业，大力推动非遗“进景区、进乡村”。二是以“山水林田湖草沙冰”等生态资源为依托，深入挖掘河湟文化等地域特色文化资源，推进相关文旅产业与国际生态旅游目的地标准体系深度融合，构建生态环境优美、文化氛围浓郁、旅游要素集聚、服务功能完善、区域协作密切的国际生态旅游目的地发展空间布局，着力推动黄河文旅产业精品化、集群化发展。大力实施“文旅+科技”“文旅+农业”“文旅+工业”“文旅+体育”“文旅+康养”等融合战略，推出环西宁自驾、环青海湖骑行、海东民俗体验、黄南文化探秘、海北观光休闲等精品生态旅游线路。探索生态与文化相互推动、相互提升的“青海方案”。三是以标准促质量、以标准促提升，推动黄河青海流域生态旅游特色化、品牌化、差异化发展，打造集民俗体验、农耕研学、自然观光等于一体的黄河文化旅游带，构建高品质、多样化的国际生态旅游目的地产品支撑体系。四是以点带面、以线连片，加快推进河湟流域博物馆群、天下黄河青海清等文化品牌建设，持续推进黄河非遗系统性保护，让黄河非遗“见人见物见生活”，将具有青海黄河文化特性的非遗项目串联起来，推出以“黄河之源”为主题的非遗主题旅游线路。五是建立健全与国际标准相衔接的旅游要素服务体系，加快“吃住行游购娱”等旅游要素的升级，推动旅游服务国际化、标准化、数字化，提升景区、住宿、餐饮、交通、旅行社、娱乐购物等行业的国际化服务水准，完善配套设施和服务。

（七）加强黄河文化国际交流合作，推进共建“一带一路”

一是加强与共建“一带一路”国家和地区在生态安全、高端旅游、健康体验、极地保护、摄影摄像等方面的广泛合作，积极向国际友好城市宣介河湟文化，支持国内外媒体宣传青海黄河故事，促进文化文明交流互鉴。二是在成立沿黄河九省区生态旅游推广联盟的基础上，加强与尼罗河、亚马孙河、长江、密西西比河、额尔齐斯河、澜沧江、刚果河、勒拿河、黑龙江沿岸国家和地区的联系合作，成立“世界大河文化旅游联盟”，适时适地举办“世界大河源头文化论坛”。三是将青海黄河文化融入国家文化年、中国旅游年等活动，与沿黄九省区轮流举办黄河论坛、体育赛事，在世界文化旅游大会、国际文化艺术节等活动中打造具有青海特色的黄河文化对外传播符号。

参考文献

毕艳君：《打造波澜壮阔的黄河文化》，《中国土族》2023 年第 1 期。

郭嘉雯：《黄河文化保护传承弘扬的路径研究》，《大连干部学刊》2023 年第 6 期。

郭靓：《绘就“诗与远方”的动人画卷》，《青海日报》2023 年 7 月 27 日。

吕霞：《把握文化省情　坚定文化自信　推动文旅事业创新发展》，《中国土族》2022 年第 3 期。

《青海省完善促进消费体制机制进一步激发居民消费潜力的实施方案（2019—2020 年）》，《青海日报》2019 年 7 月 15 日。

索端智主编《黄河流域生态保护和高质量发展报告（2022）》，社会科学文献出版社，2022。

王冬燕、陈奇：《发现非遗之美　传承非遗文化》，《党的生活（青海）》2022 年第 7 期。

魏爽：《让文物“开口”讲述青海故事》，《青海日报》2023 年 9 月 19 日。

黄培培：《叙事与阐释—青海历史文物展陈列的构建》，《东南文化》2022 年第 1 期。

四川黄河文化“两创”发展分析报告

王亚全*

摘　要： 近年来，四川大力推动黄河文化创造性转化和创新性发展，黄河上游生态文明示范区建设有了实质进展。四川文艺界致力于讲好黄河故事，打造黄河文艺精品，陆续推出大量文艺精品力作。在取得成绩的同时，四川存在缺乏黄河文旅产业精品工程、黄河文化“两创”发展数字化结合度较低、黄河文化“两创”复合型人才匮乏等问题。未来，应打造“精品化”四川黄河文化旅游产业工程、推动“数字化”的黄河文化保护与传承发展、以“智能化”增强黄河文化传播新动能、培育黄河文化“两创”复合型人才、以“产业化”提升黄河文旅产业竞争力。

关键词： 四川　黄河文化“两创”　黄河上游生态文明示范区

黄河是中国的母亲河，她用乳汁滋养了中华文明，使其辉煌灿烂。四川作为黄河上游的重要省份，沉淀着丰富的黄河文化，世代传承着璀璨的中华文明。近年来，四川大力推动黄河文化的创造性转化和创新性发展，取得令人瞩目的成果。

党的十八大以来，习近平总书记多次实地考察黄河流域生态保护和经济社会发展情况，并做出重要指示批示①。2019 年 9 月 18 日，习近平总书记在河南郑州主持召开黄河流域生态保护和高质量发展座谈会，并发表重要讲话。习近平总书记强调，黄河流域生态保护和高质量发展是重大国家战略，要共同抓

---

* 王亚全，河北科技大学、四川省社会科学院副教授，山西大学博士后科研流动站工作，主要研究方向为文化产业、数字艺术。

① 王伟、许雁领、张舒情：《焦作黄河文化旅游发展战略分析及对策探讨》，《河南理工大学学报》（社会科学版）2021 年第 5 期。

好大保护，协同推进大治理，着力加强生态保护治理、保障黄河长治久安、促进全流域高质量发展、改善人民群众生活、保护传承弘扬黄河文化，让黄河成为造福人民的幸福河①。2020 年 1 月 3 日，习近平总书记主持召开中央财经委员会第六次会议并发表重要讲话，强调黄河流域必须下大气力进行大保护、大治理，走生态保护和高质量发展的路子②。2020 年 8 月 27 日和 31 日，习近平总书记先后主持召开中央政治局常委会会议和中央政治局会议，审议《黄河流域生态保护和高质量发展规划纲要》③。习近平总书记指出，“治国必治黄”，要贯彻新发展理念，遵循自然规律和客观规律，统筹推进山水林田湖草沙综合治理、系统治理、源头治理，保护好中华民族的母亲河④。习近平总书记的重要讲话和重要指示批示精神，为四川黄河流域生态保护和高质量发展指明了方向，提供了根本遵循。

2022 年 11 月，四川省委、省政府印发《四川省黄河流域生态保护和高质量发展规划》。根据四川省委、省政府决策部署，同年 12 月，四川省文化和旅游厅、省发展改革委、省文物局联合编制出台《四川省黄河文化保护传承弘扬专项规划》。

一　黄河上游生态文明示范区建设情况

（一）若尔盖国家公园

若尔盖国家公园位于四川省阿坝州若尔盖县，是黄河上游最重要的水源涵养地和生态功能区，拥有世界上最大的“高原固体水库”——若尔盖泥炭沼泽

① 《中共中央 国务院印发〈黄河流域生态保护和高质量发展规划纲要〉》，中国政府网，2021 年 10 月 8 日，https：//www. gov. cn/gongbao/content/2021/content_ 5647346. htm？ eqid = e61efb790007a3050000000364564707&eqid = a1cac556000da050000000026481b312。

② 《习近平：共同抓好大保护协同推进大治理 让黄河成为造福人民的幸福河》，光明网，2019 年 9 月 20 日，https：//m. gmw. cn/baijia/2019-09/20/33172538. html。

③ 成燕：《文旅交融，共赴“诗和远方”》，《郑州日报》2021 年 9 月 18 日，第 7 版。

④ 《四川省委、省政府印发〈四川省黄河流域生态保护和高质量发展规划〉》，“民族影像”微信公众号，2022 年 11 月 24 日，https：//mp. weixin. qq. com/s？__biz = MzU4MjA5NzU2NQ = = &mid = 2247653615&idx = 1&sn = b5735a24e48224814155934bd51bd3d2&chksm = fdb1571dcac6de0b150de84d22441d524b362992c26973065629ddf3a211216c9a9b782fecad&scene = 27。

湿地（以下简称“若尔盖湿地”）。若尔盖湿地蕴藏着丰富的高原泥炭资源，它宛如一块绿色的海绵，默默地吸收着天空的恩赐，滋养着黄河的生命之水。若尔盖湿地以独特的生态功能，在调节气候、保持水土和减少温室效应等方面发挥着不可替代的作用。

若尔盖湿地是众多珍稀鸟类的家园，其中尤以黑颈鹤最引人注目。它们在这里择木而栖、繁衍生息，将这里作为重要的繁殖地和迁徙路线的关键节点。若尔盖湿地为这些珍稀鸟类提供了一个安全、舒适的栖息环境，同时是它们在漫长迁徙路途中的重要中转站。

若尔盖湿地的存在，不仅对黄河上游的水源涵养和生态保护具有重要意义，还为科学研究提供了宝贵的天然实验室。这里是研究高原泥炭湿地生态系统的理想场所，有助于深入探究全球气候变化等重要课题。若尔盖湿地是大自然赋予我们的宝贵财富，它以自身的存在诠释着人与自然和谐共生的真谛。若尔盖湿地的保护与利用，将为我们带来更多的生态、社会和经济效益。我们应共同珍惜若尔盖湿地，守护黄河的生命之源，让这片湿地继续在调节气候、保持水土和保护生物多样性等方面发挥重要作用。

2019 年 9 月，四川省提出并积极推动创建若尔盖湿地国家公园。2020 年 1 月，四川省《政府工作报告》明确提出“启动创建若尔盖湿地国家公园”。最初拟定的名字是“若尔盖湿地国家公园”，后来调整为“若尔盖国家公园”①。2022 年 4 月 25 日，国家公园管理局同意川、甘两省共同创建若尔盖国家公园。2022 年 5 月，川、甘两省启动、开展“一方案两报告”前期工作，若尔盖国家公园创建方案获批。2022 年 8 月，《若尔盖国家公园创建工作推进方案》出炉，明确 2022 年 9 月底前全面启动若尔盖国家公园的本底调查工作，旨在科学地确定若尔盖国家公园的边界范围和管控分区。这项工作的开展，为若尔盖国家公园的保护和管理提供了更为准确的基础数据，有助于更好地保护这片珍贵的自然遗产。2022 年 11 月 6 日，“若尔盖国家公园创建工作推进会”召开，会议深入贯彻习近平总书记在《湿地公约》第十四届缔约方大会开幕式上的重要讲话精神，并研究部署若尔盖国家公园创建相关工作。2022 年 12 月，若尔盖国家公园基本完成各项创建任务；12 月 8 日，向四川

① 王代强：《若尔盖国家公园是如何“成型”的?》，《四川日报》2022 年 6 月 13 日，第 1 版。

省林草局呈送若尔盖国家公园创建自评材料；12 月 23 日，配合四川省林草局完成省级自评佐证材料整理归档和自评工作，若尔盖国家公园的创建工作取得阶段性成效。

（二）黄河国家文化公园（四川段）

黄河国家文化公园是更深入地保护、传承和弘扬中华优秀传统文化的重大项目，有利于推动黄河流域生态保护和高质量发展。建设黄河国家文化公园，是以习近平同志为核心的党中央做出的重大决策部署，是一项重大国家文化工程。黄河是中华民族的母亲河，建设黄河国家文化公园对讲述黄河故事、保护文化遗产具有重大意义和深远影响①。

四川省内黄河干流有 174 公里，占黄河总长度的 3.2%，流经阿坝州阿坝县、若尔盖县、红原县、松潘县和甘孜州石渠县 5 个县。四川省黄河流域面积虽不大，却是“中华水塔”的重要组成部分，对于黄河流域的生态安全具有至关重要的意义。四川作为黄河文化的重要承载地，被列为黄河国家文化公园的重要建设区。

为扎实推进黄河国家文化公园（四川段）建设规划编制工作，2021 年 7 月 6 日，四川省发改委在松潘县组织召开《黄河国家文化公园（四川段）建设保护规划（征求意见稿）》征求意见座谈会。

2022 年 11 月，四川省委、省政府印发《四川省黄河流域生态保护和高质量发展规划》。2022 年 12 月，四川省文化和旅游厅、省发展改革委、省文物局联合编制出台《四川省黄河文化保护传承弘扬专项规划》，组织专业队伍完成四川省黄河流域文化和旅游资源“双普查”，全面梳理四川省黄河流域文化资源 2181 处、旅游资源 5756 处，为加强黄河流域文化和旅游资源保护利用、建设黄河国家文化公园奠定了基础。

《四川省国民经济和社会发展第十四个五年规划和二〇三五年远景目标纲要》强调实施“一干多支、五区协同”战略，为四川省黄河流域生态保护和高质量发展创造了重大机遇，也为讲好黄河四川故事、打造中华文明重要地标、提升国家文化软实力奠定了坚实基础。

① 张文敬：《唱好新时代“黄河大合唱”》，《人民政协报》2023 年 4 月 24 日，第 3 版。

二　用文艺精品讲好新时代黄河故事

近年来，四川文艺界致力于讲好黄河故事，打造黄河文艺精品，陆续推出大量文艺精品力作。例如，四川交响乐团联合阿坝州原生态歌手，举行“黄河万古流”主题交响音乐会，对热爱黄河、热爱家乡的情感进行演绎；阿坝州重点推出剧目《牦牛革命》，该剧是一部以红军长征进入川康地区后发生的“牦牛革命”为主线的历史题材音乐剧；承办或举办高质量艺术展览，举办“大河上下·生生不息——四川黄河源艺术摄影展”，展出“黄河之精神”“黄河之家园”“黄河之生态”“黄河在四川”等主题摄影作品，用独特的自然生态、丰富的人文内涵、多彩的生活景象讲好四川黄河故事；承办“长河大道——黄河文化主题美术作品展”四川巡展，生动展现集生命之河、人文之河、发展之河、自然之河于一体的中华民族母亲河的万千气象①。

四川注重发挥媒体传播优势，展示“黄河九曲第一弯”壮美形象，策划制作《黄河九曲第一弯》文旅形象广告片，航拍短片《云端瞰：黄河情·四川韵》在中央电视台和四川卫视同时投放播出；积极协调中央及省级主流媒体和其他重要媒体开展“黄河情·四川韵”专题宣传，在新华社、新华网推出访谈《新甲旦真：加大黄河流域四川段非物质文化遗产保护传承力度》。《讲好长征故事，也要讲好黄河故事》《讲好“黄河故事”，为黄河文化注入新的时代内涵》《四川黄河故事：羌族之声走出“复音孤岛”》等专稿在《中国文化报》刊发。

四川积极促进国际交流传播，积极融入“中国黄河”国家形象宣传推广行动。在2022年“中国文化旅游周”专题推广中，推出“四川黄河非遗文化”短视频，推介藏棋、羌绣等民族非遗项目。联合中外文化交流中心，制作《大美黄河·四川之韵》宣传视频，在境外40余家海外中国文化中心和旅游办事处开展宣传推广。在第七届中国（四川）国际旅投大会暨九寨沟景区

① 刘晶、李振伟、赵墨：《2021中国美术见证的国家发展高光时刻》，《中国美术报》2021年12月27日，第4版。

全域恢复开放仪式上，以日、英、韩、俄、阿、西等 10 个语种，全平台宣传四川黄河文旅资源。配合文旅部拍摄完成《黄河之约》，并在海外推广播出。推出四川黄河文化旅游“安逸”播报，讲述黄河流域（四川段）核心区及辐射区人文、地质、地理、气候、自然等故事。组织参加西安丝绸之路国际旅游博览会，在四川展馆开辟“黄河情　四川韵”主题展区，集中推介四川黄河文化旅游资源、产品、线路。

三　四川黄河文化“两创”发展存在的问题

回顾四川黄河文化“两创”发展历程，虽然在黄河上游生态文明示范区建设过程中取得较大进展，但是仍然存在一些长期制约四川黄河文化“两创”高质量发展的问题。

（一）黄河文化“两创”发展的创新能力有待加强

尽管四川拥有丰富的黄河文化资源，但目前四川对这些资源的开发利用还不够深入，缺乏深度和广度，也缺乏创新性的文化产品和服务。四川在传承和发展黄河文化的过程中，往往过于传统和保守，缺乏开放性和包容性。这导致黄河文化的传承和发展缺乏创新思维和开放观念，难以与现代社会和时代发展相适应。同时，四川黄河文旅产业在产品开发、品牌建设、市场拓展等方面缺乏创新能力和创新意识。这导致四川黄河文旅产业缺乏竞争力，难以与国内外其他地区的优秀文旅产业比肩。

（二）黄河文化“两创”发展的数字化结合度较低

首先，四川在黄河文化的保护传承方面，对数字化技术的应用仍然存在不足。许多文化遗存和历史遗迹仍然缺乏数字化采集和保护措施，导致一些珍贵的文化遗产无法得到有效的保护和传承。

其次，数字化产品缺乏创新和特色。尽管数字化技术可以带来很多创新性的产品和服务，但是四川黄河文化“两创”发展的数字化结合度较低，仍然存在产品缺乏创新和特色的问题。许多数字化产品只是对传统文化进行简单的数字化转换，缺乏新的创意和特色，难以吸引更多的消费者。

最后，数字化发展缺乏整体规划。四川黄河文化的数字化发展需要有一个整体规划，但是目前缺乏一个有效的协调机制和规划方案。这导致数字化发展存在一些盲目性和重复性，无法实现资源的有效整合和利用。

（三）黄河文化“两创”复合型人才匮乏

黄河文化“两创”发展是一项既复杂又特殊的工作，它一方面需要文化创意和科学研究方面的专业人才，另一方面需要精通数字技术和历史文化的专业人才。同时，黄河文化具有多样性和复杂性，需要具备多学科背景的专业人才进行挖掘、整理和研究，因此对人才的要求较高。目前，四川针对黄河文化的研究和教育机构较少，缺乏对专业人才的培养和引进。

（四）黄河文化传播不足

四川黄河文化在传播方面存在一些不足，主要表现为缺乏系统的传播策略和有效的传播渠道。同时，四川对黄河文化内涵和价值的挖掘不够深入，黄河文化传播的策略不充分，与新媒体的互动传播较少，缺乏有影响力的文化交流活动等，因此难以引起广泛的社会关注和共鸣。

四　四川黄河文化“两创”发展建议

（一）打造“精品化”四川黄河文化旅游产业工程

打造“精品化”四川黄河文化旅游产业工程，需要明确目标定位、整合优质资源、创新旅游产品、提升服务质量、加强品牌营销、建立良好的合作关系以及注重生态环境保护。只有不断提高旅游业的品质和水平，才能更好地满足游客的需求，推动四川黄河文化旅游产业的持续发展。培育“水润天府、诗画田园”“中国最美湿地草原”等四川黄河文化品牌形象，在深入挖掘四川黄河文化旅游资源的基础上，确定精品工程的目标和定位，明确其核心价值和特色，为打造精品工程提供方向和指导。通过制定有效的品牌营销策略，提高四川黄河文化旅游产业的知名度和美誉度。利用多媒体平台、社交媒体、旅游网站等多种渠道进行宣传推广，吸引更多的游客前来旅游。

首先，建立完善的保护传承体系。加强对四川黄河文化的挖掘、保护和传承，建立完善的保护传承体系。通过开展普查、登记、建档等工作，加强对四川黄河文化遗存和资源的保护与利用。同时，注重对传承人的保护和培养，鼓励传承人开展传承活动，推动四川黄河文化的传承和发扬。

其次，推动创新性发展。在保护和传承四川黄河文化的基础上，注重推动其创新性发展。通过与现代科技、艺术、文学等领域的结合，开发具有独特性和差异性的文化产品和服务，满足现代社会的需求。同时，注重与当地文化的结合，推动四川黄河文化与当地文化的交流与融合，促进文化的多元化发展。

最后，加强数字化保护与传承。利用数字化技术手段，加强对四川黄河文化的保护和传承。建设数字化博物馆、数字化文化馆等平台，开展线上和线下相结合的展览、演出、培训等活动，扩大四川黄河文化的影响力和传播范围。同时，注重对数字化产品的版权保护，保障文化创意者的权益。

（二）推动“数字化”的黄河文化保护与传承发展

四川黄河文化的数字化保护与传承发展，需要结合四川省的实际情况，借助现代科技手段，包括大数据、人工智能、云计算、5G 等新一代信息技术，对黄河文化进行系统性保护及开发利用，全面提升黄河文化的保护、传承和展示水平。

首先，应用数字技术，搭建跨越时空的黄河文化生态体系，为完整表达黄河文化的深刻内涵提供有效的技术手段和必要的工具支撑。例如，通过文化物联网、广域信息采集等数字技术，推动黄河文化资源的分类普查、保存保护、传播传承和开发利用，真正实现黄河文化的创造性转化和创新性发展①。

其次，数字化时代对创新文化展示方式提出全新的要求。构建传播矩阵，多维度展现黄河文化底蕴，是实现这一目标的重要手段。这需要借助现代科技手段创新展示方式，让更多的人了解和欣赏黄河文化的独特魅力。黄河文化的数字化保护与传承发展，还需要构建黄河文化的时空生态。从横向上看，需要推进黄河流域各区域间的文化整合，实现沿黄九省区黄河文化资源的持续汇聚和多元交融；从纵向上看，需要打通中华文明各历史时期的黄河文化脉络。这

① 魏晓阳、侯雪彤：《黄河文化传播的现实困境与创新路径》，《理论月刊》2022 年第 8 期。

种时空生态的构建，有助于更好地保护和传承黄河文化。

再次，建立数字化的文旅产业供给端。根据《四川省加快“智游天府”全省文化和旅游公共服务平台建设实施方案》，四川将建设全省文旅大数据中心，通过四川省政务信息资源共享平台，全面整合各类基础数据、生产数据、消费数据和周边数据，拓展全省文旅大数据中心，分类建立各主题数据库，构建纵向贯通、横向协同的文化和旅游大数据体系。

最后，创新数字化展示方式。结合四川黄河文化的特点，运用现代科技手段，打造具有互动性、体验性和沉浸感的数字化展示空间，让观众身临其境地感受四川黄河文化的魅力。例如，可以运用虚拟现实技术，还原黄河流域的生态环境和历史场景，让观众直观地了解黄河文化的发展历程和内涵。

总之，借助现代科技手段，对黄河文化进行数字化保护与传承发展，不仅可以更好地保护和传承这一宝贵的文化遗产，还可以为现代社会注入新的文化内涵和发展动力。

（三）以“智能化”增强黄河文化传播新动能

一是借助数字技术、新媒体平台丰富传播形式，尽可能地扩大传播范围，提升“两创”文化传播效能。继续加强多平台协作，积极统筹并协调全媒体平台，以提升数字化传播实力。结合全媒体平台的特性，创作多样化的黄河文化内容，包括文字、图片、视频、音频等多种形式，以满足不同受众的需求。同时，注重内容的创新性和趣味性，以吸引更多的年轻受众关注和参与。此外，开发与黄河文化相关的 App 或数字游戏、动漫等，进一步促进文化与科技的深度融合，借助全媒体平台的互动功能，增强与受众的互动和交流。通过在线问答、投票、讨论等方式，引导受众参与黄河文化的传播和推广活动。同时，积极运用表情包、动画、小游戏等创意元素，增强互动的趣味性和吸引力。

二是创新文化体验活动。结合现代科技手段和创意设计，打造沉浸式、互动式的黄河文化体验活动。例如，利用 VR/AR、数字投影、3D 等数字技术，创造生动逼真、实时互动的文化场景，还原“黄河九曲第一弯”、红军长征等场景，让受众身临其境地感受黄河文化的魅力。同时，设置互动环节，让受众与历史人物、文化遗产进行互动，增强体验的趣味性和参与性。

三是借助大数据技术，实现精准推送。利用大数据技术和机器学习算法，建立个性化的推荐算法模型。通过对用户历史行为数据的分析，预测用户的兴趣爱好和需求，从而精准推送相关的黄河文化内容。例如，根据用户的浏览历史和阅读习惯，推荐相关的文章、视频、图书等。通过分析社交媒体上的用户互动数据，了解用户在社交媒体上的行为特征和兴趣趋势。根据分析结果，精准推送符合用户兴趣的黄河文化内容，提升社交媒体传播的效果。例如，通过分析用户在社交媒体上的点赞、评论、分享等行为，判断用户的兴趣爱好和关注点，从而精准推送相关的内容。通过对用户反馈数据的收集和分析，了解用户对推送内容的评价和反馈。根据反馈结果，及时调整和优化推送策略，提高用户满意度和忠诚度。例如，通过分析用户的评价、建议和意见等信息，不断改进推送内容和方式，提高用户对推送内容的接受度和满意度。

（四）培育黄河文化“两创”复合型人才

黄河文化“两创”复合型人才培养，需要多方面的支持和保障。应通过制定培养目标和计划、促进学科交叉与融合、加强实践能力和创新能力培养、推进国际化培养、开展行业合作与实习、加强校园文化建设，培养具备创新思维、创业能力、跨学科知识和实践经验的复合型人才，为黄河文化的传承和发展做出贡献。

（五）以“产业化”提升黄河文旅产业竞争力

以“产业化”提升黄河文旅产业竞争力，需要多方面的支持和保障。应通过资源整合与利用、产业协同与创新、品牌建设与推广、市场营销与拓展、政策支持与保障、人才培养与引进以及科技创新与升级，推动黄河文旅产业实现高质量发展，提高产业竞争力和市场占有率。

一是资源整合与利用。对黄河文旅资源进行全面、深入的调查和评估，了解其种类、分布、品质等情况。在此基础上，通过资源整合与利用，将分散的资源集中起来，形成具有规模效应的黄河文旅产业群。同时，注重资源保护和可持续发展，确保文化资源的传承和有效利用。

二是产业协同与创新。加强黄河文旅产业内部各行业之间的协同与合作，形成良好的产业生态系统。通过政策引导和市场机制，推动文化创意、设计、制作、演艺等各环节的深度融合，形成一批具有核心竞争力的文旅企业。同时，鼓励企业加强自主创新和技术研发，提高产品的科技含量和附加值。

三是品牌建设与推广。加强黄河文旅品牌的培育和推广，打造具有地域特色和国际影响力的文旅品牌。通过提高产品质量和服务水平、开展文旅交流活动等方式，提升黄河文旅品牌的知名度和美誉度。同时，加强品牌和知识产权保护，保障企业的合法权益。

四是市场营销与拓展。注重市场调研和分析，了解消费者的需求和偏好，制定有针对性的营销策略。举办展览、演出、文化节等活动，吸引更多的游客和消费者关注黄河文旅产业，提高黄河文旅产业的市场份额和竞争力。

五是政策支持与保障。制定政策优惠措施，加大对黄河文旅产业的支持力度。如税收优惠、财政补贴、贷款贴息等，鼓励金融机构加大对黄河文旅产业的信贷支持力度。同时，做好政策协调和落实，确保各项政策措施的有效执行。

六是人才培养与引进。加强黄河文旅产业人才培养和引进，建立一支高素质的黄河文旅产业人才队伍。通过设立人才培养基地、开展专业技能培训、引进高层次人才等方式，提高黄河文旅产业从业人员的素质和能力。同时，鼓励企业加强内部培训和人才引进，形成一支结构合理、素质优良的黄河文旅产业人才队伍。

七是科技创新与升级。加快推进科技创新，将科技与黄河文旅产业深度融合。通过引进先进技术、加强自主创新等方式，提高黄河文旅产业的技术水平和创新能力。同时，鼓励企业加大技术研发投入力度，推动黄河文旅产业朝高端化、智能化方向发展。

总而言之，推动四川黄河文化“两创”发展，需要多方面的努力和支持。通过建立完善的保护传承体系、推动创新性发展、加强数字化保护与传承、促进产业融合发展、加强国际交流与合作、加强政策支持和资金保障、培养专业人才队伍以及推动社区参与和文化惠民等措施，可以有力地推动四川黄河文化“两创”高质量发展。

甘肃黄河文化“两创”发展分析报告

——以甘肃黄河国家文化公园建设为例

彭岚嘉*

摘　要：　国家文化公园是传承中华优秀传统文化、凝聚中国力量的精神家园，也是提升人民生活品质的文化体验空间。国家文化公园建设是新时代文化建设的战略性工作，是关乎文化强国建设和中华民族伟大复兴的重大文化工程。甘肃作为国家确定的黄河国家文化公园重点建设区之一，应坚持国家站位、突出国家标准，高站位、高起点谋划，高标准、高质量推进，打造中华文化重要标识。在建设过程中，应通过核心点段支撑、线性廊道牵引、区域连片整合、形象整体展示，凸显甘肃黄河国家文化公园的优势与特色。

关键词：　甘肃　黄河国家文化公园　资源基础

2017年，中共中央办公厅、国务院办公厅印发《关于实施中华优秀传统文化传承发展工程的意见》，提出“规划建设一批国家文化公园，成为中华文化重要标识”。2019年，中央全面深化改革委员会第九次会议审议通过《长城、大运河、长征国家文化公园建设方案》。2022年，党的二十大报告明确指出，“加大文物和文化遗产保护力度，加强城乡建设中历史文化保护传承，建好用好国家文化公园。坚持以文塑旅、以旅彰文，推进文化和旅游深度融合发展”。2021~2022年，黄河国家文化公园与长江国家文化公园建设相继启动。以国家文化公园为载体，通过保护、展示、传播和体验，增强全民对中华文

* 彭岚嘉，兰州大学二级教授、博士生导师，黄河国家文化公园研究院常务副院长、西部文化发展研究中心主任，主要研究方向为文化和旅游产业。

化、中华文明与中国精神的认同感和归属感，进一步坚定文化自信，建设文化强国，是新时代文化建设的重要内容。

一　国家文化公园的来源与制度创新

国家文化公园这一概念来自“国家公园”。自1872年美国设立世界最早的国家公园——黄石国家公园以来，全世界已有100多个国家设立多达1200处风景各异、规模不等的国家公园。国家公园更注重保护大面积自然或近自然区域，同时涉及与其环境和文化相容的精神、科学、教育、休闲和游憩等方面的作用。而中国在推行国家公园的同时，提出国家文化公园这一名称，完全是基于彰显文化重要性的制度创新。其中的“国家”既是品级高度，也是宏观格局；既是突破行政区划管辖的大视野，也是整合地理单元文化链条的大格局。“文化”是本质属性，也是内在灵魂，是基于国家站位选择的大主题，旨在实现文化保护传承弘扬的整体性功能。“公园”则是一种全新的制度设计，在宏大的地理空间中构筑全民共建共享的大场域，以推动文化繁荣发展。“国家文化公园作为新时代产生的大尺度、高等级、高定位、高品质的文化空间，注定要肩负起更多的文化使命。”① 可见，国家文化公园是选取具有突出意义、重要影响的文化主题进行资源整合和整体规划，由国家划定、省区共建、全民共享的超大型公园。

国家文化公园是传承中华优秀传统文化、凝聚中国力量的精神家园，也是提升人民生活品质的文化体验空间。国家文化公园建设是新时代文化建设的战略性工作，是关乎文化强国建设和中华民族伟大复兴的重大文化工程。国家文化公园“具有突出的国家性和最广泛的代表性，是一个具有明确空间载体、价值载体和符号载体的覆盖全国的国家文化空间体系，是中华民族文化共同体的国家想象，对于强化中国多民族统一的现代国家建构具有重要意义”②。国家文化公园建设是在广阔的地理空间实施的文化工程，因此既有国家层面的“规定动作”，又有符合各地实际的“自选动作”。“规定动作”首

① 程遂营、张野：《国家文化公园高质量发展的关键》，《旅游学刊》2022年第2期。

② 钟晟：《文化共同体、文化认同与国家文化公园建设》，《江汉论坛》2022年第3期。

先是4类主体功能区的划分：管控保护区重在围绕重要自然遗产、文化遗产和历史文化空间进行严格保护，实现自然与文化的和谐共生；主题展示区是依托文化遗产的主题内涵，打造核心展示园、集中展示带和特色展示点的网络体系；文旅融合区旨在强化对文化遗产现代价值的发掘，使文化和旅游深度融合；传统利用区注重保护和利用传统文化生态，延续历史文脉和文化记忆。在此基础上，实施保护传承、研究发掘、环境配套、文旅融合、数字再现5个重点工程，从不同层面分解国家文化公园的重点任务。“自选动作”可以根据地方的自然环境、资源禀赋、地缘优势、文化特色、基础条件确定。

长城、大运河、长征、黄河、长江五大国家文化公园，是中华文化发展中具有重大贡献的典型。长城是游走于北方荒漠与群山之上的世界奇迹；大运河是连接中国北方与南方、黄河流域与长江流域的人工水道；长征是蜿蜒于中国中西部的红色革命之路；黄河和长江则是中华民族的母亲河，“江河互济”构建了中华文明多元一体格局。“我国国家文化公园建设突破了国外文化遗产和文化景观类国家公园的做法，将长城、大运河、长征、黄河、长江等体量巨大，具有重要影响的文物和文化资源作为建设对象，致力于打造中华文化重要标志。”① 五大国家文化公园涉及全国诸多省区，总体上呈现交叉分布的格局。国家文化公园建设既有各自侧重的一面，也有相互交融的一面，这就需要凝聚政府各部门、沿线各省区、社会各界的智慧和力量，既要考虑地理单元的连续性，又要关注文化资源的关联性，还要重视资源配置的合理性，更要注重文化发展的可持续性。目前，国家文化公园建设正在全面推进，在管理体制、协作机制、实施路径、运营模式、品牌塑造等方面尚有诸多问题需要多方研判商议解决。在国家规划的指导下，参与各方齐心协力、通力合作，方能使国家文化公园真正成为人类共同的精神家园。

二　甘肃文化资源基础与发展机遇

甘肃既是中华民族和中华文明的重要发祥地，也是博大精深的黄河文化的

① 祁述裕：《国家文化公园：效果如何符合初衷》，《探索与争鸣》2022年第6期。

孕育地，文化底蕴深厚、文化类型多样、文物资源富集。甘肃大地孕育了灿烂辉煌的黄河文化，在黄河文化形成期、发展期、融合期、创新期都有过重要贡献。甘肃境内现有敦煌莫高窟、嘉峪关关城、玉门关遗址、麦积山石窟、炳灵寺石窟、锁阳城遗址、悬泉置遗址世界文化遗产7处，全国重点文物保护单位152处、省级重点文物保护单位532处，入选国家考古遗址公园2处，不可移动文物16895处；国家历史文化名城4个、中国历史文化名镇8个、中国历史文化名村5个、中国传统村落54处、中国重要农业文化遗产2处；博物馆228个，可移动文物42.34万件（套），其中珍贵文物11.74万件（套），各类纪念馆63个；全国爱国主义教育示范基地15处、甘肃省爱国主义教育基地135处；花儿、环县道情皮影戏、格萨尔等入选联合国教科文组织人类非遗代表作名录项目3项，国家级非物质文化遗产代表性项目83项，省级非物质文化遗产代表性项目493项。黄河文化、丝路文化、长城文化、民族文化、红色文化等在此融汇叠加、交相辉映。同时，甘肃自古为农耕文化与游牧文化、中原文化与西域文化、华夏文化与西方文化的交汇融合地带，在中华民族多元一体格局形成和东西文明交流互鉴的历史进程中发挥了不可替代的重要作用，具有建设黄河国家文化公园的鲜明特征和独特优势。

黄河上游既是河流主要产水区，也是河流文化富集区。在黄河文化形成和发展的几千年历史中，黄河上游地区沉淀的各种文化成果和各类文化形态在甘肃的黄河流域都有留存，如生物化石、文明遗址、农耕文化、民族文化、宗教文化、文学艺术、交通线路、建筑艺术等。可以说，甘肃是黄河上游文化的集中体现区域。这些文化遗产是黄河上游文化的历史见证，呈现由多条脉线交织而成的网状结构，具有树状聚散特征，每条主脉线上又分布有若干副脉线，这些脉线纵横交错，共同织就了具有生成性、开放性的网状结构式的黄河文化系统。“总之，中华文明的源头是黄河文明，是中华民族的先人在黄河流域创造的。中华民族早期主要的生活方式、生产方式、行为规范、审美情趣、礼乐仪式、伦理道德、价值观念、意识形态、思想流派、文学艺术、崇拜信仰，都是在黄河流域形成的，或者是以黄河流域所形成的为主体、为规范，然后才传播到其他地区。”① 所以，甘肃黄河文化的保护和利用必须找准历史与现实的可

① 葛剑雄：《黄河是中华民族的魂和根》，《光明日报》2022年4月6日，第11版。

能性，充分发挥黄河上游文化的特色和优势，打造黄河上游文化保护和利用高地。依托独特而丰厚的黄河文化资源，将沿线建成文化发展带，是甘肃传承和发展黄河文化的最佳选择。

当然，甘肃的黄河文化既包括干流流域的文化，也包括支流流域的文化。黄河支流中的渭河、泾河、洮河、湟水等，均在中华民族、中华文明的起源和发展过程中起着重要的作用。应当说，早期的中华文明大多是在黄河的这些支流上孕育的，众多的人类早期文明就像明珠一般散落在支流流域。也就是说，黄河文化的形成，经历了一个从小河到大河、从支流到干流的不断升级的过程。比如，距今200万年前的黄河剑齿象发掘于马莲河畔；距今16万年前的夏河丹尼索瓦人下颌骨化石出土于大夏河流域；距今7800～4900年的大地湾遗址、距今6100～5600年的圪垯川遗址、距今5100～4700年的南佐遗址、距今5000～4000年的马家窑遗址、距今4200～3800年的齐家坪遗址、距今3400～2700年的辛店遗址和寺洼遗址等，都在黄河的支流渭河、洮河流域。这些分布在陇原大地上的生物化石和文化遗址都是黄河文化孕育和形成的见证者，它们在中华文化史上谱写了浓墨重彩的篇章，对中华民族和中华文明的形成产生过重大影响。综观甘肃的黄河流域及其文化联系紧密地区，都拥有丰富深厚的文化积淀。

习近平总书记强调，甘肃最大的机遇在于“一带一路”①。而黄河流域生态保护和高质量发展战略应当是甘肃发展的又一次机遇。对此，甘肃已有明确的判断和认识。“一带一路”倡议给甘肃带来前所未有的对外开放机遇，黄河流域生态保护和高质量发展战略又为甘肃的发展带来千载难逢的机会。借此契机，甘肃在黄河流域生态保护和高质量发展及文化创新发展方面做好顶层设计，将省内各区域特点、优势与国家的战略意图有机结合起来，谋划跨越式发展。在黄河文化保护、传承和弘扬方面，甘肃勇于承担“上游责任”，积极推动黄河文化的保护传承和开发利用，建设黄河国家文化公园先行区和示范区。

---

① 《「立足“三新一高”筑梦“一带一路”」抢抓最大机遇 促进互利共赢——甘肃省深入推进“一带一路”建设综述》，“甘肃日报”百家号，2021年9月6日，https://baijiahao.baidu.com/s?id=1710123143671192674&wfr=spider&for=pc。

三 甘肃文化特色与国家文化公园的区域定位

甘肃黄河国家文化公园建设在重视国家文化公园整体性的同时，应该凸显区域特色和优势。这主要表现在四个方面：一是生态文化与区域文化的协调共生，二是人类起源和文明发源过程中的重要作用，三是建构中华民族共同体的重大贡献，四是黄河文化与丝路文化的交相辉映。通过核心点段支撑、线性廊道牵引、区域连片整合、形象整体展示，凸显甘肃黄河国家文化公园的优势与特色。

甘肃地处黄土高原、青藏高原和内蒙古高原三大高原的交汇地带，是黄河上游的重要水源涵养区，在保障国家生态安全方面具有举足轻重的作用。甘肃又是中华文明的发祥地之一，大地湾、马家窑、齐家坪等在人类起源和文明发源过程中起过至关重要的作用。甘肃自古以来就是多民族聚居的省份，多民族的和谐共处、交流融汇，使甘肃成为中华民族多元一体格局形成的典型省份。

横贯亚欧腹地的丝绸之路与逶迤东去的黄河水道相会于甘肃，两种不同的文化形态在此碰撞、交流、渗透、融合，使甘肃成为农耕文化与游牧文化、中原文化与西域文化、中华文化与亚欧文化的交汇地，也为丝绸之路文化与黄河文化增添了前所未有的光彩和风姿。“黄河连接了长城内外、东西之间，农耕文明和游牧文明、汉文化与少数民族文化，都在此交汇、竞争乃至融合。”① 甘肃文化和旅游产业依托两条重要的文化线路发展起来，一为丝绸之路，二为黄河水道。丝绸之路从东南向西北，黄河水道自西向东，形成了甘肃文化和旅游产业开发的基本结构。正是这一结构，决定着甘肃文化和旅游产业的成效。也就是说，丝绸之路文化带和黄河文化带是甘肃文化和旅游产业开发的资源依托。

基于此，黄河国家文化公园甘肃段建设保护的目标定位有以下五点。一是线性文化遗产保护的样板区段。强化对黄河文化遗产的整体性、系统性保护，探索线性文化遗产传承利用范式，形成文化遗产保护的样板区段。二是中华文化永续传承的重要标志。突出甘肃黄河流域在中华民族多元一体格局

① 韩子勇主编《黄河、长城、大运河、长征论纲》，文化艺术出版社，2021，第18页。

形成进程中的历史贡献，挖掘整合黄河文化的历史价值和时代内涵，打造多民族文化和谐共融的典范。三是黄河文化保护传承核心展示带。实施保护传承工程，推动黄河文化与时代需求相结合，将黄河国家文化公园建设成新时代保护传承弘扬黄河文化的核心展示带。四是西部生态文明建设的示范高地。加强沿线生态保护与文化建设，助力黄河流域重要水域的生物多样性和生态系统保护，为深入推进西部生态环境治理和生态文明建设提供新的动能。五是文旅深度融合发展的创新区域。通过文化和旅游产品开发，丰富黄河文化旅游产品供给，促进文化与旅游在更广范围、更深层次、更高水平上实现融合。

多年来，沿黄各省区围绕黄河文化传承、保护与利用，开展了诸多卓有成效的工作，诸如青海的黄河生态文化旅游带，宁夏的黄河金岸，山西、陕西和河南三省的黄河金三角，河南的黄河文化旅游带，山东的黄河三角洲等，在不同程度上实施了黄河文化保护开发的区域性策略。随着黄河国家文化公园建设进程的推进，新一轮黄河文化开发利用的热潮必将掀起。甘肃在遵循国家黄河文化发展整体战略，积极开展多种形式跨省区、跨部门协同合作的同时，更应该找到符合本省特点的差异化、特色化黄河文化发展路径，避免平面化、同质化、雷同化现象的发生，形成重点突出、层次分明、布局合理、协调推进的甘肃黄河文化保护传承和创新发展体系。在此基础上，充分利用甘肃区域优势，走品牌化发展道路。一是重视对黄河干流水道的开发利用，从黄河首曲至黑山峡，打造黄河上游文化旅游的黄金通道，其中包括天下黄河第一弯、炳灵寺、黄河三峡、黄河石林等重要自然和文化景观，推动兰州百里黄河风情线的优化、沿岸历史文化名城名镇的利用、沿线现代文化景观的开发等，串联、整合、配置、开发区域内的各类文化资源，使黄河干流甘肃段真正成为黄河文化旅游的黄金段。二是重视对黄河支流流域文化的开发利用，聚焦渭河、泾河、洮河、湟水、大夏河等重要支流，制定与流域特点相应的开发策略，重点开发有文化优势和区域特色的文化和旅游项目与产品。三是重视对黄河文化和旅游产品的多向度开发，分别从区域文化、资源类型等不同的角度，开发相应的文化旅游项目和文化创意产品，形成社会效益和经济效益明显的黄河文化旅游产业链。

四　甘肃黄河国家文化公园建设的空间布局与建设路径

根据黄河甘肃段的区位特点，结合甘肃文化资源基础和文化建设现状，整合黄河流域具有突出意义、重要影响、重大价值的文化和自然资源，以黄河干流为经线、以重要支流为纬线、以流域城市为节点，构建“一带、五廊、六区、多点”的“156X”规划空间布局。“一带”即“黄河干流文化旅游带”；“五廊”即依托大夏河、洮河、湟水、渭河、泾河形成的五大文化廊道；“六区”即“以黄河首曲为核心的黄河上游生态文化区”“以史前文化遗址为核心的中东部大遗址保护区”“以兰白都市圈为核心的现代都市文旅融合区”“以陇东黄土高原为核心的农耕文化传承区”“以会宁会师和南梁革命根据地为核心的红色文化利用区”“以大敦煌文化旅游经济圈为核心的文明互鉴展示区”；“多点”包括黄河干支流各个区域形成的各类特色人文景观，充分利用黄河本体、黄河文化遗产的实体支撑，进行个性化开发和利用，构建彰显中华民族精神和国家文化自信的标识体系。

黄河甘肃段干流区域流经甘南、临夏、兰州、白银四市州，以“一曲”（玛曲，包括格萨尔人类非物质文化遗产等）、“三峡”（永靖黄河三峡，包括世界文化遗产地炳灵寺石窟等）、“百里”（兰州百里黄河风情线，包括中山桥等全国重点文物保护单位）、“一林”（景泰黄河石林国家地质公园及周边文化遗产）为基础，重点建设“甘南—临夏—兰州—白银”干流黄河文化旅游带。干流四市州要统筹规划建设甘肃黄河文化旅游黄金带，使其成为全国黄河文化旅游带先行示范区、甘肃新的文化旅游增长极。积极推进沿黄市州文化和旅游合作，延伸文化旅游业链条，打造具有国际影响力的黄河文化旅游带。优化文化旅游业产品差异化布局，构建多元互补的黄河文化旅游产品体系。“文旅融合是黄河国家文化公园的一项重要内容，要加快培育一批极具竞争力的文旅旗舰企业，大力开发华夏文明体验游、沿黄古都游、红色文化游等文旅产品。”[①] 创新推进沿黄地区文化和旅游的深度融合，建设黄河风景廊道，完善自驾游服务体系，创新发展休闲、

① 张祝平：《黄河国家文化公园建设：时代价值、基本原则与实现路径》，《南京社会科学》2022 年第 3 期。

度假、研学、商务、养生等新型产品业态。突出黄河背景、黄河特色，创新保护和利用方式，打造精品工程。着力打造玛曲天下黄河第一弯，凸显人与自然和谐相处的生态文化；全面提升永靖黄河三峡治理水平，激活炳灵寺世界文化遗产旅游区的核心动能；加速推进兰州百里黄河风情线建设，凸显黄河之都的文化魅力；建设景泰黄河石林国家地质公园等一批黄河文化精品景区，推动黄河文化遗产廊道建设。实施大地湾、马家窑、齐家坪等史前文化遗址公园建设。开展线上线下联动的黄河文化和旅游产品线路宣传推广活动，推出“一程多站”跨省区黄河流域文化和旅游产品与线路，开发一批黄河旅游主题品牌和精品文化旅游线路。

在大夏河文化廊道，加强对民族文化的保护传承，构建集自然风光与人文景观于一体的综合景观带。在洮河文化廊道，加强文化遗址保护和景观带建设，重点发展考古旅游、乡村旅游和民俗风情旅游。在湟水文化廊道，深挖黄河上游“河湟文化”内涵，打造“甘青文化圈”标志性文化景观。在渭河文化廊道，打造伏羲始祖文化传承创新区，彰显黄河流域中华文明起源及发展演变脉络。在泾河文化廊道，凸显陇东黄土高原在中华文明起源中的重要作用，及其在历史发展过程中形成的农耕文化脉络。

根据甘肃黄河沿线不同区域、不同领域的文化资源整体布局、资源禀赋差异等，全面实施六大工程。一是实施中华文明起源考古遗址保护工程。依托大地湾、马家窑、齐家坪等考古遗址公园，建设“考古中国”“中华文明探源工程”研究与展示基地。二是实施黄河流域非物质文化遗产保护传承工程。推进花儿、环县道情皮影戏等重点非物质文化遗产的保护传承工作，重点推动反映黄河流域文明起源的代表性项目的保护、传承和弘扬。三是实施黄河沿岸配套设施建设工程。加强黄河沿岸公共文化设施及主题场馆设施建设，包括兰州黄河河道健身步道、景泰黄河石林休闲体育公园、玛曲首曲湿地等。四是实施黄河文化旅游带建设工程。以炳灵寺、麦积山、黄河石林、百里黄河风情线等重点景区为依托，建设联动全省、辐射西北地区的黄河文化旅游精品示范带。五是实施“数字黄河”展示工程。开发“数字黄河”产品，展示黄河文化符号，呈现黄河文化人文标识、地理标识、精神标识以及甘肃黄河流域积淀的其他文化成果和文化形态。六是实施黄河文化与丝路文化融合发展工程。统筹推进黄河国家文化公园建设与“一带一路”建设，推动黄河文化与丝路文化融合发展，讲好黄河故事和丝路故事，提升国际影响力。

甘肃作为国家确定的黄河国家文化公园重点建设区之一，应坚持国家站位、突出国家标准，高站位、高起点谋划，高标准、高质量推进，打造中华文化重要标识。通过黄河流域文化遗产保护传承、黄河流域名城名镇名村建设、黄河文化旅游带打造、黄河文艺精品创作、黄河文化传播交流，形成重点突出、层次分明、布局合理、协调推进的黄河文化保护、传承和弘扬体系，把甘肃打造为黄河文化高质量发展的示范地。

宁夏黄河文化“两创”发展分析报告

徐　哲*

摘　要： 2023年，宁夏深入挖掘黄河文化的时代价值，传承弘扬优秀传统文化精神，打造高质量文化产品、文旅项目，黄河文化“两创”取得新成绩。但是还存在创新创意不足、人才资源欠缺等问题。下一步，可以借助融合发展理念和科技力量，不断催生新业态，活化优秀传统文化资源，讲好黄河故事。

关键词： 宁夏　黄河文化“两创”　塞北江南

宁夏是唯一的全域在黄河流域的省区。甘甜的黄河水滋养着美丽富饶的塞北江南，“天下黄河富宁夏”孕育了厚重悠久的文化底蕴，彰显了宁夏独特的人文气质。2023年，在习近平文化思想的指导下，宁夏深入挖掘黄河文化的时代价值，发挥博物馆等文化空间的阵地作用，以创新创意为手段，着力推出高质量文创产品和文旅项目，推动黄河优秀传统文化更加贴近生活、贴近人民、贴近时代。

一　宁夏黄河文化的内涵与外延

（一）宁夏黄河文化的内涵

宁夏黄河文化是指千百年来生活在宁夏这片土地上的人民在与黄河的互动中形成的行为规范和价值观念，包括“塞北江南”的形象定位、“亲水”的文

* 徐哲，宁夏社会科学院科研组织处副处长、副研究员，主要研究方向为文化与文化产业。

化心理、“和合”的价值观念、“大一统”的家国情怀以及自强不息、艰苦奋斗、刚强坚毅的精神品格。这是宁夏黄河文化成为完整的文化系统的核心支撑。

宁夏地处西北内陆，属温带大陆性干旱、半干旱气候，自然降水达不到发展农耕的标准。不过，正是黄河的流经，为宁夏发展农耕带来水资源。西汉元狩年间，引黄古灌区开始兴修，汉成帝时设立了专司农垦事务的典农都尉一职，负责主持移民屯垦工作，逐渐形成了宁夏平原以农业经济为主、牧业经济为辅的总体面貌。此时，宁夏平原的粮食作物不仅完全可以自给，还能将一部分远销匈奴。至唐代，宁夏引黄灌渠有御史渠、汉渠、胡渠、光禄渠、百家渠等[①]，形成了干渠贯通南北、支渠阡陌纵横的水利体系，奠定了黄河农耕文化在宁夏地区的基本格局，孕育了早期宁夏农业文明，成就了宁夏“塞北江南”的美誉。在引黄灌溉、与黄河的互动中，宁夏人民逐渐形成了依赖黄河、感恩黄河、热爱黄河的“亲水”集体心理。

“大一统”的家国情怀与和合共生的价值观念也来源于黄河。黄河流域为人类生产生活提供了适宜的自然环境，“向水而居”“逐水而迁”是各民族移动的重要特征，向黄河的靠拢催生了各民族的交往、交流、交融，逐步形成了对华夏的融入和认同，促进了社会“大一统”格局的形成，孕育了“大一统”的家国情怀。正如费孝通所说，“在相当早的时期，距今三千年前，在黄河中游出现了一个若干民族集团汇集和逐步融合的核心，被称为华夏，它像滚雪球一般地越滚越大，把周围的异族吸收进了这个核心”[②]。宁夏自古以来不仅是各民族交往、交流、交融的舞台，也是移民的舞台。在宁夏的各个发展阶段，都有“移民”的身影，从秦汉时期的“军事移民”到社会主义革命和建设时期的“支援三线”“知青下乡”，再到改革开放和社会主义现代化建设新时期的“扶贫移民”。随着移民的发生，宁夏黄河文化不断融入其他文化，逐渐形成“海纳百川”“融会贯通”的文化品格与和合共生的价值观念。

在精神品格方面，九曲黄河雄浑壮阔、勇往直前的磅礴气势，熏陶着中华儿女，塑造了其自强不息、艰苦奋斗和刚强坚毅的精神品格。

---

① 陈宏发主编《农业、农村文化遗产保护》，天津科学技术出版社，2017，第48页。

② 费孝通主编《中华民族多元一体格局》，中央民族大学出版社，2018，第17页。

（二）宁夏黄河文化的外延

文化外延的范畴非常广泛。《中国现代化报告 2009：文化现代化研究》根据形式，对文化的外延进行了分类，包括纯粹文化、文化产业、文化设施和其他领域文化（包括政治文化、经济文化、社会文化、生态文化和个人文化）。根据这一分类方式，可以将宁夏黄河文化外延划分为纯粹文化、文化产业、文化设施以及其他领域文化四类，具体见表 1。

表 1　宁夏黄河文化的外延分类

分类	具体内容
纯粹文化	神话故事、历史人物传说、文学艺术作品、民间风俗、衣食住行习惯等，如《使至塞上》《横城堡渡黄河》等
文化产业	影视、图书、新媒体作品、旅游演艺作品等
文化设施	文化遗址、富含文化意义的场所，如水洞沟、贺兰山岩画、西夏王陵、美术馆、图书馆等
其他领域文化	农耕文化遗产及经验总结、黄河水利设施兴修、工业文化遗址、治沙治水经验总结等

二　宁夏黄河文化“两创”发展情况

（一）以顶层规划为指导，系统推进黄河文化保护传承

为加强黄河文物保护利用，讲好黄河宁夏故事，更好地发挥黄河文物在保护传承中华优秀传统文化、延续历史文脉、推动经济社会发展方面的作用，2023 年宁夏编制了《宁夏回族自治区黄河文物保护利用规划》（以下简称《规划》）。《规划》以“文化培根铸魂、旅游富民增收、为特色产业赋能、促进民族团结融合，展示美丽的新宁夏”为战略定位，认真贯彻“保护第一、加强管理、挖掘价值、有效利用、让文物活起来”的新时代文物工作方针，围绕宁夏黄河文物价值体系和特点，结合宁夏地域文化特点，选择一批反映中华文明起源、民族交往交流交融、国家治理、文化交流的代表性遗产资源，打

造水洞沟遗址、长城、岩画、引黄灌渠等黄河文化标识体系，深入挖掘阐释宁夏黄河文物在中华文明发展过程中的作用，全面系统推进黄河文物保护。聚焦打造文化兴盛沃土、建设新时代文化强区和高水平创建国家全域旅游示范区目标，让黄河文物“活起来”，以文塑旅、以旅彰文，推动文物与旅游深度融合，展现宁夏黄河文化独特魅力。《规划》全面梳理了宁夏黄河文物资源，并对保护传承活化这些文物资源做出细致规划，是推进宁夏黄河文化“两创”的系统指导文件。

（二）以融入日常生活为抓手，丰富人民群众精神文化生活

融入人民群众的日常生活，是让黄河文化资源“活起来”的重要途径。只有走入人民生活，优秀传统文化资源才能实现永续传承。2023 年宁夏黄河文化“两创”工作以融入日常生活为抓手，通过举办群众性文化活动、精神文明创建活动，让在地黄河文化资源和社会主义核心价值观相互融通，以发挥优秀文化资源浸润人心、移风易俗的作用。举办“倾听非遗声音　凝聚文化力量——2023 年宁夏黄河流域非遗讲解进校园、进景区”活动，借助非遗资源，通过巡讲与作品展演展示相结合的方式，让更多大学生、游客了解宁夏“因河而生、依河而兴”的历史文化，感受传统文化的独特魅力。举办“宁夏小曲赶大集”活动，以根植于宁夏、土生土长、独具浓郁地方特色的传统说唱艺术形式宁夏小曲传播文明新风，满足人民群众的精神文化需要。宁夏移民博物馆举办红寺堡区“我和我的祖国”迎中秋·庆国庆暨宁夏移民博物馆建馆 10 周年合唱专场音乐会，回顾移民搬迁走过的 10 年光辉岁月，激发红寺堡区人民对“共产党好，黄河水甜”的情感共鸣。

（三）以文艺创作为方法，传承黄河文化精神

宁夏文艺界坚持以人民为中心的创作导向，立足文脉传承，着力弘扬黄河精神，精益求精、奋力耕耘，努力创作更多展现黄河之魂、山水之情、文明之彩的文艺精品力作。2023 年，宁夏书法界聚焦“大河流润塞上·天下黄河富宁夏”“牢记领袖嘱托·感恩奋进新时代”“延续历史文脉·书写美丽新宁夏”3 个时代主题，用书法的方式展示黄河景观之壮美、弘扬黄河精神之高远，同时讲述黄河古今故事、传承黄河文化精髓。文学界聚焦新时代宁夏生态文明建

设和生态环境保护取得的成就，开展生态文学创作、交流和研讨等活动，发布第一辑生态文学主题创作《黄河书系》，大力书写生态环境保护宁夏故事，展现宁夏独特的自然之美、文化之美、生态之美，以文学力量助推宁夏黄河流域生态保护和高质量发展先行区建设。

（四）以创新创意为手段，焕发传统文化新活力

创新创意是文化传承发展的动力，是宁夏黄河文化“两创”工作的核心要素。为推进黄河文化的创造性转化、创新性发展，宁夏在创新创意方面做出许多努力。一是在创意产品开发上，继续用心用力。积极开发特色鲜明、受众广泛的文创产品，西夏博物馆在原有160余种文创产品基础上，新增西夏丑萌力士文创雪糕盲盒、西夏陵集章册、西夏文象棋、宁夏地图冰箱贴、西夏陵一角冰箱贴等20余款文创产品，不仅受到游客的喜爱和追捧，也让他们感受到别样的宁夏文化。二是在文旅项目设计中，着力推陈出新。抢抓文旅产业发展新风口，突出“颠覆性创意、沉浸式体验、年轻化消费”，打造了“漫葡·看见贺兰”沉浸式演艺小镇，以戏剧、诗歌、行为艺术、风情舞蹈、坐唱、皮影、杂技等多种演艺形式，以及舞台剧、实景剧、威亚、武术特技、烟火特效、全息投影、激光、水雾等多种表现方法，呈现既神秘又充满烟火诗意的宁夏黄河文化。三是在文旅融合中，注重文化引领。着力打造“宁夏二十一景”文旅项目，突出文化引领，把“宁夏二十一景”蕴含的历史文化价值、时代精神，用直观生动的方式表现出来，融入更多文创元素，提升旅游景区的生命力和感召力。围绕“千年灌渠”“宁夏酒堡”“丝路古道”等景观，解析“天下黄河富宁夏”的历史文化价值；围绕“沙湖鸟国”“鸣翠湿地”“黄沙古渡”等景观，展示宁夏“沙漠绿洲”的生态价值；围绕“沙坡鸣钟”“大漠星空”“青铜长峡”等景观，诠释“人水和谐”的水文化价值和“治水兴利”的科技价值；围绕“科创宁东”“闽宁新貌”等景观，大力唱响“社会主义是干出来的”的时代之声；围绕“红色六盘”“固原梯田”等景观，大力弘扬“不到长城非好汉”的革命精神和脱贫攻坚精神，让游客通过“宁夏二十一景”，感受宁夏的生态和谐之美、人文历史之美、民族团结之美。

（五）以文博空间为阵地，赋予文化遗产新生命

依托革命文物和博物馆、展览馆、纪念馆、考古现场等文博资源，推出“博物馆之夜”“考古开放日”“红色线路游”“文物研学游”等文旅融合项目和红色旅游精品线路，充分展示宁夏文物的独特魅力，让收藏在博物馆里的文物、陈列在广阔大地上的遗产、书写在古籍里的文字真正“活”起来。“天下黄河富宁夏——宁夏民俗陈列”综合运用实物藏品、民间手工艺品、文字、图像等多种展现形式，借助实景模拟、互动投影、声光电等科技手段，用“民俗根脉、生产风俗、生活风俗、居住风俗、饮食风俗、节庆风俗、礼仪风俗和民间艺术”8个单元350余件（套）展品，集中呈现了黄河流域塞上儿女的生活方式、风俗习惯和审美情趣，充分展现了宁夏各族人民和睦相处、团结互助和追求美好生活的精神风貌，奏响铸牢中华民族共同体意识的时代乐章。“发现获国——宁夏彭阳姚河塬西周城址考古成果展”“远古印象——古哺乳动物化石主题科普展”等展览让观众深刻体会中华民族在黄河流域的繁衍生息以及民族间的交往交流交融，在丰富观众精神文化生活的同时，进一步铸牢中华民族共同体意识。

（六）以研究阐释为支撑，丰富黄河文化时代内涵

开展宁夏黄河文化研究，是贯彻落实习近平总书记视察宁夏重要指示批示精神的重要举措，是主动担当习近平总书记赋予宁夏黄河流域生态保护和高质量发展先行区及黄河文化传承彰显区建设时代重任的具体表现，也是落实宁夏党委第十三次党代会“打造文化兴盛沃土，建设新时代文化强区”决策部署的生动实践。2023年，宁夏整合区内专家学者力量，成立黄河文化研究工作专班，立项一批黄河文化资源普查、挖掘、整理、保存等研究课题，深度挖掘宁夏黄河文化的时代价值，为黄河文化的创造性转化、创新性发展提供学理支撑。在黄河文化的实践应用领域，宁夏坚持保护与开发并重原则，形成政府、社会机构、社会公众多方参与的治理格局。以宁夏黄河文化旅游品牌建设为载体，整合串联宁夏黄河流域的文化与旅游资源，将黄河文化与地域经济建设、文化建设相结合，延续历史文脉，讲好新时代宁夏黄河文化故事。

（七）以合作交流为平台，共同讲好黄河故事

为讲好黄河故事，保护好、传承好、利用好黄河文化，沿黄九省区勠力同心、齐心协力，共同促进黄河优秀传统文化资源的创造性转化和创新性发展。宁夏主办“2023年黄河流域非物质文化遗产保护论坛”，采取主旨演讲、座谈交流、实地调研等形式，围绕进一步落实黄河流域生态保护和高质量发展规划、黄河流域非遗精神内涵和时代价值挖掘与阐释、新时代黄河流域非遗传承传播路径研究、黄河流域非遗保护与铸牢中华民族共同体意识研究等10个议题，集思广益、凝聚共识，共同探讨黄河流域非遗保护传承弘扬新思路、新方式、新举措。此外，宁夏在2023年“文化和自然遗产日”，邀请黄河沿线兄弟省区40位非遗传承人与宁夏全区近300位非遗传承人一道展示技艺，集中开展黄河流域省区非遗精品展、非遗线下体验展、非遗美食展及非遗健康义诊展4个类别140个展示项目，有效促进了沿黄各省区黄河文化交流，展现了非遗魅力，推动了文化传播。

三　宁夏黄河文化“两创”发展的短板

一是文化之“量”仍需深挖。“宁夏文化资源少”“小省区”等观念仍然存在文化建设中，特别是相比黄河中下游的山东、河南，宁夏在文化建设中总囿于文化资源欠缺、历史底蕴薄弱的困境。但文化资源不能以数量衡量，“宁夏文化资源少”的原因在于缺乏发现的“眼睛”，很多文化资源被闲置或开发不科学，浮于表面形式，内涵挖掘不到位，造成浪费。例如，张贤亮能够“贩卖荒凉”，正是深刻体悟到西北的苍凉豪放，深刻把握了中国人的“黄土地”文化，全面展现出“黄土地”的历史厚重感和“衰而不颓”的生机。再如，西安的“大唐不夜城”入选“全国示范步行街”，让无数人体验“梦回大唐”，是基于西安城市精神和文化意象的不断发掘、展示和传播。黄河蜿蜒流经宁夏，给予宁夏最温柔的关照，从灵武恐龙到水洞沟，从秦设浑怀障到明朝设“九边重镇”，从“单家集夜话”到《清平乐·六盘山》，从“三线建设”到“闽宁模式”，历史不曾断档，文化不曾缺席，资源也并不欠缺，只是有待进一步挖掘。

二是文化之“力”仍需重视。目前，宁夏基层文化建设中还存在“文化烧钱”“旅游赚钱”的观点和认识，这显然对文化与旅游、文化与经济的关系认识不到位。文化是经济增长的重要支撑和基础资源，是经济高质量发展的重要条件和关键所在。只有当文化表现出比物质和资本更强大的力量时，只有当经济蕴含更多文化时，经济发展才能进入更高层次。特别是在文旅融合发展的过程中，只有赋予旅游业更深刻的文化内涵，才能提升旅游业的发展品质，擦亮旅游业的招牌。

三是创新创意不足。近年来，宁夏博物馆、西夏博物馆大力开发文创产品，得到消费者的好评。但对比全国博物馆来看，宁夏文创产品的开发仍处于文创产业的初级阶段，需要进行再升级。特别是随着科技发展，“元宇宙”“VR”等现代技术广泛使用，项目的具身体验不断增强，宁夏在文化创意发展上仍显滞后，有必要以守正创新为根本，提升优秀传统文化“原动力”。

四是人才队伍仍需建设。能够服务地方文旅产业、文化事业的人才队伍，是推动区域文化建设的第一资源。作为欠发达省区，宁夏在人才队伍建设方面存在自主培养力量弱、引才留才困难的问题。其一，自主人才培养与市场需求有差距。地方高校、职业院校的教育资源存在专业设置杂乱、资金支持力度不够、输出人才数量不足、就业难等问题。其二，引才留才困难。虽然宁夏大力实施“才聚宁夏1134行动”，但政策吸引力、环境吸引力等相对于东部沿海和周边省区还有一定差距，特别是创意人才引进困难。宁夏文化创意产业发展相对落后，从业环境、就业机会也不如其他地区，人才引进显得更加困难，文化创意人才明显不足。

四　宁夏黄河文化“两创”发展建议

（一）理顺宁夏文化发展脉络，提炼文化基因

习近平总书记指出，要深入研究中华文明、中华文化的起源和特质，形成较为完整的中国文化基因的理念体系①。文明探源、建构中国文化基因是坚定

① 《「理响中国」中华文明根深叶茂 汉字润泽源远流长》，“环球网”百家号，2023年8月24日，https：//baijiahao. baidu. com/s? id=1775114641044349473&wfr=spider&for=pc。

文化自信、推进文化自强的根基。宁夏黄河文化是中华文化的一部分，理顺宁夏黄河文化的发展脉络、提炼文化基因，是对习近平总书记重要指示的贯彻落实，也是提炼中华文明精神标识的宁夏实践。一是在深入实施中华文明探源工程的基础上，大力开展宁夏文化史专项研究。围绕宁夏文化是什么、宁夏文化有什么、宁夏文化的发展等问题进行课题立项，组织区内专家深入研究阐释，理顺宁夏文化发展的源流脉络，梳理宁夏的文化资源，体现宁夏文化融合发展的历史流程，展现宁夏文化的“和羹”之美。二是继续开展文化资源普查，建立宁夏文化资源数据库。2021 年，自治区文化和旅游厅组织开展了宁夏文化和旅游资源普查（一期）工作，中国科学院地理科学与资源研究所对宁夏全区文旅资源进行了全面普查、建库、分析与评价，共登记文旅资源 31872 个，其中实体资源 26706 个、非实体资源 3245 个、集合体资源 1921 个，形成近 34GB 的数据库。在普查的基础上，应继续查缺补漏，建议新一轮的普查组建融合人文地理学科与文化学科的综合普查队伍，避免造成重旅游资源、轻文化资源的问题，以深挖在地文化价值。

（二）继续发挥创新创意作用，推动文旅产业提质增效

把握好当下文化产业“双线交错”的新态势，在文化领域积极落实创新驱动发展战略。文化产业“双线”中的一线为文化产业与旅游业融合发展，另一线为文化产业与数字技术、大数据、人工智能、云计算、物联网等文创科技融合，两线相互交错，不断产生新的业态。在文旅融合方面，应以“大融合”理念，提升文旅融合质效。从国内文旅产业的发展趋势来看，“文旅+”成为新的产业发展焦点，“文旅+康养”“文旅+教育”“文旅+农业”“文旅+工业”已经涌现很多优秀案例，特别是在乡村振兴领域，“休闲农场”“露营小院”成为助力乡村发展的新风口。宁夏近年来也发挥“文旅+”作用，培养了石嘴山工业旅游小镇、龙泉村、黄河宿集等一批项目，但还要进一步整合文旅资源，集中力量打造一批功能更加齐全、服务更加周到的大型项目。例如，沙湖可发挥农垦优势，充分将景区周边闲置的住宅楼利用起来，打造集“沙湖景观”“农场经济”“野营住宿”等于一体的综合体项目。根据“数字化”“跨界化”的新态势，积极出台新政策，引导市场主体发力，借助 5G、视频直播、VR、大数据、AI 等新技术，开发新项目。例如，陕西的大唐 · 开元项目

就是利用 NFT（Non-Fungible Token，非同质化通证）和区块链技术打造了一个“大唐不夜城”的“镜像虚拟世界”，使科技力量成为撬动文旅创业创新创造的新杠杆。

（三）借助融媒体技术，创新黄河文化表达形式

在融媒体语境下，建构宁夏黄河文化符号，可以借鉴河南卫视的经验。2021 年，河南卫视凭借《唐宫夜宴》《端午节其妙游》《洛神水赋（祈）》《七夕其妙游》等节目，火热“出圈”。这些节目充分利用唐三彩、牡丹、龙门石窟等河南特色黄河文化符号与中华五千年文明，以中华传统文化美学意象与当下奇观美学、国风国潮的融合为外衣，借助新媒体矩阵的传播方式，带给观众沉浸式体验，激活了黄河文化符号，增进了河南人民对中原文化的认同，坚定了文化自信。于宁夏而言，要从中汲取有效、适合宁夏的经验。一是宁夏黄河文化仍需深入挖掘，特色黄河文化符号仍需梳理，这是传播转化的根基。二是借助技术赋能，如“实景+虚幻”“5G+AR”“现实+想象”，通过艺术和技术的叠加，为观众呈现视觉盛宴。三是在宏大叙事中突出微观特色符号。值得一提的是，河南卫视最先“出圈”的是“唐朝胖妞儿”，其源自大唐仕女的形象，融合了大唐的美学和文化元素，是对大唐文化符号的重构和再现。同时，其又以小人物“中和”了历史文化叙事的宏大，将历史和文化落在日常生活中、零碎的细节中，让黄河文化符号可亲可感。四是把握消费者需求，以融媒体呈现节目，满足不同的受众群体。这就要求制作者深刻把握不同受众的需求差别，并在其中寻找平衡的点、融合的点，从而增进受众的集体认同。

（四）加强人才队伍建设，补足“第一资源”

文化建设离不开人才队伍的建设。第一，合理配置人才队伍，充分发挥不同人才的价值与作用。为促进宁夏文化建设，需要建立专家团队、产业管理人才团队、创意人才团队、技能型人才团队等。专家团队主要由地方历史文化研究人员、旅游研究人员组成。要发挥长期从事地方历史文化研究专家学者的作用，深入挖掘区域文化特色，提炼区域文化精髓。文旅产业、文化事业的发展，还需要产业管理人才，既明确文化产业、文化事业的运营规则，也熟悉旅游业的发展规律，从而在运营、开发中实现二者的融合。另外，创意人才是文

化建设不可缺少的一类人才，他们能够将现有的文化资源进行资本转化，将旅游景观设计得更具体验性，从而满足人民群众对文旅的消费、审美需求。技能型人才也是人才队伍的重要组成部分，具体包括科技人才、服务型人才等为文旅项目提供技术支持的人才。第二，打破学科壁垒，推动知识体系耦合，为地方文旅产业培养专门人才。发挥文旅研究者的作用，促进文化学科与旅游学科知识体系的耦合，为人才培养奠定基础。发挥区内高校、职业院校的作用，为推动区内文旅融合发展培养复合型人才。打破学科壁垒，破除学科界限，在高校教育培养目标中实现文旅知识融合，建立文旅人才联合培养机制，解决专业杂乱的问题。建立文化相关产学研实践基地。文化产业、旅游业都是兼具理论与实践的课程，这就需要高校与企业、景区建立合作关系，让学生更多地实践，在理论与实践中提升能力。

总的来说，黄河文化的传承、保护和弘扬是一项长期的系统工程，既要延续血脉基因，又要焕然一新，以更加适应新时代文化发展规律，满足人民群众的文化需求。因此，宁夏要讲好黄河故事，仍任重道远。

内蒙古黄河文化“两创”发展分析报告

王光文*

摘　要：　内蒙古黄河文化以旧石器文化为开端，在演变发展中体现了不同民族的交往交流交融，促进了中华民族多元一体格局的形成。新时期内蒙古黄河文化的发展重点，主要是加强黄河文化遗产的整体性保护，改革黄河文化管理体制，提高黄河文化遗产合理利用能力，提高黄河文化数字化保护和利用水平，加强黄河题材文艺创作生产，与沿黄各省区共建具有国际影响力的黄河文化旅游带，以及全力建设黄河国家文化公园（内蒙古段）。

关键词：　黄河文化　黄河国家文化公园　内蒙古

黄河内蒙古段总长843.5公里，占黄河总长度的1/6。这一段黄河绕流在鄂尔多斯高原西、北、东三面，黄河干支流流经内蒙古7个盟市——阿拉善盟、乌海市、鄂尔多斯市、巴彦淖尔市、包头市、呼和浩特市和乌兰察布市，穿行于乌兰布和沙漠、库布齐沙漠、毛乌素沙地、河套平原和土默川平原，其主流支流涉及区域构成了内蒙古黄河流域。内蒙古黄河文化以旧石器文化为开端，在演变发展中体现了不同民族的交往交流交融。新时期内蒙古黄河文化的发展重点，主要是加强黄河文化保护与利用，以及建好黄河国家文化公园（内蒙古段）。

一　内蒙古黄河文化的典型早期遗存

大窑遗址、萨拉乌苏遗址、朱开沟遗址等遗址，是内蒙古黄河文化的典型

* 王光文，博士，内蒙古艺术学院文化艺术管理学院教授，内蒙古文化产业研究中心副主任，主要研究方向为文化艺术管理。

早期遗存。大窑遗址位于呼和浩特市新城区保合少镇大窑村，是中国已发现的唯一包括旧石器时代早、中、晚三个时期的石器制造场，是世界已发现的最早的古人类旧石器文化遗址之一，其历史价值、考古价值、科研价值非常重要。大窑遗址的发现，把内蒙古黄河流域最早的人类活动推到50万到60万年以前，证明了内蒙古黄河流域是中华文明发祥地之一。

1988年，大窑遗址被列为全国重点文物保护单位，但大窑遗址保护与开发力度甚微，几近被公众淡忘。近年来，大窑遗址以厚重的历史底蕴、世界级的考古影响力和优越的地理位置，吸引了更多人的关注。大窑遗址与周边的无字天书、磨光巨石、凤凰展翅、双龙戏珠、莲花并蒂、百米古洞等景观，被统称为“大窑怀古”，位列呼和浩特“新八景”之首。有学者建议，可参照《国家考古遗址公园管理办法》，编制《大窑国家考古遗址公园保护规划》，高标准建设大窑国家考古遗址公园，引入社会资源，促进文旅融合，加强大窑遗址的保护和利用，并与呼和浩特市的武川北魏皇帝祭天遗址、古路板文化遗址、大青山岩画、丰州古城等串联为考古文旅线路。按照大窑遗址的现有条件和环境，可采取“叙事性”空间布局和“体验式”景观营造，对其进行文旅规划设计。“叙事性”空间布局以大窑遗址的历史为主线，从西到东叙述旧石器时代早、中、晚期古人类的生产生活。“体验式”景观营造主要是增加文旅体验设施和服务，为游客提供仿真的历史空间体验和舒适的文旅活动体验。

在鄂尔多斯市乌审旗南部，有一条被当地蒙古族称为萨拉乌苏河的黄河支流，它其实是发源于陕北白于山的无定河（乌审旗段）。1922年8月，法国学者桑志华沿着萨拉乌苏河谷考察，发现大量古人类打制的石器，从此唤醒了深埋地下数万年之久的萨拉乌苏遗址。1948年，中国古人类学和旧石器考古学奠基人裴文中先生以萨拉乌苏遗址考古为依据，首先提出“河套人”“河套文化”的概念，并将其与北京人、山顶洞人并称为中国古人类演化的三部曲。20世纪80年代，中国科学院在萨拉乌苏开展多学科研究，在年代序列、地层演化、古环境分析等方面取得重要进展。2001年6月，萨拉乌苏遗址被列为第五批全国重点文物保护单位。2021年，经国家文物局核准，萨拉乌苏遗址考古工作重新启动，主要出土物有打制石器、骨器、动物化石等1000余件。这对研究人类进化过程和中国旧石器晚期文化具有重要价值。

2013年，萨拉乌苏考古遗址公园被国家文物局列入第二批国家考古遗址公园立项名单。乌审旗借鉴国内外遗址公园建设经验，制定《内蒙古自治区萨拉乌苏遗址（乌审旗段）保护规划》，并在2019年成立萨拉乌苏考古遗址公园管理局。此后，萨拉乌苏遗址博物馆和萨拉乌苏“河套人”文化研究中心相继建成，为萨拉乌苏遗址的保护、研究及合理利用奠定了坚实基础。目前，乌审旗正在把萨拉乌苏考古遗址公园与巴图湾红色文化小镇、城川红色教育基地、石峁遗址、统万城遗址、靖边县龙州丹霞地貌自然风景区等文旅资源串联起来，打造极具地方特色的文旅精品线路和文旅知名品牌。

朱开沟遗址位于鄂尔多斯市伊金霍洛旗纳林塔乡。其产生和发展年代跨越龙山晚期、夏时期和商代早期，包含永兴店文化、白敖包文化、朱开沟文化这三类遗存，反映了内蒙古中南部、陕北、晋西地区从新石器时代向青铜器时代过渡的基本特征。朱开沟遗址出土器物形态与功能的变迁，印证了内蒙古黄河流域气候的变化及其主导的经济由原始农业向畜牧业的更替。朱开沟遗址出土了较多青铜器，代表了中国北方距今4200~3500年的青铜文化。青铜器的使用是人类发展史上的一个重要里程碑。从此，人类从石器时代进入青铜器时代。

二　内蒙古黄河文化是不同民族交往交流交融的典型体现

受阴山山脉阻挡，黄河内蒙古段形成一个几字形的大拐弯，人们由此将其形象地称为黄河“几字弯”。它就像一条几字形的纽带，将中国北方各民族联结在一起，促进了各民族的交往交流交融，促进了中华民族多元一体格局的形成。

内蒙古黄河流域各民族的交往交流交融，在很大程度上得益于黄河流域适宜耕种、各民族人口向黄河流域迁徙。早在6800年前左右，乌兰察布市凉城县岱海地区就出现了仰韶文化人群，其主要源于两类人群迁徙。一是河北省中南部和河南省北部人群。他们沿太行山东侧北上，再溯永定河及支流桑干河、洋河西进，被视为“中国最早的走西口”。二是渭河流域人群。他们通过黄河和汾河河谷北上，到达凉城县岱海地区。

据《史记·五帝本纪》记载，炎、黄等部族在古冀州（今河北省一带）活动时期，内蒙古黄河流域的先民就不断吸收中原文化，学会了制陶、冶炼技术，开始用金属制作兵器、器皿和装饰品，逐步迈进了古代文明社会。在呼和浩特市清水河县单台子乡的西岔遗址，发现了大量距今约3200~3000年的青铜器。遗址出土的铜管銎斧、戈、铃等，具有长城地带早期青铜器的一般特征和陕晋北部商周青铜器的特点，这也是中华各民族交往交流交融的极好例证。

在中国近代，内蒙古黄河流域是“走西口”的主要目的地。“走西口”是中国近代史上最著名的三次人口迁徙之一。明清时期，晋、陕等地农民浩浩荡荡走出“口外”，到内蒙古黄河流域谋生。有学者将“走西口”的原因归纳为：内蒙古黄河流域距离近、土地肥沃、谋生机会较多，本地则多年饥荒，战乱不断。“走西口”使蒙、汉等民族在交往交流交融中形成了相同相近的方言、文艺、习俗。在“走西口”之后，蒙、汉两族共同生产生活，不但互相学习，而且互相通婚；蒙、汉两族文化交流交融，形成了共享的文学艺术。由此可见，内蒙古黄河流域是不同民族交往交流交融的典型地区，内蒙古黄河文化是不同民族交往交流交融的典型体现。

三　加强内蒙古黄河文化保护与利用

内蒙古黄河流域现有全国重点文物保护单位66处、自治区文物保护单位283处、旗县级文物保护单位1307处、不可移动文物1656处，国家历史文化名城1座、中国历史文化名镇1处、历史文化名村2处、传统村落28处，世界灌溉工程遗产1项，国家级非遗代表性项目24个、自治区级非遗代表性项目321个，国家级非遗代表性传承人25人、自治区级非遗代表性传承人353人。近年来，内蒙古深入开展黄河文化普查，参与黄河流域“考古中国”重大项目，对黄河流域的古城、古镇、古村、古灌区、古渡口、古道等加强了保护。

内蒙古黄河文化承载着中华各民族交往交流交融的历史记忆，蕴含着丰富的中华民族共同体构建元素。为了更好地保护、利用黄河文化，并以此增强中华文化认同、坚定中华文化自信、铸牢中华民族共同体意识，内蒙古应加强以下几个方面的工作。

一是加强黄河文化遗产的整体性保护。与濒危文化遗产的抢救性保护不同，整体性保护不仅要保护文化遗产本身，还要保护文化遗产的依存环境。建设文化生态保护区是文化遗产整体性保护的主要路径。文化生态保护区的保护对象，既包括非物质文化遗产，也包括物质文化遗产和自然资源，如可移动文物和不可移动文物、遗址遗迹、古城古镇古村古街、风景名胜区、生态涵养区等。文化生态保护区建设涉及文化事业、文化产业、旅游产业、生态保护、环境治理、土地利用等方面的行政职能部门，因此各部门的统筹协调尤为重要。一些文化生态保护区设立了管理机构，但大多是文化和旅游管理部门的下属职能处室，管理职能较弱，缺乏统筹协调能力。还有一些文化生态保护区设立了管委会，但其以加挂牌子的方式组建，工作人员往往身兼多职，难以发挥专门、专业、专一的建设和管理职能。鉴于上述问题，为了建好黄河文化生态保护区，内蒙古应成立专职、具有统筹协调能力的保护区管理机构，以加强黄河文化遗产的整体性保护。

二是改革黄河文化管理体制。对于黄河流域各地文化管理条块分割、各自为政的问题，应建立统一的文化管理协调部门，并明确协调部门的机构性质，强化其管理权威。对于文化遗产管理力量薄弱的问题，应建立以政府管理为主，行业自律、外部监督相结合的管理机制，发挥政府宏观调控、行业监管、公共服务等职能，形成政府、行业、社会共同管理文化遗产的格局。对于文化遗产管理中事业和产业二元对立的问题，应破除非营利性和营利性壁垒，适度扩大民间资本准入范围，支持、引导、规范非公有制资本参与文化遗产管理。总之，要协调好中央、地方、行业、企业、事业单位、公众及其他社会力量的关系，形成文化遗产协同管理机制。

三是提高黄河文化遗产合理利用能力。在管理层面，应建立完善文化遗产利用评估和管理机制，以此提升文化遗产利用的合理性。在产业层面，应将文化遗产融入文化产业和旅游产业，以科技赋能文化遗产利用，创新文化遗产利用方式，培育文化遗产新业态，研发文化遗产新产品，实现文化遗产的数字化、艺术化、生活化和趣味化。在事业层面，应将文化遗产融入公共文化服务，加强与文化遗产相关的公共文化产品供给，办好文化遗产节事活动，通过表演、讲座、展览、导游讲解等方式讲好文化遗产故事，使公众了解文化遗产的历史渊源、发展脉络和独特价值。在教育层面，将文化遗产融入校园文化建设，在学校建设文化遗产保护传承教育基地，编制文化遗产相关教材，最大限度地激发学生对文化遗产的兴趣。

四是提高黄河文化数字化保护和利用水平。这需要按照国家标准和规范，做好物质类和非物质类文化遗产的数据采集和处理工作。内蒙古在以往工作的基础上，要对黄河文化进行全面采集、深入研究、科学评估和多维阐释，建成权威、统一、动态的黄河文化数据库。在此基础上，可应用 3D 扫描、虚拟/增强/混合现实、全息影像等技术，完成重要文化遗产的三维重建，还原、再现其历史场景，为游客提供沉浸式文旅产品；可举办文化遗产云展览，开办文化遗产数字博物馆，开发文化遗产数字文创产品，实现文化遗产的数字化展示、传承、传播和永续利用；可利用全媒体、人工智能、区块链、物联网、数字原生/孪生、虚拟数字人等技术，探索发展虚实互融、人机交互、场景复原、高度沉浸、突破时空的文旅元宇宙。

五是加强黄河题材文艺创作生产。内蒙古应充分发挥文艺工程项目、文艺评奖、文艺批评和理论研究的导向作用，加强黄河文化题材的文艺创作生产，常态化组织文艺采风、调研、创作、研讨等活动，鼓励文艺工作者深入生活、扎根人民，为黄河文化题材的文艺创作提供新素材，鼓励各类媒体生动鲜活地讲述黄河故事、传播黄河文化，积极建设黄河文化主题博物馆、展览馆等场馆，打造以黄河文化为主题的虚拟场景和在线展馆，开办以黄河文化为主题的常设展、博览会和讲座，完善现有场馆的黄河文化保护、体验、旅游、教育、培训等功能，积极引导社会力量参与黄河文化主题场馆建设。

六是共建具有国际影响力的黄河文化旅游带。内蒙古黄河流域人文历史悠久厚重，自然景观丰富多样，具有打造黄河文化旅游带的资源条件。在文化和旅游部发布 10 条黄河主题国家级旅游线路的基础上，内蒙古应进一步调查、整合黄河文化旅游资源，与沿黄其他省区共建黄河文化旅游带。沿黄九省区文旅主管部门应联合成立类似于“跨区域文旅管理委员会”的机构，共同研发具有数据整合与共享、数字地图、景点导览、景点解说、景点评价及排行、天气预报、票务服务、交通服务、食宿服务、特产介绍、产品推荐、投诉反馈等功能的智慧旅游平台，合力提供“一部手机游黄河”“黄河文旅一卡通”等智慧服务，共同推动文旅生产模式、管理模式、展览模式、传播模式、营销模式的智慧化转型，以共建共享的智慧管理平台推进黄河文旅管理跨区域协同，着力解决地方保护主义难以根除、地方行政壁垒突出、跨区域合作机制欠缺等问题。沿黄九省区可通过地方立法、签署合作协议等路径，实现跨区域文旅管理机构的合法化，不断完善跨区域文旅管理制度和运行机制。

四　建设黄河国家文化公园（内蒙古段）

国家文化公园不同于以保护自然生态环境为主要目标的国家公园，它是指以人类理性和智慧的创造物为依托，向社会公众集中展示某一族群或社会共同体所创造的器物技艺、历史传统、行为模式、制度机制和价值观念的公共空间以及管理运营该空间的公共机构，是一国政府为保护传承重要的民族文化资源和民族文化记忆而设立的特定文化空间和专属领地。中国建设国家文化公园，主要是为了保护和利用中华优秀传统文化，同时进行生态涵养、文化教育、公共服务、旅游观光、休闲娱乐和科学研究。

内蒙古积极响应党中央号召，不断加强黄河流域生态和文化保护，加快建设黄河文化相关设施并提升其文化旅游功能和公共服务功能，全力推进黄河国家文化公园建设。在现有基础上，建设黄河国家文化公园（内蒙古段），需要继续做好以下几个方面的工作。

一是组建完善实体管理机构。内蒙古应参照国家文化公园管理机制，借鉴其他地方的国家文化公园管理经验，成立地方工作领导小组，以文化和旅游部门为直接管理部门，设立有编有岗的黄河国家文化公园管理局（简称“公园管理局”）。作为自治区政府派出机构，黄河国家文化公园管理局统一行使管理职能，通过综合规划、综合管理和综合执法，对黄河国家文化公园管理区内的文化和自然资源实行一体化、集中高效的统一管理，其管理职权主要包括行政决策权、行政组织权、行政决定权、行政命令权和行政处罚权等。黄河国家文化公园管理局可下设资产管理、生态保护、文化旅游、对外协同等职能处室，并根据中央层面机构改革适时进行调整。按照“一总多分”的布局，可在黄河文化资源富集区域建立黄河国家文化公园分园，并设立分园管理委员会。分园管理委员会受公园管理局和地方政府双重领导，以公园管理局管理为主。

二是明确多元主体权责。按照事权统一原则，黄河国家文化公园管理局有权依照上位规划制定下位规划，有权依法进行特许经营，有权依法进行公开招标、租赁和活动许可等行为，有权采取征收、租赁、置换、签订地役权合同等方式实现土地规范流转，有权对破坏自然生态系统和违反国家文化公园规划的相关行为进行罚款、没收违法所得和责令停产停业等行政处罚。此外，应强化专业合作和分工负责，文旅、生态、林业、水利等部门在管理区内，依法对黄河国家文化公园内的资源管理进行监督和指导。公园管理局还应与地方政府合理分工，明确权责、积极协作，建立各司其职、有机衔接、相互支撑、密切配合的良性互动关系。属地政府主要行使辖区内经济社会发展的综合协调、公共服务、社会管理和市场监管等职责，配合公园管理局做好公园建设工作。探索公园与周边社区的共生模式，通过科学规划建设入口社区和特色小镇，实现黄河文化生态系统的可持续发展。

三是完善管理运行机制。在人事管理方面，可按照“编随职转，人随事走”原则，从相关机构现有编制中调整划转，落实机构编制人员和“三定”方案；通过完善内部管理制度明确职能职责、工作流程、岗位标准，形成职业化的国家文化公园管理队伍。在经费管理方面，积极加强与国家相关部门的衔接对接，推动更多项目进入国家重大建设项目库，在财税、金融、土地、投资等方面争取更多政策支持；同时，自治区财政和属地财政应通过现有渠道，加大支持力度。在制度建设方面，加快地方性法规、规章及规划建设，尽快审定出台《内蒙古黄河国家文化公园建设保护规划》。在公园管理局内部管理制度建设方面，应完善涵盖生态保护、文化保护、项目、资金、财物、社会参与、文化体验、科研科普、合作交流、特许经营、责任考核等方面的制度体系。

四是建立协调推进机制。按照全域管理的思路，建立统一的资源管理制度、开发利用制度、生态治理制度；公园管理局会同所在地政府，编制黄河国家文化公园的总体规划、专项规划、管理计划和年度实施计划，并与主体功能区规划、城乡规划、产业规划、国土空间规划、交通规划、环境保护规划等有机衔接；各地协调推进保护传承、研究发掘、环境配套、文旅融合、数字再现等关键领域基础工程建设，建立完善管控保护、主题展示、文旅融合、传统利用4类主体功能区，打造具有保护优秀传统文化、汇聚中华文化符号、承载中华民族记忆、提供文化旅游服务、增强中华文化认同等功能的文化服务和文化体验空间；建立信息共享机制，保障原住居民能够及时、充分了解与获取有关黄河国家文化公园的任何信息；建立利益表达与协商机制，对与原住居民有利害关系的黄河国家文化公园规划、管理规则、利益分享、生态补偿等，通过共管委员会促进多方协商、平衡利益冲突，增强原住居民认可与遵守规则和方案的意识。

五是建立文旅补偿机制。借鉴文化生态补偿理念，文旅补偿机制旨在实现文旅发展对遗产保护的反哺。文旅补偿机制需要充分考虑因开展文化遗产保护而受到影响地区的实际和需求。因此，该机制的受偿对象包括因保护黄河国家文化公园的文化遗产而不得不改变原有生产生活方式或失去发展机会的地区和民众。根据“谁使用、谁受益、谁负责”的原则，补偿主体除黄河国家文化公园建设管理中的中央政府、各级地方政府外，还包括文旅活动的受益者和消费者。为实现有效补偿，文旅补偿机制应引入包括资金补偿、技术补偿在内的多元化补偿方式。资金补偿是最常见的补偿方式，由中央和地方财政专项资金以及社会资本两部分构成：财政专项资金侧重于补偿因旅游利用产生的文化遗产和文化生态保护支出；社会资本主要通过特许经营等方式，吸引文旅企业进入黄河国家文化公园，围绕特定主题进行旅游开发，并将旅游开发的部分收益作为遗产保护补偿资金。技术补偿主要指通过引入先进的文化遗产保护技术和旅游开发理念，促进遗产保护高效化和旅游利用科学化。文旅机制的制定和实施，既要充分凸显遗产保护价值，又要兼顾效率与公平。因此，应在厘定文旅补偿标准的基础上，实施差异化的补偿方案。据此，文旅补偿的实施应兼顾以中央政府和地方政府为补偿主体的纵向补偿，以及以文旅活动的受益者和消费者为补偿主体的横向补偿。纵向补偿层面，一方面，中央政府对地方政府进行直接资金补偿与政策补偿，如资金等要素向后发弱势区倾斜，这是处理整体与局部、纵向与横向、协同与分化关系的关键；另一方面，地方政府根据 4 类重点功能区中遗产保护项目的辐射效应，调拨财政专项资金或引入社会资本对项目范围内不得不改变原有生产生活方式或失去发展机会的民众进行相应补偿。为防止补偿资金使用不当，应制定一套实施补偿的评估指标和监督体系。对于重点遗产保护区域，需要采取更为严格的补偿资金使用监管措施，确保资金切实用于推动黄河国家文化公园遗产保护与旅游利用的协调发展。

六是创新黄河文化资源保护和利用方式。内蒙古应与沿黄其他省区建立完善黄河流域博物馆联盟，推出一批聚焦黄河文化核心价值和突出特征的专题展览，用文物讲好新时代黄河故事。在黄河文物保护方面，应加强文物修缮与日常保养，探索开展文物预防性保护，着力解决城乡建设中“拆真建假”“拆旧建新”等突出问题；应落实文物保护责任体系，探索开展区域性集中连片保护，明确不可移动文物认定公布、保护管理、破坏追责等法律依据。随着黄河国家文化公园建设的推进，黄河文化资源保护与旅游利用之间的协调发展愈加重要。从人文理性维度考量，当前黄河国家文化公园整体协调性不足、运营管理仍存在诸多障碍，文化资源保护与旅游利用存在横向和纵向双重空间张力，如何实现二者的协调发展更是当前亟须破解的难题。因此，在明确黄河国家文化公园文化资源保护与旅游利用空间张力问题的基础上，梳理文化资源保护与旅游利用空间协调的内在逻辑，检视现有机制缺陷，进而构建包括空间整体性整合机制、尺度调适性对话机制和文旅补偿机制在内的协调机制体系，对推动黄河国家文化公园文化资源保护与旅游利用的协调发展和黄河国家文化公园的高质量建设具有重要意义。地方应建立符合黄河国家文化公园功能定位的文化资源保护利用制度，推动完善不同层级政府之间合理的财权事权制度、多元化的投融资机制、各方协同的运营机制和科学有效的监督管理机制，从整体上保障黄河国家文化公园文化资源保护与旅游利用协调发展。

七是加强政府投入保障。国家提供的专项资金有限，而且相对来说缺乏稳定性和持续性。根据财政部《政府投资基金暂行管理办法》，黄河国家文化公园属于基础设施建设、文化保护、生态保护和公共服务领域，完全符合设立政府投资基金的要求。因此，可考虑设立政府投资基金，有力支持黄河国家文化公园建设。此外，可通过多方联合治理模式，建立管理成本共担、与周边社区收益共享等机制，进一步降低管理国家公园的成本；可通过设立国家公园保护基金，吸纳民间资本和公众捐款，以及利用国际合作通道等，多渠道多元化筹集资金。建议直接划分中央级国家公园和省级国家公园。中央产权、中央直管的国家公园，财政事权划为中央财政事权，由中央承担支出责任，纳入中央部门预算，由国家公园管理机构全面履行职责。省级产权、省级负责的国家公园，由省级承担支出责任，纳入省级部门预算。对于中央委托省级管理模式，明确国家公园生态保护和自然资源管理、生态保护监督等管理办法，以细化的财政事权为基础给予转移支付，以管理办法为基础依据管护成效给予省级奖补，完善激励约束机制。从中长期看，随着条件成熟，中央、地方共同管理模式宜改为中央直管模式，由中央承担相应的财政事权和支出责任。

八是建立健全多方参与机制。在国家公园建设、运行、管理、监督等各环节，以及生态保护、科研教育等各领域，引导公园内外公众、专家学者、企业、社会组织等积极参与。大力发展以新型生态农业为主导的社区参与模式，促进生态文明建设，对农业加以适当限制和引导，发展生态农业，形成国家公园的农村社区参与特色；鼓励社区居民积极参与生态旅游建设，包括旅游产品设计、旅游规划实施、访客接待、园区服务等，对自然资源、当地原生文化、传统知识进行保护；支持社区整体、社区企业或居民通过投标、投资方式，参与国家公园特许经营项目，承担国家公园特许经营范围内的基础设施建设、环保服务、日常管理与运营、民宿、农家乐、访客体验等项目运营；建立多方协商和利益协调机制，通过共管委员会解决参与各方的矛盾、冲突和问题；定期开展集中培训活动，邀请专业管理团队、服务团队、环保专家等定期开展知识培训讲座，提高社区居民对国家公园的理论认识，形成正确的国家公园可持续发展观。

陕西黄河文化“两创”发展分析报告

刘　宁*

摘　要：　陕西黄河流域有丰富的物质文化、制度与思想文化资源。近年来，陕西出台一系列有关黄河文化的规划与政策，大力实施陕西黄河文化遗产系统保护工程，加强对黄河遗址的保护修复，推进石峁遗址、西汉帝陵、唐代帝陵申报世界文化遗产工作。沉浸式体验、互动式演艺开启了陕西文旅新模式，科技应用、数字传播开辟了陕西文旅新路径。陕西省应该高度重视黄河文化遗产整理与研究，加强小而精的文化项目建设，加强陕西黄河文化的呈现，以文旅促进陕西黄河文化传播与发展。

关键词：　黄河文化　文化遗产　陕西

习近平总书记在《在黄河流域生态环境保护与高质量发展座谈会上的讲话》中指出：在我国5000多年文明史上，黄河流域有3000多年是全国政治、经济、文化中心，孕育了河湟文化、河洛文化、关中文化、齐鲁文化等，分布有郑州、西安、洛阳、开封等古都，诞生了“四大发明”和《诗经》《老子》《史记》等经典著作。① 陕西黄河文化是黄河文化的重要构成部分，浓缩了中华文明上千年的时代精华，体现了世界古代东方的先进文化，见证了东西方文明的交融与碰撞。

---

* 刘宁，文学博士，陕西省社会科学院文学艺术研究所副所长、研究员，主要研究方向为中国文学、黄河文化、城市文学与文化研究。

① 习近平：《在黄河流域生态环境保护与高质量发展座谈会上的讲话》，《求是》2019年第20期。

一　陕西黄河流域地理空间与黄河文化构成

（一）陕西黄河流域地理空间

陕西处于黄河流域中游。黄河干流在陕西境内全长 719 公里，陕西黄河流域分为三个部分，其中关中和陕北是黄河文化主体区域。按照钱穆的讲法，中华文明发源于黄河流域，准确地讲，源于黄河流域的重要支流渭河、汾河和伊洛河，而陕西在潼关渭河、黄河、洛河构成的黄河金三角地带，向东甩出一条中华文明轴。黄河从陕北府谷墙头村进入陕西，从韩城龙门流出陕西，在山陕峡谷中奔流，穿越世界上最大的黄土高原，右岸是陕西，左岸是山西，黄河在两岸高山的加持下蛇曲盘旋而行。潼关对面是山西风陵渡、中条山，这条文明轴一直延伸到太行山，与东边广阔的华北平原连接在一起，这里便是中华文明的重要发祥地。

（二）陕西黄河文化构成

渭河是黄河的最大支流，是关中的母亲河。渭河流域的仰韶文化异常灿烂，距今约 20 万年的大荔文化是新石器时代在关中产生的典型文化之一，宝鸡北首岭、临潼姜寨、西安半坡遗址是新石器北方农耕文化的代表，半坡遗址是黄河流域规模最大、距今六七千年的母系氏族公社村落遗址。

1. 神话传说丰富——探究中华文明起源

神话是人类童年时期的产物，潼关一带流传着夸父逐日故事。《山海经》载：“夸父与日逐走，入日。渴欲得饮，饮于渭河，河渭不足，北饮大泽。未至，道渴而死。弃其杖，化为邓林。”在潼关一带，流传着女娲抟土造人的传说，如今还建有娲皇宫。陕西蓝田县有华胥氏陵寝，宝鸡一带则流传着炎帝神话传说。炎黄二帝主要活动地域和归宿地是黄河文化核心区域。黄河西岸陕北石峁文化遗址，据说是黄帝都邑，韩城的禹门口有大禹庙和大禹导河积石山以至的龙门，唐代祈福于华岳神庙。

2. 黄河物质文化

第一，关隘、津渡、桥梁——交通文化。界定陕西关中的陇关、萧关、大散关、函谷关与中国历史紧密相连。潼关关城是中国杰出的军事防御建筑。夏阳渡即今韩城黄河渡口，抗战时期八路军由此东渡黄河，开赴抗日前线。三河交汇地带（潼关到函谷关——中华文明轴心地带）的潼关是渡口、港口。第二，水利灌溉、渭河航运——水利文化。郑国渠是战国时期秦国修筑的大型水利工程，引泾灌溉。汉代漕渠是汉武帝任用郑当时为大司农，在渭河南岸沿渭河开挖的一条人工渠，引渭河水到达潼关。第三，都城遗址与帝王陵寝文化——都城文化。历史上关中三起三落，拥有西周、秦汉、隋唐三个鼎盛时期，西周之丰镐、秦之咸阳、汉之长安、隋唐长安城构成大关中都市群。秦都咸阳法天象地，汉十一陵与唐十八陵形成“西风残照，汉家陵阙”文学意象，隋唐长安城在中国都城史上具有划时代意义，开启里坊制。都城是国家文化的重要体现，陕西西安有千余年国都史，周秦汉唐时期处于中华文明鼎盛时期，创造了辉煌灿烂的历史文化。第四，黄河岸边城堡与古村落——村落文化。主要集中在渭南和陕北地区。人常说，铁佳州，铜吴堡，生铁铸就绥德州。村落里的民居、寺庙、戏台构成的古建筑群，是以物质文化形态存在的黄河文化，如三原柏社村地坑院、党家村黄河岸边的明清建筑群、韩城王峰村的桥梁。陕北延川黄河流域民居，处于乾坤湾景观，马家湾村、上田家川村、甄家湾村、碾畔村、刘家山村连片存在。黄土地是旱地粟作农业发祥地。陈炉古镇千年炉火不绝。

3. 制度与思想文化

陕西是中华文明重要发祥地之一。西周时期“制礼作乐”，奠定了中国礼乐文化的基础。中国文化中的天命、仁政、民本、宗法、伦理思想，均肇始于西周。秦汉时形成了国家制度，汉武帝“罢黜百家、独尊儒术”形成了儒家定为一尊、天下思想一统的局势。隋唐科举取试制度打破了魏晋以来门阀等级制度，形成了影响后世千年的公开竞选的人才选拔制度。北宋张载在关中创立关学，“为天地立心、为生民立命、为往圣继绝学、为万世开太平”横渠“四句”光耀千秋。蓝田四吕创立的《吕氏乡约》影响中国乡土社会千年。

4. 红色文化

陕西黄河流域的红色文化非常丰富。延安作为革命圣地，拥有丰富的红色革命文化遗址。延安共有革命旧址 445 处，革命类纪念馆 30 座。1935 ~ 1948 年，中国共产党在延安 13 年，留下凤凰山、杨家岭、枣园、王家坪、抗大、四八烈士陵园、鲁迅艺术文学院等革命遗址。延安革命纪念馆展出珍贵革命文物、文献和照片，其中馆藏文物 3.5 万多件，历史照片 1.8 万余张。抗战时期，红军东征，黄河在红军东渡过程中发挥了巨大作用。

5. 黄河文艺——精神文化

第一，古代黄河诗。《诗经》记载黄河流域先民生活的种种，如“关关雎鸠，在河之洲”。唐代是黄河诗鼎盛时期，李白诗云“黄河西来绝昆仑，咆哮万里触龙门”。咏华山诗有“西岳峥嵘何壮哉，黄河如丝天际来”。咏潼关诗丰富。元代张养浩的“山河表里潼关路”，清时谭嗣同诗云“终古高云簇此城，秋风吹散马蹄声。河流大野犹嫌束，山入潼关不解平”。第二，抗战时期黄河文学。1936 年，毛泽东在陕北黄土高原上眺望黄河与长城，写下“大河上下，顿失滔滔。山舞银蛇，原驰蜡象，欲与天公试比高”。《黄河大合唱》是战时诗与乐的完美结合，表现了民族觉醒与抗争以及重建新文明的愿望。艾青在抗战时期写出《潼关》《陇海线上》等诗歌。“我看见我们的祖先，带领了羊群，吹着笳笛，沉浸在这大漠的黄昏里；我们踏着的，古老的松软的黄土层里，埋有我们祖先的骸骨啊。”[①] 第三，1950～1970 年代的黄河文艺。长安画派是以表现黄土高原、黄河为主的新山水画派。1960 年代，石鲁曾先后完成《东方欲晓》《延河饮马》《转战陕北》等作品，《南泥湾途中》表现黄土高原的壮阔，《禹门逆流》显现黄河两岸黄土高原的山石结构、滚滚浊浪和激流。第四，1980～1990 年代的黄河文学与文艺。黄土地是 1980 年代文学的主要写作对象，如路遥的《平凡的世界》《人生》。和谷的《又是潼关夜》《关城暮色》《访潼关古渡》《船歌》《黄河岸边的村野》《母亲河塑像》等作品写黄河上扳船拉纤，《黄河古渡》描写延水关古渡口扳水船的壮观场面，《延河的声音》描写延河风景，毛主席在南泥湾、杨家岭的情境。1980 年代，《老井》《黄河谣》《人生》等电影作品皆是黄河滋养的艺术。第五，21 世纪以来的黄河文学。冷梦的《黄河大移民》《高西沟之歌：一个陕北村庄的绿色之梦》《浐灞手记》作品，反映了黄河流域移民搬迁、黄土高原水土流失治理、关中水利生态文明建设现象。

---

① 艾青：《北方》，中国文联出版社，2009，第 12～13 页。

二　黄土高原水土流失治理与生态文明建设

黄河中游的水土流失问题是黄河泥沙灾害的重要问题。延安曾是黄土高原水土流失最严重的地区之一。随着退耕还林、植树造林等治理水土流失举措的持续推进，现在的陕北山山峁峁被山林覆盖。延安市宜川县一支由 30 多人组成的悬崖造林队活跃在黄河西岸的悬崖峭壁之上。据 2023 年 3 月 30 日《新华每日电讯》里《不留一寸荒山：陕西宜川"悬崖造林队"种树记》报道：2004~2023 年，宜川县造林队连续 19 年在宜川种下近 4 万亩至少 280 万棵树。2021 年，延安植被覆盖率达 81.3%，年入黄河泥沙量由过去的 2.58 亿吨减少到 0.31 亿吨。

陕西多年持续推进荒漠化综合防治和"三北"等重点生态工程建设，统筹推进山水林田湖草沙一体化保护和系统治理，使"三北"工程区生态环境面貌发生了翻天覆地的变化。陕西省绿色版图向北推进 400 多公里，以陕北为核心的黄土高原成为全国连片增绿幅度最大的地区。陕西位于毛乌素沙地南部、黄河"几字弯"腹地，肩负打好全国黄河"几字弯"攻坚战的重任。陕西荒漠化综合防治和黄河"几字弯"攻坚战涉及 68 个县（市、区），覆盖陕西全部荒漠化、沙化土地和 70%的水土流失区域。

三　博物馆建设与陕西黄河文化创造性转化实践

（一）出台一系列有关黄河文化的规划与政策

近年来，陕西省对黄河流域的文物保护、非遗传承、文艺创作、文旅发展、传播推广、交流合作等领域进行决策部署，出台《陕西省黄河文化保护传承弘扬三年行动计划（2022—2024 年）》《陕西省黄河流域生态保护和高质量发展规划》等文件，形成一批标志性研究成果，建设一批支撑性项目，培育一批引领性品牌，开展一批有影响力的活动，创作一批代表性文艺作品，极大地推进了对黄河文化的保护传承弘扬，推动黄河流域文化遗产保护利用体系、黄河文艺创作体系、文化和旅游公共服务体系、现代文化产业体系、旅游业体系、黄河文化标识体系形成。

（二）实施陕西黄河文化遗产系统保护工程，推动黄河文化遗产系统保护

加大对周原、秦咸阳城、汉长安城、统万城、大明宫、长城等遗址的保护修复力度，推进石峁遗址、西汉帝陵、唐代帝陵申报世界文化遗产工作。守好老祖宗留下的宝贵遗产，对先民留下的多重文化财产，包括物质层面的古代遗物、遗址和遗迹及非物质层面的思想传统、风俗习惯进行展示和传承，彰显中华文明。

陕西省考古研究院建成“科学发掘—保护利用—展示阐释”三位一体的全国首家考古博物馆（于2022年4月开馆），开国内考古机构改革之先河，为新时代中国考古发展提出“陕西方案”。陕西考古博物馆位于西安市长安区郭杜街道周家庄村南，建筑风格与秦岭生态区和香积寺的文化风格融为一体，总建筑面积为36000余平方米，本体建筑总面积达到10700余平方米，另有室外展陈区域1000平方米。其常设展览以“考古圣地 华章陕西”为主题，展出文物4000余件，分为考古历程、文化谱系、考古发现、文保科技四大篇章。

（三）沿黄公路与陕西黄河文化博物馆建设

近年来，榆林建成陕北民歌博物馆、统万城国家考古遗址公园、石峁博物馆等多个城市文化新地标。2022年7月30日，耸立在秦岭脚下的西安国家版本馆开馆，成为中华版本资源集聚中心、西部区域中心和地方特色版本中心，收藏209万册版本资源、160TB数字资源，传承发展中华文化，描绘中华文明赓续的历史画卷。

2023年10月27日，陕西黄河文化博物馆在佳县正式开馆。黄河流经佳县73公里，黄河在陕西境内全长719公里，因此黄河在佳县流经长度占其在陕西流经长度的10%左右。佳县境内有龙山文化石摞摞山遗址等文物景点850处，在黄河文化传承发展中具有重要地位。陕西黄河文化博物馆填补了陕西黄河文化类博物馆的空白，建筑面积达到16780平方米，共4层，展陈文物和实物1万多件，以黄河为源脉，从自然地理、人文历史等多维度讲述历史故事、

大河风貌和文化渊源；通过文物、图版、浮雕、游戏互动等多种形式，展示黄河文化历史。博物馆里 VR 体验、互动游戏等一系列创新展示手段，带给参观者强烈的视觉冲击，为参观者提供了一种沉浸式体验。

2023 年 11 月 29 日，位于榆林市神木市的石峁博物馆正式对外开放。这标志着作为“中华文明探源工程”重要遗址的石峁遗址考古发掘、研究保护取得阶段性成果。石峁遗址是黄河中游地区龙山晚期至夏代早期之间的一个超大型中心聚落，规模远大于年代相近的良渚、陶寺遗址等城址，馆藏陈列以“中华古国文明王朝”为主题，通过“巍巍石峁”“王者之城”“都邑生活”“赫赫之名”四大板块，全面、立体、真实地展示了石峁遗址考古成果和遗产价值，彰显了石峁文明在中华文明起源多元性及发展过程中的重要价值和独特地位。博物馆展区面积达 5943 平方米，展出石峁遗址和石峁文化时期出土的玉器、石器、陶器、骨器、石雕石刻和彩绘壁画等各类珍贵文物 688 件。

榆林市佳县赤牛坬村自建仓储式民俗博物馆十余种，分为家居、谷粮、食品、灶具、劳动场景、传统工具、瓶壶、坛罐、石刻、瓦器、放羊、服饰、鞋靴、生活器皿等 168 个展室，体量巨大。村里演出“高高山上一头牛”生活劳动场景，演员全是本村农民。这种全民全景、多维多面的文化生活，真正体现了“陕北不朽，黄河不朽，黄土高原不朽，人民传统不朽，老革命根据地不朽”①。

陕西沿黄公路全长 828.5 公里，被誉为中国一号公路。这条观光公路北起榆林府谷，南至渭南华山，将黄河西岸 4 市 12 县、陕北与关中地区 50 多处旅游景点和 30 余处特色农业产业园连接起来，沿途拥有清涧的太极湾、延川的乾坤湾、吉县和宜川的壶口瀑布、韩城的龙门古渡、合阳的洽川湿地、大荔的黄河滩区、潼关的三河汇流等著名景观。沿黄公路为生活在黄河岸边的人们带来发展新机遇，现已成为黄河陕西段高质量发展的乡村振兴致富带、文化旅游观光带、特色产业发展带和沿黄生态城镇带，打造集旅游休闲、民俗文化、田园度假、生态体验于一体的沿黄旅游文化村庄，以自然与人文美吸引游客。

---

① 王蒙：《绝顶的赤牛坬》，《光明日报》2023 年 3 月 30 日，第 1 版。

（四）“黄河记忆——2023年黄河非遗大展”

2023 年 10 月 28 日，由陕西省文化和旅游厅、延安市人民政府主办的“黄河记忆——2023 年黄河非遗大展”启动，陕西黄河文化旅游联盟发布 9 条“黄河之心 人文陕西”非遗之旅特色线路。线路 1：陕西黄河风情非遗之旅，依托陕西沿黄观光路。线路 2：“转战陕北”红色遗迹非遗之旅，探访伟人足迹，依托 1947 年 3 月至 1948 年 3 月毛泽东主席率中央机关转战陕北足迹。线路 3：文化寻根非遗探访之旅，寻根历史文化，探访中华文明，依托西安东北旅游环线。线路 4：渭河文化非遗之旅，走进关中大地，体验帝都文化，依托黄河第一支流渭河观光道。线路 5：秦岭山水非遗体验之旅，依托秦岭北麓环山公路，探寻秦岭主峰太白山、楼观台、秦岭国家植物园、周至水街、鄠邑区农民画博物馆等，体验关中社火、西府道情、大蜡制作技艺、何家营鼓乐、长安泥塑等。线路 6：黄土风情非遗文化之旅，行走陕北大地，聆听古老的黄土地之声，依托陕北文化生态保护区，看延安革命纪念地、圣地河谷金延安、南泥湾、黄河壶口瀑布、黄帝陵、麻黄粱黄土地质公园、甘泉大峡谷、安塞西营民俗文化村、冯家营千人腰鼓文化村、乾坤湾、文安驿、梁家河、木头峪、黄河文化博物馆、杨家沟、高西沟、郭家沟、白云山、太极圣境、统万城、波浪谷、石峁遗址、高家堡古城、红碱淖、陕北民歌博物馆、陕北民俗文化大观园、府州古城、镇北台、红石峡等。线路 7：文旅街区非遗慢赏之旅，观街区人潮，赏炫彩非遗，依托城市高铁、动车等便捷的交通工具和自驾车，主要看点为西安大唐不夜城、永兴坊、易俗社文化街区、长安十二时辰等。线路 8：古镇名村非遗乡愁体验之旅，依托乡村振兴典型村镇，如袁家村、马嵬驿、茯茶小镇、党家村、灵泉村、梁家河、杨家沟、赤牛坬。线路 9：依托延安红色革命文化资源，看壶口瀑布、乾坤湾、圣地河谷·金延安、延安红街、宝塔山、枣园革命旧址、杨家岭革命旧址、西北局革命纪念馆等，观看《延安保育院》《延安延安》《再回延安》等红色主题演出。

（五）建立陕西黄河文化旅游联盟，开发黄河旅游

2023 年 9 月，陕西黄河文化旅游联盟推出陕西黄河 100 景，邀请全国游客和本省城乡居民开启走进黄河流经市县之旅，涵盖黄河干流陕西段河道、

河岸及延伸段的主要景观与景点。陕西黄河文化旅游联盟是在陕西省文化和旅游厅指导下，由陕西沿黄城市榆林、延安、渭南、韩城四市共同发起成立的合作组织，目的在于携手共创陕西黄河文化旅游品牌，促进沿黄城市宣传联动、优势互补、资源共享，推动黄河国家文化公园陕西段建设和文旅高质量发展。

西北旅游文化研究院与中外传播智库联合发布的《2023 中国黄河旅游发展指数报告》指出，陕西黄河文化旅游综合发展指数为 72.6，仅次于排第一名的山西（79.8）；国内新媒体传播综合指数排第四名，黄河文化旅游综合发展指数排第二名。在黄河旅游景观传播影响力 TOP10 中，陕西华山排第一名，壶口瀑布排第二名。在黄河流域夜间消费聚集区传播影响力 TOP10 中，西安大唐不夜城步行街排第一名，陕西同时上榜的还有延安圣地河谷金延安（排第八名）。在黄河文化旅游节事活动传播影响力 TOP20 中，陕西上榜的有清明公祭黄帝典礼、秦岭与黄河对话、“清爽榆林”文化旅游季。

四　中华优秀传统文化与陕西黄河文化创新性发展实践

2022 年，大唐不夜城文化全景展示“长安十二时辰”（简称“时辰”），主题街区开市即巅峰，全网媒体矩阵粉丝量超过 700 万，单条视频最高播放量达 3200 万次。截至开业一周年，该街区累计接待国内外游客超过 200 万人次，全网曝光量超过 200 亿次，冲上抖音全国热榜和微博同城热搜榜第一，斩获包括文化和旅游部“2022 年度文化和旅游最佳创新成果”、“2022 年度国内旅游宣传推广十佳案例”和龙雀奖在内的 20 余项国家级、行业内大奖。2023 年 4 月以来，“盛唐密盒”（与“长安十二时辰”一起简称为“时辰·密盒”）在大唐不夜城 23 个文艺节目中脱颖而出，浙江宣传、半月谈等国内重要传媒分别撰文推广，10 天内联动拍摄的主流媒体宣传曝光量高达 1000 万次以上，全网累计曝光量预计达 6 亿次以上。

“时辰·密盒”是以中华优秀传统文化驱动传统商业转型的典范，是陕西推动中华优秀传统文化创造性转化、创新性发展，在五千多年中华文明的基础上开辟和发展中国特色社会主义文化、建设中华民族现代文明、担负新的文化使命的典型个案探索，拥有诸多可借鉴的成功经验。

（一）植根传统、青春点睛的主题文化开拓陕西文旅新场域

“时辰”主题街区以仿唐实景建筑，复原一个占地 240000 平方米、三层的宏大文化场域、文旅实景体验空间，构建一个全景式、多层次体验的盛唐文化生活场景展示地，形成集唐文化空间娱乐、市井文化体验、主题沉浸互动、唐乐舞演艺、文化社交休闲等于一体的文化空间。在仿唐建筑及唐诗、唐茶、唐印、唐币、唐饰、唐乐等盛唐文化的打造下，游客不仅感受到盛唐文化万千气象，更体味到唐文化“浓春”特色。唐文化全景深度沉浸式体验街区让游客开启“一步入门是盛唐，一日看尽长安花”穿越体验之旅。源于“房谋杜断”历史典故的“密盒”创意，是大唐不夜城抓住民族文化复兴新风口，提炼的彰显唐文化主题的文旅 IP 标识。青春激活唐文化主题文旅现代活力，“Z 世代”成为旅游消费新群体。陕西以开阔的心胸和旺盛的文化创新力，实现中华优秀传统文化创造性转化与创新性发展，以全景式场景与旅游场所融合，开拓出陕西文旅高颜值、年轻化新场域。

（二）沉浸式体验、互动式演艺开启陕西文旅新模式

“时辰”注入影视剧《长安十二时辰》经典 IP 和唐市井文化内涵，在开放式街市空间融入歌舞演艺、古乐表演、街头杂耍、情景剧、大唐美食的沉浸式体验场景，唤起了身着华美汉服的“95 后”，乃至更多青年女子对长安丽人的美好生活想象。每天每个时辰上演一出唐人唐剧，游客阅一则唐书唐剧，文艺赋能、诗意审美加持，丰富了人们对盛唐文化经典 IP 的想象力，彰显了民族处于上升时期的审美意趣和海纳百川的自信心。近年，西安城市演艺迅速崛起。大唐不夜城景区依托区位空间优势，突出唐文化主题，进行《长安十二时辰》影视剧 IP 开发，永兴坊开发打造大唐宴饮，西安演艺集团研发主题表演，实现唐文化主题创新突破，极大地提升了陕西文化旅游市场在全国的影响力。陕西文旅通过多模态、多感官沉浸式体验，以及互动式演艺，增强或改变了人们对现实世界的感知和互动方式，丰富了文旅体验新业态。

（三）科技应用、数字传播开辟陕西文旅新路径

抖音、微信、小红书、视频号等网络平台加盟助力，使“时辰”主题

街区一时之间成为热搜及热榜话题。“杨贵肥”借势产出多条优质内容，成为全网流量王者。虚拟现实、增强现实、光影等技术赋能的舞美艺术与现场演员的精彩表演结合，极大地提升了游客的体验感和审美力。数字技术复活秦俑，3D 打印文旅产品，赋予文物活力。更有层出不穷的民间视频和不断更新的抖音视频赋予“密盒”视频新内涵，不夜城也因此迅速登上微博热搜。文旅融合示范街区智慧管理系统的建立，使大唐不夜城通过纽约时代广场大屏成功吸引世界的目光，增强了陕西文旅国际传播力。

（四）品牌打造、文旅融合联动陕西新经济消费

第一，陕西文旅带动经济发展，拓展城市夜间聚集区。长安十二时辰主题街区开街前，只有3%的汉服游客，截至2023 年4 月这一比例提升到30%。龙头企业陕文投下辖的唐时良辰文化旅游发展有限公司，在门票、汉服、文创产品、非物质文化遗产美食、唐宴等方面的多元经济投入，获得巨大的回报，并带动周边大批企业发展。该公司还与北京、西安、烟台、武汉等 20 个城市的头部汉服社团深度合作，建立“时辰”主题街区专属汉服社团联盟、文化创意联盟，带动同程旅行发布《同程旅行“Z 世代”跨界营销》，拥有中央电视台、大话西游、同城旅行、腾讯视频等街区场地合作品牌。

过夜游背后的核心指标是酒店预订量。《西安城记》2023 年 2 月 8 日《“如何看待西安城被刷屏？其实，我们更看重这个“第一”指标》一文指出：“春节假日热门酒店预定城市中西安成为排名第一的城市……曲江新区共接待游客 536. 97 万人次，省内游客占总人数 48. 15%，省外占 51. 85%。”“密盒”与大唐不夜城其他文旅产品带动曲江月光经济。大唐不夜城融合大型购物广场与文化艺术展区，拓展旅游产业链条，开设多家汉服体验馆，产生化妆、跟拍收费项目。该街区周边聚集银泰、大悦城等大型商业综合体，形成集观光游憩、演艺体验、特色餐饮、购物娱乐于一体的夜光产业体系，展现千年古都夜景魅力。

第二，在传统文化挖掘和运用上做足功课。近年来，陕西以易俗社为中心，新建易俗社百年博物馆、中国秦腔艺术博物馆、老字号美食街等。易俗社文化街区不定期的乐队公演、剧本杀与新式潮饮的入驻等，吸引了越来越多的年轻人。西安把城市有机更新同保护历史遗迹、保存历史文脉相结合。汉杜陵

遗址公园实行退耕还林模式，唐长安城墙遗址公园开辟为城市居民生活娱乐场所。2021 年，汉长安城未央宫国家考古遗址公园将专题展厅、景观栈道、园林绿化、现代农业串联在一起。

第三，推动非遗文化传承与发展。蓝田县王维、四吕文化研究会协助有关政府部门启动王维辋川文化申报为“国家非物质文化遗产”。陕西咸阳茯茶制作技艺成果入围人类非遗代表作名录，是陕西继西安鼓乐、中国剪纸、中国皮影戏之后，第四项人类非物质文化遗产。传统茯茶包含清选、切茶、炒茶、发花等 14 道工艺。经加工后的茶叶发酵出饱满的金花，成为茯茶区别于其他黑茶的主要标志，被誉为“丝路黑茶”。近年来，咸阳茶产业快速发展。在陕西省文化和旅游厅的引导支持下，当地成立了茯茶制作技艺恢复小组，通过寻找老茶工、建立非遗传承基地、文旅融合等方式，让古老的茯茶制作技艺焕发新生。

（五）黄河文艺的保护、传承与创新性发展

1. 保护行鼓艺术

韩城市出台支持行鼓艺术政策，完善保障机制等，对鼓谱、表演形式、鼓阵采取静态保护，同时实施动态保护，建立生态村，保护鼓队、鼓手，推动行鼓艺术影响力提升。2020 年，韩城市文化馆以大写意的方式，将行鼓艺术和现代舞蹈艺术结合，推出舞蹈《行鼓行》，成为第九届陕西省艺术节群星奖舞蹈类五件获奖作品之一。陕西省文化和旅游厅因韩城行鼓，命名韩城市为 2021—2023 年度陕西省民间艺术之乡。

2. 潼关黄河老腔代代传唱

黄河老腔发源于陕西潼关境内的黄河、渭河、洛河三河交汇处，即三河口。从 2017 年黄河老腔作为非遗进入校园起，截至 2023 年，黄河老腔已培养 8 个团队，创造 50 多个新节目。陕北民歌在 2008 年被列入第二批国家级非物质文化遗产名录。黄土高原和黄河水孕育出璀璨文明，积淀下丰厚的民俗风情。陕北民歌是黄土高原与黄河水之间诞生的艺术奇葩，品类丰富，包括信天游、旱船曲、酒曲、二人台、榆林小曲、清涧道情、传统小调等。陕北民歌以音乐为符号，经口口传唱，成为经典。20 世纪 30 年代及以后，土地革命、抗日战争、解放战争等，为陕北民歌增加了革命元素。

3. 秦腔《梦回长安》登上中国—中亚峰会文艺演出舞台

2023 年 5 月 18 日，在陕西西安大唐芙蓉园内，习近平夫妇同贵宾共同观看了中国同中亚国家人民文化艺术年暨中国—中亚青年艺术节开幕式演出。秦腔《梦回长安》与陕北民歌《天下黄河九十九道弯》交相呼应，激活人们汉唐文化记忆，展现盛世中华的恢宏气象，彰显汲古润今的文化神韵。

4. 文旅演艺精彩频出

2022 年 8 月 10 日，陕西印发《陕西省打造万亿级文化旅游产业实施意见（2021—2025 年）》。截至 2023 年，陕西创作推出 70 余部在全国具有知名度的旅游演艺项目，创建 12 个国家级文化产业示范园区、基地，2 个国家级文化和旅游消费试点示范城市，8 个国家级夜间国家文旅科技创新项目，形成多个对外文化交流品牌。冰火《长恨歌》用冰雪冷资源，舞出文旅融合“热经济”案例。该舞剧以白居易传世名篇《长恨歌》为蓝本，再现唐玄宗与杨玉环的爱情故事。该舞剧演出 17 年，成为陕西旅游的金名片。2023 年，冰火《长恨歌》为陕西文旅事业复苏按下快进键，自 2022 年 12 月至 2023 年 2 月 28 日，共演出 133 场，接待 30 余万人次，创收近 7000 万元，接待量、总营收再创新高，超过 2019 年暑假旺季时的经营数据，经营收入相当于国内成熟演艺一年的总收入，全面实现了旅游经济效益和社会文化效益的双赢①。

刘宁的作品《黄河中国——踏遍大禹走过的土地》，入选 2023 年陕西省重大精品项目。2023 年，陕西的学者在黄河文化研究上取得显著的成果，李夏、屈健在《江汉论坛》上发表《民族斗争精神的图像表达——以新中国黄河主题美术为中心的考察》，著名作家贾平凹发表《记黄河晋陕大峡谷》，王蒙发表《绝顶的赤牛坬》。王蒙写道：“赤牛坬活力无边，看着这些博物馆里的农家什物，于是，从烟火生计、家国天下、艰苦奋斗，到革命情怀、改天换地……你一下子什么都明白了。……生活就是文化，村庄就是景点，山坡就是舞台，人民就是主角，一举一动都是纪念，一声一息都是乡土中国。”②

5. 录制黄河文化宣传节目与制定黄河旅游手册

2022 年，由陕西省文化和旅游厅、陕西黄河文化旅游联盟设计编印的

① 任丽：《冰火〈长恨歌〉留下温暖记忆》，《中国旅游报》2023 年 3 月 3 日，第 3 版。

② 《「烟火人间」绝顶的赤牛坬》，“光明网”百家号，2023 年 3 月 30 日，https://baijiahao.baidu.com/s?id=1761730890519995113&wfr=spider&for=pc。

《陕西黄河之旅》宣传图册完成制作，专门绘制了《陕西黄河旅游带景观示意图》《陕西黄河流域高 A 级旅游景区分布区》，集中展示沿黄城市榆林、延安、渭南、韩城的文化旅游资源、重点景区、美食特产、非遗项目、精品线路等，还呈现陕西黄河流域名城大观、县域分布等，对黄河流域在陕西的区域进行介绍，是广大游客了解陕西、畅游陕西、体验陕西黄河文化的旅游手册。2023 年 1 月，陕西省档案馆联合央视国际在线，制作了八集纪录片《黄河沿岸的丰碑 · 陕西篇》，在各大媒体同步上线，一经播出便引起强烈反响。

五　传承、弘扬陕西黄河文化的建议

（一）高度重视陕西黄河文化遗产整理与研究，加强小而精的文化项目建设

全面挖掘梳理陕西黄河文化资源，尤其是加强黄土高原红色与绿色革命展示和研究。陕西黄河文化以关中文化与陕北黄河文化为主要构成，因此要加强关中在黄河文化发展中的地位和作用，实现从历史关中到当代关中的现代转型与发展。具体落实在：晋陕黄河大峡谷右岸植树造林建设，整理与研究关中历史文化遗产与农耕文明遗迹，陕北石城古遗址发掘和历史遗迹整理与研究，关中民间文化遗存搜集与整理研究，等等。

（二）编撰出版陕西黄河文艺精品图书和文化标识丛书

1. 打造陕西黄河文艺精品图书

以陕西黄河文学（包括陕西籍作家创作的反映渭河及陕西黄河水利的文学作品），以及陕北、关中民歌、民谣、戏曲（秦腔、华阴老腔、眉户、碗碗腔等）、唢呐、腰鼓、黄河行鼓等为中心内容，出版陕西黄河文艺丛书。

2. 编撰陕西黄河文化标识丛书

深入开展对潼关一带黄河、华山、高原、山河交汇地带（中华文明轴心地带），以及民族发祥的象征人物，如黄帝、华胥氏、炎帝、女娲等的象征意义的挖掘，编撰以山河地理、民族发祥人物、沿黄历史文化名村、中华民族地理与精神标识为主题的陕西黄河文化丛书。

（三）加强呈现陕西黄河文化，以文旅促进陕西黄河文化传播与发展

以人物、都城、村落、精神标识、文艺，呈现陕西黄河文化。以主题挖掘、文化符号提炼、活动设计、文艺沉浸式演艺、数字化呈现、精品文旅路线、特色饮食、厚重历史人文，传播陕西黄河文化。

第一，数字 IP 创建。制作黄河神话故事动漫。以夸父逐日、女娲抟土造人、巨灵神劈山、沉香劈山救母等神话故事，制作数字动漫。打造华小山、黄小原、长小安、渭小河、轩小辕等陕西黄河吉祥物。借助咏陕西黄河的诗词歌赋，以影视剧改编、短视频等小屏短剧创作，吸引大屏和小屏多元人群，实现流量互引。

第二，“沉浸式体验+演艺”，增加陕西黄河文艺精品传播途径。以虚拟现实、增强现实、光影等数字技术，让壶口瀑布、龙门的沉浸式体验成为可能。

第三，“陕西黄河精品文旅路线+千年陕菜+秦风、汉赋、唐诗主题住宿”，设计以下主题旅游路线。

华夏之都：“古都遗址+唐诗汉赋吟咏+陕菜”，沣镐—咸阳—汉长安—唐长安城（大明宫、兴庆宫）。

文明标识：“陕西一号公路+中华文明地理景观”，华山—黄帝陵—宝鸡炎帝陵—潼关三河交汇、女娲宫—延安宝塔。

“岳色河声”：“黄河津渡+演艺”，壶口—龙门—夏阳渡—川口渡—咸阳古渡。

黄河边新中国：“红色文化+绿色革命”，延安—南泥湾—梁家河—鲁迅艺术文学院—延安革命纪念馆—高西沟—郝家桥—赤牛。缅怀革命文化精神血脉，体验社会主义先进文化发展脉络。

黄河水利：郑国渠—漕渠—昆明池—曲江遗址公园。

山西黄河文化“两创”发展分析报告*

张文霞　韩雪娇**

摘　要： 在“两创”方针指引下，山西全面阐释黄河文化内涵特征，积极推进黄河文化繁荣发展，文化遗产保护利用成效斐然，文化旅游深度融合发展，文化交流合作持续深化，文化创新创造活力充分迸发。新时代新征程，山西要深入挖掘黄河文化的时代内涵，加快推进黄河国家文化公园（山西段）建设，讲好山西“黄河故事”，保护好、传承好、弘扬好黄河文化，在黄河流域生态保护和高质量发展国家战略中体现山西担当。

关键词： 黄河文化　黄河国家文化公园（山西段）　山西

黄河文化是中华文化的重要组成部分，山西是黄河文化根之所系、魂之所在。三晋文化作为黄河文化的重要组成部分，具有深厚的历史文化底蕴和丰富多彩、独具特色的文化旅游资源，为保护、传承、弘扬好黄河文化提供了坚实基础。近年来，山西高质量推进新时代文化强省建设，积极打造黄河文化保护传承弘扬重要承载区、黄河文化旅游业改革创新先行区，推动黄河文化创造性转化、创新性发展，建设世界级黄河文化旅游目的地，为黄河流域高质量发展提供精神引领标杆。

---

* 本报告系山西省社会科学院（山西省人民政府发展研究中心）2023 年度规划课题一般课题“黄河文化遗产的系统保护与文旅融合路径研究（YB202309）”的阶段性成果；2024 年度山西省哲学社会科学专项课题“山西黄河文化‘两创’路径研究”（2024WZ003）的阶段性成果。

** 张文霞，山西省社会科学院（山西省人民政府发展研究中心）经济研究所副研究员，主要研究方向为文化经济、区域经济；韩雪娇，山西省社会科学院（山西省人民政府发展研究中心）黄河文化研究所副研究员，主要研究方向为黄河文化、非遗。

一 山西黄河文化“两创”资源禀赋突出

习近平总书记在黄河流域生态保护和高质量发展座谈会上强调：“要推进黄河文化遗产的系统保护……深入挖掘黄河文化蕴含的时代价值，讲好‘黄河故事’，延续历史文脉，坚定文化自信，为实现中华民族伟大复兴的中国梦凝聚精神力量。”① 山西是黄河流域生态保护和高质量发展的重要省份，是黄河文化保护传承弘扬的重要承载区。山西黄河流域的面积达到全省面积的62.2%，聚集人口达到山西总人口的80%左右。可以说，山西黄河流域承载着历史底蕴丰厚的三晋文化，黄河文化之魂在山西，黄河文化之根在山西。要推动山西黄河文化“两创”建设，必须立足山西黄河文化的资源禀赋与核心优势。

（一）承载黄河文明的文物与文化遗产资源丰富

山西是文物大省，有全国重点文物保护单位531处，有全国仅存的3座唐代木构古建筑，有古戏台2800余座，有唐代以来彩塑12000余尊和壁画50000余平方米，均居全国第一，特别是黄河栈道遗址、黄河古渡口等重要文物，对于黄河文化的创造性转化、创新性发展有重要意义。黄河沿线的兴县碧村遗址、襄汾县陶寺遗址、匼河西侯度遗址等人类起源、文明起源重要遗址、地点，是探索中华文明起源与早期发展的重要区域，其考古发现实证了山西在百万年人类史、一万年文化史、五千多年文明史中的重要地位和作用。这些文物与文化遗产体量大、分布广，承载着黄河文明的起源，丰富了山西黄河文化的内涵，凸显了山西的资源优势，但也加大了山西黄河文化保护利用的难度。

（二）见证山西抗战史的红色文化资源完整

山西是一片红色热土，红色文化遗址有3400余处，已公布的不可移动革命文物有1150处，可移动革命文物有12767件（套），是全国八路军、红军东征有关文物遗存最完整、最丰富的省份。山西黄河沿线集聚着大量的红色文化

① 《习近平在黄河流域生态保护和高质量发展座谈会上的讲话》，中国政府网，2019年10月15日，https://www.gov.cn/xinwen/2019-10/15/content_5440023.htm。

遗址，如红军东征纪念馆全面反映了红军东征山西、抗日救亡的革命历程，晋绥边区革命纪念馆展示了晋绥边区在中国革命史中的地位和贡献，收藏的珍贵历史实物、照片、史料等对于山西抗战史研究意义非凡。革命先烈用鲜血和生命染红了这片土地。在革命斗争中形成的太行精神、吕梁精神，成为中国共产党人精神谱系的重要组成部分。

（三）传承黄河民俗的非物质文化遗产资源多样

山西是非遗宝库，有国家级非物质文化遗产 182 项、国家级非遗代表性传承人 149 名，数量均位居全国前列，有省级非物质文化遗产 1173 项，市县级和未列入名录的非物质文化遗产更是多如星海，成为山西民俗文化的亮丽名片。黄河流域是山西非遗的重要集聚区。山西民众在与黄河的互动博弈中，创造了大量富有时代性、地域性的黄河非遗文化，如晋南威风锣鼓、壶口原生态唢呐、黄河仙子故事、河曲民歌、九曲黄河阵等蜚声遐迩的非遗项目，具有活态性、独特性、灵动性优势，是破解文化“两创”同质化困境的优质资源。

（四）作为文化空间的传统村落资源富集

山西是北方汉民族地区传统村落数量最多、风貌最完整、集聚度最高、类型最丰富的省份，有 619 个村落被列入中国传统村落保护名录，数量居全国第 5 位。传统村落历史悠久、资源富集，集历史、文化、科学、艺术、社会、经济价值于一身，是黄河文化的活态载体。黄河流域及支流汾河、沁河流域有天然区位、资源、人口等优势，分布有大量的传统村落。忻州市偏关县老牛湾村位于紧临黄河的高地上，被称为长城与黄河握手的地方。碛口古镇坐落于黄河之滨，曾是“九曲黄河第一镇”，凭借黄河水运之利，成为明清时期的重要商贸渡口。传统村落具有地理、历史等意义上的独特性，也有文化、经济意义上的共通性，是山西黄河文化传承发展的文化空间，也是黄河文化“两创”的重要资源。

（五）山西黄河沿线的绿色生态底色鲜明

山西是黄河中游省份。晋陕大峡谷的特殊地理条件，缔造了黄河流域最为壮阔的自然景观，如永和乾坤湾形似一条蜿蜒盘旋的巨龙，风景壮丽秀美，形成了黄河蛇曲地貌群地质奇观；壶口瀑布在河床 50 米的落差中翻腾倾涌，声势浩大，颇为壮观。光未然曾行经壶口，创作出气势磅礴的《黄河大合唱》，成为自强不息、百折不挠之黄河精神的最好象征。近年来，山西持续推进黄河流域水土流失综合治理，生态环境显著改善，贯穿忻州市、吕梁市、临汾市、运城市的黄河一号旅游公路正在加紧建设，绿色生态与黄河美景正在成为最宝贵的黄河文化资源。

二　山西黄河文化“两创”发展现状与成效

山西立足黄河文化资源优势，充分挖掘黄河流域的文物、非遗、文艺、文旅等文化因子，大力保护传承弘扬黄河文化，中华文明探源工程重大项目进展显著，工艺美术、非遗传承、文艺创作等蓬勃兴起，文旅融合发展持续深化，黄河文化“两创”发展取得新成效。

（一）加大文物保护力度，文物活化利用成效明显

山西是文物大省，文物资源丰富，拓展利用空间广阔。近些年，山西按照“保护第一、加强管理、挖掘价值、有效利用、让文物活起来”的新时代文物工作方针，加强黄河流域文物保护利用，文物活化利用水平显著提升。

1. 文物保护力度持续加大

山西持续加大对各级各类文物的保护力度，印发《山西省人民政府关于推动新时代山西文物事业高质量发展的实施意见》，积极创建 18 个省级文物保护利用示范区，深入实施文物保护利用工程和“文明守望工程”，不断健全应县木塔、佛光寺等 39 处国宝级文物特殊保护机制，全面推进文物资源的保护利用。实施山西南部早期古建筑保护工程、受灾文物抢险工程、长城重要点段保护工程、石窟寺保护工程、彩塑壁画保护工程和传统村落整体保护利用工程等重点工程，完成永乐宫龙虎殿、重阳殿壁画保护修复和平遥城墙抢险修缮，完成保护应县木塔倾斜部位现状加固方案优化，促成天龙山石窟佛首回归祖国，成立黄河文化石窟寺联盟，加大对沁河流域古堡文物密集区和武乡革命文物密集区的保护力度①，加强对黄河流域水文化遗产、农耕文化遗产、地名文

---

① 《山西这十年｜全省宣传思想文化工作专场新闻发布会举行（第六场）》，山西省人民政府网站，2022 年 8 月 25 日，https：//www.shanxi.gov.cn/ywdt/xwfbh/szfxwbxwfbh/202208/t20220825_7045624.shtml。

化遗产等的保护。在全国率先推广“文明守望工程”，鼓励和引导社会力量参与文物保护利用，共认领认养文物单位421处，吸引社会资本5.4亿元。积极争取中央补助资金，2011~2022年共争取国家文物保护专项资金34.56亿元；加大全省各级经费投入力度，省级文物保护专项补助资金由2017年的1.3亿元递增至2022年的2.2亿元①。2022年，山西有低级别文物5万余处，在全国率先利用政府一般债券保护低级别不可移动文物；长治市安排一般债券1.3亿余元，约占全省总数的40%以上，该市75处需修缮的低级别文物中，46处正在施工，29处正在办理手续②。

2. 文物研究阐释能力不断提高

在保护文物的基础上，山西围绕中华文明探源工程、考古中国、考古遗址公园建设等重大项目，持续深入研究挖掘阐释文物的多重价值内涵，不断提升文物的影响力和感召力。深度参与中华文明探源工程，主动对接中华文明起源与早期发展等重大课题，翼城北撖、芮城坡头、沁水八里坪、兴县碧村、闻喜上郭等考古发掘取得重要突破。深化考古和历史研究阐释，开展襄汾丁村、沁水下川、襄汾陶寺、夏县师村、兴县碧村等30余项主动性考古发掘。河津固镇瓷窑址、闻喜酒务头商代墓葬、绛县西吴壁遗址、兴县碧村遗址入选全国十大考古新发现。忻州九原岗北朝壁画墓、襄汾陶寺北两周墓地入选中国社会科学院考古研究所“六大考古新发现”。加快推进陶寺遗址、蒲津渡与蒲州故城遗址、晋阳古城遗址国家考古遗址公园建设。

3. 文物活化利用不断深入

做优做强平遥古城、云冈石窟、五台山三大世界文化遗产品牌。云冈石窟实施“本体保护+科技赋能+环境提升”三位一体综合治理，平遥古城坚持文物保护、旅游开发和特色经营统筹发展，五台山开展重点寺庙群保护修缮和文化传播。积极推动文物资源大数据体系建设，持续加强文物数字化保护，累计投入1.68亿元，完成63处重点文物保护单位和6000余件馆藏珍贵文物数字

---

① 杨文：《山西现有全国重点文物保护单位总数排名全国第一》，山西省人民政府网站，2023年10月14日，https://www.shanxi.gov.cn/ywdt/sxyw/202310/t20231014_9395189_slb.shtml。

② 任志霞：《【一线调研】为低级别文物古建“遮风挡雨”——我省探索利用政府一般债券保护低级别不可移动文物》，《山西日报》2023年8月15日，第6版。

化保护①。创建“革命文物+”立体展示宣传模式，通过图文、VR等形式和手段，实现全省68处革命文物旧址、纪念馆线上全方位实景展出。以“开放”和“共享”为抓手，整合全省馆藏和社会文物资源，开展联展巡展活动；国家级文物保护单位对外开放率超过40%；年办展数量增加到700余个，各类社会教育活动增加到5000余场次，年均参观人数达2000余万人次②。充分发挥博物馆功能，利用互联网、5G技术创新展览展示，相继推出“云观展”“云游览”“云讲座”“线上展览”“线上课堂”等一系列活动，通过全景导览等技术呈现展厅和文物③。“博物馆热”持续升温，全省博物馆数量由2018年的152家增至2022年的176家（见表1），博物馆成为各级城市的文化地标。山西博物院、山西考古博物馆、山西古建筑博物馆、临汾市博物馆、大同市博物馆联合沿黄九省区有关博物馆，共同成立黄河流域博物馆联盟，打造博物馆行业的“黄河文化共同体”。云冈石窟3D打印“行走”世界、天龙山石窟数字复原展、晋界讲坛——晋国霸业、黄河文明的标识——陶寺·石峁的考古揭示等项目，被评为全国文化遗产“云展示”“云讲坛”“云讲解”优秀项目。

表1　2018~2022年山西博物馆基本情况

年份	数量(家)	从业人员(人)	参观人次(万人次)	门票销售总额(万元)
2018	152	4506	2533	23267.2
2019	158	4438	2461	18153.9
2020	159	4786	1310	5656.7
2021	182	4620	1545	9156.8
2022	176	4375	837	1713.9

资料来源：历年《中国统计年鉴》。

① 杨文：《山西文物活化利用成效明显》，山西省人民政府网站，2023年10月28日，https://www.shanxi.gov.cn/ywdt/sxyw/202310/t20231028_9415594.shtml。

② 李建斌：《山西：文化“守得好”，更要“活起来”》，《光明日报》2023年10月9日，第4版。

③ 郭志清：《山西：历史文化遗产为高质量发展注入澎湃动力》，《中国文化报》2022年9月15日，第1版。

（二）加强非遗保护传承，非遗传承活力明显增强

山西是非遗大省，非遗资源丰富、数量繁多、特色鲜明、存续状态良好，黄河流域非遗资源分布广泛，品类多样。山西坚持“保护为主、抢救第一、合理利用、传承发展”的指导方针，加大非遗保护传承力度，促进非遗更好地融入现代生活，更好地服务经济社会发展和人民高品质生活。

1. 非遗保护传承体系不断健全

山西扎实做好非遗系统性保护，积极开展黄河流域非遗资源普查调研，做好抢救性、整体性、生产性、生活性保护。强化顶层设计，完善非遗保护的政策法规体系、名录体系、理论研究体系等，出台《关于进一步加强非物质文化遗产保护工作的实施方案》《省级非物质文化遗产代表性传承人认定与管理办法》《黄河流域非物质文化遗产保护传承弘扬专项规划（2021—2035 年）》等，建立国家、省、市、县四级非遗代表性项目名录体系，成立非物质文化遗产研究院，发布山西非遗蓝皮书，组织实施中国非遗传承人研修培训计划。省、市、县三级非遗保护专项经费纳入本级财政预算。2010 年以来，晋中市累计发放各类非遗传承排演奖励、补助资金 1.2 亿元①。

2. 非遗保护传承水平不断提升

山西积极探寻非遗保护传承新路径，通过讲述非遗故事、展示非遗技艺、传播非遗成果等方式和手段，不断增强非遗的生命力和传承力，不断提升非遗的社会影响力、美誉度。首创并大力实施“乡村文化记忆工程”。阳城县“实施乡村文化记忆工程，传承乡村文脉”被选为基层公共文化服务高质量发展典型案例。支持各级政府、项目保护单位和传承人设立一批非遗综合展示馆、综合传习中心、传习所（点）等非遗保护利用设施。加强非遗传承体验设施建设，评选出第一批省级非遗旅游体验基地；推动非遗工坊建设，助力乡村振兴，确定 10 家非遗工坊典型案例名单。开展“非遗进校园”“非遗进社区”“非遗进景区”等活动，开设“非遗山西”系列精品课程，探索“非遗在社区”保护路径。太原市小店区刘家堡非遗小镇、长治市平顺县石城镇白杨坡

① 晋中市文化和旅游局：《晋中市全域成为国家级文化生态保护区》，《山西日报》2023 年 2 月 3 日，第 8 版。

村、皇城相府景区、大阳古镇景区等，初步形成非遗与古城镇、传统村落和旅游景区良性互动的成功模式①。各级文化和旅游主管部门利用“文化和自然遗产日”、传统节日等，组织开展一系列非遗宣传展示活动，举办非遗博览会、非遗购物节、沿黄九省区民歌艺术展演、工艺美术博览交易会、文创设计大赛，推动非遗活态保护、活态传承。国家级晋中文化生态保护实验区建设成效凸显，碛口、河曲、上党（晋城）省级文化生态保护区建设稳步推进，保护区不断探索多种保护方式，加强传承能力建设，区域性整体保护水平不断提升。

3. 非遗在传承创新中焕发新活力

山西积极探索非遗保护传承与融合创新发展之路，推动非遗更好地与现代社会融合共生，在保护中合理利用，在传承中积极创新，激发非遗创新创造活力。加快发展以非遗文化创意为主体的新型文化业态，培育打造具有广泛影响力的龙头企业和特色品牌，建立工美产业数据库、振兴目录，打造10个产业集群，培育50家规模以上企业，做大做强平遥牛肉、推光漆器、老陈醋等特色品牌，强化对杏花村、广誉远、双合成等山西老字号的保护，引导将传统经营方式与大数据、云计算等现代信息技术相结合，升级营销模式，发展新业态，营造消费新场景。推动非遗文化资源与经济社会各领域广泛深度融合，持续推进“非遗+”，拓展非遗与科技、旅游等深度融合，创新“数字+”“互联网+”等传播形式，打造非遗小镇，司徒小镇、刘家堡等14个非遗项目入选全国非遗与旅游融合发展优先项目，首次推出“太忻深度非遗之旅”“黄河风情非遗之旅”等10条山西“非遗之旅”主题线路，开展特色非遗文化研学游，推出中阳剪纸《猴献桃娃娃》、孝义皮影戏《收五毒》、平遥推光漆器《和乐仕女图》非遗数字文创产品，不断彰显非遗的时代价值。

（三）聚焦文旅融合发展，黄河文化旅游高质量发展

山西坚持以文塑旅、以旅彰文，聚焦建设国际知名文化旅游目的地，“文化+”“旅游+”蓬勃发展，黄河题材的文旅新产品新业态不断涌现，文旅融合

① 李建斌：《山西：文化“守得好”，更要“活起来”》，《光明日报》2023年10月9日，第4版。

促进黄河文化保护传承弘扬。

1. 全域旅游示范区建设加快推进

大力发展全域旅游，山西成为全国第八个省级国家全域旅游示范区创建单位，洪洞县、阳城县、平遥县等 7 县（市）成为示范区，晋城市、忻府区、繁峙县等 9 个地区成为省级全域旅游示范区。实施 A 级旅游景区倍增、“9+13”龙头景区梯次打造培育计划，全省有 A 级旅游景区 312 家，其中 5A 级 10 家、4A 级 128 家。加快推进旅游公路建设，建成黄河、长城、太行三条一号旅游公路，共计 9797 公里，串联起 158 个 A 级以上旅游景区、536 个非 A 级旅游景点，“快旅慢游深体验”旅游公路网络基本形成。乡村旅游成为新亮点，3 条红色旅游线路被纳入“建党百年红色旅游百条精品线路”，培育乡村旅游示范村 100 个、旅游扶贫示范村 300 个，评选“黄河人家”“长城人家”“太行人家”504 家，39 村 6 镇入选全国乡村旅游重点村镇，60 个乡村入选 2023 年度省级乡村旅游重点村。深化文旅融合发展，5 家单位被列为国家级文化和旅游公共服务机构功能融合试点，15 家单位为省级夜间文化和旅游消费集聚区，5 家单位入选国家级夜间文化和旅游消费集聚区，太原市、运城市入选国家文化和旅游消费试点城市①。

2. 文化旅游演艺品牌效应持续扩大

山西持续创新发展旅游演艺，各地相继推出富有本土特色的演艺项目。大型室内情景体验剧《又见平遥》《又见五台山》、明清院落大型实景融入剧《再回相府》、全国首部沉浸式红色实景演艺《太行山上》、大型户外山水实景演艺《如梦晋阳》《如梦碛口》、国内最具震撼力的煤铁山西实景剧《千年铁魂》、大型行进式夜游体验剧《梦境 · 西厢记》、小而精的沉浸式情景体验剧《遇见秀容》《遇见娘子关》等十大旅游演艺品牌初步形成②，IP 矩阵效能初显，成为旅游景区文化传播的重要载体。其中，《又见平遥》入选全国旅游演艺精品名录，截至 2023 年 8 月累计演出 7100 多场次，接待观众近 500 万人次，演出收

① 《山西这十年丨全省宣传思想文化工作专场新闻发布会举行（第六场）》，山西省人民政府网站，2022 年 8 月 25 日，https：//www. shanxi. gov. cn/ywdt/xwfbh/szfxwbxwfbh/202208/t20220825_7045624. shtml。

② 王琳：《延续文化根脉 讲好山西故事——山西旅游演艺持续精彩绽放》，《前进》2023 年第 2 期。

入突破 8.3 亿元①。

3.“黄河之魂在山西”文旅品牌打响

山西充分发挥旅游载体作用，将黄河文化蕴含的历史文化、农耕文化、民俗文化、晋商文化、民族交融文化、红色文化等充分融入全域旅游示范区建设过程，打造“黄河之魂在山西”文旅品牌。黄河一号旅游公路建成 3229 公里，黄河一号旅游公路永和段被评为全国“十大最美农村路”，兴县段、河津段被评为“我家门口那条路——最具人气的路”；黄河一号“0 公里”标志文化驿站成为网红打卡地。全面融入黄河国家文化公园建设，以晋陕黄河大峡谷地质公园、永和黄河蛇曲地质公园、蒲州故城大遗址公园、陶寺国家考古大遗址公园等项目为主体依托，打造黄河国家文化公园（山西段）文化旅游示范带。

（四）传播弘扬黄河文化，三晋文化魅力不断彰显

山西深入挖掘黄河文化蕴含的时代价值，黄河题材艺术创作陆续涌现，黄河文化交流合作、协同发展走深走实，黄河正在成为对外讲好山西故事的重要平台。

1. 文化艺术精品力作竞相涌现

山西坚持以人民为中心的创作导向，把质量作为文艺作品创作的生命线，开展黄河主题文艺精品创作，涌现舞蹈史诗《黄河》、交响组曲《黄河壁画》、鼓乐舞诗《大河之东》等，“黄河”流派歌舞艺术影响广泛。北岳文艺出版社策划出版长篇小说《黄河边》、融媒体转化项目《黄河人家》、报告文学《绿水青山拂面来》等一批反映黄河文化的精品出版物。电视剧《乔家大院》《走西口》《右玉和她的县委书记们》等成为中国电视剧艺术的重要代表，舞蹈诗剧《天下大同》、舞剧《刘胡兰》、话剧《右玉》等 3 部作品入选中宣部庆祝中国共产党成立 100 周年优秀舞台艺术作品展演参演作品，晋剧《傅山进京》、京剧《文明太后》、音乐《表里山河》等 6 部作品入选文化和旅游部庆祝中国共产党成立 100 周年舞台艺术精品创作工程，话剧《于成龙》被评为“第十七届文华大奖提名剧目”，《金珠玛米小扎西》等 4 种图书荣获中宣部“五个

① 张谦：《〈又见平遥〉入选全国旅游演艺精品名录》，《山西日报》2023 年 10 月 7 日，第 1 版。

一工程”奖，散文集《大湖消息》、翻译作品《奥麦罗斯》获得鲁迅文学奖。刘慈欣等一大批中青年文化文艺名家涌现，4 人获得“2023 黄河流域戏曲演出季表演艺术传承英才”荣誉。2023 年，全省中国戏曲“梅花奖”46 人次 50 朵，中国戏曲小梅花增至 250 朵，均居全国第一方阵。2022 年，山西艺术表演团体演出场次达 4.90 万场次，艺术表演场馆演出场次达 6.42 万场次，观众人数达 289 万人次（见表 2），演艺市场持续升温，优秀文艺作品源源不断地滋养人民的精神文化需求。

表 2 2018~2022 年山西艺术表演演出情况

年份	艺术表演团体		艺术表演场馆		
	机构数（个）	演出场次（万场次）	机构数（个）	演（映）出场次（万场次）	观众人次（万人次）
2018	795	9.57	125	11.25	443
2019	779	9.76	137	7.61	366
2020	827	6.16	167	3.39	222
2021	814	21.34	172	9.55	336
2022	766	4.90	158	6.42	289

资料来源：历年《中国统计年鉴》。

2. 黄河文化交流合作不断深化

山西深入打造黄河文化研究阐释高地，发掘和弘扬黄河文化孕育的三晋文化精髓，搭建黄河文化交流传播平台，推动山西黄河文化走向全国、走向世界。举办平遥国际电影展、运城关公文化旅游节、尧都文化旅游节等旅游节庆活动，举行山西旅游发展大会、山西文博会、山西艺术节、山西非遗博览会等文化展会活动，打造文化对外开放高地。加强与沿黄其他省区的交流与合作，举办大河论坛·黄河峰会、沿黄九省区黄河论坛、黄河流域生态保护和高质量发展思客会、2023 黄河非遗大展等会议活动，参与拍摄纪录片《黄河人家》、综艺节目《黄河文化大会》，参加黄河文化论坛，共同开展对外文化交流活动，唱响新时代的黄河大合唱。推动山西黄河文化海外传播，举办“美成天龙——天龙山石窟数字复原国际巡展”，推动大型纪录片《人类的记忆——中国的世界遗产》之《平遥古城》《云冈石窟》《五台山》在央视中文国际频道播出，举行2023“黄河主题旅游海外推广季”启动仪式，促进黄河文化海外推广，提升中华文化的国际影响力。

三　山西黄河文化“两创”发展存在的突出问题

在“两创”背景下，山西积极推动黄河文化保护传承弘扬，在黄河文化创造性转化、创新性发展上取得显著成效，但在黄河文化内涵挖掘、融合发展、影响力等方面仍有进一步优化提升的空间。

（一）黄河文化内涵价值有待深入挖掘

黄河文化是一个时空交织的多层次、多维度、多样性的文化共同体。山西黄河文化底蕴深厚，特色鲜明，但对黄河文化内涵的挖掘不够深入，对山西特色黄河文化内涵外延、发展历程等的总结不够系统，对其中蕴含的人文精神、时代价值等的研究阐释较为薄弱，还存在本省黄河文化与周边省区黄河文化内容形式雷同、识别度不高、特色不鲜明等问题，需进一步深入挖掘黄河文化的内涵特色和时代价值，对体现山西特色的黄河文化内涵加以补充、拓展、完善，增强其影响力和感召力，使之成为“文化中国”的名片，让世界认识山西，让山西黄河文化享誉世界。

（二）黄河文化旅游还需深入融合发展

山西黄河文化资源、旅游资源丰富，但黄河文化保护力度不够、传承发展不足、文旅品牌效应不强。文物保护任务繁重，资金投入不足，文物藏品保护环境不健全。非遗保护传承面临挑战，资金技术投入不足、人才匮乏，非遗系统性和整体性保护不够，传承存在不平衡、不充分、不协调问题。黄河文化遗产承载的优秀传统文化活态传承不足，黄河文化的产业化发展与其历史地位、文化影响、社会价值不相称，在助力经济社会发展中的分量不足。黄河文化旅游资源开发不足，文化产业发展缓慢，文化旅游融合度较低，市场主体发育不足，旅游基础设施和公共服务体系不完善，各类黄河文化旅游产品没有形成品牌效应，缺乏知名度高、代表性强、充分彰显黄河文化的产品。

（三）黄河文化影响力亟待进一步提升

黄河文化是中华文明的根和魂，山西黄河文化在中华文明中根和魂的地位突出。“古中国”“民族交融”“同根同源”等文化价值深受全球华人认同、民族认同和国家认同。黄河文化在国内外具有重要的吸引力和影响力，但黄河文化的“走出去”“引进来”步伐较为缓慢，黄河文化传播力、影响力有待加强。一些地区对黄河文化保护紧迫性的认识和对黄河文化的传承明显不足，反映黄河文化、表达黄河精神的广播影视、网络动漫、演艺娱乐等文化艺术精品还显不足，与黄河文化相配套的高水准文化展示及多渠道营销推广较少，围绕黄河文化 IP 开发的衍生产品创新能力不足、挖掘不深，与周边沿黄省区之间的文化资源整合性、衔接性不足，黄河文化的国内外传播力不足。

四　山西黄河文化“两创”发展建议

黄河文化是中华优秀传统文化的重要组成部分。推进山西黄河文化创造性转化和创新性发展，是山西建设文化强省、实现新时代文化使命的必由之路。山西必须通过找差距、补短板、强弱项，推进黄河文化系统保护、活态传承与创新发展，在建设中华民族现代文明中彰显山西担当。

（一）深入挖掘文化精华，“创”出新意

1. 深入挖掘黄河文化的时代内涵

习近平总书记强调，“只有全面深入了解中华文明的历史，才能更有效地推动中华优秀传统文化创造性转化、创新性发展，更有力地推进中国特色社会主义文化建设，建设中华民族现代文明”[①]。黄河文化是中华民族独特的精神标识，必须坚守中华文化立场，以大历史观、大文明观理解、研究、阐释黄河文化，提炼黄河文化的精神内核和时代价值。同时，黄河文化是在长期历史发展进程中形成的，其中不可避免会有脱离时代、不合时宜的内容，需要筛选出与社会主义核心价值观相协调、与时代需求相契合的部分，挖掘出与现代生活

① 习近平：《在文化传承发展座谈会上的讲话》，《求是》2023 年第 17 期。

理念相一致的内涵和价值，有扬弃地加以继承弘扬。推进黄河文化“两创”，要选择富有永恒魅力、具有当代价值的文化内容，选取人民喜闻乐见的表达形式，让黄河文化融入群众精神文化生活。

2. 创新黄河文化转化渠道与传播途径

随着大数据、云计算、5G、区块链等高新科技迅猛发展，黄河文化的创造性转化有了更多可以拓展的渠道，科技与文化的结合日益成为黄河文化“两创”的主要形式。依托现代化科技手段，加强黄河文物与文化遗产的保护与利用。一方面，通过数字化采集与扫描，实现文物的永久性数字化保存，借助三维建模、3D 打印等技术，高精度还原文物的本来面貌，为文物研究、修复、利用等提供基础性数据；另一方面，借助 VR、3D 技术打造的各类沉浸式体验项目，创造文物活化利用新场景，依托数字网络和新媒体技术，实现文化遗产的多维度、多视角展示，最大限度地提升观赏体验，拓展应用场景。通过各类全媒体传播平台，大力宣传和推广黄河文化，鼓励社会各界制作以黄河文化为主题、体现中华文明精髓、紧扣时代脉搏的精品力作，推出影视剧、戏剧、文学、短视频、动漫等类别丰富的文化作品，将厚重内敛的黄河文化主题与轻松时尚的表现形式结合起来，以现代审美和时代理念创造性解读与重构黄河文化。鼓励文化企业与科技企业主动参与黄河文化的创造性转化和创新性发展，建设资源、技术、人才、资金等方面的通联合作平台，利用新技术、新思路、新视野打造让人耳目一新的文化产品，推动文化资源向旅游产品、创意产品、文艺作品转化。

（二）统筹利用文化资源，“融”出品牌

1. 推动黄河文化与文旅文创融合发展

一是统筹黄河流域特色文化资源与旅游资源，构建“黄河文旅+”产业体系。融合黄河地质文化、治理文化、交通文化等内容，打造一系列黄河研学基地。围绕黄河流域特色农产品，打造黄河特产加工、展示、销售园区，推动不同文化业态的融合发展。加强对黄河文化核心价值的研究提炼，构建黄河文旅系列品牌，树立有特色、高品质的文旅品牌形象，建设国际知名文化旅游目的地。例如，利用传统曲艺、传统舞蹈、传统戏剧的融合创新，打造黄河非遗展演品牌，立足文化遗产、红色文化、文化景观等地方文化资源，打造品牌文化

旅游线路。

二是挖掘影响力大、文化价值高的黄河文化符号，打造黄河文化IP体系。将黄河文化元素与创意设计、现代美学相结合，利用传统技艺类、传统美术类等非物质文化遗产，开发特色鲜明的文博创意产品、非遗衍生产品，推动文创产品的多元化、生活化、品质化，以创新思维推动文创产品融入现代生活。重视文创专业人才队伍的培养，提升研发设计人员的传统文化素养，建立科学高效的人才引进和培训机制，促推高校、博物馆、企业等建立人才培训、产品研发等方面的合作平台，探索人工智能技术在文创领域的应用途径。依托元宇宙、人工智能等科技手段，推动传统文创与数字文创融合发展，加快文创产业的智能化、数字化，通过开发数字藏品，丰富黄河文化的表现形式，以网络视频、文字、图画等多种形式，助力黄河文化精神的传承。同时，线上与线下相结合，文旅与文创相结合，拓宽文创产品传播渠道。

2. 推动黄河文化与乡村振兴融合发展

乡村是黄河文化保护传承弘扬的重要空间。村民既是黄河文化的创造者，也是享用者。黄河文化“两创”，必须将黄河文化的传承和保护充分融入乡村振兴实践，统筹部署、协同推进乡村产业振兴、人才振兴、文化振兴、生态振兴、组织振兴。既要引进新兴文化产业项目，又要注重传统农业的提质升级，推进农业与二、三产业融合发展。培育农村专业人才队伍，让文化产业成为引才、育才、留才的特殊渠道。乡村文化振兴要发挥黄河文化涵养社会主义核心价值观的功能，创新开展农村精神文明建设。建设美丽乡村，既要推进乡村山水林田湖草沙系统治理，又要改善乡村人居环境，打造生态宜居村落。要坚定不移发挥好农村基层党组织引领乡村振兴的作用，积极融入黄河流域生态保护和高质量发展战略大局，发展乡村文化旅游，以美丽的生态和深厚的文化振兴乡村。

（三）加快推进黄河国家文化公园建设，汇聚合力

黄河文化“两创”是推动黄河流域生态保护和高质量发展的重要途径。山西要加快推进黄河国家文化公园（山西段）建设，深度融入黄河文化带建设，构建黄河文化保护传承弘扬空间。

1. 深化交流合作，共同打造黄河中华文化走廊

沿黄九省区要深入挖掘利用黄河文化资源，深化交流合作，推进黄河国家文化公园建设，共同打造多元一体、连绵不断的黄河中华文化走廊。在管控保护、主题展示、文旅融合、传统利用等四类重点功能区建设中，构建突破行政区划限制的合作平台及协调机制。联合打造黄河国家文化公园标识体系，合力推进黄河文化遗产系统性保护，协同推进黄河沿线公共服务设施建设，不断优化营商环境，营造黄河文化保护传承弘扬的优良环境。

2. 推动文旅融合，创新区域协同机制与模式

加快推动黄河沿线文化旅游区域协调与联动发展，促进建立区域间文化旅游合作机制，推进黄河文化旅游带建设。黄河流域文化传承范围广，跨流域、跨地区现象多，以一域之力很难建设好黄河国家文化公园，实现黄河文化高质量发展的战略目标。立足重点项目，鼓励文化机构和旅游企业跨区域对接合作，协同开发黄河文化重点项目。聚焦业态创新，鼓励成立行业区域联盟、签订合作协议、创新合作模式，推动市场主体做大做优做强。利用各类合作平台，建立跨省区相邻景区间的合作关系，提高沿黄九省区文化旅游合作水平，共同开发跨省区主题游线，统筹推进各类服务设施建设。

3. 引导全民参与，形成黄河文化“两创”合力

加强黄河国家文化公园建设宣传引导，充分发挥主流媒体的舆论引导作用，营造良好的舆论氛围，引导全民保护传承弘扬黄河文化。鼓励黄河沿线景区结成稳定的联盟或建立合作机制，联合开展宣传推广。通过国家文化公园网站、微信公众号平台、电视媒体和网络媒体等多种途径，多角度、全方位、立体式展示黄河文化，讲好黄河故事。完善社会参与机制，建立健全企业、基金会、社会组织等参与黄河文化保护传承弘扬机制，引导社会力量增强建设黄河国家文化公园的意识，合力答好新时代“黄河答卷”。

参考文献

晋轩理：《在建设中华民族现代文明中彰显山西担当》，《前进》2023 年第 8 期。

山西省社会科学院课题组、高春平：《山西省黄河文化保护传承与文旅融合路径研究》，

《经济问题》2020 年第 7 期。

王承哲主编《黄河流域蓝皮书：黄河流域生态保护和高质量发展报告（2023）》，社会科学文献出版社，2023。

王瑜、魏学文：《黄河文化“两创”的机制与路径》，《山东师范大学学报》（社会科学版）2022 年第 6 期。

张吉福：《深入学习贯彻习近平文化思想 不断开创新时代山西宣传思想文化工作新局面》，《党建》2023 年第 11 期。

赵文江：《大力保护传承弘扬黄河文化》，《山西日报》2023 年 1 月 10 日，第 10 版。

河南黄河文化“两创”发展分析报告

李立新　宋朝丽*

摘　要：　河南省位于黄河中下游，是河洛文化的集中展示地。通过实地调研、文本分析和逻辑演绎等方式，本报告发现河南虽然文化底蕴厚重，但在黄河文化创造性转化和创新性发展方面，还存在历史文化资源转化机制不畅通、项目开发重视投入忽视运营等问题。通过实施文旅文创融合战略，全力塑造“行走河南·读懂中国”文化品牌，河南探索出创意驱动、美学引领、艺术点亮、科技赋能、跨界融合的文化发展新路径。

关键词：　黄河文化　文旅文创　河南

河南地处黄河文化腹心地带，是黄河文化形成、融合、发展的核心区域，是中华民族和中华文明的重要发源地，历史文化资源非常丰富，地下文物全国第一，地上文物全国第二，素有“中国历史天然博物馆”之称。2019 年 9 月，习近平总书记在河南视察时，曾赞扬河南文化资源非常丰实，“伸手一摸就是春秋文化，两脚一踩就是秦砖汉瓦”，强调“要推动文化繁荣兴盛，传承、创新、发展优秀传统文化”①。推动以中原文化、黄河文化为代表的中华优秀传统文化的创造性转化和创新性发展，是河南的历史使命和时代担当，“两创”方针对河南意义重大。

---

* 李立新，博士，河南省社会科学院文学研究所（黄河文化研究所）所长，研究员，主要研究方向为黄河文化、姓氏文化；宋朝丽，博士，河南省社会科学院文学研究所（黄河文化研究所）研究员，主要研究方向为黄河文化、区域文化产业。

① 《千年州桥现中原奏新声》，“大河网”百家号，2022 年 10 月 26 日，https://baijiahao.baidu.com/s?id=1747678480021839905&wfr=spider&for=pc。

一　河南省黄河流域的地市范围

河南位于黄河中下游。黄河自陕西潼关进入河南，西起灵宝，东至台前，全长 711 公里，流经河南三门峡、洛阳、济源、郑州、焦作、新乡、开封、濮阳 8 个省辖市 27 个县（市、区）。河南沿黄地区共包括 72 个县（市、区），地域面积为 5.96 万平方公里，占全省总面积的 35.7%；常住人口为 3865 万人，占全省总常住人口的 40.2%①。此外，历史上，黄河在河南境内曾多次改道，黄河故道的范围涉及商丘、安阳、周口等部分地区。河南段黄河的特点是河道形态复杂，滩区面积大，居住人口多，历史上洪水灾害频繁，是黄河治理的重中之重。中华先民在河南中原腹地栖息生存、改造自然，留下丰富多彩的历史遗迹和人文故事。

二　河南省黄河文化的资源特点②

河南是黄河流域文明曙光最早闪现之地。司马迁在《史记》中说：“昔三代之居，皆在河洛之间。”③ 从巩义市双槐树仰韶文化具有都邑性质的大型聚落遗址、灵宝市铸鼎塬仰韶文化遗址群，到登封市禹都阳城王城岗龙山文化城址、偃师区二里头夏都遗址，考古发现和文献记载都把中华文明的起源地指向河南的黄河沿岸地带。

河南是黄河流域文化序列最为完整之所。自距今 50 万年前的南召猿人开始，安阳小南海洞穴遗址、许昌灵井旧石器时代文化遗存的发现，表明一直有人类在这片土地上生产生活。进入新石器时代，从裴李岗文化、仰韶文化，到龙山文化，不仅遗址分布密集，而且传承成序列、不断绝，此后的二里头文化，商、周文化城址星罗棋布，薪火相传，形成了中华文化最为完整的传承体系。

① 贺卫华等：《河南：聚力“四区”协同的流域标杆》，载林振义主编《黄河流域发展蓝皮书：黄河流域高质量发展及大治理研究报告（2021）》，社会科学文献出版社，2021。

② 《了不起的大河文明丨河南在黄河文化中的核心地位》，大河网，2022 年 9 月 16 日，https：//4g. dahe. cn/theory/202209161097859。

③ 《史记》卷二八《封禅书》，中华书局，2014，第 1684 页。

河南是黄河流域政治文明最为发达之区。河南发现了为数众多的都邑遗址，从仰韶文化中晚期到龙山文化时期，即距今约5000~4000年，相当于中国古史传说的“五帝时代”，黄帝都有熊、颛顼都帝丘、禹都阳城，均位于河南，直到偃师二里头夏都遗址，中国早期国家形态在中原完成了从“邦国时期”向“王国时期”的过渡。其后从夏商周三代直到北宋3000余年的漫长历史中，中原长期居于政治、经济、文化中心，形成了郑州、洛阳、开封、安阳等著名古都，中华政治文明在这里呈现灿烂辉煌的图景。

河南是黄河流域元典文化最为繁荣之域。思想文化是民族的灵魂。中国历史上最主要的两大学派儒家和道家产生于河南，十六位先秦诸子中有一半是河南人。周公制礼作乐于洛邑，孔子祖籍河南夏邑，孔子周游列国主要在中原，他的三大弟子子贡、子夏、子张都是河南人；道家的鼻祖老子是鹿邑人，庄子是民权人，他们都是春秋宋国人。汉代经学、魏晋玄学、宋明理学与佛教文化等的核心区域都在中原，河南是中华元典文化积淀最为深厚的地区。

河南是黄河流域农耕文明最为灿烂之地。黄河流域的中原地带是中国农耕文化最发达的地区。无论是文献记载的伏羲氏作网罟、神农氏制耒耜、嫘祖始蚕丝，还是裴李岗文化、仰韶文化、龙山文化等新石器时代遗址考古发现的大量石质农具、农作物标本，以及春秋战国时期的铁制农具、秦汉时期的耧车、唐时的曲辕犁等，每一项农耕文化的创新成就都是黄河文化的结晶。以《四民月令》《齐民要术》《四时纂要》《耒耜经》《农桑辑要》等为代表的古代农学著述，至今仍闪烁着智慧的光芒。发达的农耕文明成就了河南“天下粮仓”的美誉。

河南是黄河流域众多科技文明肇兴地。中国的河图洛书、周易八卦、天文历法、桑蚕丝绸、青铜铸造、冶铁、陶瓷、中医等方面的重大突破，尤其是代表中国古代杰出科学成就的“四大发明”，大都是在中原地区孕育创造的。酒圣杜康、科圣张衡、医圣张仲景、乐圣朱载堉等，他们的创造发明使中原科技造就了时代辉煌。

河南是中华民族文化基因和黄河精神滥觞地。中原数千年发达的农耕文化，固化了敬天法祖、家国同构的思想意识和行为范式，形成了儒道互补的中华文脉，生成了崇仁爱、重民本、守诚信、讲辩证、尚和合、求大同等核心思想理念，涵养了自强不息、敬业乐群、扶危济困、见义勇为、孝老爱亲等中华传统美德，滋养了独特丰富的文学艺术、科学技术、人文学术等方面的中华人文精神。这里历代政治纷争、兵燹人祸不断、水旱天灾不绝，磨砺了中华民族自强不息、坚韧不拔、吃苦耐劳的性格。

河南是古丝绸之路和大运河文化带交汇地。中国古代陆上丝绸之路的起点是洛阳。丝绸之路世界文化遗产项目包括33个遗产点，其中4个遗产点在河南，均在洛阳，分别是汉魏洛阳城、隋唐洛阳城定鼎门遗址、崤函古道石壕段遗址和新安汉函谷关遗址。中国大运河世界文化遗产河南段遗产点包括洛阳市回洛仓遗址和含嘉仓遗址、通济渠郑州段、通济渠商丘南关段等7项，以洛阳为中心的隋唐大运河最为重要。丝绸之路文化带和大运河文化带在古都洛阳交汇，洛阳是两大世界文化遗产的重要节点城市。

河南是全球华人精神家园和心灵故乡的主要承载地。中原是三皇五帝的主要活动区域，桐柏和泌阳盘古文化之乡、淮阳太昊陵、西华女娲城、新郑黄帝故里、内黄二帝陵等，都是全球华人魂牵梦绕的寻根圣地。在300个大姓中，有171个姓氏起源于河南；在100个大姓中，有78个姓氏起源于河南，河南是全球华人寻根谒祖的圣地。河南不仅是中华民族的血脉之根，也是文化之源。

三　2023年河南省黄河文化“两创”的做法与成效

中共河南省第十一次代表大会将文旅文创融合战略确定为“十大战略”之一。省委书记楼阳生在不同场合，就实施文旅文创融合战略做出系统部署，提出要全力塑造“行走河南·读懂中国”形象品牌，推动中原文化、黄河文化的现代化和国际化表达，实现中华优秀传统文化的创造性转化和创新性发展，确保高质量建设现代化河南，确保高水平实现现代化河南，以文化之光照亮现代化建设之路。

（一）实施文旅文创融合发展战略

河南出台全国第一个《文化旅游融合发展规划》，坚持“文化创意+科技创新”双轮驱动，探索创意驱动、美学引领、艺术点亮、科技赋能、跨界融合之路，推广洛阳颠覆性创意、沉浸式体验、移动端传播、年轻化消费新文旅经验，推动文化旅游融合发展进入快车道。全省文化和旅游融合度超过80%，文化旅游新业态引流量和贡献率超过60%。银基国际旅游度假区、只有河南·戏剧幻城、清明上河园、建业电影小镇等景区景点暑假以来月营业额达到1~4亿元①。

打造沉浸式文旅新场景。河南打造城市沉浸式体验新空间，建成58个智慧旅游沉浸式体验新空间，洛阳串联40多个沉浸式剧本娱乐项目，大河荟、洛邑古城、隋唐洛阳城成为沉浸式体验的旅游热点，暑期月均接待游客1200万人次，特别是省外游客占比达50%以上。打造“景区+演艺”新空间，重要景区东京梦华、禅宗少林、黄帝千古情、唐宫夜宴等节目长演不衰。1~8月，全省举办各类演出活动4600多场，云台山音乐节两天接待游客10万人次，省外游客占到54%。推出9条旅游精品线路和6条文物游径，打造100个文旅消费新场景、50个休闲观光园区，390余家博物馆、220余个城市书房提供延时服务。统筹各地市推出百城千味美食季，开封鼓楼夜市引爆夏季旅游，河南博物院文创产品考古盲盒网上热销②。

科技赋能文旅新业态发展。围绕“创意引领、数字先行”总方针，河南重点在数字文创领域展开布局，面向文旅机构、文创企业、设计团队、非遗“匠人”等，搭建能够复用共享、实时在线的文旅文创云平台，推动文旅资源数字化和数字文旅资产化。开封大型水上实景演出《大宋·东京梦华》运用大量科技含量高的舞美、声光设计，制造出梦幻般的夜景，完美再现了《清明上河图》和《东京梦华录》中描绘的盛大场面和繁华景象。河南博物院通过整合数字资源，运用数字化和新媒体手段，推出博物馆云展览、虚拟博物馆、云探国宝、博物馆在运动、古乐云赏等线上活动，“5G+博物馆智慧展示”项目被确定为河南省首批5G应用场景示范项目。郑州、洛阳、开封、安阳等地博物馆也纷纷推出云端展览，最大限度地发挥馆藏资源的价值。

提升“快旅慢游深体验”。河南规划布局总长度达3359公里的沿黄一号

---

① 《2023世界大河文明论坛（中国 郑州）新闻发布会》，郑州市人民政府新闻发布会，2023年9月12日，https://www.zhengzhou.gov.cn/conference3/7821362.jhtml。

② 《2023世界大河文明论坛（中国 郑州）新闻发布会》，郑州市人民政府新闻发布会，2023年9月12日，https://www.zhengzhou.gov.cn/conference3/7821362.jhtml。

旅游公路（2 条主线、13 条支线、34 条联络线），串联黄河沿线 31 处核心旅游景区。沿黄生态廊道、文明探源大遗址走廊初具雏形。黄河小浪底交通与文化旅游融合发展示范区码头、航线等建设进展顺利。河南正谋划以山川地理为骨架，以历史文化为脉络，统筹重大国家战略和文化工程，构筑以国家文化公园为纽带、以文化创意城市为节点、以人文旅居乡村为腹地、以世界级文化旅游目的地为支撑、以线上空间为延展的文化旅游融合发展新格局。

（二）塑造“行走河南·读懂中国”品牌

河南印发《行走河南 · 读懂中国品牌塑造实施方案》。站在增强历史自觉、坚定文化自信的高度，着眼打造中华文化传承创新中心、世界文化旅游胜地，紧扣历史断代、历史事件、历史人物“三要素”，坚持创意驱动、美学引领、艺术点亮、科技赋能，聚焦“读什么、在哪读、怎么读”核心问题，依托河南厚重的文化资源，讲好中原文化的故事、中华文明的故事、中国发展的故事，让人们在行走河南中触摸历史、感知文明、滋养精神、读懂中国，在传承弘扬中华文化历史使命中展示河南更大担当作为。

一是开展兴文化专项研究。为激发人民群众的文化创新创造活力，河南于 2022 年 4 月启动实施兴文化工程文化研究工作，站在中华文明的高度，重新思考中原文化，通过全面系统梳理、深入挖掘黄河文化及中原文化的历史文脉和文化底蕴，充分发挥兴文化工程在阐释、传承、传播中华文化和中国精神的时代精华方面“根”和“魂”的作用。河南兴文化工程聚焦“今、古、人、事、物、书”，即河南当代发展、重要历史文化、重要历史名人、重要历史事件、重要历史文化遗存、重要历史文献典籍 6 大研究板块，分阶段、分步骤地推出一批具有重大学术影响力和良好社会效益的学术成果，培育一批高水平文化学术名家、学科骨干和研究团队。2022 年，兴文化工程出版专著 29 部，完成书稿 51 部，发表研究文章 65 篇。

二是建设一批重大项目。高质量打造黄河国家文化公园重点建设区，全面启动建设隋唐洛阳城天街遗址、北宋东京城州桥遗址等 50 个核心展示园，高水平谋划建设郑州博物馆群，建设黄河国家博物馆、汉魏洛阳城遗址博物馆、殷墟遗址博物馆、北宋东京城顺天门遗址博物馆，建成开放郑州大河村、舞阳贾湖、巩义双槐树等考古遗址公园，加快建设黄河流域非物质文化遗产保护展示中心、黄河悬河文化展示馆，同步推进建设大河村国家考古遗址公园、开封城摞城遗址博物馆、中国文字博物馆二期，陆续建成开放郑州商都遗址博物院及仰韶村、庙底沟等国家考古遗址公园，打造了一批“行走河南·读懂中国”的好去处。

三是抓一批数字展示。2022 年 7 月 18 日，由河南省文化和旅游厅主办、网易与河南省非物质文化遗产保护和智慧化中心承办的“行走河南·读懂中国”品牌推广暨元宇宙创造者大赛启动。该活动以“逐鹿中原·创造元豫宙”为主题，吸引全国 60 多家企业参与，最终出品近 20 个高质量虚拟场景作品，打造了国内首个综合性文旅元宇宙数字空间“元豫宙”。“元豫宙”通过利用三维建模、AIGC 技术以及游戏引擎，集中复刻呈现了老君山、少林寺、黄帝故里、武侯祠、龙门石窟、太昊陵等河南知名文旅 IP 的高度写实虚拟场景。网民可以通过电脑、手机、VR 眼镜等设备，轻松获取专属虚拟形象，快速便捷地进入“元豫宙”，感受中原文化的魅力。实施“行走河南·读懂中国”百大标识数字化展示项目，按照“根扎实、线联通、网织好、数用活”思路，推进智慧景区建设，实现全省“一张网、一盘棋、一机游”。

（三）开展“黄河文化千里研学之旅”

河南以历史断代、历史事件、历史人物等为主题主线，系统梳理在中华文明演进历程中具有重大价值、突出影响、关键意义的历史文化资源，策划推出文明起源、国家起源、逐鹿中原、追寻先贤、姓氏寻根、治黄史诗、中国功夫、考古发现等 16 条主题文化线路，涵盖 578 处文物和文化资源，让游客切身感受“伸手一摸就是春秋文化，两脚一踩就是秦砖汉瓦”的独特魅力。联合世界研学旅游组织等，开展“黄河文化千里研学之旅”。2 月 11 日，河南黄河河务局与河南省文化和旅游厅签订《关于共同推进“黄河文化千里研学之旅”战略合作框架协议》，携手打造“黄河文化千里研学之旅”。4 月，双方委托清华大学建筑学院文旅研究中心承担“黄河文化千里研学之旅”总体线路设计。6 月，发布集图片、文字、手绘地图、电子书于一体的《黄河文化千里研学之旅——研学资源解读手册》，全方位介绍河南黄河重点治河工程。发布“黄河文化千里研学之旅”标识。12 月 28 日，印发《关于公布首批“黄河文化千里研学之旅”实践基地名单的通知》，确定孟津铁谢险工等 10 处工程为首批“黄河文化千里研学之旅”实践基地。

（四）开展黄河文化主题文艺创作

河南组织引导各艺术门类进行黄河文化主题创作，推出黄河文化主题小说文艺精品。邵丽的中篇小说《黄河故事》获第七届郁达夫小说奖中篇小说首奖。全书6万字，是一部聚焦黄河、聚焦家族史的作品。小说通过一部家庭生活变奏曲，串联起北方和南方、深圳和郑州两个城市，展示了黄河岸边一个普通平凡的家庭，在时代的变迁中经历风雨，最终走上康庄大道的过程。长篇小说《金枝（全本）》获评《当代》2022年度长篇小说五佳作品。全书30余万字，以中原大地颍河岸边上周村为背景，讲述了周氏一家几代人在时代洪流席卷中的选择与蜕变。

为大力弘扬黄河文化，深度阐释黄河文化是中华民族的根与魂，河南豫剧院三团创排了豫剧现代戏《大河安澜》。《大河安澜》入选文化和旅游部新时代现实题材创作工程，是河南省委宣传部、河南省文化和旅游厅重点创作剧目，也是水利部黄河水利委员会指导的剧目。该剧讲述了两代人五十年为了大河的安澜，不畏艰险、忍受风霜雨雪与孤独寂寞，坚守在荒无人烟、黄沙漫卷的大堤上，立志用生命拼出一个大河安澜的故事。在近五十年的时间跨度中，浓缩了人与河的爱恨情仇、生死较量，浓缩了以主人公大河为首的河南人民生生不息、自强不屈的生活状态与生命历程，讴歌了黄河儿女顽强坚韧、自强不息的奋斗精神，歌颂了中国共产党治理黄河“千年万年，大河安澜”的壮丽诗篇。2022年5月，《大河安澜》入选首届黄河流域戏曲演出季参演作品公示名单，6月29日成功亮相2022年首届黄河流域戏曲演出季，8月12日在河南艺术中心成功展演，获文化和旅游部第十七届文华大奖提名。

河南省文联于2020年正式启动《中华黄河文化大系·黄河故事集成（河南卷）》编纂出版工程，致力于填补黄河流域文化百科全书的空白。《中华黄河文化大系》总录黄河山水、物产、历史、文化、经济、风俗、故事、名胜、人物、治理、艺术等内容，共计11编200卷。首批编纂第七编《黄河故事集成（河南卷）》20卷，收录黄河流域河南段广泛流传的民间故事、历史故事、传统故事及其他相关故事，梳理河南黄河沿岸的神话故事、风物传说、山川名胜传说、人物传说、历史事件传说、黄河非物质文化遗产故事、黄河特产传说、黄河工艺美术传说、黄河民俗，以及黄河历史故事、黄河典籍中的故事、丝绸之路与大运河的故事、祭黄与治黄的故事、名城古都故事、姓氏根亲故事等，涵盖神话传说、根亲故事、黄河治理故事、黄河人物故事、黄河风物故事、黄河智慧故事、黄河生活故事 7 个门类。2022 年编纂完成 10 卷，包括神话传说 2 卷、根亲故事 2 卷、黄河治理故事 1 卷、黄河人物故事 4 卷、黄河风物故事 1 卷，其中 8 卷进入出版程序。

（五）开展黄河文化系列节庆活动

2023 年中国（郑州）黄河文化月。2023 年 9 月，中国（郑州）黄河文化月系列活动启动，共开展活动 28 项，包括国家级重点文化活动 8 项、群众性文化活动 20 项。活动期间，举办全景式展现大河之美的“2023 世界大河文明论坛（中国·郑州）”、大咖云集的“2023 年微博文化之夜”、荡气回肠的“2023 中国（郑州）黄河合唱周”、再现诗词魅力的“中华经典诗词论坛”等，以多样的形式、生动的表达、丰富的内容，展现大河的浩浩气韵。其中，2023 世界大河文明论坛（中国·郑州）于 2023 年 9 月 16 ~ 18 日在郑州举办，以大河的名义共话人类文明。论坛主题为“文明交流互鉴·发展共创未来”，围绕主论坛定位，同步设置了世界大河文明的多样性与交流互鉴、中华文明与黄河文化传承弘扬、华夏文明与世界文明对话、黄河流域生态保护和高质量发展四个分论坛。来自世界各地的 300 余位专家学者齐聚河南郑州，围绕论坛主题深入交流，并发布了《世界大河文明论坛·郑州宣言》。本次论坛是首次就世界大河流域文明起源发展等进行研讨交流的国际论坛，对于践行全球文明倡议、深化文化合作交流具有积极意义。

癸卯年黄帝故里拜祖大典。2023 年 4 月 22 日（阴历三月初三），黄帝故里拜祖大典在河南郑州新郑黄帝故里举办，网上拜祖和境外拜祖同期举办。自 2006 年起，黄帝故里拜祖大典经过连续 18 年的成功举办，吸引了数十万海内外中华儿女前来寻根拜祖，激发了全球华人对中华文明的认同和自信，成为世界华人高度关注、踊跃参与的文化盛典和具有世界影响力的重要文化品牌，成为凝聚民族精神、传承黄帝文化的重要载体平台。2023 年黄帝故里拜祖大典以“同根同祖同源、和平和睦和谐”为理念，铸牢中华民族共同体意识。在此基础上，郑州提出“四地一重地”的文化建设目标，即将郑州打造成“华夏历史文明传承创新基地中的全国重地”，建设中华儿女的寻根之地、中华文化的朝圣之地、中华文明的体验之地、国学教育的实践之地，全景式展现中华文明，建设黄河文化主地标城市。

第二十八届黄河文化旅游节。2023 年 5 月 19 日，第二十八届黄河文化旅游节暨第九届中国特色商品博览交易会在三门峡举办。本届“一节一会”得到国家发展改革委、文化和旅游部、国家体育总局、中国商业联合会等部门支持，先后组织“中流砥柱”黄河大合唱、横渡母亲河、“百城万车”自驾游、中国特色商品博览交易会、“梳妆台杯”首届中国女子帆船赛等 19 项文旅、经贸、体育活动。黄河文化旅游节作为三门峡重要的传统文旅活动和对外展示平台，自 1992 年创办以来成功举办 27 届，成为黄河流域举办时间最长、影响最广的以“黄河文化旅游”为主题的综合性活动，在落实保护传承弘扬黄河文化、推动沿黄区域商贸合作等方面发挥着重要作用。

四　河南黄河文化“两创”发展存在的不足

（一）历史文化资源转化机制不畅通

河南有厚重的历史文化资源，但大部分文化资源没有转化为文化旅游产品。一方面，很多文化遗产以景区形式展示出来，把历史文化资源直接视为文化产品，忽略了历史文化资源的内在价值需要通过不同的形式以通俗化、趣味化、现代化的方式呈现给游客。很多历史文化展区以简单的静态展陈为主，缺乏创意设计，游客持续性观看游览的兴趣不足，实际游览时间短暂，对当地的住宿、餐饮等相关产业拉动较小，不能形成产业延伸和产业关联效应。另一方面，河南很多文化遗址类资源属于地下文物，年代较为久远，如夏朝二里头文化、商朝殷墟文化，很难通过旅游产品的形式展现出来。同时，文物考古与文化旅游归不同部门管理，行业壁垒尚未完全打通，造成河南虽然有厚重的历史文化资源，但转变成大众化的文化旅游产品的渠道尚不通畅，大量有价值的历史文化资源尚未向公众开放，没能被有效开发利用。

（二）项目开发重视投入、忽视运营

一是项目投资大，影响持续性效能发挥。河南省对黄河文化的开发大多集

中在对旅游景区、博物馆的开拓和硬件改造提升上，其中新旅游景区、博物馆等文化场馆的开拓耗资巨大。这些动辄上亿元的投资项目不仅建设周期长，建成后的持续性发展收益也随着大众文化消费习惯和方式的变迁有很大的变数。大项目的开发建设实现预期目标的成本加大，投入产出比较低。二是项目建设追逐时尚，缺乏对地域特色文化的挖掘。一些城市文化建设项目的思路是以文化旅游的潮流趋势为引领，如房车项目、低空飞行项目、无动力乐园项目等，虽然紧跟当前文化消费的潮流趋势，但脱离地域文化特色的挖掘和融合，极易被其他区域模仿和超越，没有凸显自身独特的文化特色和优势，难以形成具有长期收益和价值的区域文化品牌。三是项目建设忽视资金保障。目前，河南省规划的部分大型文化旅游项目处于停工或未开工状态，既包括受疫情影响，很多文旅企业资金链断裂，还包括项目盲目上马，缺乏对成本和收益的科学估算，导致项目停滞或中断。

（三）城乡联动不足，乡村文创发展滞后

河南对黄河文化的挖掘利用主要以黄河国家文化公园建设为契机，以重大项目为抓手，重点布局博物馆、旅游公路、遗址廊道等大项目，策划重大节庆会展和论坛活动。这些项目和活动集中在郑州、洛阳、开封三地，且主要集中在城市及周边。而黄河沿线的安阳、新乡、焦作、濮阳、三门峡等城市，以及黄河故道的商丘、周口也留有大量的黄河文化遗存，在黄河文化资源的挖掘利用方面则较为保守，很少有亮点和出彩的项目。广大乡村作为中原农耕文化的诞生地和主要体验区，在文化资源开发方面也较为滞后，大部分仍停留在农家乐、民宿等初级阶段，缺乏对农耕文化深层次的挖掘和项目培育。河南黄河文化“两创”尚没有形成以点带面、全方位、全景式的局面。

（四）协同性不足，影响共有资源利用

黄河文化是线性文化遗产，需要协同发展。目前，黄河文化发展的整体协同性不足。一是省内合作不足，影响特色文化主题的培育和打造。相当数量的文化项目未能依托本地区文化特色进行差异化打造，往往根据市场反应热度跟风操作，项目同质化现象严重。同时，各地在黄河文化关联性和地域文化特殊性的融合上协调不足，造成文化资源碎片化、同质化和盲目性开发，河洛文

化、中原文化、黄河文化概念混淆，各自为政，没有形成黄河中下游文化的整体品牌和标识。二是省份之间文化资源合作开发运营机制不健全。与沿黄其他省份虽有合作，但在项目整体开发、票务系统管理、运营模式协同和产业共建方面没有形成实质性合作机制，制约黄河文化的整体开发和黄河文化消费全国市场的形成，影响黄河流域整体性发展。

五　河南黄河文化“两创”发展建议

（一）打破历史文化资源转化利用壁垒

一是打破行业壁垒，以黄河文化 IP 为主题，打破文物考古和文化旅游之间的壁垒，让文物、考古成果通过影视作品、动漫游戏、旅游演艺、虚拟现实场景等形式体现出来，转化成大众旅游产品、旅游体验项目，真正做到“以文塑旅、以旅彰文”，让河南地区厚重的文化资源变得“可触摸、可感知、可体验”。二是打破区域壁垒，以黄河文化串联沿黄城市，形成城际互动、城乡互动，真正发挥黄河文化遗产廊道的作用。各地形成既能够体现黄河文化整体性又能够彰显本地文化特色和个性的局面，打造特色文化旅游线路。三是打破城乡壁垒，充分发挥黄河文化节点城市的辐射带动作用，通过文化产业赋能乡村振兴、乡创特派员等形式，引领城市优质资本、项目和人才进入乡村地区，促进乡村农耕文化发展，形成城乡一体、全面发展的黄河文化发展新局面。

（二）引导社会力量参与黄河文化资源开发利用

目前，河南省黄河文化资源开发以政府财政投入为主，尚未形成文化发展的长效机制，需要充分调动社会力量参与黄河文化资源开发。一是畅通招商引资渠道，通过重大会展活动、新媒体平台等方式，畅通多样化的招商引资渠道，为社会力量获得合作发展信息提供多样化的便捷渠道。二是积极利用授权合作开发模式，鼓励博物馆、文化馆、旅游景区等单位将文创开发、经营管理的权利授权给社会组织，进行更为专业化和市场化的开发运营，提高黄河文化资源的利用效率。三是鼓励社会力量参与“小而美”的项目开发，在重大项目引领之外，鼓励社会力量结合黄河文化探索耗时短、成本低、创意优的小项目，通过文创产品、特色美食、口袋公园、非遗体验等方式，将黄河文化转化为具体有形、好玩、好感知的文化产品。

（三）重视对历史文化资源的创意转化利用

历史文化资源并不等同于文化产品。要转变传统观念，运用产业化思维，对黄河文化资源进行创意开发。一是重视规划对黄河历史文化资源开发的引领作用，在相关规划编制中处理好文化遗产保护与开发之间的关系，明确文化遗产保护的底线和文化资源开发的权限，引领全社会对黄河文化遗产进行生产性开发，形成“在利用中保护，在保护中利用”的新机制。二是重视科技手段在黄河文化资源开发中的运用。积极利用5D、裸眼3D、虚实混合等技术，将古老的夏文化、商文化进行数字复原和动态展陈，推动静态的文化遗址转化为动态、立体、可互动的文化产品和文化服务。三是重视对黄河流域传统技艺、民间传说、特色美食等生活化资源的挖掘利用，依托生活化场景，将黄河文化转化为日常生活可感知的衣食住行用产品，如茶具、酒具、家具等，以润物细无声的方式，使黄河文化融入民众生活。

（四）构建区域协同合作创新机制

黄河文化具有线性文化遗产的属性，要以整体化思路进行开发利用。一是构建省内合作机制，以黄河中下游中原文化为依托，突出农耕文化特色，开发能够串联河南省内黄河沿线所有节点城市的城际、城乡相互呼应、共同映射的文化旅游特色线路，打造中原文化特色文旅品牌，丰富中原文化作为文旅产品的业态和体验。二是构建省际合作机制，尤其是与陕西、山西、山东等邻省建立省际合作机制，精心设计打造郑汴洛西、郑汴洛济，并连通沿线节点城市的文化旅游线路，通过联票方式，打通票务和管理系统，促进游客在省际自由流动，延伸产业链条，实现共赢。三是建立省际黄河流域文化旅游交流合作联席会议制度，定期举办省际黄河文化旅游交流会议，对各省区确定相互联系又突出特色的文化旅游主题、文化旅游品牌标识、文化旅游标准化服务等进行商讨，推进形成差异化和特色凸显、资源共享与利益共赢、管理规范和标准化运作的高效合作机制。

山东黄河文化“两创”发展分析报告

张伟　许东　魏文坤*

摘　要：　滚滚黄河万年长，绵绵华夏文明始。黄河作为养育中华亿万儿女的母亲河，是中华文明的主体展示与核心呈现，是中华民族的根与魂。山东充分发挥黄河文化优势，从顶层设计、研究阐释、公共文化服务、文旅融合、传播交流、合力推进六大方面推动黄河文化“两创”工作不断走深走实。下一步，还需从建设黄河文化“两创”理论阐发高地、推动黄河文化嵌入社区建设、实施黄河文化“全融合”发展战略、构筑数字赋能体系、打造黄河特色文旅品牌、筑牢黄河文化“两创”人才基础着力，构筑黄河文化“两创”高质量发展新格局。

关键词：　山东　黄河文化“两创”　数字化

在中国广阔的版图上，滚滚黄河从昆仑山下一路奔腾向东，穿越峡谷与高山，携沙造陆，在“几字湾”巨龙摆尾之处铺展开千里平原，缔造出物华天宝、人杰地灵的齐鲁大地，勾勒出一幅幅人间烟火与璀璨文化相互交织的生动多彩画卷。在“伏羲之桑梓，尧舜之故里”菏泽，黄河自此入鲁，蜿蜒出185公里的历史文化；在孔孟之乡济宁，儒家思想在此诞生，升起中华大地的文明曙光；在泰安，“黄河金带”与“五岳之首”以巍峨的气势共同诉说着祖国山河的壮丽；在“两河明珠”之城聊城，黄河与运河一横一纵滋养了码头、会馆、商铺林立的古镇盛景；从因河而兴的德州，到历史文化名城济南，再到

* 张伟，山东社会科学院文化研究所所长、研究员，主要研究方向为文学与文化；许东，山东社会科学院文化研究所副研究员，主要研究方向为民间儒学、文化产业；魏文坤，山东社会科学院文化研究所助理研究员，主要研究方向为文化数字化、城市文化空间。

“渤海之滨，黄河之洲”滨州，生态廊线，气势磅礴，黄河泥塑、黑陶、黄河泥陶等非遗串联成珠；在齐国故都淄博，黄河润泽着肥沃的土地，造就了“人民多文采布帛鱼盐”的富庶生活；在河海交汇之处东营，黄河在这里完成奔涌的使命，构筑起“湿地之城”的诗情画意。沿黄九市连接起齐鲁大地五千多年的历史时空，沉淀出灿烂的黄河文化，诉说着黄河的前世今生。

大河汤汤润齐鲁。黄河两岸的自然景观与人文历史，不仅孕育了流域人民的精神血脉，滋养了齐鲁大地深厚的文脉，更成为推动黄河文化“两创”，构筑齐鲁文化自信的重要源泉。

一　山东推动黄河文化“两创”的实践探索

党的十八大以来，习近平总书记始终心系黄河、牵挂沿岸发展，亲自谋划、亲自部署、亲自推动黄河重大国家战略。黄河所流经的山东 9 个地市，现有世界遗产 4 处、国家历史文化名城 6 座、全国重点文物保护单位 141 处、国家级非物质文化遗产代表性项目 118 个，是中国黄河下游文化遗产聚集地①。山东谨记习近平总书记殷殷嘱托，充分发挥黄河文化优势，深耕人文沃土，聚力守正创新，以高度的政治责任感、使命感抓好黄河文化“两创”工作，使其不断走深走实、出彩出新。

（一）强化顶层设计，不断完善政策支持体系

山东加强系统性谋划，研究出台《山东省黄河文化保护传承弘扬规划》《山东省黄河文化旅游带总体规划》《山东省黄河流域非物质文化遗产保护传承弘扬规划》《山东省黄河流域生态保护和高质量发展规划》等指导性文件，从研究阐释、教育普及、保护传承、空间展示、传播交流等方面聚力突破，积极打造黄河文化“两创”先行区。编制形成《黄河国家文化公园（山东段）建设保护规划》，提出实施挖掘保护、研究阐发、环境配套、文旅融合、数字提升五大工程，建设管控保护、主题展示、文旅融合、传统利用四类主体功能

① 《讲不尽的黄河故事，诉不完的黄河情怀》，山东宣传网，2023 年 5 月 8 日，https://www.sdxc.gov.cn/fzgg/lbtp/202305/t20230508_11883774.htm。

分区，构建“一廊一带四区多点”的黄河国家文化公园（山东段）建设格局。山东省文化和旅游厅、山东黄河河务局签订合作协议，按照优势互补、合作共赢、共同发展的原则，合力推进黄河国家文化公园（山东段）主体功能区、主题展示区和风景道建设，持续加强黄河文化遗产活态保护传承，共同推进黄河文化创造性转化、创新性发展，将黄河国家文化公园（山东段）打造成彰显新时代文化自信、展示悠久黄河文化的靓丽名片。

（二）创新研究阐释，多层次讲好山东黄河故事

近年来，山东不断加强黄河文化专项研究，深刻把握黄河文化的内涵外延和历史脉络，挖掘阐发黄河精神的优良基因和时代价值，推出一批被社会广泛认同的标志性研究成果，发布《黄河文化通览》，构建新时代山东黄河文化学术体系。整合全省有关力量，成立黄河文化研究院。不断推动沿黄九省（区）黄河文化交流合作，举办黄河文化论坛，签订沿黄九省（区）黄河文化国际传播协议、“弘扬黄河文化　讲好黄河故事”系列合作协议等。推动黄河主题文艺创作，推出纪录片《大河之洲》、山东梆子《梦圆黄河滩》、以黄河滩区60万村民整体迁建这一民生工程为题材的现代吕剧《一号村台》、全国首档对黄河文化进行整体巡礼的综艺节目《黄河文化大会》等一批精品佳作，全方位、多层次讲好黄河故事，彰显黄河文化时代价值。

（三）融入公共文化服务，擦亮精神共富底色

从国家文化公园到公共文化场馆，黄河文化“两创”既是对黄河文化内涵的挖掘、价值的呈现，更是对其理念的表达、思想的传播。山东黄河文化“两创”坚持以中华优秀传统文化为价值底色，为文化强省建设注入伟大精神力量。山东黄河国家文化公园建设以彰显文化认同、构建民族共同意识为核心，从黄河特色文化中取材，深入挖掘黄河蕴含的人文情怀、时代精神、价值理念、道德规范，于物理空间和精神空间的有机融合中，延伸中华文化历史轴线、活化中华文明历史表达，生成了具有国家与民族身份标识的精神家园。美术馆、图书馆、齐河黄河文化博物馆群等公共文化空间，同样将建设的根脉厚植黄河文化沃土。山东省黄河文化主题作品展“沿着黄河遇见海”，以艺术创作为媒介，生动展示出黄河流域历史文化蕴含的深邃思想。青岛市图书馆为群

众送上异彩纷呈的黄河文化盛宴，让多元黄河文化展示形式与内容更深入地融入百姓生活。山东黄河文化“两创”坚持以社会主义先进文化为前进方向，与当代中国价值观紧密结合，不断释放黄河文化最大的时代价值，将文化精神撒在人民群众心坎上，不断丰富人民精神世界。

（四）深化文旅融合，推动沉浸式黄河文化体验

文化体验廊道是在文化遗产富集地区推动文化遗产集中连片保护和文化资源统筹开发利用的带状空间，是推动文化保护传承、文化体验的重要展示空间。山东以黄河文化体验廊道为抓手，深入推动黄河文化沉浸式体验。黄河文化体验廊道以县域为单位，以沿黄村落、集镇为单元，突出民俗文化，挖掘民俗资源，集聚全黄河流域特色，打造一批特色县城、文化集镇、民俗村落，让乡土情、民俗味成为山东沿黄亮丽风景线。山东加强实施沿黄古城、古镇、古街区、古村落保护利用工程，建设黄河国家文化公园，打造“黄河入海”等文旅项目，倾力推出 10 条黄河文旅线路和一系列黄河文化主题研学课程①，塑造集民俗体验、农耕研学、自然观光等于一体的“沿着黄河遇见海”文化旅游品牌，策划打造黄河大集，传承发展沿黄传统工艺，推动民俗与手造相结合，让古老文明在齐鲁大地绽放时代华彩。

（五）创新传播交流，彰显黄河文化魅力

山东围绕增强黄河文化传播力、影响力，拓宽宣传推广渠道，构建全方位、立体式宣传推广矩阵。一方面，坚守传统传播阵地，以大型文化活动、节庆、电视节目为媒，让黄河文化“飞入寻常百姓家”。高青连续举办多届黄河文化旅游节，以节庆为载体，通过沿黄优秀文艺作品汇演、非遗项目展演等系列活动，动态展示黄河文化的丰富内涵和时代价值。山东推出全国首档以黄河文化为创作主题的大型文化综艺节目《黄河文化大会》，将音乐、舞蹈、情景化表演等新潮元素融入黄河文化，让观众“身临其境”感受黄河流域的历史之美、山河之美、文化之美。另一方面，依托数字技术的发展，利用新媒体平

① 《山东：书写黄河文化保护传承弘扬新篇章》，山东宣传网，2022 年 7 月 26 日，https://www.sdxc.gov.cn/zt/sgzzq__20579/fzcx__20583/202207/t20220726_10583221.htm。

台，如抖音、快手等短视频平台，展示工笔牡丹画、董氏古兵器、泰山皮影戏、葫芦雕刻、木版年画、陶器烧制技艺、剪纸、蹴鞠等一系列黄河文化符号，借助全新的艺术表达方式，唤醒人们逐渐模糊的中华文化记忆，将流传千年而不衰的黄河文明带入现代互联网用户的日常生活实践，引发人们对中国传统文化的认知与了解，赋予传统文化新的生命。

（六）沿黄九市齐发力，共同奏响黄河协奏曲

山东沿黄九市各出“奇招”、协同发力，合力推进黄河国家文化公园（山东段）建设。济南举办沿黄九省（区）文旅高峰论坛、黄河流域沿线非物质文化遗产交流展示周等系列活动，讲好山东黄河故事；淄博发展黄河沿岸乡村旅游，助力乡村振兴，宣传黄河国家文化公园（山东段）建设典型做法；东营形成“黄河入海，生态东营”城市口号，写好黄河“入海口”篇章；济宁将水泊梁山景区打造成为黄河文化标志性旅游目的地，打好“曲阜”“梁山”两张牌；泰安加强文化保护传承，打造黄河文化彰显区；德州组织实施黄河、大运河国家文化公园（山东段）贯通工程，力推黄河、大运河“牵手”贯通；聊城深挖黄河文化遗产资源，推出“两河之约”系列文旅活动；滨州创作黄河艺术精品，组织开展中国滨州黄河文化艺术季活动；菏泽抓牢黄河文化旅游产业高质量发展，推动鲁豫黄河文化旅游协作区建设。聆听着黄河文化的脉动，山东各地正用心、用情、用力奏好新时代黄河文化协奏曲。

二　山东推进黄河文化“两创”需要强化的重点方向

近年来，山东传承与弘扬黄河文化的热潮方兴未艾，学术研究与文化实践扎实推进、成效显著。与此同时，黄河文化“两创”也存在以下几个需要加强的方面。

（一）黄河文化“两创”理论研究阐发尚需加强

山东学术界对黄河文化“两创”的研究处于起步阶段，研究视域较为狭窄、着力点比较分散、理论创新能力不足，导致研究的学理性、系统性和应用性较为薄弱，研究成果广而不精，鲜有具有较大影响力的研究机构与优秀成果。

（二）黄河文化“两创”“公共文化+”的深度与广度有待提升

黄河文化“两创”需要突破自身疆域，与党建、卫生、体育、非遗、科普等领域深度融合，如毛细血管般渗透到城乡经济社会和人们生活的深处，融入整个基层经济社会发展体系，发挥价值引领和服务提升作用，更好地提升城乡的文化气质和居民的生活品质。但从目前来看，黄河文化“两创”融入公共文化服务典型案例较少，在价值引领、民心凝聚和基层治理等方面的作用不强。

（三）黄河文化“两创”发展活力有待激发

山东在将丰厚黄河文化转换为产业优势方面效能较低，“两创”发展的经济效益与社会效益尚未得到较好统一。创新龙头企业、瞪羚企业较少，头部文化企业引领不足、动力不够，导致黄河文化“两创”产业创新活力不足、出彩不够、韧性不强。此外，山东黄河文化“两创”内容生产与传播都存在有“高原”缺“高峰”弊病。缺少具有吸引力、影响力且深入人心的黄河文化“两创”IP，“出圈”文化产品塑造不足。国内国际对山东黄河文化“两创”成果认知，仍局限于儒家文化、齐鲁文化等传统领域，对山东其他特色优秀传统文化认知较少。

（四）黄河文化“两创”数字赋能水平有待提高

山东黄河文化“两创”数字赋能能力相对落后。在文化资源数字化保存方面，尚未构建黄河文化资源数字化体系，资源较为分散；在文化资源数字化转化方面，内容模式单一，缺乏在全国有影响力的数字应用场景；在文化资源数字化传播方面，传播内容缺乏持续性，吸引力不强。

（五）黄河文化“两创”人才匮乏问题依然突出

黄河文化“两创”不仅需要从事相关工作的专业技术人才、创意人才，还需要大量了解中华优秀传统文化、黄河文化的专门人才，而山东此类人才缺口一直存在。这一方面与创意人才培养难度较大、培养机制不健全息息相关，另一方面与人才引进机制不够完善、人才发展环境不具吸引力造成的人才流动性大关系密切。

三　山东推动形成黄河文化“两创”新格局的思路举措

（一）加快科研创新步伐，建设黄河文化“两创”理论阐发高地

理论研究是文化延续的有力保障。一是加强对山东黄河文化的全方位研究。深入挖掘黄河文化历史内涵与当代价值，加强黄河文化与中国梦、社会主义核心价值观等专题研究，推进黄河文化转化创新，提炼黄河文化思想内核，深入探究其中蕴含的特殊精神基因、深沉精神追求、独特精神标识。二是加强黄河文化“两创”学术研究平台建设。联合高校科研院所，形成联系紧密、协同推进的黄河文化研究平台矩阵，打造高水平文明交流互鉴平台；加强品牌建设，持续做强黄河文化研究院；对黄河文化“两创”课题研究予以倾斜，加大省社科规划黄河文化“两创”课题立项支持力度。

（二）推动黄河文化嵌入社区建设，打造特色文化社区

将黄河文化融入社区建设，着力打造有特色、有空间、有内容、有组织、有活力的特色文化社区。第一，重构社区文化空间。结合社区特质，充分利用闲置空间，“见缝插针”，推动“一心、一场、一厅、一廊、多点”建设，就近为居民提供便利化、多样化、品质化的社区黄河文化服务。注重空间营造，突出黄河文化特色，充分利用广场角落的小型空间，重点打造“一角”黄河文化社区公共空间。第二，丰富黄河文化内容供给。以文化能人和文艺骨干为核心，支持群众进行自我创作、自我服务。支持开展以“我们的黄河”为主题的社区文化活动，结合中华传统节日、重要节假日和重大节庆活动等，组织开展读书征文、文艺演出、经典诵读、书画摄影比赛、体育健身竞赛等文体活动。结合社会力量和社区志愿者，积极开展读书沙龙、电影鉴赏等多类型文化活动。

（三）实施黄河文化“全融合”发展战略，全力拓展黄河文化发展新空间

着眼文化融合发展，激发黄河文化“两创”产业活力。一是以“文化+跨

界”方式，开创多元联动、优势互补、风险共担的文化产业发展模式，建设政府背书、企业主导、社会参与的多元化文化产业投融资平台和贷款信用保险机制。二是立足各地区位优势和黄河资源禀赋，发挥头部文化企业引领带动作用，打造具有示范效应和带动作用的优质项目，串珠成线、织线成面，释放文化产业与空间集聚共生共荣的积极效应。三是坚持以文促旅、以旅彰文的原则，拓宽文旅深度融合发展渠道，推动文旅产业集聚发展。将非遗元素、革命文化、民间习俗、风土人情等全方位融入文旅产品，培育旅游消费新热点，壮大新型旅游业态，发展智慧旅游，全面提升文旅产业核心竞争力。四是结合消费者需求个性化、消费多元化特征，加强中华优秀传统文化与互联网、5G、大数据、人工智能、虚拟现实技术、区块链等新技术的融合，构建多元数字文化消费场景。

着眼数字融合，打造黄河文化“两创”新业态新模式。强化黄河文化数字化新产品、新模式、新业态的培育与打造，补齐发展短板，实现弯道超车。一是推进“黄河文化数字产权交易中心”建设，促进黄河文化数字创意与智慧文旅、艺术设计、游戏动漫、影视制作、研学教育、数字文化装备等多场景的融合融通与开发应用，从源头让静态的黄河文化资源“活”起来。二是建设黄河国家文化公园（山东段）数字文化旅游廊道，提升沉浸式数字文旅项目在沿黄流域A级旅游景区的覆盖率，培育黄河文化虚拟演艺、虚拟体育、云游戏等娱乐消费新业态，形成虚实融合、持续创新、多点赢利的黄河文旅产业生态体系。三是推进“黄河文化链”建设，搭建“黄河文化”元宇宙虚拟空间，支持济南、东营、青岛、潍坊、泰安等地建设黄河文化元宇宙文旅体验项目，规范完善黄河文化数字藏品创意、生产、销售流程，推进“黄河文化”数字产品旗舰店建设。四是加强“好客山东　云游齐鲁”智慧文旅平台黄河频道建设，以数字化、智能化、智慧化为切入点，不断优化和提升游客服务水平、政府监管能力和企业服务功能。

（四）构筑数字赋能体系，推动黄河文化“两创”高质量发展

数字赋能保护传承，让黄河文化更有“底”。构建数字化保护传承体系，筑牢黄河文化保护传承基底。一是以国家文化大数据体系建设为抓手，综合运用高清拍摄、文字声音识别、三维建模、虚拟现实/增强现实/混合现实等技

术，加快黄河历史遗存、水工技艺、文献史料等文化遗产和传统手工技艺、音乐戏曲、民俗民艺等非物质文化遗产的数据采集，搭建永久保存、创新再现、开放共享的黄河文化遗产数据库体系。二是采取线上线下一体化、在场与在线相结合的方式，以数字化、网络化、智能化为标准，新建、改建、扩建一批黄河文化遗产数字博物馆、档案馆、展览馆和图书馆，以科技化拓展黄河文化公共服务空间，以智能化延伸黄河文化广域传播触角。三是搭建黄河文化在线学习平台，建设开放型、可接入、能互动的黄河文化智慧课堂和非遗数字传习所，普及虚拟教学、高清直播、沉浸体验等新型文化服务，推动黄河文化数字资源进学校、进课堂、进社区、进家庭、进场站。

数字赋能资源转化，让黄河文化更有“彩”。深入发掘黄河文化独特魅力，为产品研发、设计制造铸魂赋能，数字化推进黄河文化资源转化利用。一是搭建数字创意设计平台，建设黄河文化数字创意研究院。采取“政府背书+创意人才+投资公司+科研院所”等多主体共建共享模式，凝聚各方资源禀赋优势，实现文化创意迭代创新和创意思维产品转化。二是搭建黄河数字文化产业发展服务平台，组建集投资融资、创业孵化、项目管理、创意服务、知识产权、财税金融等于一体的山东黄河数字产业集团，以找点子、结对子、蹚路子的体制创新，推进黄河文化关联企业的培育孵化和转型升级。三是强化与彩虹设计、一品威客、猪八戒等国内领先工业研发设计平台的深度合作，依托海尔卡奥斯、浪潮云洲、杰瑞橙色云等省内优势工业设计互联网平台，打造黄河文化智能设计研发体系，畅通“创意→设计→生产”产业链条，推动黄河文化由创意思维向市场化产业化快速转化。四是在“好品山东”“山东手造”基础上，联动打造“黄河数造”文化创意品牌，完善“黄河数造”产品标准体系和追溯体系建设，落实产品入选、激励、淘汰评价机制，搭建联动、公开、透明、即时的数字监控网络，严把“黄河数造”产品质量关。

数字赋能交流互鉴，让黄河文化更有“品”。打好黄河文化传播“数字组合拳”。一是推进山东黄河融媒体中心建设，形成多渠道、全维度黄河文化数字传播矩阵。强化“黄河入鲁”“黄河济运”“黄河入城”“黄河入海”等黄河文化子品牌与“好客山东”外宣品牌的捆绑宣传、组团传播，持续做好“沿着黄河遇见海”“沿着黄河看山东”等主题的新媒体联合推广活动。二是依托东亚文化之都、上合组织地方经贸合作示范区和“一带一路”倡议，以数为媒，强化与孔子学院、国际友好城市、驻外使领馆、国外交流协会的互动和合作，积极参与黄河文明与古希腊文明对话工程、黄河文化海外大展计划，丰富《走向世界》杂志、国际在线山东频道等外宣平台的外语种类。三是实施山东黄河文化遗产全球数字巡展工程、文艺精品数字出海工程和经典图书外译数字传播工程。海外试点建设黄河数字文化主题“尼山书屋”，打造线上线下一体融合、国内国外双向互动的数字文化消费综合体，不断提升山东黄河文化的全球吸引力和国际影响力。

（五）打造黄河特色文旅品牌，形成差异化竞争格局

结合区域发展特点，明确品牌定位。区域经济、文化发展是文化和旅游品牌培育的前提基础。山东沿黄各市文化和旅游品牌的培育，要建立在充分了解区域经济、文化发展的现实情况基础之上，挖掘既能凸显区域文化资源特色，有效助力区域经济发展的文化资源，打造具有鲜明地域标识的文化和旅游品牌。

注重传统文化的时尚化表达。黄河文化和旅游资源具有深厚的历史气息，是中华悠久文明演化的“活化石”。黄河文化和旅游品牌的培育，要注重对文化和旅游资源的提炼，利用时尚化、创意化的方式予以呈现，让消费者在当前文化语境下感受黄河历史文化的博大和精深。一是注重黄河文化创意化表达的文化元素与精神提炼。系统梳理黄河文化和旅游资源，选取与当代文化发展理念相一致的传统文化思想及其相应的文化资源，保持传统文化思想与当代文化思想的一致性、传承性和可接纳性，促进消费者通过黄河文化和旅游品牌，加深对黄河传统文化思想与当代文化思想演化发展的认知和理解。二是在传统文化与当代文化的融合中，创新塑造特色文旅品牌。选取能与当代文化消费习惯、文化生活方式相适应的文化资源类型，如博物馆根据生活场景打造的文化创意产品、融合现代文化语境的传统曲艺演出等，用传统文化资源为当代文化生活和消费增加经典性和趣味性的色彩，让当代文化语境为传统文化创造新的生机，吸引更多年轻群体了解、感知黄河传统文化的魅力。三是塑造文化和旅游品牌符号。选取和创造能够代表黄河传统文化价值内涵的符号，包括运用代表性的传统文化符号、关联运用多种文化符号和文化符号的意义转换，让消费者产生视觉和大脑深层的记忆与联想，推动文化和旅游品牌符号与黄河文化产

生强烈的关联，以品牌符号推动黄河文化价值的广泛认知和传播。

注重品牌的系列化开发。在系统梳理黄河文化和旅游资源的过程中，注意挖掘文化 IP，通过一个符号、一个故事、一个人物形成具有鲜明特色和标识性的文化 IP，再围绕文化 IP 打造系列爆款产品，纵向延伸产品线，拓宽文化消费市场范围，延长文化品牌影响时间。同时，根据市场反馈，不断变化文化品牌的内容品类和范围，保持文化品牌的市场敏感度和热度。

（六）加强人才工作体系建设，筑牢黄河文化“两创”人才基础

人才是推动黄河文化“两创”深入发展的根基。一是整合省内人才服务资源，强化人才要素高效配置。通过与高校、科研机构合作，创建黄河文化“两创”课堂，以课程靶向定制、学生订单培养的方式，深化文化“两创”人才培育机制。二是引入灵活高效的运作模式和市场化手段，以智库专家团、咨询委员会、人事代理等灵活的人才机制，寻求与京津冀、长三角等都市圈人才资源的互联互通，推动优秀文化人才向山东聚焦聚集。三是提高人才治理的现代化水平。建立科学完善的人才一体化监控指标体系，形成统一化、标准化的人才数据库，搭建面向全球的数字化选才用才体系，实现更广域范围内人才资源的高效利用。四是加大黄河文化“两创”人才政策倾斜力度，完善黄河文化“两创”人才保障机制。

附　录
黄河文化“两创”大事记（2023）*

1月

1月3日　山东省委、省政府印发《山东省建设绿色低碳高质量发展先行区三年行动计划（2023—2025年）》，规划以沿黄河、沿大运河、沿齐长城、沿黄渤海和沿胶济铁路线为重点的文化体验廊道，构建国家文化公园引领、文化交通线贯穿、文化体验廊道示范、文化传承发展片区支撑、全域文化“两创”和文旅高质量发展新格局。

1月6日　由中共甘肃省委宣传部、甘肃省文化和旅游厅主办，兰州交响乐团、兰州音乐厅合唱团百人阵容演出的“春绿陇原·黄河之滨”《黄河之声·交响合唱》音乐会在兰州音乐厅奏响波澜壮阔、催人奋进的铿锵乐章。音乐会共演出13个节目，曲目庄重深刻，叙事抒情性较强，有管弦乐与合唱联奏《东方红》陕北民歌、《在灿烂的阳光下》，交响合唱《黄河少年》，女声独唱《玛依拉变奏曲》等。整场音乐会音乐格调具有戏剧性、史诗性、英雄性的特点，同时演奏顺序结构严谨，表现手段丰富多变，将听众带入“黄河之声”的音乐意境和想象空间中徜徉，余味深长。

1月7日　2023黄河国家战略新年论坛以线上和线下相结合的方式在河南大学明伦校区举行。此次论坛由河南大学黄河文明与可持续发展研究中心、黄河文明省部共建协同创新中心主办，河南大学黄河文化遗产实验室、河南大学应对气候变化与碳中和实验室协办，主题为“黄河文明与中国式现代化”。

1月12日　2023年“春满中原·老家河南”主题活动在河南省嵩山少林寺武术馆正式拉开帷幕，活动发布一系列年味十足、特色鲜明、品类丰富的文

* 本部分由山东社会科学院文化研究所助理研究员王占一整理。

化旅游产品和系列文旅惠民措施，为到河南过年的游客献上一道丰盛的“老家河南”年味大餐。

1月14日 2023“好客山东贺年大会”暨黄河年货大集在济南启动，该活动以“过年就在山东玩 过年就买山东货”为主题，展示并推介春节期间具有山东特色的好品、好景、好物、好去处。现场同步举办黄河年货大集，为市民、游客献上文旅贺年大餐。此次黄河年货大集特设年货展销区、特色文创区、非遗展示区、泼墨送福区、直播带货区。该活动让冬季旅游更有烟火气、更聚人气，通过线下大集、线上带货、宣传推介等形式，拓展文旅市场消费空间、激活文旅企业主体活力、释放大众年节消费潜力。

2月

2月12日 由郑州美术馆主办的“‘跨界对话：何以黄河’——王刚：何以黄河当代黄河主题创作研究展”学术对谈活动在该馆新馆举行。来自省内外文学界、思想界、哲学界、艺术界的嘉宾齐聚一堂，共同探讨交流此次展览的艺术表现手法、艺术境界及创新实践。

2月21~23日 由中国农业科学院与宁陵县委、县政府联合举办的大型现代豫剧《黄河故道梨花开》展演活动在中国农业电影电视中心举行，5场演出场场爆满，获得圆满成功。《黄河故道梨花开》由宁陵县自发创作编排，以豫剧形式生动讲述了中国农业科学院一代代林果专家扎根黄河故道60余年，通过科技支撑发展梨产业，治理风沙盐碱，带动农民脱贫致富、建设和美乡村的生动故事，讴歌了农业科技工作者不忘初心、扎根沙地、攻坚克难、造福百姓的感人精神。2021年，《黄河故道梨花开》首演荣获第十五届河南省戏剧大赛“文华大奖”。

3月

3月9日 郑州市文化广电和旅游局长会议召开，会议强调，围绕黄河文化、夏文化、红色文化等做好传播推广，扩大郑州文旅影响力；集中力量办好“大河意象·黄河文化美学研究”系列活动第三季，为文化艺术交流传播与教育研究提供优质平台，不断提升城市文化品位和公众艺术修养。

3月9~10日 文化和旅游部非物质文化遗产司副司长胡雁，河南省文化和旅游厅党组成员、副厅长孙鹏，以及沿黄九省区文化和旅游厅非遗部门的主要负责人共20余人齐聚三门峡，共同探讨黄河流域非物质文化遗产保护传承弘扬协同机制有关事项并调研。调研团先后来到三门峡水利枢纽、庙底沟博物馆、蒲剧文博馆、王玉瑞澄泥砚展示馆、陕州地坑院民俗文化园、函谷关等地参观，感受了澄泥砚、木版年画、陕州剪纸、锣鼓书、蒲剧等国家级、省级、市级非遗项目，并连连称赞。

3月10日 河南·荥阳第八届黄河樱花节在古柏渡丰乐樱花园启幕，吸引众多市民前来欣赏缤纷樱花、拥抱美丽春天。

3月14日 由黄河文化旅游带宣传推广联盟主办，甘肃省文化和旅游厅、青海省文化和旅游厅承办的2023年黄河文化旅游带宣传推广联盟大会筹备会在兰州召开。会议商定，2023年由青海省承办联盟大会，大会拟以联盟工作报告、发布2023《中国黄河旅游发展报告》、联盟事项研讨、沿黄九省区交流、发表宣言、交接下届联盟大会轮值省份等为主要内容，以新的主题开启沿黄九省区携手联动、共推文化旅游业高质量发展的合作之旅。同期拟举办的还有黄河文化和旅游发展论坛、“直播黄河”炫彩中国大型融媒体推广活动、黄河文旅大集、“沿着黄河看中国”等多项黄河文化旅游系列活动。

3月16日 “霍州杯”黄河流域九省区非遗花馍展演在霍州署衙开幕，150余件代表作参展。此次展演由中国烹饪协会、山西省文化和旅游厅主办，山西省烹饪餐饮饭店行业协会，霍州市委、市政府承办。展演现场，非遗花馍传承人纷纷展现技艺、相互交流。青海月饼、“锦绣天府”、“龙凤呈祥”、“枸杞福娃”、“盛世中华”及霍州年馍“风调雨顺”组合等一批具有地域特色的花馍作品展示了民俗传统文化的独特魅力。

3月21日 由中共甘肃省委宣传部、甘肃省文化和旅游厅主办，中共深圳市委宣传部、深圳市文化广电旅游体育局支持，兰州大剧院、深圳交响乐团、西北师范大学音乐学院、甘肃飞天丝曼文化传媒有限公司承办的交响合唱组曲《南梁颂》在深圳大剧院成功上演。上半场曲目为交响合唱组曲《南梁颂》，下半场曲目为大型合唱声乐套曲《黄河大合唱》，全曲气势磅礴，将时代精神、民族气魄与大众艺术形式紧密结合。

3月21日至4月13日　第十届黄河戏剧节在河南驻马店举行。此届黄河戏剧节的多元化趋势更加突出、品牌化效应更加凸显、高端化品质更加牢固，开启了黄河戏剧节的新纪元。来自全国13个省市的36台剧目在线上或线下集中演出，同时还有河南18家民间职业剧团参与集中展演。

3月25日　以“黄河明珠 美丽吴忠”为主题的“宁夏文旅”高铁冠名列车从上海虹桥站首发，直达苏浙沪地区，宣传推介吴忠文旅资源，诚邀八方游客“游在宁夏、吃在吴忠”。此次冠名的高铁列车每组车（8节车厢）预计年发送旅客473万人次，运行线路为银川—杭州，将覆盖宁夏以外的8个省份，分别为江苏、浙江、安徽、山东、河南、陕西、甘肃和上海。此线路以银川为中心，连接杭州、青岛、上海，并通过连接城市到达合肥、盐城等地，是西北连接华东沿海地区的主要高铁线路。

3月26日　资源开发司指导山东省文化和旅游厅举办“旅游中国 美好生活——沿着黄河遇见海”推广活动启动仪式，沿黄九省区文化和旅游厅有关同志参加。活动以“沿着黄河遇见海”为主题，以黄河、滨海文旅资源为载体，以多形式宣传推广活动为依托，开展“沿着黄河遇见海”主题双向推介、“沿着黄河遇见海”联动直播、“沿着黄河遇见海”文创产品研发等系列活动。

3月27日　黄帝故里拜祖大典组委会在北京举行新闻发布会，宣布癸卯年黄帝故里拜祖大典将于2023年4月22日（阴历三月初三）在河南省郑州市新郑黄帝故里举办。2023年大典更突出黄河文化元素，嘉宾将用黄河水净手；通过恭奉“社稷”，集结五色土、敬奉五谷，祈福中华；还在现场展现大河奔流、河山壮丽的黄河图画长卷。

4月

4月1日起　《中华人民共和国黄河保护法》正式施行。该法包括总则、规划与管控、生态保护与修复、水资源节约集约利用、水沙调控与防洪安全、污染防治、促进高质量发展、黄河文化保护传承弘扬、保障与监督、法律责任和附则，共11章122条。

4月1日　“新时代 新农村”黄河文化摄影展暨第十届小浪底樱花节在小浪底景区举办。黄河文化摄影展、非遗进景区、黄河岸边星空露营节等系列活动同步举行，全力塑造“近悦远来、主客共享、宾至如归、人人心动”的济源文旅休闲消费新场景。活动现场还发布了“大河安澜　江山永固”水利水工游、“黄河岸边老村落”探秘游、“做一天非遗人”黄河非遗文化展示游、“漫行黄河大堤”自驾骑行体验游、“泛舟黄河”水上游、“寻味黄河岸边”特色美食游、“激情燃烧的岁月”红色革命游等 7 条主题鲜明、各具特色的精品旅游线路。

4 月 6 日　由宁夏回族自治区文化和旅游厅主办的“行走黄河，阅读宁夏”境外达人宁夏采风踩线活动在银川志辉源石酒庄启动。来自英国、埃及、越南、爱沙尼亚、意大利等 13 个国家的 22 名宁夏旅游合伙人、海外社交媒体达人参加启动仪式。启动仪式结束后，22 人前往宁夏沙坡头、沙湖、青铜峡黄河大峡谷、南长滩、刘三朵八宝茶体验馆等地深度体验宁夏文化和旅游资源。

4 月 13 日　内蒙古自治区呼和浩特市文化旅游广电局在呼和浩特市图书馆召开“亮丽敕勒川·精彩黄河湾”2023 年呼和浩特文化旅游系列活动暨精品旅游线路新闻通气会，计划开展“多彩敕勒川·青城好花季”“爱上敕勒川·全民大联欢”“丰裕敕勒川·壮美黄河湾”“乐游敕勒川·雪舞大青山”四季主题系列活动。

4 月 13 日　第二届大西北文旅高峰会暨黄河文化和旅游发展论坛在美丽的塞上湖城银川开幕。西北六省区、沿黄九省区以及新疆生产建设兵团的文化和旅游部门有关负责同志和专家学者汇聚一堂，共叙友谊、共谋发展、共话未来，为凝聚西北力量、讲好黄河故事献智献力。

4 月 14 日　山东潍坊举办“沿着黄河遇见海”全国百家旅游渠道商潍坊行活动。通过现场播放旅游宣传片及潍坊旅游资源推介、文旅产品展示、提振旅游消费政策发布、合作意向协议签订、旅游企业洽谈等多元方式，全方位展现潍坊文旅产业的魅力与优势，提升潍坊文旅市场的知名度和影响力。此外，与会领导和受邀嘉宾共同参加了第 40 届潍坊国际风筝会开幕式暨“不一Young 的潍坊”2023 春夏旅游季启动仪式，推动潍坊春夏旅游市场“热”起来、“火”起来、“嗨”起来，加快推动旅游消费全面升级。

4 月 15 日至 7 月 18 日　“水之回响——2023 中国银川黄河文化旅游节特展”在银川当代美术馆举办。展览分为“对话”和“临水”两个板块，从历史、精神、生活和生态等多个维度构成以黄河为纽带的文化叙事，展现对黄河文化时代意义的探索。

4 月 17 日 2023 山东省春季黄河大集启动暨清风湖夜市开市仪式在东营举办。2023 春季黄河大集以“踏青嬉戏下乡游”为主题，以好品为特色，开展田园踏青、庙会采购、文艺展演、青春季四大主题活动和山东手造、文化文艺产品、非遗、汽车、家电、家居服饰、种子化肥农药、农机农具等“八品下乡”活动，通过“线下大集+线上带货+宣传推介”的方式，在沿黄传统乡村大集和线上平台开展特色鲜明、内容丰富而又饱含烟火气息的消费促进活动，为农民群众办好事、让城里人有去处，更好满足群众对美好生活的需求。

4 月 18~19 日 黄河文化论坛在东营开幕。此次论坛以“弘扬黄河文化 讲好黄河故事”为主题，包括开幕式、主旨演讲、学术研讨交流、“黄河文化国际传播”“弘扬黄河文化与铸牢中华民族共同体意识”分论坛等活动，旨在深入学习贯彻习近平新时代中国特色社会主义思想和党的二十大精神，落实黄河流域生态保护和高质量发展重大国家战略，对深入挖掘黄河文化蕴含的丰富内涵、时代价值，凝心聚力推进中国式现代化建设具有重要意义。

4 月 19 日 《大河之韵》黄河文化“两创”文艺成果展演在东营市雪莲大剧院正式亮相。这次展演精选了山东省众多优秀的以黄河文化为主题、体现“两创”成果的文艺节目；400 多名演员同台献技，深入挖掘黄河这座“文化富矿”，通过文艺展演的形式呈现灿烂黄河文化诞生发展过程，从多个维度引领观众感受“大河之韵”。展演还以文物、古诗词、传世绘画等为灵感来源，改编出多个精彩表演，深度挖掘“母亲河”的民俗与历史，结合独具匠心的服化道，呈上一场视听盛宴，给人以“思想+艺术+技术”的文化浸润。

4 月 21 日 “追梦中华 · 读懂黄河”2023 海外华文媒体河南采访行活动在郑州启动。来自美国、加拿大、德国、马来西亚、印度尼西亚、菲律宾等国家和地区的 16 家海外华文媒体以及 3 家涉侨中央媒体参加此次活动。

4 月 26 日 黄河流域文旅合作发展大会在齐河县举办，各界嘉宾齐聚齐河县，畅叙友情、畅谈合作，共谋文化旅游高质量发展。会上，山东省沿黄文旅产业合作联盟正式成立，并发布山东省“沿黄县”旅游线路。另外，齐河县城乡文化发展有限公司与携程旅行平台签署战略合作协议，齐河县分别与秀山县、蓬莱区签署战略合作协议。翌日，与会人员还参观了黄河文化博物馆群、欧乐堡动物王国、中国驿·泉城中华饮食文化小镇等重大文旅项目。

4月29日 山西省万荣县2023年后土文化节暨黄河一号旅游线路系列活动在黄河文化雕塑博览园启动。黄河一号旅游线路系列活动包括星空帐篷音乐节、特色美食节、电音节等。启动仪式上，万荣县发布了全域旅游5条精品线路，包括山水生态观光游、文脉探寻研学游、休闲康养度假游、乡野山居追忆游和畅飨美味体验游。

4月30日 由山西省交响乐团出品的交响套曲《黄河》在山西省临汾市吉县黄河壶口瀑布景区实景首演。该作品于2020年4月开始创作，2023年4月创作完成。演出现场人潮涌动，飞瀑直下的壮观与宏大的交响气势引来观众驻足欣赏，收到良好的社会效益。

5月

5月8日 山西省运城市万荣县举办首届“骑游黄河·善行万荣”黄河一号旅游公路自行车赛，来自全国各地的500余名自行车爱好者参加比赛。此次赛事共设男子公路、男子山地精英、男子山地大众、女子山地大众4个组别。参赛选手骑行在黄河一号旅游公路上，领略沿岸生态美景。

5月16日 由山东省文化和旅游厅主办，山东画院、西安崔振宽美术馆承办，山东省中国画学会、陕西省中国画学会、陕西国画院、西安中国画院、深圳韩乔文化集团、陕西谊美文化协办的“沿着黄河遇见海”山东省黄河文化主题美术作品展（西安站）在位于西安市灞桥区柳雪路996号的西安崔振宽美术馆隆重开幕。此次展览旨在坚持以习近平新时代中国特色社会主义思想为指导，坚持以人民为中心的创作导向，延续历史文脉，讲好“黄河故事”，改善人民群众生活、保护传承弘扬黄河文化，让黄河成为造福人民的幸福河。

5月17日 内蒙古黄河流域博物馆馆际联盟在包头市正式成立。联盟由内蒙古博物院、呼和浩特博物院、包头博物馆、乌兰察布博物馆、鄂尔多斯市博物院、内蒙古河套文化博物院、乌海市博物馆、阿拉善博物馆等8家博物馆联合发起。为规范联盟运行、推进工作开展，联盟制定了《内蒙古黄河流域博物馆馆际联盟章程》，签订了《内蒙古黄河流域博物馆馆际联盟协议》。

5月18日 由内蒙古自治区文化和旅游厅、内蒙古自治区文物局主办的

“黄河从草原上流过——内蒙古黄河流域古代文明展”在阿拉善博物馆开展。该展汇集了内蒙古黄河流域各个历史时期的精品文物239件（套），包括历史器物、遗迹和文献资料等，通过“多元文明的汇聚之地”“文明交流的牢固组带”“多民族融合共生的家园”3个部分，按照历史发展脉络细致梳理黄河文化，充分展示黄河在内蒙古地区的辉煌历史和独特魅力，带领观众领略多元一体的黄河文明。

5月19日　第28届黄河文化旅游节暨第九届中国特色商品博览交易会在三门峡举办。此届“一节一会”得到国家发改委、文化和旅游部、国家体育总局、中国商业联合会等部门支持，先后组织“中流砥柱”黄河大合唱、横渡母亲河、“百城万车”自驾游、中国特色商品博览交易会等19项文旅、经贸、体育活动。

5月20~21日　由河南省文化和旅游厅、河南省发展和改革委员会主办，三门峡市人民政府、中国旅游报社承办的黄河国家文化公园建设保护会议在河南省三门峡市举办，沿黄九省区文化和旅游厅、发展和改革委员会及重点城市代表参加会议。会议分为主旨演讲、黄河文化千里研学之旅案例分享、黄河国家文化公园建设保护对话等环节，还举办了“临黄河·知中国”推广活动启动仪式，发布了《建好用好黄河国家文化公园（三门峡）共识》。会议期间，与会代表考察了三门峡黄河生态廊道、庙底沟国家考古遗址公园等黄河国家文化公园的建设情况。

5月23日　2023“梳妆台杯”首届中国女子帆船赛暨第二届三门峡国际“黄河船奇”帆船公开赛在天鹅湖国家城市湿地公园举行。赛事吸引了来自山东、上海、广东等国内10个省市以及韩国的20支队伍参赛。比赛分为女子组和公开组2个组别。最终，由蒋文哲、金俊秀组成的中韩友谊1队获得女子组冠军，李轩、李志阳组成的武汉大海阳光队获得公开组冠军。

5月27~28日　第一届中国黄河桨板赛暨2023年中国桨板公开赛（永靖站）在甘肃省临夏回族自治州永靖县举办，来自全国23个省份的561名选手逐浪黄河。

5月31日至6月3日　由文化和旅游部非物质文化遗产司指导、黄河流域非物质文化遗产保护传承弘扬协同机制秘书处支持、宁夏回族自治区文化和旅游厅主办的“2023年黄河流域非物质文化遗产保护论坛”在宁夏举办。论坛以“非遗奏响新时代黄河大合唱”为主题，探讨黄河流域非遗保护传承弘扬新思路、新方式、新举措，构建沿黄河九省区携手推动黄河流域非遗保护高质量发展的良好局面。

6月

6月3日　由山东省文化和旅游厅主办，山东画院、河南省美术馆承办，河南省美术家协会、河南省书画院、河南省中国画学会、山东省中国画学会协办的“沿着黄河遇见海”山东省黄河文化主题美术作品展（郑州站）在河南省美术馆开幕。此次展出的100余幅作品既有新创黄河文化主题作品，也有近年来创作的优秀作品，是集思想性、艺术性、观赏性于一体的综合性大展。

6月11日　由甘肃省文物局指导，甘肃省博物馆主办，甘肃省文物考古研究所以及河南博物院、陕西历史博物馆、宁夏回族自治区博物馆和山东博物馆等“黄河流域博物馆联盟”单位支持的“木本水源——黄河流域史前文明展”在甘肃省博物馆拉开帷幕。该展览分为共生、共融、共进三大部分，遴选200余件（组）文物展品，通过对彩陶纹饰、生产生活工具、种植驯养的标本实物、乐舞、原始祭祀和聚落建筑的展示和解读，探讨黄河文明产生的自然因素、社会因素和形成场景，彰显黄河文明的深厚底蕴和在中华文明史中的重要地位。

6月13日　由国家艺术基金管理中心、平顶山学院、平顶山市文化广电和旅游局共同主办的新时代中原名瓷精品黄河流域巡展平顶山首展启动仪式在市文化艺术中心举行。此次巡展以“中原名瓷”为载体、“学术研究”为根本、“黄河流域”为背景、“文化交流”为目的，甄选出中原腹地7类瓷种共计137件陶瓷艺术精品。巡展历时半年，跨越黄河流域的宁夏、内蒙古、山西、陕西、河南、山东6个省区。

6月17日　“大河潮涌　幸福中国”——黄河流域九省（区）文化馆联盟启动仪式在青海省黄南藏族自治州尖扎县来玉村景区举行。黄河流域九省（区）文化馆联盟旨在积极融入国家重大区域发展战略，加快推进黄河文化的保护传承弘扬，统筹黄河流域特色群众文化资源，融会贯通“文旅+”多元模式，打造黄河流域特色群众文化品牌，丰富公共文化产品供给，让黄河孕育的多彩文化同频共振，更好满足人民群众的精神文化需求，提升黄河流域九省（区）文化馆联盟的品牌知名度、美誉度，让黄河文化焕发崭新的时代光彩。启动仪式由文化和旅游部全国公共文化发展中心、中国文化馆协会指导，青海省文化和旅游厅主办。启动仪式后，“大河潮涌　幸福中国”黄河流域九省（区）精品文艺节目会演在歌舞《黄河赞歌》中拉开了序幕。

6月18日　黄河金三角自驾露营旅游推广大会暨房车露营巡游活动在山西省运城市国家级旅游休闲街区岚山根·运城印象隆重举行。推广大会上，山西省房车协会、陕西省自驾游及房车露营协会、河南省自驾旅游协会三方共同签订《晋陕豫三地游客互送协议》。中国旅游车船协会自驾游与露营房车分会授予运城市“黄河金三角自驾游目的地合作试点区”称号。

6月19~21日　来自北京、天津、重庆、山西、陕西、河南等15个省份的百辆房车沿着黄河前往三门峡市函谷关历史文化旅游区、渭南市潼关古城景区进行巡游。

6月22~24日　“行游塞上湖城　畅嗨大美银川”2023中国·银川第七届黄河文化旅游节活动在黄河军事文化博览园启动。此次活动分为2023中国·银川第七届黄河文化旅游节启动仪式、黄河音乐节、黄河美食展、黄河非遗文创展、中华传统汉服秀、儿童体验嘉年华等12个板块，内容丰富多彩，沉浸式展现塞上湖城、诗画银川的新形象。

6月27日　由河南文学艺术界联合会、河南省美术家协会主办的“黄河魂·沿黄九省中国画名家作品邀请展”在河南省美术馆开幕，展出时间持续12天。此次展览展出了来自沿黄九省区的20余名著名中国画艺术家的精品力作，题材多样、风格独特，展现了黄河流域丰富多彩的美术创作风貌。

6月28~30日　2023年黄河流域地方曲艺展演及现场交流活动在滨州成功举办。此次活动涵盖黄河流域地方曲艺现场交流会、黄河流域文化馆（站）曲艺业务骨干培训班、黄河流域地方曲艺展演3项内容，是在2022年成功举办黄河流域地方曲艺曲种调研活动之后的又一次延展与深化，取得良好反响。

7月

7月6日　由中国贸促会和甘肃省政府主办的第四届“一带一路”国际商

事法律（黄河）论坛在兰州举办。

7月8日 由东营市人民政府主办，东营市文化和旅游局、埃及中国文化交流协会承办的中国东营（埃及）城市形象推介会暨大河文明——黄河入海口专题摄影非遗展在开罗成功举办。此次非遗展展出摄影作品36件，非遗展品、文创产品100余件，全面反映黄河入海口湿地鸟类、动植物风光风貌，以及东营市的建设成就、风土人情、文化积淀和民俗资源。活动期间，东营市文化和旅游局与埃及未来旅行社签署合作意向书，双方在共同开发大河主题旅游项目、构建联合营销机制、开通游客互送“绿色通道”等方面达成合作意向。

7月10日 山东援青项目——2023年“跨越山海循源头　沿着黄河遇见海”鲁青互游双向交流暨“二十万人游海北”系列活动启动仪式在海北藏族自治州门源县岗什卡雪峰景区成功举办。山东省威海、临沂、聊城、滨州援青4市的文旅部门、重点文旅企业，甘肃省张掖市、金昌市和青海省海东市的文旅部门，海北藏族自治州4县文旅部门、重点文旅企业代表以及门源县干部群众共计400余人参加活动。

7月11日 2023“黄河主题旅游海外推广季”启动仪式暨“黄河文化旅游带精品线路”外文版发布仪式在山西运城举办。启动仪式上，文化和旅游部资源开发司发布了9条黄河文化旅游带精品线路外文版。仪式结束后，部分驻华使节和专家学者就“大河文明主题旅游创新模式”进行深入探讨，嘉宾们还参观了“看九曲黄河　听华夏故事”主题展、“连通中国——国际旅游图片展”。

7月14~25日 由文化和旅游部艺术司、山东省文化和旅游厅、聊城市人民政府共同主办的第二届黄河流域戏曲演出季在聊城市举办。沿黄九省区约100名优秀中青年戏曲演员及1000余名演职人员齐聚山东，集中展示沿黄流域地方戏曲剧种特色和艺术风采。

7月15~16日 由内蒙古自治区呼和浩特市文化旅游广电局主办，呼和浩特市文化艺术研究院、呼和浩特市融媒体中心承办的“呼和浩特地区黄河和长城文化座谈会”在呼和浩特市举办。座谈会邀请自治区及呼和浩特市相关专家共同研究探讨黄河和长城文化精神，挖掘时代价值，彰显城市品格。

7月17日 国家发展改革委、中共中央宣传部、文化和旅游部、国家文物局等部门联合印发《黄河国家文化公园建设保护规划》。该规划范围包括黄河流经的青海、四川、甘肃、宁夏、内蒙古、山西、陕西、河南、山东 9 个省区，以黄河干支流流经的县级行政区为核心区，各地可根据实际情况和黄河故道发展历史延伸至联系紧密区域。

7 月 20 日　甘肃省黄河文化主题旅游线路网络直播发布会成功举办。发布会上，中共甘肃省委宣传部、省文化和旅游厅有关领导介绍了甘肃省黄河文化资源，现场发布了“华夏之光　甘肃探源——陇原华夏文明探源之旅”“石窟走廊　世遗之路——陇原石窟艺术之旅”“寻根陇上　问道崆峒——陇原华夏寻根问祖之旅”“丝绸之路三千里　黄河文化八千年——甘肃丝路风情之旅”“青山绿水　乡愁陇上——甘肃农耕文明与乡村振兴之旅”“红色热土　国之血脉——甘肃红色文化之旅”“溯源而上　顺流而下——甘肃沿黄上游生态之旅”“如意甘肃　活态非遗——交响丝路非遗之旅”八大黄河文化主题之旅，以及“大河之上 彩陶风韵”“炎黄之脉 钟灵陇东”“百里画卷 石窟走廊”“红色火种 星火燎原”等 40 条黄河文化旅游精品线路。此外，与会专家解读了甘肃黄河文化资源的独特优势，深刻阐明了甘肃黄河文化和旅游发展的基本脉络与努力方向；旅行社企业代表进行了黄河文化主题旅游线路推介。

7 月 20~24 日　第六届中国黄河流域戏剧红梅大赛于在内蒙古呼和浩特成功举办。此次大赛参赛作品共涉及京剧、昆曲、豫剧、川剧、秦腔、二人台、漫瀚剧、蒙古剧、吕剧、河北梆子、曲剧等近 30 个剧种，来自黄河流域 15 个省区及新疆生产建设兵团的近 140 名参赛选手在为期 4 天 8 场的比赛中进行了精彩角逐。

7 月 24 日　中国音乐家协会交响乐团联盟年度会议暨第九届中国乐团艺术管理论坛专场音乐会在黄河之滨的兰州音乐厅精彩上演。此次音乐会分为上下半场，上半场曲目为《黄河颂》、《丝绸之路》和《大梦敦煌》组曲，将时代精神、民族气魄与大众艺术形式紧密结合，集中展现了甘肃极具代表性的黄河、丝路、敦煌等文化元素。下半场曲目为原创交响合唱组曲《南梁颂》，用感人的艺术作品和丰富的艺术语言向观众多角度地展现中华民族波澜壮阔的伟大成就，向伟大祖国致以诚挚的深情礼赞。近 2 个小时的表演气势恢宏，现场观众掌声不断。

7 月 28 日　“魅力黄河·亮丽内蒙古”旅游文化周在德国柏林开幕。文化周由柏林中国文化中心、内蒙古自治区文化和旅游厅主办。开幕式上，150

余名中德嘉宾观看了短片《黄河从这里流过》《大美内蒙古等你来》，欣赏了中国内蒙古的壮丽自然风光，感受了黄河魅力。中国古筝演奏家演奏了传统经典曲目《赛马》，嘉宾们沉浸式感受了内蒙古草原上万马奔腾的磅礴气势。此次“魅力黄河·亮丽内蒙古”旅游文化周以摄影展、内蒙古非遗和文创产品展示、旅游和美食视频展播及互动体验等方式，让德国民众近距离感受内蒙古的壮丽风光、特色文化和悠久历史，领略“大美内蒙古”、探寻“草原宝藏”、品鉴“有滋有味内蒙古”。活动期间，主办方还在柏林中国文化中心推出“内蒙古印象”摄影展，持续至 8 月 24 日。

7 月 28 日至 8 月 28 日　山东、河南两省 9 个地市共同举办“大河上下·黄河流域九地市美术作品巡回展”，通过美术作品展促进地区之间深层次的交流与互动，分享和借鉴具有不同地域特色的艺术创作成果。展览以保护传承弘扬黄河文化为主旨，展出作品 86 件，呈现出 9 个地市蕴含黄河流域文化、历史、社会风情等元素的美术生态“区域特色”，以独特的审美视角和丰富的艺术语言为人民群众的艺术生活增添色彩。

8月

8 月 3 日　黄河流域图书馆联合发展体合作框架协议签约仪式暨首届黄河流域图书馆高质量发展论坛在陕西神木举行。黄河流域图书馆联合发展体由沿黄九省区图书馆共同组建，在进一步贯彻落实习近平总书记在黄河流域生态保护和高质量发展座谈会上的重要讲话和指示精神的基础上，整合沿黄九省区图书馆有关黄河各类文献资源，形成在资源共享、馆际交流、学术研究、业务提升、文化研学以及文献协调采购、书目联合编制等方面的发展合力，为沿黄九省区提供快捷、强大、切实、有效的文化支撑和文献保障，打造在全国具有一定地位和影响的图书馆全面协作协调架构及实施体系。活动现场，沿黄九省区图书馆馆长共同签署了《黄河流域图书馆联合发展体合作框架协议》，标志着黄河流域图书馆联合发展体正式成立。签约仪式后，举行了首届黄河流域图书馆高质量发展论坛。

8 月 3 日　由陕西省文化和旅游厅主办，神木市委、市政府及榆林市文化和旅游局承办，黄河流域九省（区）文化馆、神木市委宣传部、神木市文化和旅游文物广电局共同协办的“大河情深”2023黄河流域九省（区）群众文艺精品展演在神木大剧院举行。展演在表演唱《歌从黄河岸边边来》中拉开序幕，四川省选送的独唱《温暖的城》、河南省选送的河南坠子《杨家将》选段《砸御匾》、山东省选送的琴书《退彩礼》、内蒙古自治区选送的弹唱组合《陶步秀尔赞》、青海省选送的男声四重唱《野牦牛》轮番上演，集中展示了黄河流域浓郁的地方特色和绚丽多彩的民俗风情。

8月5~17日 “行走黄河源头 旅读大美青海”2023首届（青海）黄河文化旅游带宣传推广系列活动在青海省举行，文化和旅游部资源开发司、沿黄九省区文化和旅游部门分管领导和主管处室负责人出席活动。沿黄九省区代表表示，将齐心协力在加强生态保护、产业转型升级、文旅融合发展、扩大对外开放、促进共同富裕等方面携手并进，合力谱写黄河流域生态保护和高质量发展新篇章。

8月6日 西北旅游文化研究院与中外传播智库联合发布《2023中国黄河旅游发展指数报告》。该报告指出，近年来黄河文化旅游出现发展新趋势：一是黄河文化旅游热度持续上升；二是文旅融合推动黄河旅游产品日趋丰富；三是黄河国家文化公园成为文旅产业转型升级的重要抓手；四是黄河正在成为对外讲好中国故事的重要平台。

8月6日 “直播黄河”——2023首届黄河文化旅游带全网宣传推广活动正式拉开序幕。该活动作为2023（青海）黄河文化旅游带宣传推广活动之一，由文化和旅游部资源开发司指导，黄河文化旅游带宣传推广联盟主办，青海省文化和旅游厅承办，黄河流域四川省、甘肃省、宁夏回族自治区、内蒙古自治区、山西省、陕西省、河南省和山东省的文化和旅游部门以及西北旅游协作区秘书处协办。作为历史上第一次万里黄河文旅大联动的大型直播活动，此次“直播黄河”采用“全流域联动、各省区统一参与、16个直播点互动+8小时连续直播”的方式，向海内外观众和游客立体展现了中国正在聚力建设的黄河文化旅游带的总体风貌、景观特点、行游方式、业态特色以及黄河源头所在的大美青海的迷人魅力。

8月8日 由中外文化交流中心联合山东、山西、河南、四川、甘肃5省文化和旅游部门主办，中国驻巴西大使馆、中国驻圣保罗总领事馆和巴西圣保罗州旅游观光厅支持，巴中社会文化研究中心承办的“你好中国！”2023黄河主题旅游海外推广季巴西专场活动在圣保罗成功举办。山东、山西、河南、四川和甘肃等沿黄5省分别进行了文旅资源推介。来自中国驻圣保罗总领馆、巴西圣保罗州旅游观光厅、巴西文旅企业、巴西当地媒体的代表及巴西华侨代表等80余人共同出席活动，并参加了“发现中国黄河之美”——黄河主题视频全球展映看片会、“看九曲黄河　听华夏故事”图片展等活动。

8月11日　由中外文化交流中心联合山东、山西、河南、四川、甘肃5省文化和旅游部门主办，中国驻洛杉矶旅游办事处承办，中国驻洛杉矶总领事馆支持的“你好中国！”2023黄河主题旅游海外推广季美国专场活动在洛杉矶奥斯卡电影博物馆举办。中国驻洛杉矶旅游办事处主任吴大伟主持活动，山东、山西、河南、四川和甘肃5省分别进行了文旅资源推介。中美两国嘉宾约200人参加活动。

8月14日　由四川省若尔盖县委、县人民政府主办的“让世界看见若尔盖”2023若尔盖黄河大草原文化旅游节正式启幕。开幕式上，表演者们带来了极具民族特色的精彩表演，通过舞蹈、歌曲、情景剧、朗诵、藏戏等形式展现若尔盖热情好客的风土人情、悠久深厚的文化积淀以及若尔盖县铭记历史、感恩共产党、热爱新中国，积极努力加强经济建设的精神风貌。

8月14日　由文化和旅游部资源开发司指导，青海省文化和旅游厅、北京市文化和旅游局、北京青海玉树指挥部主办的“旅游中国·美好生活”2023黄河源头夏秋季旅游推广活动在青海省玉树藏族自治州启动。活动旨在面向国内外游客展示和推广青海优渥的生态旅游资源、丰富的黄河文化，提升“大美青海”的国际知名度和美誉度，助力青海国际生态旅游目的地建设。

8月18日　由中共甘肃省委宣传部、甘肃省文化和旅游厅主办，甘肃演艺集团、中共兰州市委宣传部承办的第四届黄河之滨艺术节在兰州市体育文化广场开幕。此届艺术节以“凝心铸魂跟党走　踔厉奋发谱新篇”为主题，分为广场文化惠民演出、精品舞台剧目剧场演出和优秀剧目网络直播3部分，充分利用互联网增强观众互动体验感，让更多群众足不出户就能享受优质文化盛宴。系列演出活动从8月18日开始，至9月2日结束，为期16天，预计演出28场。演出主会场设在兰州市体育文化广场，同时在黄河剧院、人民剧院、甘话60剧场、77·演艺工场开展精品舞台剧目演出。

8月18日　由内蒙古自治区乌兰察布市集宁区人民政府主办，集宁区文化旅游体育局承办，乌兰察布市集宁南站影视文化发展有限公司协办的内蒙古黄河几字弯万里茶道主题文化旅游系列活动——第三届消夏文化旅游节暨集宁区首届城市露营季活动在集宁路文化商贸旅游区开幕。

8月20日　由中共甘肃省委宣传部指导，中国艺术研究院和兰州大学联合主办的“赓续黄河文化根脉　彰显大河文明华彩”黄河文化传承发展论坛在兰州大学举办。中共甘肃省委宣传部常务副部长、省电影局局长马玉萍，中国艺术研究院院长、党委副书记周庆富，兰州大学党委常委、副校长沙勇忠出席论坛。与会专家学者围绕黄河流域文明的起源与传承、国家文化公园建设、讲好新时代黄河文化故事等相关主题进行了主旨发言。黄河流域九省区的专家学者分别围绕“黄河国家文化公园建设的理论与实践”“黄河文化传承发展带建设”两个主题做交流汇报。

8月24~27日　2023年黄河流域博物馆联盟馆长研讨会在玉树市召开。来自50多家博物馆的90余名馆长及专家学者齐聚一堂，共商共谋黄河流域博物馆联盟高质量发展大计。研讨会围绕“共建黄河文化共同体高质量发展”主题，通过开展学术论坛、座谈交流、展览展示及实地考察等系列活动，促进专家学者建言献策、分享经验，为进一步发挥联盟的平台作用提供更多新的思路和方案。

8月25日　由国家卫生健康委、国家中医药管理局、甘肃省人民政府主办，甘肃省卫生健康委、定西市政府承办，甘肃中医药大学附属医院协办的第四届中国（甘肃）中医药产业博览会“黄河名医”论坛在定西市陇西县举办。此次“黄河名医”论坛群英荟萃，国医大师、全国名中医领衔，围绕“健康中国与中医药传承创新”“传承丝路文化 振兴丝路中医”等主题进行演讲，既有对国家中医药发展战略的认识，又有对黄河流域、丝绸之路中医药传承和发展经验的具体阐述。

9月

9月4日　由中外文化交流中心联合山西、山东、河南、四川、甘肃5省文化和旅游部门主办，中国驻首尔旅游办事处、韩国中央日报承办，首尔中国文化中心支持的“你好！中国”2023黄河主题旅游海外推广季韩国专场活动在首尔举办。活动现场，山西、山东、河南、四川、甘肃5省分别进行了文旅资源推介。此次活动中，主办方专门设计了“中国优秀文化和旅游企业巡礼”环节，旨在加强中韩文旅企业交流合作，助力旅游市场开发和产业发展。携程集团、中国唱片集团、去哪儿网、腾讯等企业代表推介了入境游产品、黄河主题音乐作品、跨境旅游移动支付服务等。

9月6日 2023黄河主题旅游海外推广季成果发布会在山东泰安举办。自2023年7月以来，中外文化交流中心联合沿黄九省区文化和旅游行政部门，联动中国驻外使领馆、海外中国文化中心和中国驻外旅游办事处，推出黄河主题视频全球展映、“看九曲黄河　听华夏故事”主题展、“遇见黄河”文化旅游资源展播等940余项数字资源，并先后在巴西、美国、韩国举办“你好！中国”海外专场推介会，用世界听得懂、易接受的方式展示黄河旅游资源。推广季期间，中国驻外机构通过微信、脸书、照片墙、推特等社交平台面向全球推广黄河旅游数字资源，发帖总量超6000篇次，为各机构自媒体账号“吸粉”逾5万人次。全网平台线上浏览量达1.5亿次，其中海外浏览量达1.2亿次。

9月7~10日 “河和之契：2023黄河流域、大运河沿线非物质文化遗产交流展示周”暨黄河流域文化生态保护区发展论坛在潍坊市成功举办。活动由文化和旅游部非物质文化遗产司指导，山东省文化和旅游厅、潍坊市人民政府共同主办。文化和旅游部、黄河流域九省区文化和旅游厅等相关负责人，沿黄九省区非遗领域专家、非遗传承人、媒体代表等400余人出席了开幕式并参加了相关活动。

9月12~14日 第十六届山东国际大众艺术节开幕式暨2023中国沿黄九省区民歌艺术展演在东营市东营区黄河公园广场举办。此次活动由山东省委宣传部、山东省文联、东营市人民政府主办，沿黄九省区音乐家协会、东营市委宣传部、东营市文联、东营区人民政府具体承办，是2023年黄河流域重要的文化交流活动之一。

9月12~15日 由宁夏文学艺术界联合会、宁夏书法家协会主办的“牢记嘱托　感恩奋进”黄河流域生态保护和高质量发展先行区基层书法作品展在银川美术馆开幕。展览聚焦“黄河文化”“黄河故事”两大主题，主要包括主题创作和广泛征稿两大板块，共展出全区书法工作者尤其是基层书法工作者的

200余件作品。

9月13日　由文化和旅游部非物质文化遗产司指导、黄河流域非物质文化遗产保护传承弘扬协同机制秘书处支持、甘肃省文化和旅游厅主办的“黄河之滨也很美——黄河流域非物质文化遗产论坛”在兰州市举办。来自四川省、甘肃省、宁夏回族自治区、内蒙古自治区、山西省、陕西省、河南省、山东省的8名学者紧紧围绕论坛主题和议题进行了主旨演讲。与会专家从各自的研究角度，深入挖掘黄河流域非物质文化遗产蕴含的中华文化特质和精神内涵，全面阐释黄河流域非物质文化遗产对构建人类文明新形态做出的巨大贡献，对持续促进黄河流域非物质文化遗产保护传承弘扬，推动中华优秀传统文化创造性转化、创新性发展积极建言献策，提出真知灼见，为黄河流域非物质文化遗产系统性保护提供了理论指导和经验借鉴。

9月13日　由文化和旅游部非物质文化遗产司指导、黄河流域非物质文化遗产保护传承弘扬协同机制秘书处支持、甘肃省文化和旅游厅主办的“黄河流域九省（区）非遗大集”亮相金城兰州。主办方从青海省、四川省、甘肃省、宁夏回族自治区、内蒙古自治区、山西省、陕西省、河南省、山东省遴选36家非遗工坊参与此次大集，集中展销400多件非遗产品，邀请36名非遗传承人进行现场活态展示，全面呈现黄河流域九省（区）近年来在非遗系统性保护工作中取得的累累硕果。当天下午，“黄河流域九省（区）非遗大集”现场开展了由甘肃省文化艺术研究院承办的“多彩非遗　如意甘肃”全省多民族非遗展演。

9月14日　“‘行走河南·读懂中国’中外媒体黄河行”拉开了2023中国（郑州）黄河文化月系列活动的大幕。活动邀请来自阿塞拜疆、意大利、韩国、巴基斯坦、俄罗斯、美国等国家的21名外籍记者参与，围绕黄河文化，以外国媒体独特的视角发现、挖掘，讲述生动、真实、具体的河南故事、黄河故事。

9月16~18日　2023世界大河文明论坛（中国·郑州）在河南省郑州市举办。此次论坛由文化和旅游部、人民日报社、国家文物局、河南省人民政府共同主办，主题是“文明交流互鉴·发展共创未来”。此次论坛包括主论坛会议和世界大河文明的多样性与交流互鉴、中华文明与黄河文化传承弘扬、华夏文明与世界文明对话、黄河流域生态保护和高质量发展4个分论坛，讨论并发布《世界大河文明论坛·郑州宣言》。全国沿黄省区代表，乌干达、摩尔多瓦、美国等国驻华使节及国内外专家学者等360多名中外嘉宾齐聚郑州，通过中外媒体黄河行、实地考察、黄河文化月等各类活动，实地感受黄河文化的千年神韵，深度领略中原大地的勃勃生机。

9月19~21日 2023年山西省群众文化活动——中国民歌山西邀请赛在忻州市河曲县开赛，来自全国22个省份的70组民歌选手同台竞技，演绎民歌经典，共享音乐盛会。

9月21~22日 “大河上下 声声不息”沿黄九省区民歌会在吴忠市科技广场举行。来自沿黄九省区的优秀民歌艺术家齐聚吴忠，合力为吴忠市民奉上了一场民歌盛宴。一首首地域风味浓厚的民歌多角度展现党的二十大以来沿黄九省区人民传承黄河文化、弘扬黄河文化、赓续黄河文化的亮点做法，有效促进黄河流域各省区、各民族之间的文化交流与合作，加深沿黄各省区之间的沟通交流。

9月22日 第四届黄河流域生态保护和高质量发展省际合作联席会议在甘肃兰州举办。沿黄九省区共聚一堂，在国家相关部委的见证和指导下，围绕“守护母亲河·共促新发展”合作主题，在生态环境保护、基础设施建设、产业集聚发展、区域开放协作、科技创新引领、黄河文化传承等方面达成广泛共识，扎实推动黄河国家战略深入实施，共同守护母亲河健康安澜、长治久安，让黄河成为造福人民的幸福河。

9月22日 2023中国（郑州）黄河合唱周在郑州市惠济区黄河艺术中心正式拉开帷幕。来自全国的近20支优秀合唱队伍登上展演的舞台，以饱满的热情和嘹亮的歌声，展示黄河儿女牢记嘱托、建设幸福河的新担当、新作为。

9月22日至10月6日 首届中国洛阳黄河钢琴音乐节在小浪底景区开幕。74名钢琴少年与300名合唱演员在黄河畔共同奏唱《歌唱祖国》，国内知名钢琴家到场演奏《黄河》钢琴协奏曲第四乐章《保卫黄河》。

9月23~25日 第七届中国诗歌节的重要活动之一——河南省第23届黄河诗会在郑州巩义举行，来自全省各地的40多名诗人、诗歌评论家与会。

9月24日 “沿着黄河遇见海”2023好客山东文旅新媒体创作者大会在聊城举办。大会以“新创意·新生态·新未来”为主题，共同探讨文旅新媒体创作，共同谋划文化产业发展的时代篇章。

9 月 25~28 日 由山西省文化和旅游厅，山西省生态环境厅，中共吕梁市委、吕梁市人民政府共同举办的“2023 大河论坛 · 黄河峰会”在山西省吕梁市碛口古镇举办。论坛以“家在黄河边”为主题，展示黄河和“人”之间的亲密关系，推动文化繁荣，促进生态保护，驱动产业更新，增进民生福祉，推进世界大河文明交流互鉴，构建人类命运共同体。

9 月 25 日 由中共山西省委宣传部指导，山西省文化和旅游厅，中共临汾市委宣传部，中共吉县县委、吉县人民政府共同举办的中国吉县“歌从黄河来”《黄河大合唱》展演活动在吉县黄河壶口瀑布旅游区精彩亮相。此次展演活动邀请了《黄河大合唱》词作者光未然先生的次子张安东和内侄黄平，他们为吉县县委赠送了题字书法作品和《永远的黄河大合唱》书籍。

9 月 26 日 传承弘扬黄河文化研讨会在济南召开。来自山东大学、山东社会科学院、沿黄九省区省会城市社科联（院）的专家围绕传承弘扬黄河文化主题进行深入研讨交流。

9 月 28 日 山东省文化和旅游厅黄河文化保护传承弘扬工作领导小组全体会议召开，受领导小组组长，厅党组书记、厅长，省文物局局长王磊委托，领导小组副组长，厅党组成员、副厅长王炳春主持会议并讲话。会议指出，保护传承弘扬黄河文化，重在知责明责、履责尽责。各级文化和旅游部门要进一步强化责任落实，一级抓一级、层层抓落实；要进一步健全工作机制，推动形成部门联动、精准高效的工作格局；要进一步用好支持政策，保障好、服务好重点项目建设；要进一步突出问题导向，健全排查整改机制，以解决问题的高质量促工作落实的高质量。

9 月 山东省国家文化公园建设工作领导小组印发《黄河国家文化公园（山东段）建设保护规划》。该规划立足齐鲁地域文化特征、黄河文化遗产分布特点，提出构建“一廊一带四区多点”的黄河国家文化公园（山东段）建设格局，分类建设管控保护、主题展示、文旅融合、传统利用 4 类重点功能区。该规划明确打造山东省生态文化旅游发展新高地的战略定位，提出统筹推进黄河文化活态化传承、现代化发展、国际化交流，加快黄河国家文化公园（山东段）建设，推出沿黄特色精品文化旅游线路，提升沿黄廊道生态效益、经济效益、社会效益和休闲服务功能，打造沿黄河文化体验廊道，建设全国知名的文化旅游目的地。

10月

10 月 10 日 山东省政府印发《山东省沿黄生态廊道保护建设规划（2023—2030 年）》。该规划明确“保护优先，综合治理”“因地制宜，分类施策”“源头管控，防范风险”“休养生息，还水于河”四大原则，强调“大江大河生态廊道保护建设新标杆”“全国流域生态保护治理新样板”“黄河流域城河互促共融新典范”“山东省生态文化旅游发展新高地”四大战略定位。

10 月 18~19 日 “大河梨园汇 唱响新时代”2023 年沿黄九省区戏曲票友展演活动在石嘴山市文化馆大剧院隆重举行，来自沿黄九省区的 50 多名戏曲票友通过对多种戏曲形式的表演充分展现了戏曲的多样风采。此次活动展示了沿黄九省区在传统戏曲保护、传承、创新、发展方面的优秀成果，有力地推动了中华戏曲文化的传播与推广，加强了区域文化交流合作，展现了黄河文化的时代价值，奏响新时代的“黄河大合唱”。

10 月 26 日 第二届黄河流域产教联盟年会在兰州现代职业学院举行。沿黄九省区教育厅负责人，区域内职业院校代表、行业企业代表等 500 余人齐聚兰州，共话黄河流域职业教育发展大计，共享产教融合实践路径，共谋职业教育高质量发展。

10 月 27~30 日 由陕西省文化和旅游厅、延安市人民政府共同主办的“黄河记忆”——2023 年黄河非遗大展在延安市金延安景区举行。文化和旅游部非物质文化遗产司副司长胡雁出席启动仪式，并参加文化生态保护区专题培训班等活动。此届非遗大展聚焦“黄河非遗 世界共享”主题，坚持将非遗与旅游深度融合，把非遗融入现代生活，精心设置了“心动·黄河——启动仪式”“记忆·黄河——非遗大展”“聆听·黄河——非遗之韵”“新声·黄河——非遗对话”“炫彩·黄河——非遗线路”5 个板块 9 项活动，规模为历届之最。

10 月 29 日 2023 郑州·黄河马拉松赛在郑州举办，近 4 万名选手齐聚中原、竞逐商都。郑州·黄河马拉松赛由中国田径协会认证，郑州市人民政府主办，联合兰州、东营、吴忠 3 个黄河沿岸城市发起“黄河马拉松系列赛”，此次赛事也是系列赛的收官之战。

10 月 30 日　第三届黄河流域研学联盟大会在郑州召开，大会由教育部基础教育司指导，河南省教育厅、河南省文化和旅游厅主办，主题是“豫见黄河·品读中国”，旨在依托黄河文化和黄河流域研学联盟平台，推动沿黄九省区之间的研学实践教育合作，共同保护传承弘扬黄河文化。

10 月 31 日　“保护传承弘扬黄河文化专项基金”在郑州黄河博物馆正式启动，旨在进一步贯彻落实好保护传承弘扬黄河文化重任，为打造黄河文化新高地提供长期、稳定、可持续的资金保障。“保护传承弘扬黄河文化专项基金”是中国保护黄河基金会下设的专项基金，由黄河水利委员会新闻宣传出版中心联合有关单位共同发起。

11月

11 月 6 日　来自沿黄九省区省会城市画院的美术家相聚兰州美术馆，举行“黄河之滨也很美——沿黄九省省会城市画院美术作品联展”开幕式。此次展览是中国沿黄九省区省会城市画院继济南美术馆“大河奔腾”、郑州美术馆“大河意象”联展之后的又一次美术创作大汇聚，也是沿黄九省区省会城市画院美术作品的一次集中展示。此次展览由兰州市文化和旅游局主办，兰州画院、兰州美术馆承办，沿黄九省区省会城市画院、美术馆共同协办，共展出 150 幅优秀美术作品。

11 月 7 日　由文化和旅游部非物质文化遗产司主办、山东省文化和旅游厅承办的“2023 年度黄河流域大运河沿线国家级非物质文化遗产代表性传承人研修班”在荣成市开班。文化和旅游部非物质文化遗产司副司长胡雁，山东省文化和旅游厅班子成员、二级巡视员付俊海出席开班仪式。来自黄河流域、大运河沿线 15 个省份的近百名学员参加此次研修班。

11 月 7~11 日　由文化和旅游部、山西省人民政府共同主办的 2023 黄河非遗大展在山西太原潇河国际会展中心举办，为观众带来一场非遗视觉盛宴。此次大展以黄河农耕文明为主题，沿黄九省区 600 余个非遗代表性项目和 300 余名非遗代表性传承人参展。7200 平方米的展厅被分成黄河农耕文明、黄河面食文化两大板块，汇聚沿黄九省区关于农耕文化的经典非遗代表性项目，以沉浸式场景和市集方式呈现非遗作品，让观众体验黄河沿岸独具魅力的乡土风情。

11月9日 由宁夏回族自治区文化和旅游厅联合自治区文联、社科联、高校等部门和单位共同主办，宁夏黄河文化研究工作专班办公室、宁夏民族艺术研究所具体承办的“学习习近平文化思想 传承弘扬黄河文化”学术研讨会在宁夏银川悦海宾馆正式开幕。此次研讨会共有沿黄九省区文化和旅游厅、全国艺术研究院所和宁夏黄河文化研究专班各成员单位的负责人及黄河文化征文大赛获奖代表等近百人参加。会议期间，主承办单位还组织与会人员赴贺兰山东麓文旅示范基地、银川文化园和吴忠市黄河湿地公园及非物质文化遗产保护传承基地进行实地考察。

11月12日 “巴迪瑞杯”2023郑州黄河自行车公开赛在郑州市举行。此次比赛在黄河观光路举行，比赛起终点均位于郑州黄河岸边南裹头广场的黄河会客厅。黄河滩地公园林草丰茂、游人如织，星海湖上百鸟翔集、风景如画，观光路边色彩斑驳，一片生机盎然的景象，骑友可以近距离感受中华民族母亲河的风采。赛事有约1400人参加，其中男子公路车公开组约200人，男女混合山地车公开组约200人，全民健身体验组约1000人。

11月12日 由山东省文化和旅游厅、山东省自然资源厅、东营市政府、中国野生动物保护协会主办的“沿着黄河遇见海”黄河口国际观鸟季在东营开幕。活动期间，主办方启动首届黄河口国际观鸟季摄影大赛、“共筑鸟巢 为爱守护”行动，发布“黄河口护鸟使者”名单。同时，举办“沿着黄河遇见海”旅游渠道商大会、候鸟迁飞区及栖息地保护国际交流会、黄河口湿地教育CEPA国际交流会等，为与会嘉宾搭建交流合作平台，展现黄河入海口生态、湿地、鸟类特色，展示“河海相拥、生态宜人”之美。

11月12日 2023三门峡天鹅女子马拉松暨三门峡黄河马拉松在该市天鹅湖畔激情开跑，1万余名选手分别参加马拉松、半程马拉松和欢乐跑。

11月13~14日 黄河国家文化公园（山东段）、沿黄河文化体验廊道建设暨乡村文化振兴现场推进会在山东齐河召开。会议指出，要深入学习贯彻习近平文化思想，贯彻落实黄河重大国家战略，坚持“走在前、开新局”，挖掘用好文化资源富集优势，统筹联动、相互贯通，高质量推进黄河国家文化公园（山东段）、沿黄河文化体验廊道建设和乡村文化振兴。要聚焦村庄“串起来”、配套“建起来”、活动“搞起来”、文化“火起来”、文明“创起来”抓落实，不断满足人民精神文化生活新期待。要突出重点项目、重点村、重点活动，塑造品牌优势，聚力打造中华文化体验目的地、国家文化公园建设示范地、乡村文化振兴样板地，更好服务新时代社会主义现代化强省建设。与会人员实地观摩了东平县、平阴县、齐河县等地的工作情况，会议还发布了“山东文化体验廊道电子地图”和《山东文化体验廊道故事丛书》。

11 月 16 日　山东举行黄河流域生态保护和高质量发展新闻发布会。山东省文化和旅游厅有关负责人就黄河文化保护传承弘扬有关情况进行介绍。山东省文化和旅游厅谋划实施了一批重大文旅项目，打造沿黄河文化体验廊道，加快推进黄河国家文化公园（山东段）建设，黄河文化博物馆群、天下黄河度假区等项目有序推进。同时，山东省文化和旅游厅还推出 10 条黄河文化主题旅游线路和多项黄河文化主题研学课程。下一步，山东省文化和旅游厅将继续在推进黄河文化遗产保护传承、黄河题材艺术创作、黄河文化交流合作等方面下功夫。

11 月 16 日　第五届豫剧艺术节优秀剧目展演期间，周口市戏剧艺术研究院在河南豫剧大剧院上演豫剧《黄河边》。豫剧《黄河边》以黄泛区为背景，演绎了一出气壮山河的人间活剧。

11 月 16~20 日　由文化和旅游部、江西省人民政府共同主办的 2023 中国原生民歌节在江西举办，济源非遗节目《黄河船工号子》在闭幕式上亮相，取得圆满成功。《黄河船工号子》融入非遗传统音乐核心元素，并经过舞台艺术实践创新表演提炼加工而成，集中展现了沿黄人民百折不挠、坚强豪迈、生生不息的奋斗精神。

11 月 17 日　历时两个多月，接连出彩举办 8 项国家级重点活动、20 项群众文化活动的“行走河南 · 读懂中国”文艺作品展暨 2023 中国（郑州）黄河文化月闭幕式在郑州美术馆（新馆）举行，活动共收集情感真挚、风格鲜明的文学、美术、书法、摄影、短视频和民间文艺作品 43800 余件。

11 月 25 日　“黄河百姓——朱宪民摄影 60 周年回顾展”在中国美术馆开幕。此次展览由中国艺术研究院主办，中国艺术摄影学会协办，中国艺术研究院摄影与数字艺术研究所、《中国摄影家》杂志社承办。此次展览共展出作品 160 余幅，分为“风”“土”“人”“家”4 个单元，是朱宪民迄今为止展出作品规模最大、作品代表性最强的大型回顾展之一。此次展览的作品均由朱宪民无偿捐赠给中国艺术研究院艺术与文献馆。在开幕式上，中国艺术研究院院长周庆富颁发收藏证书并致辞。李树峰、朱天霓担任策展人，展览将持续至2023年12月5日。

12月

12月5日 山东公示黄河流域旅游民宿设计大赛的评选结果。此次大赛旨在推动山东省旅游民宿精品化建设，进一步弘扬黄河文化，助力乡村振兴和民宿产业发展，落实黄河流域生态保护和高质量发展战略，提升全省旅游民宿行业设计水平，优化“好客人家”“黄河人家”乡村旅游民宿品牌体系，培育打造一批规模化、精品化的旅游民宿集聚区，助力乡村振兴齐鲁样板打造和黄河国家文化公园建设。经过专家评审，最终确定特等奖1组、一等奖3组、二等奖6组、三等奖10组、优秀奖18组。

12月8日 由国家艺术基金管理中心、平顶山学院、河南省美术馆主办的国家艺术基金传播交流推广资助项目瓷韵九曲——新时代中原名瓷精品黄河流域巡展（郑州站）在河南省美术馆隆重开幕。该巡展项目荣获2023年度国家艺术基金传播类项目立项资助，以黄河流域、中原地区的7种名瓷137余件现代代表性作品为抓手，对中原传统陶瓷系统的制作工艺和精益求精的造物精神进行传承和弘扬，更是陶艺家们与观者们共同探寻中原文化的一次沉浸式体验。艺术家们以中原文化为本，以水、火、土及气氛为要素，以智慧为内核，以瓷载道，增强中原文化的凝聚力和生产力，推动中原地区和黄河流域各区域之间的文化交流和深入合作。

12月11日 山东发布《关于公布黄河国家风景道（山东）典型段名单的通知》，根据《关于组织开展山东省黄河国家风景道典型段创建评选工作的通知》要求，经市文化和旅游局、交通运输局、黄河河务（管理）局推荐申报，省文化和旅游厅、省交通运输厅、山东黄河河务局按程序组织评选，并公示无异议，确定济南市天桥区黄河风景道等12段为2023年黄河国家风景道（山东）典型段。

12月20日 河南省正式印发《黄河国家文化公园（河南段）建设保护规

划》，围绕保护和传承好黄河文化，在省内10.13万平方公里的范围内对“黄河国家文化公园”建设做出统一规划部署。该规划明确，要着力构建“一核三极引领、一廊九带联动、十大标识支撑”的总体布局，着重推进5类重点工程。

12月27日 黄河流域博物馆联盟第三次成员大会通过“线上+线下”方式成功召开，9家发起单位在陕西历史博物馆参加线下会议，43家成员单位通过线上形式参会。会议审议并通过了联盟2024～2025年工作计划，明确了工作目标和任务。同时，各成员单位代表就工作计划进行了深入讨论，提出建设性意见和建议。

图书在版编目(CIP)数据

黄河文化“两创”发展报告．2024 / 袁红英，张凤莲主编；张伟，车振华副主编．--北京：社会科学文献出版社，2024.6
ISBN 978-7-5228-3425-2

Ⅰ．①黄… Ⅱ．①袁… ②张… ③张… ④车… Ⅲ．①黄河流域-文化事业-研究报告-2024 Ⅳ．①G127

中国国家版本馆 CIP 数据核字（2024）第 064108 号

黄河文化“两创”发展报告（2024）

主　　编 / 袁红英　张凤莲
副 主 编 / 张　伟　车振华

出 版 人 / 冀祥德
责任编辑 / 佟　譞　韩莹莹
文稿编辑 / 王雅琪　李小琪　刘　燕
责任印制 / 王京美

出　　版 / 社会科学文献出版社·人文分社（010）59367215
地址：北京市北三环中路甲 29 号院华龙大厦　邮编：100029
网址：www. ssap. com. cn
发　　行 / 社会科学文献出版社（010）59367028
印　　装 / 北京联兴盛业印刷股份有限公司

规　　格 / 开　本：787mm×1092mm　1/16
印　张：20.25　字　数：340 千字
版　　次 / 2024 年 6 月第 1 版　2024 年 6 月第 1 次印刷
书　　号 / ISBN 978-7-5228-3425-2
定　　价 / 158.00 元

读者服务电话：4008918866